Soziologie als Handwerk

Gerhard Schulze ist emeritierter Professor für Methoden der empirischen Sozialforschung und Wissenschaftstheorie an der Universität Bamberg. Im Campus Verlag erschien von ihm unter anderem *Die Erlebnisgesellschaft* (1992, 2005).

Gerhard Schulze

Soziologie als Handwerk

Eine Gebrauchsanleitung

Campus Verlag
Frankfurt/New York

FSC
www.fsc.org
MIX
Papier aus verantwortungsvollen Quellen
FSC® C089473

ISBN 978-3-593-51025-5 Print
ISBN 978-3-593-44072-9 E-Book (PDF)
ISBN 978-3-593-44073-6 E-Book (EPUB)

Umschlaggestaltung: Guido Klütsch, Köln.
Satz: publish4you, Engelskirchen
Gesetzt aus: Garamond und TheSans
Druck und Bindung: Beltz Grafische Betriebe, Bad Langensalza
Printed in Germany

www.campus.de

Inhalt

Einleitung

Worum es in diesem Buch geht

Was zwischen uns Menschen abläuft, ist einerseits unser eigenes Werk, andererseits verselbständigt es sich und wird zu einer Macht, die tief in unser Leben eingreift. Meist finden wir uns in Routinen verstrickt, als würden wir einem immer wieder durchgespielten gemeinsamen Drehbuch folgen, ohne uns dessen ständig bewusst zu sein. Im Normalfall bewegen wir uns sozusagen per Autopilot durch den Alltag, gesteuert durch intuitiv gespürte Regeln, die durch Ausnahmen und Improvisationen nur bestätigt werden.

Diesem Bauchgefühl will die Soziologie fundierte Beschreibungen und Erklärungen entgegensetzen. Sie will explizit machen, was sonst weitgehend implizit und unerkannt bleibt. Sie will gesellschaftliche Phänomene aus wissenschaftlicher Distanz beobachten und deuten. Und sie will darüber mit den Menschen ins Gespräch kommen. Warum? Nur wenn man halbwegs über die Spiele Bescheid weiß, in die man verwickelt ist, kann man sie mitbestimmen, statt von ihnen beherrscht zu werden.

Braucht man dazu die Soziologie? In den anschwellenden Diskursen über Gesellschaftliches – etwa in Talkshows, Blogs, Shitstorms, Parlamentsdebatten, politischen Kommentaren und Alltagsgesprächen – dominiert der Brustton der Überzeugung. Dass sich hinter solcher vermeintlicher Sicherheit oft blanke Ungewissheit verbirgt, tritt zwar in der Gegensätzlichkeit der Meinungen deutlich zutage, gerade dies lässt viele aber umso entschiedener an die Wahrheit des eigenen Standpunkts glauben.

Mehr und mehr drehen sich öffentliche Diskurse um genuin soziologische Themen, allerdings meist unter Abwesenheit der Soziologie. Einerseits drängt die weit vorangeschrittene Moderne den Menschen weltweit die soziologische Perspektive förmlich auf. Andererseits führen die darauf antwortenden Deutungsanstrengungen oft zu mehr Verwirrung als Klarheit.

Doch der kollektive Selbstreflexionsbedarf wird im Lauf des 21. Jahrhunderts weiter steigen. Ludger Pries nennt eine ganze Reihe neuer Themen, auf die er die Soziologie »nur halbwegs vorbereitet« sieht, unter anderem: Gen-Schere, Künstliche Intelligenz, neuronale Netze, Grenzauflösung im Verhältnis von Mensch, Natur und Artefakten, Re-Nationalisierung und Transnationalisierung sozialer Ungleichheiten und Identitäten, Sozialbeziehungen zwischen Digitalisierung und neuer Erdung in der analogen Welt, zwischen Verdinglichung und Versinnlichung.[1] Soweit ein Ausschnitt aus dem Panorama des Jahres 2018 – Fortsetzung folgt.

Unter diesen Umständen wäre es nur konsequent, würde sich der kollektive Selbstreflexionsbedarf schließlich auch auf sich selbst richten: Warum ändert sich nichts an unserer babylonischen Situation fruchtloser Deutungskonkurrenz, die immer wieder auch in der Soziologie selbst aufbricht, zuletzt im Jahr 2017 mit der Gründung der »Akademie für Soziologie«? In dieser Frage könnte der Keim einer geistigen Entwicklung liegen, die mit zwei Aufgaben beginnt: erstens mit einer klaren Ortsbestimmung der Soziologie als empirischer Wissenschaft, zweitens mit der Integration ihrer grundlegenden Denkformen in den Kanon der Allgemeinbildung.

(1) Ortsbestimmung der Soziologie als empirische Wissenschaft: Wenn diese Aufgabe liegen bleibt, droht die Chance verspielt zu werden, die in der Soziologie steckt. Paradoxerweise ist dies genau dann zu befürchten, wenn Soziologie so zu werden versucht wie andere etablierte Wissenschaften auch, etwa Physik, Chemie oder Biologie. Doch als verstehende Wissenschaft muss die Soziologie Mut zur Unschärfe, zur Interpretation und zur Ungewissheit aufbringen, sonst erreicht sie ihren Forschungsgegenstand nicht. Dies ist jedoch keineswegs als Einladung zur Willkür gemeint. Wissenschaftlichkeit entsteht durch Intersubjektivität, das heißt durch nachvollziehbareres, an gemeinsamen Regeln ausgerichtetes Argumentieren, worauf es gerade dann besonders ankommt, wenn die höchste Stufe von Objektivität (im Sinn völliger Ent-Subjektivierung) nicht erreichbar ist, sondern »nur« Plausibilität und vorläufiger Konsens.

Den Initiatoren der »Akademie für Soziologie« kommt das Verdienst zu, die Debatte über die Wissenschaftlichkeit der Soziologie neu belebt zu haben. Immerhin geht es dabei um den Kern soziologischer Professionalität, um den eigenen Standort. Seit der letzten großen innersoziologischen Debatte, dem Positivismusstreit in den 60er Jahren, war die Erörterung dieser Grundsatzfrage vom Zentrum an die Peripherie der Soziologie gerückt. Die Wissenschaftlichkeit der Soziologie war kein leidenschaftlich diskutiertes Thema der soziologischen Öffentlichkeit mehr. Nicht in großen Diskursen, sondern in vielen unverbundenen Episoden trat eher implizit zutage, was man für »wissenschaftliche Soziologie« hielt. Die jeweilige persönliche Position äußerte sich als Gefühl von Nähe oder Distanz in der Kollegenschaft, als Bevorzugung oder Ablehnung bestimmter Klassen von Methoden, als Kooperation oder Abgrenzung im Forschungsbetrieb, als Entscheidung für oder gegen bestimmte Inhalte in Studien- und Prüfungsordnungen. In dieser Situation kam die Gründung der »Akademie für Soziologie« im Jahr 2017 zur rechten Zeit. Endlich wurde die Frage der Wissenschaftlichkeit in der Soziologie wieder zu einem die ganze Disziplin erfassenden Kristallisationskern von Auseinandersetzung und Selbstbefragung: Wo genau stehe ich eigentlich?

Wie wichtig und produktiv dieser Impuls zu grundsätzlicher soziologischer Selbstreflexion war und ist, zeigt sich gerade auch in den kritischen Stellungahmen.[2] In der Dialektik der Debatte gewann das scheinbar Selbstverständliche wieder Profil. Der Titel dieses Buchs, Soziologie als Handwerk, zielt explizit auf Professionalität ab. Wie macht man gute Soziologie? Wie kann man sich einerseits auf die zahlreichen Sonderprobleme einlassen, die der Forschungsgegenstand Gesellschaft nun einmal unweigerlich mit sich bringt, und andererseits den Anspruch erheben, Wissenschaft im strengen Sinn zu sein?

Genau darum ging es auch den Gründungsmitgliedern der »Akademie für Soziologie«. Sie fordern eine »empirisch-analytische« Soziologie, deren Programmatik an die Naturwissenschaften erinnert: Suche nach allgemeinen Gesetzmäßigkeiten, theorieorientierte Forschung, standarisierte Messung, maximale Objektivität, kumulativer Wissensfortschritt. Meine eigene Position dazu wird an vielen Stellen in diesem Buch deutlich werden: Einerseits gehört diese Forschungslogik durchaus zum Handwerk der Soziologie dazu, andererseits darf sie nicht zum Käfig werden. Der Forschungsgegenstand Gesellschaft in seiner Gesamtheit ist allein damit keinesfalls zu erreichen. Wie aber kann dann Soziologie noch beanspruchen, eine empirische Wissenschaft zu sein? Diese Frage zieht sich wie ein roter Faden durch meine folgenden Überlegungen.

(2) Soziologische Allgemeinbildung: Dieses Vorhaben klingt zunächst utopisch. Wie aber soll soziologische Aufklärung jemals gelingen, wenn Soziologie und Öffentlichkeit aneinander vorbeireden? Ohne populäres soziologisches Allgemeinwissen wird sich am weitgehenden Fehlen eines Dialogs zwischen Soziologie und Öffentlichkeit nichts ändern.[3] Aber ist das nicht normal? Die meisten Wissenschaften sind nur studierten Experten zugäng-

lich. Spezialisierte Vermittler und akademische Berufe übersetzen neue Forschungsergebnisse in die Praxis, und alle sind zufrieden. Sollte sich nicht auch die Soziologie an diesem Modell orientieren? Nein: Hier gilt das genaue Gegenteil. Die Soziologie verfehlt ihren Daseinszweck, wenn sie für sich bleibt, statt den Diskurs mit der Öffentlichkeit zu suchen.

Soziologie ist eine Wissenschaft, die verstehen, aber auch verstanden werden will. Darin gleicht sie der Psychotherapie. Diese ist heute so fest in der Gesellschaft verankert, dass sie zu einem der größten Etatposten im Budget der Krankenkassen wurde. Im Lauf des 20. Jahrhunderts konnte die Psychotherapie den Menschen begreiflich machen, worin ihr Beitrag zum Gelingen des Lebens besteht: in mehr Klarheit über sich selbst. Der Fokus der Psychotherapie liegt auf dem Innenleben, derjenige der Soziologie auf dem Zusammenleben. Der Soziologie ist es jedoch bis heute nicht gelungen, ihr Potenzial den Menschen nahezubringen. Man weiß zwar, dass es die Soziologie gibt, was sie aber konkret will und nützt, wird auch innerhalb der Disziplin kaum einmal auf den Punkt gebracht.

Dieses Buch soll Soziologie als ein Handwerk vermitteln, das auf mehr Klarheit und Explizitheit abzielt. Klarheit im Zusammenleben kann sich im Blick auf weithin geleugnete Konflikte zeigen. Sie kann im Bezweifeln dessen zutage treten, was so gut wie alle für unumstößlich wahr halten. Sie kann auch die sokratische Form des Eingeständnisses von Ungewissheit und Unschärfe annehmen, wo Sicherheit und Exaktheit auf Selbsttäuschung hinauslaufen würden. Soziologie ist ein unbequemes Projekt.

Aber kann man sich auf soziologische Erkenntnisse verlassen? Ein Arzt, der sich seiner Diagnose nicht sicher war, verblüffte mich einmal mit einem Vergleich: »Wenn das potenzielle medizinische Wissen das Universum darstellt, dann sind wir gerade erst beim Mond angekommen.« So alltäglich Ungewissheit ist, so rar bleibt ihr Eingeständnis, nicht nur in der Medizin. Welche Therapie ist die richtige? Was wäre gegenwärtig die beste Geldanlage? Wie soll es mit Europa weitergehen? Was macht einen guten Unterricht, eine gute Schule, ein gutes Bildungssystem aus?

Andererseits sind wir immerhin »bis zum Mond« gekommen – in der Medizin. Wie aber steht es im Vergleich dazu in der Soziologie? Hat sie, ihrem Image einer »weichen«, ihrer selbst unsicheren Wissenschaft entsprechend, vielleicht noch nicht einmal die Wolkendecke durchstoßen? Dann wundert es umso weniger, dass sich in den allgegenwärtigen Streitgesprächen über die Gesellschaft, in der wir leben, so viel Rechthaberei und illusionäre Gewissheit findet.

Vielleicht gäbe es mehr Konsens, und dies auf besserer Grundlage, wenn es der Soziologie gelänge, zu einer Instanz zu werden, die gefragt, gehört und verstanden wird. Mit diesem Buch versuche ich, dazu einen Beitrag zu leisten. Die neun Hauptteile mit jeweils zwei bis drei Kapiteln schreiten einen Themenhorizont ab, dem man üblicherweise nur in getrennten Publikationen und Lehrveranstaltungen begegnet. In diesem Buch dagegen kommt es auf die Zusammenschau aller Anforderungen des Denk-Handwerks der Soziologie an. Um eine Gebrauchsanleitung, wie der Untertitel besagt, handelt es sich insofern, als es vor allem um die operative Umsetzung der Leitideen der Soziologie geht. Diese scheinen nach mehr als 150 Jahren Geschichte der Soziologie als akademischer Disziplin[4] weitgehend ausbuchstabiert – wie aber »macht« man Soziologie?

Welche Teilfragen ich hier aus dieser Hauptfrage ableite und bearbeite, zeigt der folgende Überblick über die neun Hauptteile dieses Buchs:

I. *Das Projekt Soziologie:* Womit beschäftigt sich die Soziologie?

II. *Wissenschaft:* Was macht Wissenschaftlichkeit aus und wie kann die Soziologie Wissenschaft sein?

III. *Wirklichkeitszugang:* Wie informiert sich die Soziologie über ihren Forschungsgegenstand?

IV. *Sprache:* Aus welchen Bausteinen bestehen soziologische Texte?

V. *Argumentieren:* Was sind gute Begründungen?

VI. *Heuristik:* Wie generiert die Soziologie neues Wissen?

VII. *Wissensdynamik:* Welche Formen nimmt Wissensfortschritt in der Soziologie an?

VIII. *Subversion:* Welchen unterschwelligen Gefährdungen ist die Soziologie ausgesetzt?

IX. *Herausforderungen:* Welche Aufgaben stellen sich der Soziologie heute?

Weil der Begriff der Erkenntnis in diesem Buch hervorgehobene Bedeutung hat, will ich gleich zu Beginn klarstellen, wie ich ihn im Kontext der Soziologie *nicht* meine: Er soll nicht etwa das Offenbarwerden einer absoluten und unbestreitbaren Wahrheit bedeuten. Wie könnte man auch hoffen, diesen Anspruch verbindlich zu begründen? Der Begriff der Erkenntnis bezeichnet im Folgenden lediglich ein vorläufiges, hypothetisches Für-Wahr-Halten, begründet durch anerkannte Methoden und plausible Argumente. Sie sind nachvollziehbar, aber ohne Ermessensentscheidungen geht es dabei nicht zu. Mehr als ein begrenzter und vorläufiger Konsens ist meist nicht zu haben (es sei denn, es geht um logische oder mathematische Richtigkeit). Im Begriff der Erkenntnis, so wie ich ihn hier in Anlehnung vor allem an Karl Popper verwende,[5] wie er aber auch schon im Skeptizismus der griechischen Philosophie aufscheint,[6] schwingt immer das Eingeständnis von Ungewissheit, Zweifel und Revisionsbedürftigkeit mit. Das Handwerk der Soziologie kann immer nur Vorläufiges zustande bringen.

Hätte ich das Talent, Cartoons zu zeichnen, würde ich diese Einleitung mit zwei Bildern abschließen. Das erste Bild würde ein Kind auf einem Dreirad zeigen, das in die Pedale tritt und mit dem Lenker steuert – aber nur vermeintlich, denn hinter dem Dreirad gehen Mutter und Vater einher, die über eine mit dem Dreirad verbundene Stange abwechselnd den Kurs bestimmen. Beide symbolisieren die zwei schweigenden Mächte, mit denen sich dieses Buch durchgängig beschäftigt: zum einen soziale Normalität, zum anderen Voreinstellungen des Denkens und der Wahrnehmung. Diese »Eltern« steuern uns unbemerkt, ob im Alltag oder in der Wissenschaft, bis wir uns dies bewusst machen und selbst die Herrschaft übernehmen.

Auf dem zweiten Cartoon würde das Kind immer noch auf dem Dreirad sitzen, aber es würde selbst steuern; die Eltern hätten die Stange losgelassen.

Teil I
Das Projekt Soziologie

Leitfrage: Womit beschäftigt sich die Soziologie?

Wie jede andere Wissenschaft will auch die Soziologie einen bestimmten Bereich der Wirklichkeit erschließen, dessen Besonderheit ihr Vorgehen prägt. Sie ist ein Handwerk, ein Bündel von Fähigkeiten und gedanklichen Werkzeugen, vergleichbar den Leitbegriffen, Methoden und Messgeräten von Physik, Chemie, Medizin und anderen empirischen Wissenschaften. Im Unterschied zu diesen Disziplinen hat das Projekt Soziologie jedoch einen physisch ungreifbaren, wenn auch ständig präsenten und fühlbaren Gegenstand im Auge.

Was »ist« der Forschungsgegenstand Gesellschaft? Wer so fragt, befindet sich bereits auf dem Holzweg. Der Forschungsgegenstand Gesellschaft wird erst im Rahmen einer selbst konstruierten Perspektive sichtbar, einer Art Optik, über die zu reflektieren bereits zum Handwerk dazugehört: Worum geht es konkret? Was genau meinen Begriffe wie Struktur, System, Feld usw. im jeweiligen Kontext von Studien, Texten, Forschungsprojekten eigentlich? In anderen Wissenschaften, etwa Physik, Chemie oder Medizin, kann man über solche Vorfragen pragmatisch hinweggehen, in der Soziologie nicht.

Im 1. Kapitel geht es zunächst um den spezifischen Zugang dieses Buchs zur Soziologie: um den Aspekt des *Handwerks*. Soziologie als Handwerk lässt sich nicht, wie es oft geschieht, auf die Methoden der empirischen Sozialforschung reduzieren, als wäre es genug, sich darauf zu verstehen, Daten zu erheben und auszuwerten; die Interpretation wäre dann eine Art Kunst. Nein: Soziologie ist als Denk-Handwerk zu sehen, das mit dem Nachdenken über die Perspektive beginnt und am Ende einer Studie Überlegungen einschließt, was diese für den Fortschritt soziologischen Wissens bedeutet und wie sie sich zur Praxis verhält.

Das 2. Kapitel begibt sich auf die Suche nach einem Konsens über den *Forschungsgegenstand Gesellschaft*, allen Dissonanzen und Richtungskämpfen in der Soziologie zum Trotz. Um mehr als einen gemeinsamen Nenner kann es dabei nicht gehen. Soziologie ist die Wissenschaft von Menschen in Mehrzahl, von sozialen Kollektiven. Drei Hauptaspekte haben sich als immer wieder aufscheinende Bezugspunkte wissenschaftlichen und außerwissenschaftlichen Interesses herauskristallisiert: Interaktionsmuster, Sinnwelten und Verteilungen. Um nicht essentialistisch missverstanden zu werden: Dies »ist« nicht der Forschungsgegenstand Gesellschaft, vielmehr handelt es sich lediglich um immer wieder als relevant empfundene *Sichtweisen*. Über mehr kann man in den empirischen Wissenschaften auch gar nicht sprechen.

Das 3. Kapitel schlägt dann einen im Rahmen soziologischer Grundlagenliteratur ungewöhnlichen Kurs ein. Es verortet den Forschungsgegenstand Gesellschaft in einem *evolutionstheoretischen Modell von Wirklichkeitsschichten*, die sukzessiv im Verlauf der Geschichte des Universums entstanden. Worauf es dabei ankommt, ist die Verbindung dieses Modells mit wissenschaftssystematischen Überlegungen: Jede dieser Wirklichkeitsschichten steht in besonderen kausalen Beziehungen zu den angrenzenden Schichten, und in jeder Schicht gelten bestimmte Eigengesetzlichkeiten, auf die sich die jeweils zuständigen Wissenschaften einstellen müssen. Mit welchen Wirklichkeitsschichten hat es die Soziologie zu tun und auf welche Eigengesetzlichkeiten muss sie sich einlassen?

1. Kapitel: Soziologie als Handwerk

»The great aim of education is not knowledge but action.«
Herbert Spencer

Soziologie machen

Soziologie als Handwerk zu betrachten, ist ein ungewohnter Zugang. Wer schon einmal mit Soziologie als akademischer Disziplin in Berührung gekommen ist, mag als erstes an Methoden der empirischen Sozialforschung denken, an Fragebogenkonstruktion, Stichprobentechnik, Statistik und Forschungsorganisation. Gewiss: Diese Verfahren sind Handwerk im Sinn regelgeleiteter Arbeit. Es kostet Zeit und Anstrengung, dieses Handwerk zu erlernen; ohne Ausbildung entsteht unweigerlich Pfusch. Deshalb nimmt die empirische Sozialforschung in soziologischen Studiengängen weltweit einen wichtigen Platz ein. Doch Soziologie zu *machen* geht weit über die empirische Arbeit hinaus. Das Handwerk der Soziologie beginnt mit der oft unterschätzten Frage, was genau eigentlich jeweils Gegenstand der Analyse sein soll, und es hört mit der Auswertung von Daten und Beobachtungen noch lange nicht auf.

Im Leitmotiv des Handwerks, das für dieses Buch bestimmend ist, klingt ein ständiges Hin und Her zwischen zwei Ebenen an: zwischen dem Tun einerseits und seiner Beurteilung andererseits. Dafür verwendet man in wissenschaftstheoretischen und diskursanalytischen Kontexten oft das Begriffspaar von *operativer Ebene* und *Metaebene*. Doch die Dialektik von Tun und Beurteilung ist viel älter. Sie ist allgegenwärtig, seit es Menschen gibt: als rationale Form der Selbstbeobachtung in Bezug auf das eigene Handeln.

Von der Erfindung der ersten Werkzeuge unterscheidet sich die heutige Wissenschaft nur durch das Anliegen – hier Brauchbarkeit für praktische Zwecke, dort Brauchbarkeit für Erkenntnis. Die Beobachtung der operativen Ebene von der Metaebene aus zielt auf Qualität, ob es um Werkzeuge oder Wissen geht. Was nun beispielsweise eine gute Axt ausmacht, kann sich jeder leicht vorstellen. Doch was sind gute Werkzeuge der Erkenntnis, speziell in der Soziologie?

Darüber ist weiß Gott schon viel geschrieben worden. In kaum einer anderen Wissenschaft füllen so viele Einführungen, Lehrbücher und sonstige Grundlagentexte die Regale der Universitätsbibliotheken wie in der Soziologie. So verzeichnete der Suchbegriff »Einführung« im Katalog der Universitätsbibliothek Bamberg im Jahr 2019 kombiniert mit »Volkswirtschaftslehre« 562 Treffer, kombiniert mit »Betriebswirtschaftslehre« 1.265 Treffer, aber kombiniert mit »Soziologie« 7.263 Treffer. Auf den ersten Blick scheinen die vorhandenen Titel nichts offen zu lassen. Bei einer Durchsicht der Grundlagenliteratur treten verschiedene Schwerpunkte hervor, die teils monothematisch, teils in Kombination abgehandelt werden: Grundbegriffe, Geschichte, Theorien, Paradigmen, Perspektiven, Diagnosen, Handlungsfelder, Forschungsmethoden. Für all diese Themenbereiche sind fachlich und didaktisch hervorragende Texte verfügbar.[7] Droht unter diesen Umständen nicht jeder neue Titel das Problem zu vergrößern, den Wald vor lauter Bäumen nicht mehr sehen zu können? Muss nicht der Grenznutzen jedes weiteren Grundlagentextes gegen Null gehen? Ja, soweit es dabei um Wissen geht, nein, soweit es um Handeln geht.

Mein folgender Versuch orientiert sich an einem Modell des Lernens, das von einem Wechselspiel zwischen Wissen und Machen ausgeht. Gewiss lässt sich beides nicht im Sinn von entweder/oder trennen. Zwischen Wissen und Machen besteht kein Gegensatz, sondern eine produktive Dialektik. Soziologisches Wissen, etwa über Idealtypen bei Max Weber, erfüllt erst dann seinen Zweck, wenn man sich davon zum eigenen Denken anregen lässt; umgekehrt kann aus jeder soziologischen Arbeit Wissen werden, das dann in die zukünftige Denk-Praxis einfließt. Meine folgenden Überlegungen sind zwar auf die eher wissensorientierte soziologische Grundlagenliteratur angewiesen. Wissen ist aber erst am Ziel, wenn es operativ umgesetzt wird: Wie kann man selbst soziologisch weiterdenken, argumentieren, urteilen und sich in der Öffentlichkeit einbringen?

In diesem Buch liegt der Akzent auf dem Machen, auf der Praxis soziologischen Denkens, auf Soziologie als Handwerk. Was damit gemeint ist, zeigt sich in zahlreichen Einführungen in die Methoden der empirischen Sozialforschung. Dort finden sich Arbeitsanleitungen: Wie redigiert man einen Fragebogen? Was ist Skalierung und wie führt man sie durch? Wie plant man eine Stichprobe so, dass man auf Repräsentativität hoffen kann? Wie wertet man Daten aus?

Solche die konkrete Forschungspraxis betreffenden Fragen haben aber nur einen von vielen Aspekten im Auge. Auf welche weiteren Aspekte von Soziologie als Handwerk es darüber hinaus ankommt, mögen ein paar Fragen andeuten, die auf nachfolgende Kapitel verweisen: Was genau tut man, wenn man *soziologisch* denkt? Wie betreibt man Soziologie dezidiert *als Wissenschaft*? Wie *argumentiert* man soziologisch? Wie kann Soziologie *öffentlichkeitswirksam* werden? Pointiert gesprochen, geht es im Folgenden nicht primär um Fundstücke des Wissens, sondern um seine Herstellung; es geht weniger um Denkergebnisse anderer als um Selbstdenken; es geht um das Hinterfragen und die Weiterentwicklung von Prämissen; es geht um Prinzipien wissenschaftlicher Moral und die typischen Verstöße dagegen.

Eine Möglichkeit, Soziologie als Handwerk in der Lehre zu vermitteln, habe ich vielfach in »Debattierseminaren« an der Universität Bamberg erprobt. Dabei kam es auf spontanes Argumentieren an: Was ist aus soziologischer Sicht zu den jeweiligen Themen der Zeit zu sagen, die täglich in den Fernsehnachrichten, in sozialen Medien, in der Zeitung anklingen? Und allgemein: Worin konkret besteht eigentlich die soziologische Sicht? Meine didaktische Konzeption entsprach der eines soziologischen Forschungspraktikums, wie es inzwischen überall in soziologischen Studiengängen etabliert ist, allerdings bezogen auf die Soziologie *insgesamt:* learning by doing.

Entsprechend soll dieses Buch eher einen aktivierenden als einen rezipierenden Zugang zur Soziologie eröffnen. Es schließt an einige teils weit zurückliegende Vorläufer an, unter anderem an Max Webers Vortrag *Wissenschaft als Beruf*, Karl Poppers Thesen zur *Logik der Sozialwissenschaften*, Pierre Bourdieus *Soziologie als Beruf*, Karl-Dieter Opps *Methodologie der Sozialwissenschaften* und Peter L. Bergers *Einladung zur Soziologie.*[8] Das mit dem zuletzt genannten Titel ausgesprochene Motto, aufgefasst als Aufforderung zum Mitmachen, gilt auch für dieses Buch. Abgesehen vom gemeinsamen Anliegen der Reflexion wissenschaftlichen Handelns unterscheiden sich die eben genannten Texte bezeichnenderweise untereinander viel stärker als die Texte der oben erwähnten soziologischen Grundlagenliteratur. Soziologisches Wissen ist heute weitgehend kanonisiert, soziologisches Machen keineswegs.

Im folgenden Abschnitt konkretisiere ich soziologisches Machen zunächst anhand einiger Beispiele, um dann eine vorläufige Systematisierung zu entwerfen, die drei große Felder soziologischer Arbeit absteckt: Kommunikation, Forschung und Fortsetzung der Fachtradition. In den daran anschließenden Abschnitten greife ich diese Stichworte auf.

Handwerkliche Standardsituationen der Soziologie

Wie manifestiert sich das Machen von Soziologie, auch, aber nicht nur innerhalb des bloßen Forschungsbetriebs? Ob man sich dessen bewusst ist oder nicht, zumindest implizit ist man bereits quasi-soziologisch aktiv, bevor man sich etwa beim Formulieren eines Fragebogens auch nur die erste Interviewfrage überlegt hat, und man ist mit dem Handwerk der Soziologie keineswegs bereits am Ende, wenn die Daten eingegeben sind und statistische Ergebnisse auf dem Bildschirm erscheinen.

Soziologie als Tätigkeit beginnt mit einer präzisen und immer wieder neu zu konkretisierenden Vorstellung davon, was man überhaupt wissen will. Das sei doch klar, bekommt man zu hören – es gehe um Gesellschaft, Beziehungen, Strukturen, Systeme, Kultur und so weiter. Mag sein, aber was ist damit eigentlich genau gemeint? Wer sich der Suggestion des scheinbar Selbstverständlichen verweigert und nachfragt, wird oft sein blaues Wunder erleben, durchaus auch im Gespräch mit ausgebildeten Soziologinnen und Soziologen. Der Forschungsgegenstand der Soziologie kommt einem eben nicht als Naturtatsache entgegen wie ein Apfel oder eine Kartoffel – man sieht ihn nur, wenn man über eine gute Optik dafür verfügt. Die aber muss man sich erst einmal konstruieren.

So beginnt das Handwerk der Soziologie bereits im Vorstadium jeder empirischen Arbeit, und es setzt sich danach mit der Konstruktion der Ergebnisse fort. Wie? Werden Ergebnisse etwa konstruiert? Verhält es sich in der Wissenschaft nicht vielmehr so, dass Ergebnisse eben herauskommen, unabhängig von der Person der Forschenden? Keineswegs, auch wenn sich unser Verständnis des Begriffs »Ergebnisse« dagegen sperrt. Es handelt sich genau genommen immer um Konstruktionen.

Wie zeigt sich dies etwa bei einer statistischen Korrelation? Diese ist zwar einfach nur das Resultat eines Algorithmus und insofern ein Ergebnis, das im landläufigen Sinn »herauskommt«. Aber erstens ist auch der Algorithmus eine Konstruktion, und zweitens ist er noch kein soziologischer Befund. Zu diesem wird er erst durch Interpretation. Deutet er beispielsweise auf eine Kausalbeziehung hin, auf eine persönliche Handlungstendenz, auf ein Milieu, auf ein situatives Syndrom? Um darauf zu antworten, braucht man eine Art von soziologischem Können, das beim Korrelationskoeffizienten noch lange nicht am Ziel ist. Mit dem statistischen Ergebnis tritt das Handwerk der Soziologie in das nächste, schwierigere Stadium ein.

Auch wenn die Daten interpretiert sind, ist die Arbeit noch nicht getan. Die Anschlussfrage lautet, wie sich der soziologische Befund zur bisherigen

Forschung verhält. Allgemein: Welches Modell der Wissenschaftsgeschichte passt zur Soziologie? Für jede Wissenschaft ist die Vorstellung ihres Pfades durch die Zeit eine maßgebliche Orientierungsgröße. Handelt es sich bei der Soziologie um eine kumulative Wissenschaft, wo der Berg des Wissens auf einem stabilen Sockel wächst und wächst, wie in den Naturwissenschaften? Oder ist, wie es Max Weber drastisch ausdrückte, der Gedanke »sinnlos«, dass es etwa »das Ziel der Kulturwissenschaften sein könne, ein geschlossenes System von Begriffen zu bilden, in dem die Wirklichkeit in einer endgültigen Gliederung zusammengefasst werden könnte«?[9] Oder ist sie beides, wenn man sie differenziert betrachtet, wie dies im 16. Kapitel erfolgen wird: teils historisch variabel, teils kumulativ? Auch dies gehört zum Handwerk der Soziologie dazu: Forschung und Analyse von Fall zu Fall ins Verhältnis zur langfristigen Entwicklung des Wissens zu setzen und einzuordnen.

Hinzu kommt: Das Projekt der Soziologie bleibt unvollendet, wenn es seine Zielgruppe nicht erreicht – die Menschen, Institutionen und Organisationen jenseits der wissenschaftlichen Soziologie. Es verhält sich mit der Soziologie nicht anders als etwa mit der Medizin. Dass jede wissenschaftliche Anstrengung der Medizin erst am Ziel ist, wenn sie den Menschen nützt, versteht sich von selbst. Worin jedoch der Nutzen in der Soziologie bestehen könnte, ist nicht so evident wie in der Medizin, die sich mit den direkt erfahrbaren Phänomenen von Gesundheit und Krankheit beschäftigt. Im Fokus der Soziologie liegt zwar ebenfalls ein Wirklichkeitsbereich, den jeder täglich erlebt – die Wirklichkeit der Kollektive. Im Unterschied zu körperlichen Empfindungen ist diese Wirklichkeit den meisten aber nur intuitiv verfügbar. Der Hauptnutzen der Soziologie besteht darin, dieses implizite gesellschaftliche Wissen explizit zu machen und mit den sozialen Tatsachen zu konfrontieren.

Wenn in diesem Zusammenhang von soziologischer Aufklärung oder öffentlicher Soziologie die Rede ist, kann damit allerdings immer nur ein Dialog gemeint sein. Soziologie erreicht die Gesellschaft nicht als fertige Botschaft, die einfach nur zur Kenntnis zu nehmen wäre, und schon gar nicht lässt sie sich »implementieren«, als ob es um den Einbau neuer Mechanismen oder um das Justieren gesellschaftlicher Stellschrauben ginge. Der letzte Schritt im Handwerk der Soziologie besteht vielmehr in *soziologischer Kommunikation* zwischen Wissenschaft und Öffentlichkeit. Dabei sind beide Seiten gefordert; der Bringschuld der Soziologie entspricht eine Art Holschuld der Öffentlichkeit. Letzterer nachzukommen ist vor allem eine Aufgabe von Bildungspolitik und der Hochschulentwicklung, worauf ich im letzten Kapitel zurückkommen werde.

In diesen handwerklichen Standardsituationen lassen sich drei Felder soziologischer Arbeit erkennen, die ganz verschiedene Kompetenzen erfordern. Die Hauptteile und Kapitel dieses Buchs bearbeiten diese Felder und einzelne ihrer Teilgebiete in größerer Ausführlichkeit. Hier am Anfang geht es zunächst um einen groben Überblick, den die nun folgenden drei Abschnitte vermitteln sollen. Der erste beschäftigt sich kursorisch mit den besonderen kommunikativen Aufgaben der Soziologie, der nächste mit ihrem Bemühen um Wissenschaftlichkeit, der dritte schließlich mit dem Verhältnis der Soziologie zur eigenen Wissenstradition.

Kommunikation: Worin besteht soziologische Professionalität?

Sowohl in der Medizin als auch in der Soziologie gibt es – mehr als in den meisten anderen Wissenschaften – eine Art Kollegialitätsverhältnis zwischen Laien und Profis. Während jedoch der ärztliche Kompetenzvorsprung von den meisten durchaus anerkannt wird (mag die Medizinskepsis der Bevölkerung auch seit Jahrzehnten steigen), ist Soziologie als Beruf außerhalb der Profession so gut wie unbekannt geblieben. Wer weiß schon, was professionelle Soziologinnen und Soziologen können, worin ihr Kompetenzvorsprung besteht und was dies mit dem eigenen Leben zu tun hat?

Auch soziologische Laien beobachten soziale Phänomene, verallgemeinern, denken über Gesellschaftliches nach und reden darüber – meist im Gefühl der Gewissheit. »Ich weiß Bescheid, erzähl‘ mir doch nichts!« Worin soll da der Mehrwert der Soziologie bestehen? Kann die Soziologie etwas, das über das hinausginge, was ohnehin alle zu können glauben?

Soziologische Professionalität beginnt mit dem Gegenteil laienhafter Gewissheitsillusionen – mit dem Wissen um die Irrtumsrisiken soziologischer Aussagen. Gleichzeitig verfügt die Soziologie über Methoden, mit denen man diese Irrtumsrisiken möglichst klein halten kann. Es besteht Klarheit darüber, dass alles Wissen nicht einfach »resultiert«, sondern auf Vorentscheidungen und Voreinstellungen beruht, die immer wieder zu reflektieren und zu revidieren sind.

Zur soziologischen Professionalität gehört eine explizite Vorstellung von der Besonderheit des Forschungsgegenstands Gesellschaft – zu wissen, was die Soziologie mit den Naturwissenschaften verbindet, sich gleichzeitig aber auch des Unterschieds zu den Naturwissenschaften bewusst zu sein, bedingt durch die Besonderheit des Forschungsgegenstands Gesellschaft im Vergleich zu Naturphänomenen, mit denen sich etwa die Astrophysik, die Chemie oder die Meteorologie beschäftigen.

Eine weitere Konsequenz der Eigenart des Forschungsgegenstands ist die bereits angeführte dialogische Praxisbeziehung anstelle der technologischen, medizinischen oder ökologischen Praxisbeziehung der Naturwissenschaften. Von all dem wird noch ausführlich die Rede sein.

Zur soziologischen Professionalität gehört es schließlich auch, so paradox es scheinen mag, die spezielle Kompetenz der Laien anzuerkennen und von ihnen zu lernen, vor allem durch offene Interviews, Textanalysen und Alltagsbeobachtungen. Für die Soziologie sind Laien gleichzeitig die ersten Experten. Ihre vorwissenschaftliche Erfahrung der sozialen Wirklichkeit bedarf zwar der Deutung, der Abstraktion, der skeptischen Beurteilung und der komplexen Analyse, nichtsdestoweniger ist die Soziologie mehr als alle anderen Wissenschaften auf die Kommunikation mit Laien angewiesen. Nichts wäre in der Soziologie weniger professionell, als sich hinter Professionalität zu verstecken.

Forschung: Integration statt Ehekrach

Dass auch Wissenschaftlichkeit zum Kern soziologischer Professionalität gehört, müsste wohl kaum erwähnt werden, wenn es so selbstverständlich wie in den Naturwissenschaften wäre, was im Fall der Soziologie darunter zu verstehen ist. Einerseits macht es geradezu den Kern der modernen Wissenschaft aus, nur die Fakten zum Reden und alles Subjektive zum Schweigen zu bringen. Andererseits ist der Forschungsgegenstand der Soziologie ohne den Einsatz von Subjektivität als Forschungsressource nur partiell und oberflächlich zu erreichen – sofern man das Verstehen zwischenmenschlicher Episoden und der dahinterliegenden gemeinsamen Sinnwelten als genuin soziologisches Anliegen begreift.

Wahlergebnisse beispielsweise sind, wenn alles mit rechten Dingen zugeht, objektive Fakten wie beispielsweise die Raumtemperatur. Aber warum sind sie so und nicht anders ausgefallen? Schon in der Wahlnacht beginnt der Kampf um die Deutungshoheit. Jeder legt die Zahlen nach Belieben aus, und je nach Parteizugehörigkeit entsteht ein anderes Bild.

Eine sozialwissenschaftliche Wahlanalyse soll dagegen kein politisches oder persönliches Interesse verfolgen, vielmehr soll sie die Beweggründe der Menschen an den Tag bringen. Doch mit welchen Methoden man dabei auch vorgehen mag – man kann die Motive der Menschen nicht einfach ablesen wie die Raumtemperatur vom Thermometer. Man wird nicht darum herum kommen, zu vermuten, zu interpretieren, sich in andere hineinzuversetzen.

Objektivität im streng naturwissenschaftlichen Sinn ist dabei grundsätzlich nicht zu haben. Also schließt man entweder ausgerechnet diejenigen Sachverhalte aus der Analyse aus, an denen Politik, Medien, Wirtschaft und die Menschen im Alltagsleben am meisten interessiert sind – oder man ist dazu bereit, auch Plausibilität und Intersubjektivität als wissenschaftlich akzeptabel gelten zu lassen. Dieses Buch folgt klar der zweiten Option: Soziologie soll so objektiv wie möglich sein, aber sie soll nicht den Betrieb einstellen, wenn sich bestenfalls vorläufiger und begrenzter Konsens im wissenschaftlichen Diskurs erreichen lässt.

Gute Diskurse sind das A und O guter Wissenschaft. Dabei haben es die Naturwissenschaften leichter als die Soziologie, denn sie unterliegen der Disziplinierung durch die Natur als einer harten Lehrmeisterin: Eine falsche Theorie scheitert spätestens bei der Anwendung, sollte der vorangegangene wissenschaftliche Diskurs dabei versagt haben, ihre Defizite ausfindig zu machen – Beispiele gibt es genug.[10] Doch der Soziologie steht keine vergleichbare Instanz zur Verfügung. Unter diesen Umständen muss man sich mit dem (meist nur begrenzten) Konsens der Fachwelt bescheiden, so skeptisch dieses Wahrheitskriterium auch zu beurteilen ist, wie wir noch sehen werden. Umso wichtiger ist es, Soziologie als öffentlich anerkanntes Handwerk zu professionalisieren.

Dazu gehört unter anderem die Handhabung fachspezifischer Denktechniken, etwa der holistischen Betrachtung, des Kollektivvergleichs, des Verstehens oder des Umgangs mit realer Unschärfe. Einzigartig in der Wissenschaftslandschaft und ohne Pendant im Alltagsdenken sind die Techniken multivariater Analyse von Surveys und die damit verbundenen soziologischen Interpretationsmuster.

Was den wissenschaftlichen Diskurs in der Soziologie betrifft, so sticht als erstes ein Ausmaß von Selbstkritik ins Auge, das andere Disziplinen weit in den Schatten stellt. Doch dieser Diskurs scheint die diskutierten Probleme eher zu reproduzieren als zu lösen – wie bei einem Ehekrach, der sich obendrein auch noch um einen Scheinkonflikt dreht. Mit diesem treffenden Bild ironisierte Armin Nassehi die Lage der Soziologie im Jahr 2018.[11] Die Metapher des Ehekrachs passt insofern zur Soziologie, als hier wie dort immer wieder dieselben Drehbücher durchgespielt werden. Das Déjà-vu der Soziologie besteht darin, dass die eine Seite Wissenschaftlichkeit im strengen Sinn verlangt, während die Gegenseite Sensibilität für den Forschungsgegenstand fordert. Nassehi vergleicht diesen Konflikt mit dem ewigen Streit eines Paares darüber, wer den Müll runterbringen soll.

Aber es muss eben sein. Weil beide Anliegen – Wissenschaftlichkeit und Gegenstandsangemessenheit – gleichermaßen unabdingbar sind, kommt es darauf an, sie zu integrieren. Es geht dabei um eine Ordnung wissenschaftlichen Voranschreitens im ständig veränderten Terrain, was ich im nächsten Abschnitt mit dem Bild eines nomadischen Projekts beschreibe. Es geht um Regeln für die Produktion von Erkenntnis über den Forschungsgegenstand Gesellschaft, ohne wichtige Aspekte der sozialen Wirklichkeit wegen angeblicher Unzugänglichkeit für die Wissenschaft auszuklammern.

Wissenschaftlichkeit steht nicht etwa im Widerspruch dazu, dass sich die soziale Wirklichkeit analytisch gesehen denkbar mühselig und unbequem darstellt – dass die Gesellschaft objektive Unschärfen aufweist; dass man sie nur erreichen kann, wenn man sich auf Interpretationsrisiken einlässt; dass sie sich oft schneller ändert, als man Replikationsstudien durchführen kann. Nein: Genau diese Eigenschaften des Forschungsgegenstands machen Wissenschaftlichkeit erst recht unerlässlich.

Zum Projekt soziologischer Integration gehört auch die Umdeutung angeblicher soziologischer Heterogenität. Aus der oft monierten, scheinbaren »Zersplitterung« der Soziologie lässt sich auch das genaue Gegenteil herauslesen, nämlich ein Zeichen umfassender Einheit angesichts eines Forschungsgegenstands, der nach so vielen Paradigmen wie sonst keiner verlangt.

Nicole Burzan hat wichtige Gründe dafür zusammengefasst,[12] die allesamt auf die Besonderheit des Gegenstands zurückzuführen sind:

- eine Komplexität, die sich nicht in ein »von oben nach unten oder von unten nach oben« gedachtes Schema pressen lässt;
- der fortwährende Wandel des Gegenstands, der sich nur anhand immer wieder neuer Begriffsnetze fassen lässt;
- die Situiertheit der Beobachtenden innerhalb der beobachteten Phänomene;
- damit zusammenhängende, wechselnde Erkenntnisinteressen mit weit auseinanderliegenden räumlichen und zeitlichen Horizonten.

Das Projekt soziologischer Integration muss auch die Verbindung von quantitativen und qualitativen Verfahren einschließen, von Rechnen und Verstehen. An die Stelle des dauernd wiederholten Ehekrachs, bei dem jede Partei jeweils nur eine halbierte Soziologie proklamiert und die andere Hälfte bekämpft, tritt die Idee einer mehrgleisigen, dialektischen Soziologie.

Fortsetzung der Fachtradition: Nomaden oder Hausmeister?

Was dies bedeutet, sei in einer ersten Annäherung metaphorisch durch den Vergleich von Nomaden und Hausmeistern illustriert. Wissenschaft, egal welche, ist intellektuell gesehen zwar immer ein nomadisches Vorhaben; allerdings nimmt die Soziologie auch in dieser Hinsicht eine Sonderstellung ein – kaum eine andere Wissenschaft muss so mobil sein wie sie, um mit der sich ständig wandelenden sozialen Wirklichkeit Schritt zu halten. Wer in geistiger Sesshaftigkeit leben will, sollte sich einen anderen Beruf suchen. In der Soziologie kommt es darauf an, Komfortzonen zu verlassen, ins Unbekannte zu gehen, sich Irrwege einzugestehen, ständig über den Kurs zu streiten und mit Ungewissheit zu leben.

Ähnliche Erfahrungen machen zwar alle Menschen im Lauf ihres Lebens durch: Wechselfälle. Was die Wissenschaft jedoch vom normalen Leben unterscheidet, ist das gezielte Herbeiführen der Wechselfälle auf der Suche nach Erkenntnis. Als Gegentypus und Kontrastfolie zur nomadischen Wissenschaft kann man sich den wohlgeordneten Haushalt vorstellen, wo jedes Ding seinen Platz hat und alle Rituale eingespielt sind. Besucher, die in bester Absicht bei der Hausarbeit mithelfen und dabei alles durcheinanderbringen, lassen ungewollt die Kernidee des Haushalts als Enklave der Sesshaftigkeit hervortreten.

Viele Menschen lieben es, in ihrem Leben zwischen dem sesshaften und dem nomadischen Modus hin und her zu wechseln, beispielsweise indem sie immer wieder in Urlaub fahren. Romane und Filme legen den altgewohnten Plot des Ausbruchs aus der Sesshaftigkeit ins Ungewisse in immer wieder neuen Varianten auf. Dagegen ist die umgekehrte Sehnsucht nach Sesshaftigkeit unter nomadischen Bedingungen narrativ nicht ergiebig, auch wenn der Wunsch nach stabilen Verhältnissen im Alltagsleben ständig in Erscheinung tritt. Nicht anders ist es in der Soziologie. Die Versuchung ist groß, im Lauf der Zeit zum Hausmeister einer wohlaufgeräumten, abgeschlossenen Wissensenklave zu werden.

Was als nomadisches Projekt begann, degenerierte in der Ideengeschichte schon oft genug zur bloßen Hausmeisterei. »Es wird größerer Aufwand getrieben, die Auslegungen auszulegen als die Sache selbst, und es gibt mehr Bücher über Bücher als über irgendeinen anderen Gegenstand. Wir tun nichts, als uns gegenseitig mit Anmerkungen zu versehen. Alles wimmelt von Kommentatoren; an Autoren herrscht großer Mangel«, schrieb Montaigne Ende des 16. Jahrhunderts, zu einer Zeit, als die moderne Naturwissenschaft gerade erst auf dem Sprung stand.[13] Den Begriff »Soziologie« gab es damals zwar noch nicht, wohl aber soziologische Denkweisen in Philosophie und Geschichtsschreibung, und dies seit langem. Insofern kritisiert Montaigne indirekt durchaus auch die implizite Soziologie seiner Zeit.

Hausmeisterliche Soziologie nimmt gegenwärtig viele Formen an, obwohl gerade diese Wissenschaft in Anbetracht ihres wandelbaren, unsteten Forschungsgegenstands so mobil sein müsste wie keine andere. Im Vergleich zur Soziologie erscheinen die Naturwissenschaften als weitgehend abgeschlossene Enklaven des Fachwissens. Die Soziologie dagegen lebt in einem ständigen Austausch mit der Gesellschaft, der das Aussehen einer wechselseitigen Feedbackbeziehung hat. Einerseits soll die Soziologie ein Spiegel sein, der erkennen lässt, was sonst implizit und unbeeinflussbar bleibt: zwischenmenschliche Routinen und dazugehörige Sinnwelten. Andererseits muss sie bestrebt sein, den Anschluss zu behalten und den überraschenden Entwicklungen ihres Gegenstands möglichst dicht auf den Fersen zu bleiben. Daraus folgt ein ständiges Abschiednehmen von gerade erst errungenen soziologischen Deutungen. Die Soziologie muss immer wieder neu aufbrechen.

Ausblick

Warum kam die Soziologie im Vergleich zu anderen Disziplinen von Anbeginn nicht so recht vom Fleck, wie Turner und Turner mit Blick auf die Geschichte der Soziologie in den USA feststellen – unter dem vielsagenden Titel *The Impossible Science*?[14] Die Soziologie sei zu heterogen, heißt es, zu unwissenschaftlich, zu selbstbezüglich, zu hermetisch, zu praxisfern, zu wenig kumulativ, zu alles Mögliche. Dem kann man hinzufügen: Sie ist nicht selbstbewusst genug, um ihre Besonderheiten offensiv zu vertreten, statt sich am ungeeigneten Beispiel anderer Wissenschaften messen zu lassen.

Genau mit dieser Besonderheit beschäftigen sich die nächsten beiden Kapitel. Im 2. Kapitel frage ich zunächst: Was wird als Forschungsgegenstand

Gesellschaft sichtbar, wenn man sich durch die Vielfalt der Theorien, Begriffe und Methoden nicht beirren lässt, sondern einen unausgesprochenen Konsens unterstellt?

Im anschließenden 3. Kapitel geht es um die irreduzible Eigengesetzlichkeit dieses Forschungsgegenstands. Bei dieser Annahme handelt es sich nicht lediglich um eine methodologische Setzung, sondern um eine empirische These vor dem Hintergrund einer Theorie, die zwar auf die Soziologie blickt, ihr jedoch nicht unmittelbar zugehört – um die teils in den Naturwissenschaften, teils in der Philosophie beheimatete Theorie der Evolution der gesamten Wirklichkeit von Anfang an. Der Forschungsgegenstand Gesellschaft ist dieser Theorie zufolge die jüngste, zuletzt herausgebildete Wirklichkeitsschicht.

Alle weiteren Kapitel dieses Buches beschäftigen sich teils ausschließlich, teils in wechselnden Mischungsverhältnissen mit den drei in den vorangegangenen Abschnitten skizzierten Anforderungen an Soziologie als Handwerk: Kommunikation, Forschung, Fortsetzung der Fachtradition.

2. Kapitel: Forschungsgegenstand Gesellschaft

Der Ursprung soziologischen Erkenntnisinteresses

Was nimmt man wahr, wenn man viele Menschen vor sich sieht, etwa im Fußballstadion, im Rockkonzert oder in der Fußgängerzone? »Bekleidete menschliche Körper, die sich bewegen und Geräusche von sich geben«, so könnte vielleicht ein Comedian antworten. Seine Pointe umkreist den unsichtbaren Gegenstand der Soziologie; sie besteht im ironischen Ignorieren der Hauptsache, auf die man für gewöhnlich seine ganze Aufmerksamkeit richtet. Eine Reporterin im Fußballstadion redet über Trainertaktiken, Mannschaften und die Geschehnisse auf der Fan-Meile; ein Rockfan erzählt nach dem Konzert von »der irren Atmosphäre«; ein Flaneur in der Innenstadt sieht an einem Samstag im Dezember »genervte Passanten im Weihnachtsstress«.

Bei der Beobachtung von Menschenansammlungen fokussiert man Aspekte einer Wirklichkeit, die unmittelbar einen Sinn ergeben. Das mit Augen und Ohren Erfahrbare ist nur Oberfläche, Indiz für die Gegenwart unstofflicher, flüchtiger Phänomene. Beschreibungen beziehen sich auf Sachverhalte, die jeweils nur eine Mehrzahl von Personen hervorbringen kann – wir, ihr, sie. Fußballfans zum Beispiel bedienen sich einer Semantik für kollektive Tatsachen; Ausdrücke wie »Bayern München« oder »Südkurve« haben eine Kernbedeutung, die dem persönlichen Fan-Werden vorausgeht; sie sind gesättigt von Geschichten, Konflikten, Symbolen, Ritualen, bedeutungsvollen Orten und vielen anderen Elementen einer gemeinsamen Sinnwelt. Fan-Sein bedeutet Teilnahme an einer schon gegebenen gesellschaftlichen Wirklichkeit.

Solche Sinnwelten zu erforschen, ist eine der Aufgaben der empirischen Soziologie. Fragt man allerdings nach einer Präzisierung, erhält man unter Umständen Antworten, die unser Comedian als Steilvorlage für eine weitere Lachnummer nutzen könnte. Ähnliches könnte auch Ralf Dahrendorf mit seinem oft zitierten Bonmot gemeint haben: »Soziologie ist das, was Leute, die sich Soziologen nennen, tun, wenn sie sagen, dass sie Soziologie betreiben. Mehr nicht.«[15]

Dahrendorfs Bonmot lässt sich jedoch auch dialektisch lesen: einerseits als Widerhall der Selbstkritik, wie sie diese Wissenschaft so gerne wie keine andere pflegt; andererseits als Anerkennung von etwas Selbstverständlichem und Naheliegendem. Die erste Lesart läuft auf die Ironisierung von Beliebigkeit, kommunikativem Chaos und paradigmatischer Kleinstaaterei hinaus. Liest man Dahrendorf dagegen auf die zweite Weise, so wird klar, dass er den Leuten, die sich »Soziologen« nennen, durchaus ein gemeinsames Erkenntnisinteresse unterstellt, auch wenn er dieses nicht explizit herausarbeitet. Wenden wir uns also der Anschlussfrage zu: Was tun diese Leute denn, das sie dazu veranlasst, sich »Soziologen« zu nennen?

Zunächst: Dahrendorf sieht Soziologie nicht als Beschäftigung mit einem metaphysisch vorgegebenem »Ding an sich«, sondern als eine menschengemachte Wissenschaft. Für die platonische Vorstellung von Soziologie als Teil einer vorgefundenen metaphysischen Ordnung hat er, in Übereinstimmung mit dem philosophischen Konsens der Gegenwart, nur Ironie übrig. Allerdings: Von einem nachmetaphysischen Standpunkt aus gesehen erscheint nicht nur die Soziologie als willkürliches Erkenntnisprojekt, sondern jede Wissenschaft. Um Dahrendorf zu paraphrasieren: Auch Medizin ist das, was Leute, die sich Mediziner nennen, tun, wenn sie sagen, dass sie Medizin betreiben.

Ist das alles? Wohl kaum, sonst hätte sich weder die Soziologie etabliert noch die Medizin. Alle Wissenschaften benötigen einen Ankerpunkt im Meer der Beliebigkeit. Sie orientieren sich an einem gemeinsamen Bezugsrahmen: an dem, was Menschen in einer gegebenen Zeit als ein sinnvolles Erkenntnisinteresse ansehen. Der Ursprung unserer Erkenntnisinteressen liegt in uns selbst. Im Fall der Medizin lässt sich dieser Ursprung leicht dingfest machen; er besteht in der allgegenwärtigen menschlichen Erfahrung von Gesundheit und Krankheit. Das Erkenntnisinteresse der Medizin ist pragmatisch vorgegeben, es richtet sich auf anthropologisch universelle Ziele und Probleme.

Von da aus ist es aber, was zunächst überraschend wirken mag, kein großer Schritt zur Soziologie. So disparat die Soziologie auf den ersten Blick auch erscheint – ihr Fokus richtet sich doch auf ein allen Menschen gemeinsames Bezugsfeld: auf die allgegenwärtige Grunderfahrung zwischenmenschlicher Phänomene und gemeinsamer Sinnwelten. Deshalb kam es schon in allen frühen Kulturen zu einer Art vorsoziologischer Sozialkunde in Form von Mythen, Traditionen, intuitivem Regelverständnis, Lebenserfahrung, Rollen und Riten, vergleichbar der vormedizinische Heilkunde.[16]

Zwar entstanden im Lauf der Kulturgeschichte ganz verschiedene Modelle des Gesellschaftlichen, aber sie haben eine gemeinsame Perspektive. Dies gesteht Dahrendorf selbst der so zerklüftet wirkenden Soziologie als akademischer Disziplin zu, indem er zögernd von einer »historisch gewachsenen Mehr- oder Mindereinheit« redet. Meint er dabei etwa bloß eine beliebige Konvention? Wegen der Geistesverwandtschaft vorsoziologischen Denkens in allen bekannten Kulturen ist es plausibler, von einer Basis der Soziologie auszugehen, die ihre Wurzeln in der Erfahrung aller Menschen hat.

Intuitiv verfügen alle Menschen über eine soziologische Optik. Ein Beispiel: Wer ganz und gar nichts von Fußball versteht, sieht bei einer Fernsehübertragung nur Menschen auf dem grünen Rasen in ständiger Bewegung. Im Großen und Ganzen laufen die einen hinter dem Ball her, die anderen gegen ihn an, bis sich das Spiel umdreht. Hier und da auf der Welt wären vielleicht einige Kulturfremde zu finden, die sich zunächst keinen Reim auf diesen Ablauf machen könnten. Doch bald wäre ihnen zumindest klar, dass es sich um eine Art Spiel handelt. Von dieser proto-soziologischen Minimalhypothese ausgehend, wäre es nicht weit zur Entschlüsselung wenigstens der offensichtlichsten Regeln: Es gibt zwei Mannschaften, die nach vorne angreifen und nach hinten verteidigen; der Ball soll ins gegnerische Tor befördert werden; keiner außer dem Torwart darf den Ball mit der Hand berühren, sobald er von der übergeordneten Instanz, dem Schiedsrichter, freigegeben wurde.

Wer beim Betrachten der Geschehnisse auf einem Fußballplatz nicht mehr nur eine Gruppe von Menschen in Bewegung sieht, sondern auch ein *Spiel* vermutet, vollzieht einen Schritt, der die Wahrnehmung schlagartig verändert: Die Aktionen jedes einzelnen Spielers sind nun Teil eines alle einbeziehenden Gesamtgeschehens. Damit öffnet sich ein Fenster zu einem eigenen Wirklichkeitsbereich. Erst wer durch dieses Fenster blickt, kann überhaupt ein »Spiel« erkennen. Es handelt sich dabei nicht bloß um einen Wechsel der Perspektive, sondern auch um das Vordringen in eine andere Dimension, um eine Art Weltensprung der Wahrnehmung.

In Wissenschaft und Technik ist so etwas nicht ungewöhnlich. Nehmen wir etwa den Übergang vom Augenschein der traditionellen Erfahrungsmedizin hin zum Röntgengerät und von da zur Magnetresonanztomographie. Der Weltensprung bestand hier jeweils in einer Veränderung des Wirklichkeitszugangs, der sich in einem Wechsel der Apparate niederschlug. Im Prinzip geschieht das Gleiche bei der Verlagerung des Fokus der Wahrnehmung von Einzelnen hin zur »spielenden« Gesamtheit, nur vollzieht sich dieser Übergang nicht physisch mittels neuer Beobachtungsapparate, sondern mittels der rein gedanklichen Aktivierung eines bestimmten Wahrnehmungsschemas.

Zwar steht dieses Wahrnehmungsschema allen zur Verfügung und es kommt ständig zum Einsatz, doch bleibt es meist unbewusst. Selbst wer noch nie ein Fußballspiel gesehen hat, bringt bereits den Blick für gesellschaftliche Phänomene mit. Der Alltagsbegriff »Spiel« dokumentiert ein vorsoziologisches Verständnis für Interaktionen, Handlungsmuster, Regeln und gemeinsame Sinnwelten, zusammengefasst: für das Normale im Umgang der Menschen miteinander.[17]

Mehr braucht es nicht, um Soziologie als Handwerk zu konstituieren: pragmatisch fundiert und universell relevant, wenn auch immer noch unvollendet. Aber dies ist in der Medizin nicht anders. Beide Wissenschaften entspringen existenziellen Herausforderungen, die uns alle betreffen. In beiden Wissenschaften überlagern sich verschiedene Richtungen jeweils in unscharfen Schnittmengen, in der Soziologie ohnehin, aber durchaus auch in der Medizin, wo sich Psychosomatik und Alternativmedizin neben der sogenannten Schulmedizin etabliert haben. Die »historisch gewachsene Mehr- oder Mindereinheit« der Soziologie geht aus einem anthropologisch universellen Deutungsbedürfnis hervor, wie diejenige der Medizin.

Auf der Suche nach einem gemeinsamen Nenner

Im Folgenden versuche ich eine möglichst verdichtete Darstellung des Wirklichkeitsausschnitts, mit dem sich die Soziologie beschäftigt. Einerseits scheint dies gleich in mehrfacher Hinsicht ein abenteuerliches Unterfangen zu sein: Gibt es etwa »die Soziologie«? Und wenn man dies unterstellt: Wie sollte es möglich sein, »die Soziologie« in der Kürze eines Kapitels darzustellen? Die Antwort hängt davon ab, ob man nach Unterschieden oder Gemeinsamkeiten sucht. Ich gehe von der These aus, dass es Gemeinsamkeiten tatsächlich gibt, und zwar nicht nur innerhalb der Soziologie, sondern auch zwischen Soziologie und Öffentlichkeit, konstituiert durch den anthropologisch universellen Blick für das Zwischenmenschliche, von dem im vorangegangenen Abschnitt die Rede war. Die Suche nach einem gemeinsamen Nenner bezieht sich auf beide Seiten.

Warum lohnt es sich, diese Suche zu unternehmen? Dafür sprechen zwei Gründe: erstens das Projekt soziologischer Kommunikation, zweitens der Fokus auf den Aspekt des Handwerks, der dieses Buch kennzeichnet. Soziologische Kommunikation, zum einen, setzt eine grundlegende Gemeinsamkeit der Perspektive voraus, sowohl innerhalb der Wissenschaft als auch in ihrem Verhältnis zur Öffentlichkeit. Zum anderen verlangt Soziologie als Handwerk nach einem klaren, jederzeit verfügbaren Grundverständnis davon, was zu tun man gerade im Begriff ist, wenn man Soziologie betreibt. Die Kontroversen des Fachs, seine Polemiken und Kirchenspaltungen sind kein Hinderungsgrund für einen Integrationsversuch, im Gegenteil. Gute Diskurse sind überhaupt nur möglich, wenn sie auf der Basis einer grundlegenden Gemeinsamkeit geführt werden.

Meine Suche nach einem gemeinsamen Nenner zielt deshalb auch auf Einfachheit und Verständlichkeit ab. Fachchinesisch, Wichtigtuerei und inszeniertes Bescheidwissen kommen auch anderswo vor, wirken aber in der Soziologie besonders komisch, weil es um Phänomene geht, in die jeder verstrickt ist. Gewiss braucht man Fachbegriffe, um den Blick zu schärfen und um abzukürzen. Doch der Kontakt zur Wirklichkeit darf nicht verloren gehen. Zur soziologischen Professionalität zählt auch die Fähigkeit, intelligenten soziologischen Laien mit einfachen Worten innerhalb von zehn Minuten im Wesentlichen klarzumachen, was man eigentlich tut, wenn man von sich »sagt, dass man Soziologie treibt«.

Zur These, dass der gesamten Soziologie durchaus ein latenter Konsens zugrunde liege, ermutigen klassische soziologische Texte, wie sie etwa in dem 2016 erschienenen Buch *Sternstunden der Soziologie* versammelt sind.[18] Gerade die Verschiedenartigkeit der Themen lässt ihre grundlegende Verwandtschaft schon in den Titeln hervortreten: eine gemeinsame Perspektive, die es rechtfertigt, alle Beiträge in ihrer Gesamtheit als »Soziologie« zu bezeichnen. Hier ein paar Beispiele: *Die quantitative Bestimmtheit der Gruppe* (Georg Simmel); *Locals and Cosmopolitans* (Robert Merton); *Das Problem der Generationen* (Karl Mannheim); *Prozesse der Machtbildung* (Heinrich Popitz); *Die Zirkulation der Eliten* (Vilfredo Pareto); *Das eherne Gesetz der Oligarchie* (Robert Michels). Schon auf den ersten Blick zeigt sich hier eine grundlegende Verwandtschaft: Es geht immer um Menschen in Mehrzahl, die es miteinander zu tun haben – um soziale Kollektive.

Bei allem Streit versammeln sich die »Leute, die sich Soziologen nennen« (Dahrendorf) letztlich doch zumindest hinter dieser Perspektive, aus der viele weitere Gemeinsamkeiten folgen. Im Lauf der Zeit wurde diese grundlegende Orientierung der Soziologie allerdings zur unreflektierten Routine. Differenzierungen, Einseitigkeiten und Begriffsverwirrungen verdeckten den Grundkonsens. Für die Integration der Soziologie wird es wichtig sein, sich den Ausgangspunkt der Disziplin immer wieder bewusst zu machen, um das Verbindende zu betonen, zum Beispiel dann, wenn in schöner Regelmäßigkeit wieder einmal alte soziologische Scheinkonflikte auftauchen.

Die Suche nach einem impliziten Konsens bei allem offenen Dissens lässt sich im Fall der Soziologie allerdings nicht mit der Fahndung nach einem verlorenen Gegenstand vergleichen. Vielmehr ist das Ergebnis auch durch die Absichten geprägt, mit welchen man startet. Mein folgender Versuch bewegt sich im Grenzbereich zwischen objektiven Gegebenheiten und Willkür, wie alle solche Versuche: Einerseits können wir sicher sein, dass es die soziale Wirklichkeit objektiv gibt, andererseits lässt sich diese nur mit konstruierten Sichtweisen erfassen, die auf Ermessensentscheidungen beruhen.

Was dies betrifft, so sind mir zwei Ziele wichtig: Einfachheit und Anschlussfähigkeit. Die Bestimmung des Forschungsgegenstands Gesellschaft soll *erstens* für alle daran Interessierten leicht nachvollziehbar sein, um dem Anliegen soziologischer Kommunikation (sowohl innerhalb der Soziologie als auch zwischen Soziologie und Öffentlichkeit) entgegenzukommen. Die hier vorgeschlagene Sichtweise soll *zweitens* die Paradigmen und Traditionen der Soziologie weitgehend integrieren können. Damit sind auch akademische Nachbardisziplinen gemeint: etwa Demographie, Sozialpsychologie, Ethnologie, Geschichtswissenschaft und Politikwissenschaft. Angesichts der zahlreichen Fachbenennungen und Lehrstuhlwidmungen in der Universitätslandschaft muss diese Liste hier unvollständig bleiben. Es handelt sich dabei um Fächer, in denen man sich der methodologischen Sonderprobleme der Soziologie teilweise klarer bewusst ist als in der Soziologie selbst. Dies deutet sich auch in bisher vor allem quantitativ orientierten Fächern an, in der Betriebswirtschaftslehre[19] und in der Volkswirtschaftslehre.[20]

Ausdrücklich erstreckt sich meine Suche nach einem hypothetischen Perspektivenkonsens auch auf das implizit-soziologische Denken und Reden jenseits der Wissenschaft – in Talkshows, Feuilletons, populären Sachbüchern, Politik, Alltag, Filmen und Romanen. In solchen Kontexten geht es beispielsweise um Abgrenzung und Integration, Partnerschaft und Gleichberechtigung, Arbeitsbedingungen und Ungleichheit – um Themen also, die auch in der Soziologie abgehandelt werden. Für die Soziologie ist die außersoziologische Relevanz ihrer Themen geradezu eine Existenzbedingung, denn nur wenn sich der gemeinsame Nenner innerhalb der Wissenschaft auch jenseits der akademischen Welt wiederfinden lässt, in Öffentlichkeit und Privatleben, können beide Seiten miteinander kommunizieren. Könnten sie dies nicht, wäre Soziologie sinnlos. Das Explizitmachen ist allerdings Sache der Wissenschaft.

Der soziologische Blick in maximaler Verdichtung

In keiner Wissenschaft geht es ohne Vorentscheidungen ab. Was man sieht, ist in keinem Fall bloß vorgefunden. *Dass* man es sieht, ist auch eine Frage der Optik, die man erst einmal selbst herstellen muss, vergleichbar einer Brille, einem Mikroskop oder einem Röntgengerät. In der Geschichte der Naturwissenschaften wurde die ständige Verfeinerung der Messinstrumente zum Motor einer unausgesetzten Serie von Innovationen. Darin spiegelt sich der Umstand, dass es in den Naturwissenschaften, etwa in Astrophysik, Pharmazie oder Biologie, hauptsächlich darauf ankommt, sich gleichbleibenden Phänomenbereichen, deren Gesetzmäßigkeiten sehr lange Bestand haben, immer mehr anzunähern.

Die Soziologie ist dagegen darauf aus, einen äußerst variablen Gegenstand immer wieder neu zu erfassen. Zwar gibt es auch in der Geschichte der Soziologie methodische Innovationen von bleibendem Wert, vergleichbar den Apparaten der Naturwissenschaften, etwa die Entwicklung von Stichprobenverfahren, Skalierungsmethoden und multivariaten Analysemodellen in der ersten Hälfte des 20. Jahrhunderts. Doch anders als in der Geschichte der Naturwissenschaften hätten Fortschritte der Verfahren nicht genügt, um das Potenzial der Soziologie zu entfalten.

Der Grund dafür ist die Veränderlichkeit der Forschungsgegenstands Gesellschaft. In der soziologischen Optik kommt es darauf an, immer offen für fundamental Neues zu sein. Die Heuristik der Soziologie muss darauf ausgerichtet sein, Invarianzen mit kurzer Halbwertszeit zu erfassen. Nur zu einem geringen Teil kann sich Soziologie als Projekt der Annäherung an einen Forschungsgegenstand mit gleichbleibenden Gesetzmäßigkeiten verstehen, in der Hauptsache ist sie ein Projekt des Monitorings ständigen Wandels. Dafür ist es zweckmäßig, den soziologischen Blick über die Zeit hinweg auf die gleichen Aspekte zu richten.

Im Folgenden unternehme ich den Versuch, konstante Grundeinstellungen des soziologischen Blicks auf den Begriff zu bringen. Diese bleiben invariant: sowohl im Verhältnis zur jeweiligen sozialen Wirklichkeit als auch im Verhältnis zu einzelnen soziologischen »Schulen«, »Paradigmen«, »Ansätzen«, oder welche Bezeichnungen sich sonst noch zur Etikettierung spezieller Systematisierungen soziologischen Denkens eingebürgert haben mögen. Ich nehme gewissermaßen die gleichbleibenden Moleküle sozialer Wirklichkeit in den Blick, die sich zu immer wieder neuen Substanzen verbinden. In der Gegenrichtung gedacht: Was immer einem in der Soziologie begegnet, lässt sich, sozusagen im Analysecomputer der gedanklichen Chemie, weitgehend auf diese elementaren Bausteine zurückführen.

Hinzu kommt ein zweites Argument: Die empirische Fundierung soziologischer Theorien nimmt ihren Weg immer über die im Folgenden genannten fünf Grundperspektiven (Interaktionsmuster, Sinnwelten, Verteilungen, Normalität, soziale Kollektive), welchem Paradigma diese Theorien dann in anschließenden Interpretationen des Materials auch zuzurechnen sein mögen. Der kleinste gemeinsame Nenner von wissenschaftlicher und außerwissenschaftlicher Soziologie ist identisch mit dem kleinsten empirischen Nenner.

Vor diesem Hintergrund ist mein folgender Versuch zu sehen, den Konsens der Soziologie in komprimierter Form durch einige wenige Essentials zu markieren, beginnend mit einer Gesamtsicht, an die sich kurze Charakterisierungen der wichtigsten Perspektiven anschließen, die im Anschluss weiter entwickelt werden.

Gesamtsicht: Soziologie ist die Wissenschaft von den sozialen Kollektiven. Diese bilden einen eigengesetzlichen Wirklichkeitsbereich. Die Realität der Kollektive wirkt tief in das Leben aller Menschen hinein. Ihre Macht bleibt versteckt, solange sie nicht zur Sprache gebracht wird. Empirische Analyse, kategoriale Arbeit, Explizitmachen und soziologische Kommunikation machen mehr Autonomie möglich. Für das konkrete Handwerk der Soziologie ist es notwendig und hinreichend, die wissenschaftliche Arbeit auf die im Folgenden vorgestellten fünf Hauptaspekte zu konzentrieren:

- *Interaktionsmuster:* Was spielt sich regelmäßig zwischen den Menschen ab? Wie kooperieren sie? Welche Prozeduren der Entscheidungsfindung laufen ab? Wie gehen sie in Partnerschaften miteinander um? Wie arbeiten sie zusammen? Welche Formen von Macht und Herrschaft lassen sich erkennen?
- *Sinnwelten:* Welche gemeinsamen Sichtweisen setzen sie dabei voraus? Was betrachten sie als angemessen, fair, normal – oder als das Gegenteil davon? Wie stellen sie sich die Wirklichkeit vor? Was bedeuten die Worte und Zeichen, mit denen sie sich verständigen? Welche Drehbücher für Interaktionsmuster haben sie im Kopf?
- *Verteilungen:* Was ergibt sich, wenn man individuelle Merkmale aggregiert? Welche Häufigkeiten, Mittelwerte und Streuungen resultieren bei der Analyse *eines* gegebenen Merkmals? Wie gleich oder ungleich sind beispielsweise Ressourcen verteilt? Vor allem aber: Was ergibt sich, wenn man die gemeinsamen Verteilungen *mehrerer* Merkmale untersucht – welche

Regelmäßigkeiten treten hervor? Was lässt sich daraus schließen – kausalanalytisch, dimensionsanalytisch, lebensweltlich, klassifikatorisch?
- *Normalität:* Was erleben die Menschen eines Kollektivs als das Gewohnte und Selbstverständliche? Welche Interaktionsmuster, Sinnkonstruktionen und offensichtlichen Verteilungsmerkmale sind ihnen so selbstverständlich, dass sie sich kaum einmal Gedanken darüber machen?
- *Soziale Kollektive:* Welche Beziehungsnetzwerke lassen sich in welchen räumlichen oder virtuellen Kontexten erkennen? Wer hat es wo mit wem regelmäßig zu tun? Soziale Kollektive machen einerseits den Forschungsgegenstand aus, dessen Aspekte die Soziologie untersucht, andererseits sind sie selbst Gegenstand der Analyse, denn soziale Kollektive sind veränderlich und immer wieder neu zu bestimmen. Die Analyse muss sich gewissermaßen am eigenen Schopf aus dem Sumpf ziehen; sie hat es mit einem »Münchhausenproblem« zu tun (siehe dazu den letzten Abschnitt in diesem Kapitel).

Dieser hier in größtmöglicher Verdichtung dargestellte Konsens der Soziologie bildet einen Rahmen, der produktive Auseinandersetzungen keineswegs ausschließt, sondern erst möglich macht. Dass sich soziologische Schulen und methodische Konfessionen gegenseitig kritisieren, bekämpfen und voneinander abgrenzen, ist ein Tatbestand, der nicht nur in der Soziologie vorkommt, sondern etwa auch in der Medizin, der Philosophie oder der Theologie. Fachinterne Konflikte kann man zur Kenntnis nehmen und sich selbst einem Lager zurechnen, man kann sich aber auch darüber hinwegsetzen und nach Gemeinsamkeiten fragen, wie dies etwa Armin Nassehi in seinem schon erwähnten Kommentar zur Lage der Soziologie anlässlich des wieder einmal drohenden soziologischen Schismas im Jahr 2018 getan hat. Verwundert konstatierte er vehemente Abgrenzungsbemühungen trotz grundsätzlicher Übereinstimmung.[21]

Diese Übereinstimmung gilt auch im Verhältnis von Soziologie und ihrem gesellschaftlichen Umfeld. Täglich und unmittelbar sind alle Menschen von dem betroffen, was die Soziologie untersucht. Machtvoll regulieren Interaktionsmuster ihr Handeln; geteilte Sinnwelten bestimmen ihr Denken; Normalität erleben sie als Sachzwang. Es ist deshalb nicht erstaunlich, dass Kollektive schon immer, lange vor der Entstehung der Soziologie, Bezugsgrößen menschlichen Tuns und Unterlassens waren. Menschen stellen sich aufeinander ein, etwa in Politik, Werbung, Produktentwicklung, Medien, Verwaltung, Stadtplanung, Architektur, Wirtschaft und in der alltäglichen Lebenswelt. Indem sie sich an den wahrgenommenen Eigenschaften der Kollektive orientieren, mit denen sie es zu tun haben, reproduzieren sie diese.

Interaktionsmuster

Was Interaktionsmuster sind, tritt besonders deutlich hervor, wenn sie spontan entstehen. Menschen, die zur selben Zeit am selben Ort sind, aber bisher nichts miteinander zu tun hatten, werden durch ein alle betreffendes Ereignis veranlasst, miteinander in Beziehung zu treten. Betrachten wir kurz drei solcher Situationen: In einem Hochhaus bleibt ein voll besetzter Lift stehen; es dauert einen halben Tag, die Eingeschlossenen zu befreien. Ein Passagierflugzeug muss im Pazifik notlanden; die Überlebenden retten sich auf eine unbewohnte Insel. Gefangene werden in einem Arbeitslager in Sibirien zusammengesperrt; dort müssen sie jahrelang miteinander umgehen.

Was passiert im Lift, auf der Insel, im Lager? Die Menschen bekommen es miteinander zu tun. Im Lift könnte es zu einer Art Arbeitsteilung kommen: Ein Mann redet beruhigend auf ein Kind ein; eine junge Frau nimmt Kontakt per Sprechanlage und Mobiltelefon auf; eine Ärztin kümmert sich um einen alten Mann mit Herzproblemen. Schon nach kurzer Zeit ist zwischen den Menschen im Lift etwas entstanden, das vorher noch nicht da war. Auch in den beiden anderen Beispielsituationen entwickelt sich aus dem Nichts heraus etwas Zwischenmenschliches. So ergreifen bei Schiffs- oder Flugzeugkatastrophen oft Einzelne die Führung, und wenn es länger dauert, organisieren die Menschen kooperativ ihr Überleben. Und was zwischen Fremden geschieht, die sich von einem Tag auf den anderen in Gefangenschaft begegnen, schildert Hertha Müller in ihrem auf wahren Begebenheiten beruhenden Roman *Atemschaukel.*[22] In dieser Erzählung bilden die Gefangenen ohne allen Zwang eigene Regeln heraus, eine besondere Sprache, sogar ein »Hungergericht«, das einen Brotdieb bestraft.

In allen drei Beispielen verwandelt sich eine zusammengewürfelte Ansammlung bisher beziehungsloser Menschen in ein Netzwerk. Wo vorher nichts war, kristallisiert sich etwas heraus. Unbekannte fangen an, miteinander umzugehen. In kurzer Frist spielen sich regelmäßige zwischenmenschliche Abläufe ein. Aus einem bloßen Aggregat von Personen wird ein soziales Kollektiv, und aus den dort ablaufenden Interaktionen werden nach kurzer Zeit wiederkehrende Muster.

Diese Muster haben keinen physischen Charakter. Sie konkretisieren sich in flüchtigen Episoden auf der Bühne des Zusammenlebens. Eine einzelne Episode ist aber noch kein Muster, ist noch nicht jene Normalität, die im Fokus der Sozialwissenschaften steht. Erst eine Anzahl von Wiederholungen lässt ein Muster zutage treten, eine »Struktur«. So übersetzt Antony Giddens einen der am häufigsten gebrauchten Begriffe der Soziologie, womit er ihm seine dingliche Anmutung nimmt.[23]

Um ein zwischenmenschliches Muster erkennbar zu machen, könnte man eine Mehrzahl gleichsinniger Episoden auf einem Video aneinanderreihen. Mit dieser Methode ließe sich noch am ehesten Gesellschaft »zeigen«. Andere Wissenschaften haben es in dieser Hinsicht einfacher als die Soziologie. Nehmen wir so verschiedene Fachrichtungen wie Medizin, Astrophysik, Pharmazie, Biologie oder Archäologie. Sie alle haben einen klar umrissenen, auch sinnlich erfahrbaren Gegenstand, den jeder Laie leicht erfassen und als Objektbereich begreifen kann. Im Vergleich dazu ist der Gegenstand der Soziologie schwerer zugänglich; im Wortsinn ist er gar kein »Gegenstand«, sondern eine Art Luftnummer.

Wo ist die Gesellschaft, wenn alle schlafen? Diese Frage zielt auf die Besonderheit von Interaktionsmustern, auf wiederholte Abläufe im zwischenmenschlichen Umgang miteinander. Sie zielt auf Partnerschaften und Familien, auf Schulen und Universitäten, auf Betriebe und Behörden, auf den Straßenverkehr und das Oktoberfest. Andere Aspekte, mit denen sich die nächsten Abschnitte beschäftigen (Sinnwelten und Verteilungen), bleiben davon unberührt, ob alle schlafen oder nicht – im Gegensatz zu Interaktionsmustern.

Wenn alle schlafen, sind Interaktionsmuster als gemeinsames Handlungspotenzial aller zwar latent vorhanden, vergleichbar einem Schienennetz, das immer da ist, ob nun die Bahn darauf fährt oder nicht. Man kann sie als ein Geflecht kollektiv verfügbarer Opportunitätsstrukturen auffassen. Aber: Würden alle in einen Dornröschenschlaf fallen, könnten Außenstehende diesen Aspekt der Gesellschaft nicht erkennen. Vielleicht könnten sie grob die Verteilung einiger Merkmale wie Alter und Geschlecht wahrnehmen, und über weitere Verteilungen könnten personenbezogene Archive, Karteien und Dateien (wie etwa das Einwohnermeldeverzeichnis) Aufschluss geben. Anders verhält es sich mit zwischenmenschlichen Episoden. Um an diese heranzukommen, müsste man erst alle aufwecken und ihnen eine Weile zusehen.

Interaktionsmuster gehören einer überindividuellen Wirklichkeit an; sie entstehen im Zusammenwirken von mindestens zwei Personen und werden erst erkennbar, wenn man das Handeln aller Beteiligten berücksichtigt. Die

Aktualisierung von Interaktionsmustern ist zwar an individuelle Bedingungen gebunden. Die Beteiligten müssen gemeinsame Sinnwelten im Kopf haben – Symbole und ihre Bedeutungen, Zielvorstellungen, Wissen über geeignete Mittel, Drehbücher, die in etwa festlegen, wie die Interaktion ablaufen soll, mag es sich um eine Autoreparatur handeln oder um ein Pop-Konzert. Aber zur Konstitution sozialer Phänomene gehören mindestens zwei. Zwischenmenschliches Geschehen entsteht erst sozusagen auf der Bühne; es ist mehr als die Summe seiner persönlichen Voraussetzungen, abgesehen von ganz schematischen Abläufen.

Ein aussagekräftiges Beispiel ist in diesem Zusammenhang der Small Talk. Die meisten wissen, was darunter zu verstehen ist; fast jeder hat Erfahrungen damit; trotzdem lässt sich keineswegs bloß auf Grund individueller Merkmale vorhersagen, ob die Interaktion überhaupt gelingen wird und welchen Verlauf das Hin und Her nehmen wird. Paradoxerweise ist gerade diese vorhersehbare Unvorhersehbarkeit das, was viele am Small Talk schätzen, und genau deshalb haben Personen mit dem Asperger-Syndrom Schwierigkeiten damit.[24] Sie tendieren dazu, sich besonders streng an Regeln zu halten. Ließen sich die Regeln des Small Talk einfach lernen, würden sie sich diese aneignen und bald perfekt praktizieren. Small Talk entsteht jedoch – innerhalb eines dehnbaren Gerüsts von Regeln – aus der Situation heraus wie ein Fußballspiel; seine wichtigsten Regeln sind Spontaneität und Flexibilität. Gleichzeitig ist Small Talk aber ein so fest im Alltag etabliertes Muster, dass die Umgangssprache sogar einen eigenen Begriff dafür bereithält.

In seinem Buch *Games People Play* (1964) hat Eric Berne ein ganzes Panoptikum von Interaktionsmustern für die Belange der Partnertherapie vorgeführt.[25] Schnell wurde dieses Buch zu einem bis heute aktuellen Klassiker; es kann aber ebenso gut als soziologischer Text par excellence gelten. Das Soziologische daran besteht in der Konzentration darauf, »wie es läuft« – im Fokus stehen immer wieder durchgespielte Wiederholungsschleifen im Hin und Her von Paarbeziehungen. Berne hat diesen Spielen vielsagende Titel gegeben, etwa: »Wenn du nicht wärst«; »Ich versuche nur, dir zu helfen«; »Sieh bloß, was du angerichtet hast«.

Die Betrachtung solcher »Spiele«, ob in Partnerschaften, Parlamenten oder Fußballstadien, lässt an der Zweckmäßigkeit einer auf das Individuum als letzte Instanz fokussierten Soziologie zweifeln. Darauf läuft das theoretische Programm des methodologischen Individualismus hinaus, die soziologische Spielart einer noch allgemeineren Idee, der des Reduktionismus: alles auf einige Grundgrößen und ihr Zusammenwirken zurückzuführen. Soziale Phänomene würden sich demzufolge aus der Aggregation individueller Handlungen ergeben; diese würden ihrerseits aus Vorgängen resultieren, die sich kognitionspsychologisch und hirnphysiologisch beschreiben lassen; von da aus würde der Pfad der Reduktion weiter zu biochemischen Prozessen führen.[26]

Am Ende dieses Pfades wäre allerdings das zu beschreibende und zu erklärende soziale Phänomen, das Interaktionsmuster, das Spiel, verloren gegangen, und Emile Durkheim würde mit seinem klassischen Imperativ recht behalten, soziale Phänomene nur durch soziale Phänomene zu erklären.[27] Dem entspricht die lange nach Durkheim entstandene Sichtweise der evolutionären Erkenntnistheorie, die im anschießenden 3. Kapitel zu Wort kommt: Alle Schichten der Wirklichkeit, auch Interaktionsmuster, weisen irreduzible Eigengesetzlichkeiten auf. Der folgende Abschnitt über Sinnwelten hält es mit Durkheim und erklärt Soziales durch Soziales: Interaktionsmuster durch Sinnwelten.

Im Übrigen gibt es durchaus Forschungskontexte, in denen der methodologische Individualismus zweckmäßig ist: wenn es um die Kausalanalyse individuellen Handelns geht, beispielsweise in der Wahlforschung oder bei der Untersuchung von Konsumakten. Warum eine Grundsatzfrage aufwerfen, wenn forschungspragmatische Überlegungen dafür sprechen, sich nicht festzulegen? Die Entscheidung für die eine oder andere Variante, für methodologischen Individualismus oder Kollektivismus, sollte am besten ins Ermessen gestellt bleiben und sich nach dem jeweiligen analytischen Nutzen richten.

Sinnwelten

Wie sind Interaktionsmuster überhaupt möglich? Beginnen wir mit einem scheinbar einfachen Beispiel, dem Grüßen der Nachbarn auf der Straße. Was man dabei sehen und hören kann, ein flüchtiges Lächeln und »Hallo«, wird erst in Kombination mit einem Interpretationsschema zum Gruß, das wir unausgesprochen wechselseitig voraussetzen. Indem wir einander grüßen, drücken wir etwas aus: Aufmerksamkeit für den anderen; Erinnerung an eine gemeinsame Geschichte, wie kurz auch immer sie sein gewesen sein mag; Mithilfe beim Aufbau einer flüchtigen dyadischen Öffentlichkeit; Wunsch nach einem zivilen, die Form wahrenden Umgang miteinander; oder auch Verärgerung, wenn der Gruß knapper ausfällt als normalerweise.

Würde jemand die Beteiligten unmittelbar nach dem Austausch eines Grußes fragen, was eigentlich der Sinn ihres Handelns gewesen sei, wären sie vielleicht amüsiert oder entgeistert – etwas so Selbstverständliches braucht doch keine Erklärung. Würden sie jedoch im Rahmen eines soziologischen Forschungsprojekts um ein Tiefeninterview gebeten, was würde sich zeigen? Die Befragten dürften zwar anfangs Schwierigkeiten damit haben, das Selbstverständliche auf den Begriff zu bringen, allmählich aber gewönnen sie eine neue Sicht auf den Sinn des Grüßens. Seine »Kulturbedeutung«, wie Max Weber gesagt hätte, käme immer besser zum Vorschein.

Wo immer Interaktionsmuster auftreten, stehen gemeinsame Sinngebilde im Hintergrund: Zweckbestimmungen wie Kontaktpflege, um beim Beispiel des Grüßens zu bleiben; Symbole wie Mimik und Grußformeln; Ablaufschemata wie Beginn und Beendigung der Interaktion. Stellen wir uns nun vor, dass alle Beteiligten nach dem Gruß ihrer Wege gehen: Die eine Nachbarin fährt zur Arbeit, die andere geht Einkaufen. Ein Nachbar holt seine Tochter vom Musikunterricht ab, ein anderer fährt sein Auto zum Kundendienst. So verschieden nun die Kontexte auch sein mögen, in die sich jeder hineinbegibt, eines bleibt gleich: Erneut haben alle Interaktionsmuster einen gemeinsamen Sinn-Hintergrund.

Führen wir nun ein Gedankenexperiment durch: Die Beteiligten tauschen ihre Rollen – die zur Arbeit eilende Nachbarin geht stattdessen zum Einkaufen, der Nachbar lässt sein Auto stehen und geht stattdessen zur Arbeit usw. Ein solches Tauschexperiment würde zwar einige Erklärungen erforderlich machen, aber keineswegs zur völligen Desorientierung führen. Alle Versuchspersonen wüssten in etwa, welche Interaktionsschemata in welchen Kontexten am Platz wären; alle wären zumindest grob vororientiert über die jeweiligen Zwecke, Symbole und Handlungssequenzen.

Damit sind wir beim Kern des soziologischen Begriffs der Sinnwelten, den Ronald Hitzler in einer gleichnamigen Monographie beispielhaft ausbuchstabiert hat.[28] Gemeint ist ein gemeinsamer Vorrat von Sinnkonstruktionen in einem sozialen Kollektiv, ein Archiv von Drehbüchern für diverse Kontexte oder Rahmen (*frames*) in der Terminologie von Erving Goffman.[29] Der Ausdruck »Sinnwelten« lässt sich auch als topologische Metapher lesen, die einen gemeinsam bewohnten Raum modelliert.

Aus der Sicht interagierender Personen manifestieren sich Sinnwelten als Schnittmengen – manche Elemente sind universell verbreitet wie beispielsweise die Straßenverkehrsordnung oder die Strafgesetze; viele Sinnkonstruktionen bleiben auf kleinere Sinngemeinschaften beschränkt, etwa die taktischen Anweisungen eines Fußballtrainers für die Mannschaft; manche gelten nur für zwei Personen – so kommt es in vielen langfristigen Paarbeziehungen zu singulären Interaktionsmustern mit einer besonderen Sinnwelt im Hintergrund, die nur den Partnern bekannt ist.

Immer jedoch sind Sinnwelten der Idee nach etwas Gemeinsames, das Interagierende voneinander voraussetzen, meist intuitiv, ohne Worte zu machen. Jeder erwartet etwas vom anderen, nicht zuletzt auch bestimmte Erwartungen. Diese »Erwartungserwartungen«, mit denen sich Interaktionspartner in den anderen hineinversetzen, tragen wesentlich zur Koordinierung sozialen Handelns bei.[30]

Geteilte Sinnwelten sind wie in Fleisch und Blut übergegangene Regieanweisungen, die als Leitfaden manifester Interaktionsmuster dienen. Zum Thema werden sie in der Regel nur, wenn Reflexionsbedarf entsteht, zum Beispiel durch einen plötzlichen Rahmenwechsel. Als etwa im Jahr 2012 der Besuch der Königin Beatrix von Holland beim Bundespräsidenten erwartet wurde, fuhr stattdessen der Komiker Hape Kerkeling im Hof von Schloss Bellevue vor, verkleidet als Königin. Sobald sich die Täuschung herausstellte, änderten sich schlagartig die Interaktionsmuster: Aus der protokollarischen Ordnung wurde hektische Abwehr, und die Medien schalteten von routinemäßiger Berichterstattung auf Realsatire um. Oder: Museumsbesucher bleiben vor einem Objekt auf einem Sockel stehen, um es zu betrachten und zu interpretieren, bis eine Putzfrau kommt und es entfernt – sie hatte dort einfach nur kurz ihren Lappen deponiert.

Sinnwelten sorgen für Reibungslosigkeit unter normalen Umständen und für Reflexionsmöglichkeiten bei Unverständnis, Störungen und Verhandlungen. Für die Soziologie ist die Rekonstruktion von Sinnwelten entscheidend, um Interaktionsmuster zu verstehen.

Dabei sind Abwandlungen die Regel. So begegnet uns etwa das Grundschema des Grüßens in vielen verschiedenen Varianten; wie Musikstücke erlauben Interaktionsmuster ganz unterschiedliche Interpretationen, selbst solche, die ihren normalen Zweck geradezu konterkarieren, etwa ein »Gruß« von der Art eines kurzen, unfreundlichen Knurrens mit mürrischem Gesichtsausdruck. Das Grüßen wird hier zum doppelten Spiel – Abweisung unter der Fassade der Zuwendung. Stellen wir uns nun jemand vor, der dies nicht mit sich machen lassen will und das Spiel durchbricht: »Sag mal, was hast du eigentlich?« Nehmen wir weiter an, der abweisend Grüßende würde sich ahnungslos geben: »Bist du übergeschnappt? Ich ›habe‹ gar nichts. Man grüßt sich halt, das ist alles.« Darauf könnte der andere erwidern: »Mag sein, aber es fragt sich halt, *wie* gegrüßt wird.«

Man sieht diesem kleinen Dialog nicht auf den ersten Blick an, dass er eine Art soziologischer Alltagsaufklärung darstellt, wie sie jeder schon erlebt hat: aus einem Spiel auszusteigen und es aus der Distanz zu betrachten, um es zu ändern oder sich ihm zumindest zu verweigern. Damit sind wir über den Umweg eines Alltagsbeispiels zu einer der Grundfragen der Soziologie überhaupt gelangt, wenn auch in ungewohnter Formulierung: »Was geht hier eigentlich vor?«

Wer sich beim Grüßen mimisch und akustisch der Symbolsprache der Unfreundlichkeit bedient, hat keineswegs »bloß gegrüßt«, er hat den Gruß vielmehr als Vehikel manifester Ablehnung benutzt. Darauf zielt die von Ulrich Oevermann entwickelte Methode der objektiven Hermeneutik: die Auslegung von Handeln und Reden in Bezug auf Auslegungsregeln, die in gemeinsamen Sinnwelten gelten und insofern objektiven, vom Subjekt abgelösten Charakter haben.[31]

Doppeltes Spiel im Sinn einer Differenz von manifester Oberfläche und unter der Hand gemeintem Sinn, der aber klar erkennbar ist und sich als objektiver Bestandteil einer Sinnwelt explizit machen lässt, gehört überall zur Normalität. Es tritt beispielsweise als Vermengung von Nachricht und Meinung in den Medien zutage; als Symbolpolitik;[32] als Etikettierung haltlosen Geredes durch den Aufkleber »Wissenschaft«; als Distinktionsgeste etwa im demonstrativen Konsum oder im gebildeten Daherreden, was die Brüder Goncourt mit einem zeitlosen Satz kommentierten: »Niemand auf der Welt bekommt so viel dummes Zeug zu hören wie die Bilder in einem Museum.«[33]

Für den Einzelnen markieren Sinnwelten die Grenze zwischen Öffentlichkeit und Privatheit. Das Handlungsmuster des Grüßens gehört zur gemeinsamen Sinnwelt aller und läuft meist reibungslos in den kleinen Öffentlichkeiten dyadischer Grußbeziehungen ab. Auf einem anderen, ganz privaten Blatt steht, was die sich Einzelnen dabei heimlich denken – zum Beispiel »Fahr zur Hölle!«

Eine wichtige Differenzierung von Sinnwelten ist die von Erving Goffman eingeführte Unterscheidung von Vorderbühne und Hinterbühne. Sein Buchtitel »Wir alle spielen Theater« meint: Wann immer wir interagieren, wissen wir uns beobachtet und handeln so, wie wir von anderen gesehen werden wollen.[34] Aber es ist ein Unterschied, ob dies in einem allgemeinen Rahmen geschieht, für den bestimmte Standards gelten, oder vor einer kleinen, privaten Öffentlichkeit im Rahmen von Vertrauensbeziehungen, wo man »ungeschützt« auftreten und seine »eigentliche« Haltung an den Tag legen kann. Beispiel: Nach einer Einladung bedankt sich ein Ehepaar beim Abschied überschwänglich für den wundervollen Abend, aber schon im Lift zur Tiefgarage ziehen die beiden über die langweiligen Gastgeber und das ungenießbare Essen her. Vorderbühne und Hinterbühne sind Teilbereiche einer umfassenden Sinnwelt, die zwar oft in einem schroffen Gegensatz stehen, aber gleichermaßen objektiv dazugehören.

Verteilungen

Die internationale Glücksforschung hat herausgefunden, dass die Zufriedenheit der Menschen maßgeblich mit der Gleichheit oder Ungleichheit ihrer Teilhabe an materiellen und kulturellen Gütern zusammenhängt.[35] Was besitze ich im Vergleich zu den anderen? Haben meine Kinder in etwa die gleichen Chancen wie die anderen – oder nicht? Ist meine Familie ähnlich gut gegen Risiken abgesichert wie die anderen – oder nicht? Solche sozialen Vergleiche weisen auf die lebensweltliche Relevanz von Verteilungen hin. Wie Menschen sich und ihre Situation in Relation zu anderen erleben, schlägt sich in ihrem Denken und Handeln nieder.

Die soziologische Bedeutung von Verteilungen geht jedoch weit über die persönliche Erfahrung von Gleichheit und Ungleichheit hinaus. Verteilungen sind der kollektive Aspekt individueller Merkmale. Die situativen Merkmale der Ungleichheits- und Glücksforschung wie Einkommen, Besitzgegenstände, Risikovorsorge und Bildungschancen machen nur einen Bruchteil der individuellen Merkmale im Visier der Soziologie aus. Menschen lassen sich nach unendlich vielen Gesichtspunkten charakterisieren. Die altgewohnten Variablen der Befragungsforschung stellen nur die Spitze eines Eisbergs dar: Bildungsabschluss, Berufstätigkeit, Lebensalter und Generationslage, Geschlecht, Wohnsituation, Familienstand, Nachbarschaft, Konfession und so weiter.

Zu den individuellen Merkmalen gehören darüber hinaus die Beteiligung an Interaktionsmustern und die Verfügung über Sinnwelten. Diese beiden Aspekte sozialer Kollektive wurden in den vorangegangenen Abschnitten aus überindividueller Sicht betrachtet. Sie lassen sich jedoch auch aus der Sicht des Einzelnen analysieren, als Klasse individueller Merkmale, deren Verteilung wiederum ein kollektives Merkmal darstellt. Interaktionsmuster und Sinnwelten erlauben also drei Perspektiven, wie sich etwa am Beispiel der Arbeitsteilung im Haushalt zeigen lässt: Diese ist *erstens* ein kollektives Merkmal der

Zusammenwohnenden – ein Interaktionsmuster. *Zweitens* ist die regelmäßige Übernahme einer bestimmten Aufgabe, etwa die Geschirrspülmaschine ein- und auszuräumen, ein individuelles Merkmal desjenigen, der sie ausführt. *Drittens* ist der Prozentsatz der Männer in Deutschland, die sich daran beteiligen, wiederum ein kollektives Merkmal, nur in einem anderen Rahmen, dem der Gesamtgesellschaft. Die Anschlussfrage, warum dieser Prozentsatz wohl in den letzten Jahrzehnten angestiegen sei, verweist auf das analytische Potenzial multivariater Verteilungsanalysen, von dem gleich noch zu reden ist.

Im Vergleich dazu registriert die spontane Alltagswahrnehmung Verteilungen auf denkbar einfache Weise; technisch gesprochen betreibt sie meist univariate deskriptive Statistik auf dem Niveau grober relativer Kategorien, fokussiert auf das Häufige, das Durchschnittliche, das Wenige und das ganz Seltene. Wenn man an einem öffentlichen Ereignis teilnimmt, bei dem viele Menschen zusammenkommen, etwa im Fußballstadion, im Kino, bei einem Konzert oder auf einer Demonstration, betreibt man eine Art Proto-Statistik. In den Schilderungen danach ist etwa die Rede von »nur ein paar vereinzelten Frauen«, »gemischtem Publikum« oder »lauter älteren Leuten«.

Bei der soziologischen Betrachtung von Verteilungen spielt der uns aus der Alltagserfahrung vertraute Blick auf nur ein *einziges* Merkmal vor allem bei Zeitvergleichen und Kulturvergleichen eine Rolle, etwa: Wie hat sich die Beteiligung von Männern an der Hausarbeit im Lauf der Zeit geändert? Wie unterscheiden sich Deutschland und Frankreich hinsichtlich der Berufsrückkehr von Frauen? Hauptsächlich geht es der Soziologie aber um gemeinsame Verteilungen einer *Mehrzahl* von Variablen, um bivariate und multivariate Analysen, orientiert an statistischen Modellen und wissenschaftlich etablierten Interpretationsschemata. Weicht beispielsweise die gemeinsame Verteilung von fünf klassischen Variablen der Bildungsforschung (Schulbildung von Vater und Mutter, Geschlecht, Wohnregion und eigener Bildungsabschluss) vom Modell stochastischer Unabhängigkeit ab? Falls ja: Was steht dahinter?

Sowohl Fragen dieser Art als auch die dazugehörigen Interpretationsschemata haben sich in der professionellen Soziologie etabliert, parallel zum Ausbau und zur Verfügbarkeit der notwendigen datenanalytischen Infrastruktur für alle, die empirisch arbeiten möchten. Dabei entstand eine Sphäre soziologischen Wissens und soziologischer Kommunikation, die der Öffentlichkeit bis heute weitgehend unzugänglich geblieben ist und ihr nur von methodologisch versierten Fachleuten erschlossen werden könnte, wovon gegenwärtig allerdings noch kaum die Rede sein kann. Auch dabei handelt es sich um eine der Zukunftsaufgaben der Soziologie (siehe das 21. Kapitel).

Bei multivariaten Verteilungsanalysen kommen immer wieder bestimmte soziologische Interpretationsschemata zum Einsatz. Vier besonders wichtige seien kurz genannt und mit je einer Frage erläutert

- *Kausale Interpretation:* Welche Ursachen sind dafür verantwortlich, dass ein bestimmtes Merkmal, zum Beispiel die Mithilfe des Mannes bei den Hausarbeiten, so oder so ausgeprägt ist?
- *Dimensionale Interpretation:* Zeichnen sich bestimmte Einstellungen, Persönlichkeitsmerkmale oder situationsübergreifende Handlungstendenzen ab?
- *Klassifikatorische Interpretation:* Lassen sich die Menschen nach einer Mehrzahl von Aspekten ihrer Lebenssituation, ihres Denkens oder Handelns in bestimmten Gruppen zusammenfassen, die auch in der Alltagsinteraktion zutage treten, etwa als soziale Milieus?
- *Typologische Interpretation:* Werden in der multivariaten Analyse bestimmte Sozialfiguren erkennbar, beispielsweise Generationstypen?

Solche Fragen und der Einsatz dazugehöriger Auswertungsverfahren kommen fast ausschließlich in der standardisierten Befragungsforschung vor, sie lassen sich jedoch durchaus auch auf offene Verfahren mit kleinen Stichproben übertragen. An dieser Stelle öffnet sich auch ein Fenster zum Alltagsdenken, von dessen Analogie zum multivariaten Denken der Wissenschaft bereits weiter oben die Rede war: Das intensive Kennenlernen von Menschen in der sozialen Wirklichkeit ähnelt der Methode explorativer Interviews in der Sozialforschung. Warum jemand so und nicht anders ist (kausale Interpretation), wozu er immer wieder neigt (dimensionale Interpretation), zu welcher erfahrbaren Großgruppe er seinem ganzen Auftreten nach gehört (klassifikatorische Interpretation), welche immer wieder beobachtbare Sozialfigur er darstellt (typologische Interpretation) – solche Zuordnungen sind auch jenseits der Wissenschaft auf der Grundlage eines intuitiven Gespürs für Syndrome gang und gäbe: Überzufällig häufige Kombinationen individueller Merkmale werden als »Menschenkenntnis« gespeichert und teilweise auch benannt, etwa »stilles Wasser« versus »Angeber«, »oberflächlich« versus »tiefgründig«, »schüchtern« versus »aufdringlich«.

Normalität

Normalität ist eine Art Medium, in dem man gewissermaßen schwimmt wie ein Fisch im Wasser. Die Macht der Normalität beruht darauf, dass sie meist unbeachtet bleibt. David Foster Wallace machte dies zur Botschaft seiner berühmten Abschlussrede vor den Absolventen des Kenyon College im Jahr 2005. Titel des Vortrags: »This is water.«[36]

Unser Gespür für das Zwischenmenschliche ist im Normalfall sozusagen auf Standby geschaltet, springt aber sofort an, wenn uns etwas merkwürdig, unverständlich und fremd vorkommt. Das Alltagsleben ist weitgehend Routine, auf die man keinen Gedanken mehr verschwendet. Aber dann macht man beispielsweise eine Fernreise, oder man tritt einen neuen Job an, oder man verliebt sich – und schon wird der soziologische Sinn aktiv. Man betreibt eine Art empirischer Sozialforschung, auch wenn es niemand so nennt: Man hört zu, man sieht hin, man macht sich ein Bild. Dabei kommt es einem ganz von selbst und so gut wie immer auf die bereits erläuterten Eigenschaften sozialer Kollektive an: Handlungsmuster, Sinnwelten und Verteilungen.

Halten wir uns diesen Effekt durch ein Gedankenexperiment vor Augen, das darauf hinausläuft, unsere Normalitäts-Intuition gewissermaßen schachmatt zu setzen, indem wir uns einen »exotischen« Kontext vorstellen, wo wir selbst die Exoten inmitten einer uns unbekannten Normalität sind. Im Jahr 2008 ging ein Foto um die Welt, das von einem tief fliegenden Hubschrauber aus irgendwo über dem Regenwald in Brasilien aufgenommen worden war. Es zeigte Männer im Lendenschurz neben einer Laubhütte, Angehörige eines völlig für sich lebenden Naturvolks. In höchster Aufregung reckten einige von ihnen ihre Speere drohend nach oben, andere zielten mit Pfeil und Bogen auf den Fotografen. Man stelle sich nun vor, der Hubschrauber wäre gelandet; es wäre irgendwie gelungen, die Menschen zu beruhigen; und nach viel Palaver wäre es sogar zu einer Art Tausch gekommen: Einer aus dem Stamm darf im Hubschrauber mitfliegen, im Gegenzug soll eine Person aus dem Hubschrauber dableiben.

Beschäftigen wir uns zunächst mit dem, der dableibt. Wer sich in seine Lage versetzt, kann nachvollziehen, was das Bonmot meint, alle Menschen seien Soziologen. Der Hubschrauber hebt ab, alle blicken ihm nach, dann verschwindet er hinter den Baumwipfeln. Der Dagebliebene sieht sich umringt von immer mehr Menschen, die ihn neugierig ansehen, anfassen und ansprechen. Es ist völlig klar, was in diesem Moment sein Problem ist und was er zu tun hat. Unser Gedankenexperiment simuliert eine Situation absoluter Normalitäts-Unkenntnis. Was hier zunächst völlig fehlt, ist das Wissen darüber, was zwischen diesen Menschen gespielt wird, was dabei in ihnen vorgeht und welche Typen von Menschen überhaupt vorkommen, um die weiter oben vorgestellten Merkmale sozialer Kollektive anklingen zu lassen: Interaktionsmuster, Sinnwelten und Verteilungen.

Unter den geschilderten Umständen reagiert jeder gleich, ohne auch nur darüber nachzudenken: Man versucht herauszufinden, »wie es läuft«. Nach dem Abflug des Hubschraubers ist dem Dagebliebenen erst einmal alles unbekannt. Eine Woche später ist er schon ein Stück weiter. Er hat ein paar Worte gelernt; er hat gesehen, dass die Menschen in Familien zusammenleben; bei einer dieser Familien ist er selbst untergekommen und wird mit dem normalen Tagesablauf vertraut. Immer und überall ist die Wahrnehmung auf das Gleiche programmiert: auf Wiederholungen. Wenn er erst einmal über die Regeln Bescheid weiß, wenn er mit Sprache, Zusammenwohnen, Ritualen, Zeitmustern und Kooperationsformen halbwegs zurechtkommt, kann er mitmachen und eckt nicht mehr an.[37]

Ein Jahr später kennt sich der Dagebliebene ganz gut aus. Allmählich ändert sich etwas Einschneidendes in seiner Wahrnehmung: Sein soziologischer Sinn schaltet um, ohne dass es ihm auch nur auffallen würde. Der anfangs auf die Dekodierung des Normalen fokussierte Blick wird aktuell nicht mehr als Raster der Informationssammlung gebraucht und äußert sich ab jetzt nur noch indirekt. Nicht mehr das Regelmäßige, Wiederholte steht nun im Zentrum der selektiven Aufmerksamkeit, sondern im Gegenteil das Sonderbare, Abweichende, Einmalige. Zuerst war der Dagebliebene neugierig auf das Normale, jetzt interessiert ihn genau umgekehrt alles, was aus der Reihe tanzt.

Kehren wir nun noch einmal zur Anfangsszene zurück, um dem Eingeborenen zu folgen, der mitfliegt. Seine Schwierigkeiten, sich zurechtzufinden, sind ungleich größer als die des Zurückgebliebenen. Wir Eingeborenen der Moderne sind zwar von Kindesbeinen an diese Schwierigkeiten gewöhnt, doch dies ändert nichts daran, dass sie auch uns zu schaffen machen. Ein Modernitäts-Fremder muss drei verstörende Normalitätserfahrungen verkraften, die uns schon lange nicht mehr auffallen.

Erstens sieht sich der Neuankömmling in unserer Welt einer ungeheuren Fülle von Objekten, Räumen, Menschen und Optionen gegenüber: Passanten, Massenmedien, Internet, Events, Mobiltelefone, Verkehrsmittel, Automaten, Supermärkte, Stadtlandschaften und so weiter. Ohne eine umfassende Unterweisung wäre er verloren. Im Gedränge der Details, angesichts der unübersichtlichen Oberfläche der sozialen Wirklichkeit, mit der raschen Abfolge der Situationen tritt ihm die Anforderung entgegen, sich vielen unverbundene Kontexte gleichzeitig zu erschließen. U-Bahn, Fast-Food-Restaurant, soziale Kontakte, Behörden, Geschäfte, Autobahn – überall gelten eigene Regeln und Symbole. Was den aus einer einheitlichen Lebenswelt kommenden Kulturfremden verwirrt, ist für uns Routine – das Alltagsleben als Nomadenwanderung zwischen einer Unzahl sozialer Enklaven mit spezifischen Normalitäten: Interaktionsmuster, Sinnwelten und Verteilungen.

Zweitens müssen sich Kulturfremde darauf einstellen, dass sich alles ständig ändert. Sie müssen gleichzeitig dauernd dazulernen und es wieder vergessen. Neue Apps, Smartphones, Netzwerke, Autos, Energieformen, Bildungswege, Begriffe, Umgangsformen, Geschlechterbeziehungen, Berufe, Küchentechnik… Wir leben in einer Transformationsdynamik mit immer geringerer Halbwertszeit von Normalität. Diese Dynamik ist ihrerseits zur Normalität geworden ist.

Drittens wird Kulturfremden erst nach langer Zeit (wenn überhaupt) klar werden, dass die moderne Welt durch riesige Formationen mitstrukturiert wird, die jeweils nur für einige wenige Zwecke zuständig sind: Politik, Finanzmarkt, Massenmedien, großtechnische Systeme, Konzerne, Verwaltungen… Dem Wahrnehmungshorizont des Einzelnen bleiben diese Großstrukturen verborgen; was er spürt, sind nur ihre Auswirkungen in der Lebenswelt. Hier einige Beispiele, die wir alle kennen: Man bekommt keine Zinsen mehr für seine Ersparnisse; man erhält im Internet Angebote, nach denen man nie gefragt hat; die Stromrechnung steigt von Jahr zu Jahr; täglich neu hat man angesichts der Nachrichtenlage den Eindruck, die Welt gehe demnächst aus den Fugen und niemand könne etwas dagegen machen.

Viele Kontexte, schneller Wandel, große Systeme – Eingeborene aus dem Urwald wären geschockt, wir Eingeborenen der Moderne sind daran gewöhnt, auch daran, dass die Entwicklung ständig weitergeht, hin zu noch mehr Kontexten, noch schnellerem Wandel, noch mehr und noch größeren Systemen.

Soweit unser Gedankenexperiment des abrupten Normalitätsbruchs. Es illustriert Normalität als übergreifenden »Aspekt der Aspekte« des Forschungsgegenstands Gesellschaft. Ob es um Interaktionsmuster, Sinnwelten oder Verteilungen geht, immer ist das Forschungsinteresse der Soziologie auf eine durch Gewöhnung und ständige Wiederholung fast unsichtbar gewordene soziale Wirklichkeit gerichtet. Dabei geht es im Sinn soziologischer Aufklärung um zwei Ziele: zum einen darum, Normalität anschaulich zu machen und damit für Diskurse zu erschließen; zum anderen darum, Normalitätsbrüche zu beschreiben und daran anschließende Überlegungen anzustellen, wie es nach Krisen weitergehen könnte.[38] Soziologie ähnelt insofern dem Hubschrauber im Gedankenexperiment – sie fungiert als Verfremdungshilfe.

Soziale Kollektive

Der Begriff des sozialen Kollektivs meint eine Mehrzahl von Menschen, die es regelmäßig miteinander zu tun haben. Klassische soziale Kollektive der Soziologie sind Nationen, Städte, Nachbarschaften, Eliten, Milieus, Ethnien, Religionsgemeinschaften, Verwandtschaftsgruppen, Angehörige bestimmter Berufe, Vereine oder Organisationen. Auch die drei weiter oben geschilderten Beispiele für die spontane Entstehung von Gesellschaft – der Aufzug bleibt stecken, Überlebende eines Flugzeugabsturzes tun sich zusammen, Gefangene werden in ein Lager deportiert – führen jeweils eine Mehrzahl von Menschen vor Augen, die in kurzer Zeit zu einem sozialen Kollektiv werden. Die kleinstmöglichen Kollektive sind Zweierbeziehungen, das größtmögliche ist die ganze Menschheit.

Genau genommen hat es Soziologie als Wissenschaft sozialer Kollektive mit einem Gegenstand zu tun, der bereits Soziologie voraussetzt, wenn die Analyse beginnen soll. Sie steht vor einem Münchhausenproblem – sich am eigenem Schopf aus dem Sumpf zu ziehen, indem sie eine Mehrzahl von Menschen als soziales Kollektiv ins Auge fasst. Schon die gerade angeführten Beispiele klassischer Kollektive des Soziologie zeigen, dass es sich dabei um veränderliche soziale Phänomene handelt, bei denen man sich oft nicht sicher sein kann, ob man vielleicht wichtige neue Formationen übersieht; ob sich ältere vielleicht schon wieder weitgehend aufgelöst haben; welche Unschärfen bei der Abgrenzung existierender Kollektive in Kauf zu nehmen und welche Überschneidungen zu bedenken sind. Nationen beispielsweise gab es nicht schon immer und möglicherweise erodieren sie wieder. Und falls ja – wer »gehört« zu einer bestimmten Nation, wer nicht?[39] Soziologie als Wissenschaft sozialer Kollektive hat immer auch zum Thema, inwieweit ihre kollektivbezogenen Ausgangsannahmen stimmen oder anzupassen sind.

Betrachten wir als Beispiel für soziale Kollektive eine Stadt. Dort begegnen sich die Menschen im öffentlichen Raum; sie arbeiten, kaufen ein, besuchen Kinos, Schwimmbäder, Bildungseinrichtungen; sie stehen in Nachbarschaftsbeziehungen; sie benutzen die U-Bahn und vieles mehr. Neben solche unmittelbaren Kontakte treten indirekte Verbindungen, die Gemeinsamkeit und Zugehörigkeit herstellen: Institutionen, die für alle da sind wie Stadtverwaltung, Polizei oder Fußballstadien; allgemein bekannte, symbolisch aufgeladene Bauwerke wie der Kölner Dom oder die Frauenkirche in München; Stadtviertel mit einer bestimmten Aura wie Berlin-Kreuzberg; ständig wiederholte Erzählungen, die der Stadt ein bestimmtes Lokalkolorit zuweisen – die Liste ließe sich fortsetzen. Auch solche indirekten Verbindungen setzen die Menschen in Beziehung zueinander.

Zusammengenommen machen all diese direkten und indirekten Beziehungen das aus, was eine Stadt für die Menschen bedeutet: eine Menge von zwischenmenschlichen Routinen, Erlebnissen, Wahrnehmungen, Erinnerungen und Möglichkeiten: städtische Normalität von Interaktionsmustern, Sinnwelten und Verteilungen. Die Stadt als soziales Kollektiv: das sind alle Menschen, die diese städtische Normalität zu einer gegebenen Zeit teilen und sich ihr zugehörig fühlen.

Würde man nun Stadtbewohnerinnen und Stadtbewohner nach ihrer Sicht der städtischen Normalität und nach der aktiven Beteiligung an ihr befragen, so würde sich einerseits herausstellen, dass keine zwei Personen dasselbe Bild ihrer Stadt als soziales Kollektiv im Kopf haben; andererseits ließe sich vermutlich eine Schnittmenge von Vorstellungen zur städtischen Normalität erkennen. Hinzu kommt aber, dass alle Befragten auf besondere Weise mit »ihrer« Stadt umgehen und ihren eigenen Pfaden durch die Stadt mit ihrer eigenen alltäglichen Agenda folgen. Wer zur Stadt gehört und wer nicht, versteht sich also keineswegs von selbst, wie es das Einwohnermelderegister suggeriert. Die Stadt als soziales Kollektiv im Fokus der Soziologie ist nicht identisch mit der Stadt als administrativem Gebilde.

Am Anfang der Menschheit, bei den urgeschichtlichen Nomadengruppen und den ersten Siedlungsgemeinschaften der Frühzeit, waren soziale Kollektive noch eindeutig identifizierbar. Diese ursprüngliche Klarheit ist im Lauf der Zeit immer mehr in Differenzierung, Unschärfe und Unübersichtlichkeit übergegangen. Vorgeschichtliche Pfahldörfer waren deutlich abgegrenzte soziale Kollektive; die Megastädte unserer Tage sind es nicht mehr. Heute ist die Frage, wer genau beispielsweise zu Tokio, London oder Berlin gehört, erst dann zu beantworten, wenn der Fragende eine nähere Bestimmung seines Begriffs von Zugehörigkeit vorausgeschickt hat. Die Abgrenzung von Kollektiven (nicht nur von Städten) kann sich nicht mehr an evidenten Gegebenheiten orientieren, vielmehr muss sie von Erkenntnisinteressen, Vermutungen und vorangegangenen Analysen ausgehen.

Zwar ist die Soziologie primär daran interessiert, was zwischen Menschen regelmäßig geschieht, sie kann aber immer weniger voraussetzen, dass *überhaupt* etwas zwischen ihnen geschieht, dass also ein wie auch immer abgegrenztes Kollektiv tatsächlich auch ein *soziales* Kollektiv ist. Die Frage, *ob* es Menschen überhaupt miteinander zu tun haben, ist neben die Frage getreten, *was* sie miteinander zu tun haben. Nicht umsonst entwickelt sich die soziologische Netzwerkanalyse seit einigen Jahren besonders dynamisch; sie legt den Akzent auf das Ob-Überhaupt.[40] Dieses sollte man nicht bereits voranalytisch voraussetzen, sondern zum Gegenstand der Analyse machen. In der fortgeschrittenen Moderne ist es soziologisch sinnvoll, für Kollektive unterschiedlicher Prägnanz aufgeschlossen zu sein – mit allen denkbaren Abstufungen zwischen verschworenen Gemeinschaften einerseits und füreinander anonym bleibenden Menschen andererseits, die etwa in der U-Bahn aneinander gegenübersitzen.

Direkte Beziehungen sind zurückgegangen, während indirekte immer größeres Gewicht bekamen. Gesetze, Steuern, Staatsangehörigkeit, Massendien, Internet, Behörden, Märkte und Konsumartikel etwa stellen indirekte Beziehungen zwischen Menschen her. Im Vergleich dazu haben direkte Begegnungen etwa in einer Arztpraxis, in einem Fußballspiel oder in einem Mehrpersonenhaushalt inzwischen für manche schon fast etwas Exotisches. In seiner Theorie der Zivilisation bezeichnet Norbert Elias die Zunahme der Indirektheit treffend als »Verlängerung der Handlungsketten.«[41]

Die Grenzen all dieser direkten und indirekten Verbindungen sind keineswegs deckungsgleich und trennscharf. Heute lassen sich die großen sozialen Kollektive nicht mehr mit Fußballmannschaften vergleichen, die in verschiedenen Trikots nebeneinander angetreten sind. In modernen Gesellschaften ist jeder auf seine Weise vernetzt. Georg Simmels Formulierung von der je individuellen »Kreuzung sozialer Kreise« aus der Sicht der Einzelnen trifft den Nagel auf den Kopf.[42] Die steinzeitliche Menschengruppe mag ein totales Kollektiv gewesen sein, das Zugehörige und Fremde trennte. Die sozialen Kollektive der Moderne dagegen ähneln eher einem verfilzten Flechtwerk, wo alle auf ihre Weise verortet sind, und wo die Bedeutung von »wir«, »ihr« und »sie« nur dann klar ist, wenn man zunächst klar macht, welches Kollektiv gerade gemeint ist.

Diesem Klärungsbedarf sieht sich auch die Soziologie als Wissenschaft der sozialen Kollektive gegenüber. »Die Gesellschaft« ist als Forschungsgegenstand noch zu unbestimmt. Gewiss, es geht um kollektive Phänomene, aber auf welche Kollektive soll sich die Analyse im Einzelnen beziehen? Auf Deutschland beispielsweise? Dann sollte man etwa auf die Frage gefasst sein, ob damit auch der Islam gemeint sei – in den diesbezüglichen Kontroversen der letzten Jahre zeigte sich, dass selbst die Öffentlichkeit nicht mehr ohne weiteres davon ausgeht, Kollektive seien einfach gegeben. Erst recht muss sich die Soziologie des Umstands bewusst sein, dass bereits in der Konkretisierung ihres Forschungsgegenstands Vorannahmen stecken, die sich im Lauf der Untersuchung als revisionsbedürftig herausstellen können.

Bilanz: Die Bezugnahme auf soziale Kollektive, ob es sich um Städte handelt oder um Nationen, um Milieus oder Generationen, um Fußballvereine oder Verwandtschaftsgruppen, impliziert immer Ermessensentscheidungen dahingehend, wer als zugehörig betrachtet werden soll und wer nicht. In beiden Hinsichten gibt es eindeutige Fälle, meist bleiben aber auch Grauzonen. Unschärfen solcher Art lassen sich durch noch so sorgfältige Methoden nicht aufheben – sie gehen aus dem Tun und Lassen der Menschen hervor und sind Teil der sozialen Wirklichkeit.

Die Soziologie beginnt mit Prämissen, die sich nicht einfach aus der »Natur der Sache« ableiten lassen, sondern sich auf vorangegangene Studien, plausible Vermutungen und pragmatische Begründungen stützen müssen. Die Annahme der Existenz eines sozialen Kollektivs als Ausgangspunkt soziologischer Analysen hat bereits den Charakter einer empirischen Aussage. Diese lässt sich ja im Lauf der Analyse überprüfen. Die Klarheit oder Unschärfe, mit der soziale Kollektive hervortreten, ist nicht nur Voraussetzung soziologischer Analyse, sondern auch eines ihrer wichtigsten Themen. Um noch einmal auf das Beispiel der Städte zurückzukommen: Ab wann sind sie überhaupt in die Geschichte getreten? Wie haben sie sich im Lauf der Geschichte verändert? Erleben wir gegenwärtig möglicherweise eine Zeit der langsamen Abschwächung ihrer Prägnanz – und komplementär dazu das Hervortreten überregionaler Kollektive bis hin zur Weltgesellschaft?

Wer nun einwendet, dass in der soziologischen Optik damit ein Ergebnis vorausgesetzt werde, das man doch erst mit Hilfe dieser Optik gewinnen könne, dass also die Konstruktion der Prämisse bereits ihre Vollendung erfordere, was unmöglich sei – der hat zwar scheinbar logisch recht, liegt aber pragmatisch daneben, weil dies den prozessualen Charakter der Entwicklung von wissenschaftlichen Voreinstellungen verkennt: das allmähliche Entstehen von Perspektiven durch Versuch und Irrtum in immer wieder neu durchlaufenen Feedback-Schleifen bis zu einer Stabilisierung der Befunde. Diese Methode erläutere ich im 8. Kapitel als spezifisch soziologisches Zeitmuster der *Iteration* im Unterschied zu Deduktion und Induktion. Beim iterativen Vorgehen gibt es kein logisches Problem.

3. Kapitel: Die jüngste Wirklichkeitsschicht

Die im vorangegangenen Kapitel dargestellten Perspektiven der Soziologie sind ein Versuch, sich der Besonderheit einer Wirklichkeitsschicht anzunähern, die ihrerseits erst aus einer übergeordneten Perspektive sichtbar wird. Das folgende 3. Kapitel verortet den Gegenstand der Soziologie im Weltbild der evolutionären Erkenntnistheorie, verbunden mit einer Geschichte der Wirklichkeit. Die Pointe der Überlegungen besteht in der Konkretisierung besonderer handwerklicher Anforderungen an die Soziologie, die für die historisch jüngste Wirklichkeitsschicht wissenschaftlich zuständig ist.

Bei diesem Rahmen soziologischer Selbstdeutung handelt es sich um nicht mehr und nicht weniger als eine plausible Theorie, die vor allem naturwissenschaftlich fundiert ist. Die Sichtweise der evolutionären Erkenntnistheorie ist keinesfalls mit einer metaphysisch zu verstehenden Ontologie zu verwechseln. Vielleicht wird ihre Deutung der Entstehung der Wirklichkeit irgendwann modifiziert oder durch eine andere verdrängt. Solange keine plausiblere an ihre Stelle tritt, ist es jedoch sinnvoll, sich daran zu orientieren, vor allem auch in der Soziologie.

Eine Wissenschaft wie jede andere – und wie keine

Die Überschrift dieses Abschnitts formuliert eine erkenntnistheoretische Position: Einerseits gelten für alle empirischen Wissenschaften identische Grundsätze, ob es sich nun um Physik handelt oder um Soziologie; andererseits jedoch muss jede Einzelwissenschaft den Besonderheiten ihres Gegenstands gerecht werden, wofür sie eine spezielle Methodologie benötigt. Einen klassischen Text zur Autonomie der Einzelwissenschaften hat Jerry Fodor 1974 unter dem Titel *Special Sciences* vorgelegt.[43] Er setzt sich damit vom Programm Reduktionismus ab, das darauf hinausläuft, alle Phänomene kausal auf einige grundlegende Gesetzmäßigkeiten im mikrophysikalischen Bereich zurückzuführen. Für diese Utopie stehen vor allem Paul Oppenheim, Hilary Putnam und Ernest Nagel.[44]

Was spricht dafür, die Soziologie als Einzelwissenschaft aufzufassen, statt die gesellschaftliche Wirklichkeit auf elementare Gesetzmäßigkeiten etwa psychischer, biologischer oder physikalischer Art zu reduzieren? Diese Frage bringt zunächst zum Ausdruck, dass es sich hier um eine Ermessensentscheidung handelt, nicht etwa um eine allem Zweifel enthobene Einsicht. In meinen Augen sprechen vor allem zwei Gründe für die einzelwissenschaftliche Auffassung der Soziologie: Erstens hat sich diese Variante vielfach bewährt, zweitens spricht eine umfassende historische Theorie der Wirklichkeit dafür. Das erste Argument setzt erkenntnispragmatisch an, es reflektiert das real praktizierte Handwerk der Soziologie seit es sie gibt. Das zweite Argument hat empirischen Charakter; es lehnt sich an die evolutionäre Theorie der Herausbildung des Universums an. Bei der Entfaltung dieses Arguments orientiere ich mich im Folgenden an Arbeiten von Rupert Riedl. Wie kaum ein anderer verbindet er naturwissenschaftliches und geisteswissenschaftliches Denken.[45]

Seiner Darstellung zufolge korrespondieren alle empirischen Einzelwissenschaften einem im Lauf von Jahrmillionen und Jahrmilliarden entstandenen, schichtartigen Aufbau der realen Welt. In den verschiedenen Wirklichkeitsschichten herrscht Eigengesetzlichkeit, während die Beziehungen der Wirklichkeitsschichten bestimmten Mustern folgen, von denen noch die Rede sein wird. Auf diese Weise werden einerseits die Besonderheiten der Einzelwissenschaften in einem umfassenden Modell der gesamten Wirklichkeit verankert, andererseits betont Riedls integrativer Ansatz ihre Verwandtschaft und damit auch das Postulat einer einheitlichen empirischen Methodologie.

Das folgende Kapitel stellt Riedls Modell vor und bereitet den Boden für die Einordnung der Soziologie in ein umfassendes Wirklichkeitsgefüge, nicht in Form einer essentialistischen Wesensschau, sondern in Form einer hypothetischen empirischen »Theorie von allem«. In seiner Geschichte der Wirklichkeit geht Riedl bis zum Urknall zurück. Im Lauf der Zeit wurden die Wirklichkeitsschichten immer komplexer. Soziale Kollektive gehören zur bisher jüngsten Schicht.

Steckbrief der evolutionären Erkenntnistheorie

Die evolutionäre Erkenntnistheorie entwickelte sich, wie Riedl in einer kurzen Chronologie der wesentlichen Arbeiten dokumentiert, im Lauf des 20. Jahrhunderts.[46] Sie trägt die Handschrift von philosophisch orientierten Naturwissenschaftlern oder naturwissenschaftlich bewanderten Philosophen und erstreckt sich auf zwei hauptsächliche Themengebiete:

- Zum einen beschäftigt sich die evolutionäre Erkenntnistheorie mit Entstehung und Aufbau der gesamten empirisch erfassbaren Wirklichkeit. Sie handelt von den Gegenstandsbereichen aller denkbaren empirischen Wissenschaften und von den Beziehungen zwischen diesen Gegenstandsbereichen.
- Zum anderen macht sich die evolutionäre Erkenntnistheorie Gedanken über das forschende und erkennende Subjekt, das der empirisch erfassbaren Wirklichkeit gegenübertritt. Die Grundfrage erinnert an Kant: Worin bestehen die im Subjekt angelegten Bedingungen der Möglichkeit von Erkenntnis, und wie sind diese Bedingungen entstanden?

In Rupert Riedls Buchtitel *Die Spaltung des Weltbilds. Biologische Grundlagen des Erklärens und Verstehens* klingen beide Themen an. Das besondere Verdienst dieser Arbeit liegt in der Integration von naturwissenschaftlichen und kulturwissenschaftlichen Perspektiven und Erkenntnissen. Riedl vertritt ein Modell von ineinander gelagerten »Wirklichkeitsschichten«, von der subatomaren Ebene über die Schichten des Organischen, des Psychischen und des Kulturellen (Gesellschaftlichen) bis hin zum Universum. Räumliche Bezeichnungen wie »übereinander«, »unten« oder »oben« sind in diesem Zusammenhang metaphorisch gemeint, sie symbolisieren die Reihenfolge der Entstehung, die Zunahme von Komplexität und das Verhältnis von Teilen und Ganzem.

In jeder Schicht treten Besonderheiten auf, die eigene wissenschaftliche Methoden und besondere Theorien erfordern. Allerdings sind die verschiedenen Schichten nicht voneinander unabhängig, vielmehr wirken die unteren Schichten auf die oberen durch die Begrenzung der Variationsspielräume, die oberen auf die unteren durch Selektion. Je höher eine Schicht gelagert ist, desto später ist sie im Lauf der Evolution des Kosmos entstanden und desto höher ist ihre Komplexität. Der Gegenstandsbereich der Soziologie ist in der jüngsten und komplexesten Schicht angesiedelt.

Aus seinem Modell leitet Riedl eine durch die Differenzierung der Wirklichkeitsbereiche begründete Differenzierung der Erfahrungswissenschaften ab, ohne eine strikte Trennung von Natur- und Geisteswissenschaften zu postulieren. Vielmehr gelten für alle empirischen Wissenschaften einheitliche Grundsätze, unter anderem: Orientierung an kontrollierten und systematisierten Erfahrungen, Suche nach Regelmäßigkeiten, wechselseitige Kontrolle, Nachvollziehbarkeit von Begründungen (Intersubjektivität), empirischer Informationsgehalt von Theorien, Einfachheit theoretischer Modelle, Wahrheitsannäherung als oberstes Ziel. Die Soziologie kann diesen Postulaten zwar nicht im selben Ausmaß wie die reinen Naturwissenschaften genügen, aber worauf es ankommt, ist die Richtung, in die sie weisen: Als regulative Prinzipien, denen man sich soweit es eben geht anzunähern versucht, sind sie auch in der Soziologie unentbehrlich.

Die evolutionäre Erkenntnistheorie widerspricht dem Reduktionismus, der davon ausgeht, dass sich alle empirischen Wissenschaften letztlich auf ein und dasselbe Beschreibungs- und Erklärungssystem »reduzieren« ließen. Nur ein Zwischenschritt auf diesem Weg wäre etwa das Programm, Psychologie und Sozialwissenschaft durch Neurowissenschaft zu ersetzen oder Soziologie durch Psychologie und Kognitionswissenschaft. Der materialistische Reduktionismus will an dieser Stelle weiter, bis er im Bereich der Mikrophysik ankommt.

Dieser reduktionistischen Sichtweise steht die gegenstandsdifferenzierte Sichtweise der evolutionären Erkenntnistheorie gegenüber: Es gibt unterschiedliche Gegenstandsbereiche, in denen jeweils eigene Regelmäßigkeiten und besondere Beziehungen zu benachbarten Gegenstandsbereichen herrschen. Dafür werden eigene Theorien, Begriffsnetze und Messverfahren gebraucht.

Einzelne Wissenschaften sind auf mindestens zwei Schichten und ihre Beziehungen spezialisiert, so beispielsweise die physikalische Chemie auf die beiden Schichten Atome und Moleküle oder die Sozialpsychologie auf die beiden Schichten Individuum und Gruppe. Wissenschaften können mehr als zwei Schichten umfassen, beispielsweise die biologische Verhaltensforschung, der Riedl folgende Schichten zuordnet: Zelle, Gewebe, Organismus, Individuum, Gruppe.

Die Evolution der Wirklichkeitsschichten

Bei ihrer Theorie der Entstehung der Wirklichkeitsschichten geht die evolutionäre Erkenntnistheorie bis zum Anfang des Universums zurück. Am Anfang gab es nicht einmal die Wirklichkeitsschicht der Atome, es gab nur die subatomare Schicht der Quanten. Alle Quanten zusammen bildeten den Kosmos. Dieser einfach klingende Satz hat es in sich; er verweist auf das in der evolutionären Erkenntnistheorie entscheidend wichtige Verhältnis von Teilen (Quanten) und Ganzem (Kosmos = Gravitationsfeld).

Die Teile wirken von »unten« nach »oben«, das Ganze wirkt von »oben« nach »unten«. Damit ist eine räumliche Analogie eingeführt, die für das Verständnis der evolutionären Erkenntnistheorie wichtig ist. In Anlehnung an Aristoteles unterscheidet Riedl vier Typen von Ursachen, die er danach klassifiziert, ob sie von »unten« oder von »oben« wirken.

Aus der Wechselwirkung zwischen Teilen und Ganzem können neue Wirklichkeitsschichten entstehen. So fingen am Anfang der Zeit die schwereren Quanten die leichteren ein; auf diese Weise entstanden die Atome als erste zusätzliche Wirklichkeitsschicht, und zwar zunächst Wasserstoff, dann Helium. Unregelmäßigkeiten im Gravitationsfeld führten zur Zusammenballung von Galaxien, in denen weitere Atome unter der Einwirkung von Schwerkraft und Temperatur in Kettenreaktionen »ausgebrütet« wurden.

Damit waren zwischen den beiden »Urschichten« (Quanten und Kosmos) zwei weitere Schichten entstanden, die wiederum im Verhältnis von Teil und Ganzem standen: auf der einen Seite die Atome, auf der anderen die von ihnen gebildeten Galaxien. Beide neuen Schichten wirkten wiederum aufeinander ein und erzeugten zwei weitere Schichten, die wiederum im Verhältnis von Teil und Ganzem standen: Moleküle und Sonnensysteme. So ging es im Lauf der Zeit ständig weiter, bis die zeitlich gesehen letzten Wirklichkeitsschichten entstanden, auch diese wieder im Verhältnis von Teilen und Ganzem: Menschen und Kultur.

Der Raum der Schichten ist durch zwei Hauptdimensionen strukturiert: Zeit und Komplexität. Im Lauf der Zeit sind immer mehr Schichten entstanden, und die in den neuen Schichten herrschenden Regelmäßigkeiten wurden immer komplexer. Kultur und Individuum sind die letzten und komplexesten Schichten.

Zwei Wirkungsrichtungen

Die bei der Evolution der Wirklichkeitsschichten erkennbaren Wirkungsformen sind ununterbrochen und überall am Werk, auch bei den kleinsten Vorkommnissen. Unter Verwendung der räumlichen Analogie kann man sagen: Alles was geschieht, geht teils auf Ursachen zurück, die »von unten« (von den Teilen ausgehend) wirken, und teils auf Ursachen, die »von oben« (vom Ganzen ausgehend) wirken. Die »unteren« Ursachen teilt Riedl in gemäß Aristoteles in *Antriebsursachen* und *Materialursachen* auf, die »oberen« Ursachen in *Zweckgesetze* und *Formgesetze*.

Dazu ein kulinarisches Beispiel: die Zubereitung von Spaghetti Bolognese.

- Materialursache: Vorhandensein der Zutaten mit ihren chemischen und physikalischen Eigenschaften
- Antriebsursache: Einwirkung von Energie auf die Zutaten
- Zweckursache: Stillen des Hungers und ästhetisches Erlebnis des Schmeckens
- Formursache: Rezept

Jede dieser vier Bedingungen ist notwendig, keine aber ist für sich alleine bereits hinreichend. Zwei der Bedingungen kommen »von unten«: die Antriebsursache und die Materialursache; sie sind eine Basis, aus der sich viel Verschiedenes machen ließe. Dass genau eine Möglichkeit realisiert wird, liegt an den »von oben« kommenden Bedingungen: Der handelnde Mensch greift gestaltend auf die Basis zu. Er hat Appetit (Zweckursache) und ein Rezept im Kopf (Formursache). Im speziellen Fall des Handelns haben Zweckursache und Formursache intentionalen Charakter; allgemein wirken sie selektiv. Am Beispiel der Astrophysik: Das Gravitationsfeld als Obersystem »entscheidet« über die Form des in ihm entstehenden Spiralnebels.

Isomorphie von objektiver Wirklichkeit und Erkenntnisvermögen

Nach der bisher in diesem Kapitel entfalteten Theorie der Wirklichkeitsschichten, die zu Gegenstandsbereichen der Wissenschaften wurden, kommt nun das zweite Hauptthemengebiet der evolutionären Erkenntnistheorie ins Spiel: die Theorie des erkennenden Subjekts. Auch dieses hat eine Evolution hinter sich und ist als eigene Wirklichkeitsschicht aus dem Zusammenwirken der verschiedenen Arten von Ursachen hervorgegangen. Die Evolutionstheorie erklärt die Entstehung einer Art durch die Überlebenschance von Genen in einer gegebenen Umwelt. Menschen bilden nun diejenige Gattung, deren Überlebenserfolg mehr als bei jeder anderen Gattung von der Komplexität und Anpassungsfähigkeit ihres Erkenntnisvermögens abhängt.

Der erkenntnistheoretisch entscheidende Punkt ist: Im Lauf der Evolution haben die Menschen einen angeborenen »Blick« für die empirische Wirklichkeit entwickelt, der dem Aufbau der Wirklichkeit *isomorph* ist. Mit anderen Worten: Das Erkenntnisvermögen der Menschen ist so eingestellt, dass sie die oben differenziert dargestellten Kausalverhältnisse durchschauen und für ihre Zwecke nutzen können.

Der Mensch kommt also bereits mit *apriorischen Sichtweisen* auf die Welt, die ihn dazu befähigen, in der Welt zu überleben. Die Erklärung für diesen Erfolg kann nur darin liegen, dass die angeborenen Voreinstellungen der Erkenntnis die Welt isomorph modellieren. Kant führte den Begriff der Aprioris ein und unternahm eine erste Beschreibung. Danach mussten noch einmal an die 200 Jahre vergehen, bis Evolutionstheorie und philosophische Erkenntnistheorie allmählich zusammenfanden.[47]

Die evolutionäre Erkenntnistheorie sieht die grundlegenden Formen unserer Modellierung der empirischen Wirklichkeit wie Kant als apriorisch an, aber sie erklärt diese biologisch und ökologisch: Die empirische Wirklichkeit prämierte diejenigen angeborenen Voreinstellungen des erkennenden Subjekts, die ihr angemessen und somit überlebenstauglich waren. Damit ist nicht ausgesagt, dass die Wirklichkeit vollständig durch das angeborene Erkenntnisvermögen erfassbar wäre, sondern lediglich, dass dieses dafür ausreicht, die Wirklichkeit in einer für Menschen problemrelevanten Weise zu modellieren.

Einseitigkeiten und Scheinkonflikte

Wir sind zwar grundsätzlich in der Lage, die Komplexität der Beziehungen zwischen den Wirklichkeitsschichten zu erfassen, aber in der Geistesgeschichte war immer wieder die Tendenz zu beobachten, sich jeweils nur auf eine Kategorie von Ursachen zu beschränken, entweder auf die von unten oder auf die von oben wirkenden. So kam es zur Bildung von nur scheinbar unversöhnlichen Lagern, die sich in einer Reihe von Dualismen manifestierten:

- Kausalismus versus Finalismus: Erklärungen durch vorangegangene Ursachen oder (teleologisch) durch Endzustände?

- Empirismus versus Rationalismus: Erkenntnis aufgrund von Sinneserfahrungen oder durch Vernunft?
- Materialismus versus Idealismus: Ist das Geistige eine Erscheinungsform des Materiellen oder verhält es sich umgekehrt?
- Erklären versus Verstehen: Zielt Soziologie letztlich auf Kausalanalyse oder auf Hermeneutik?
- Naturwissenschaft versus Kulturwissenschaft: Zwei Welten oder Einheitswissenschaft?
- Akteur versus System: Methodologischer Individualismus oder Holismus?

Bei diesen Begriffspaaren repräsentiert der jeweils erstgenannte Begriff untere, der zweite obere Schichten. In jedem Fall handelt es sich um zwei Seiten derselben Medaille, nicht – wie in vielen Debatten unterstellt – um Antagonismen. Beide Seiten integriert zu sehen, ist allerdings zunächst einmal ungewohnt und schwierig.

Soziologische Fortschreibung von Riedls Modell

Die höchsten (d. h. entwicklungsgeschichtlich gesehen neuesten und analytisch gesehen komplexesten) Schichten bei Riedl sind (absteigend geordnet): Kultur/Zivilisation/Gruppe/Handlung und Vorstellung/Individuum und Organismus. Hier zeigt sich, dass die Fachkompetenz Riedls eher im naturwissenschaftlichen Bereich liegt. Meine Kritik lässt das Wesentliche jedoch unberührt; sie moniert lediglich einige kleinere Defizite aus soziologischer Sicht.

- Die angeführten Begriffe sind teils nicht trennscharf (Gruppe, Zivilisation, Kultur).
- Teils wird Heterogenes in ein und derselben Schicht lokalisiert (Individuum und Organismus/Handlung und Vorstellung).
- Soziologisch wichtige Aspekte der Wirklichkeit, die den Charakter einer eigenen Wirklichkeitsschicht haben, fehlen, und zwar zum einen soziale Phänomene, aufgefasst als Muster wiederholten, sinnhaften, interaktiven sozialen Handelns, zum anderen soziale Kollektive, aufgefasst als Zusammenhang sozialer Phänomene.

Stattdessen schlage ich folgenden Schichtaufbau vor (Aufzählung von unten nach oben, weiter entfernte Schichten jenseits der Erkenntnisinteressen der Soziologie wurden weggelassen):

- Organismus
- Bewusstsein
- Individuelles soziales Handeln
- Soziale Phänomene (Interaktionsmuster, Sinnwelten, Verteilungen)
- Soziale Kollektive

Die allgemeine Systematik von Riedl gilt jedoch auch in diesem veränderten Schichtenmodell: Jede gegebene Schicht ist ein mit eigenen Begriffen und Modellen zu beschreibender Wirklichkeitsbereich, der in besonderen Beziehungen zu den unmittelbar benachbarten Schichten steht. Zur Analyse dieser Beziehungen sind jeweils eigene Theorien erforderlich.

Koppelung von Organismus, Bewusstsein und sozialem Handeln

Aus der Sicht dieses Modells verbindet der Mensch die drei Wirklichkeitsschichten von Organismus, Bewusstsein und sozialem Handeln. Jeder kann die Wechselwirkung der Wirklichkeitsschichten am eigenen Leib erfahren. Anders als tierische Organismen haben Menschen kraft der Koppelung von Körper und Bewusstsein einen großen Variationsspielraum; das Bewusstsein kann zwischen unendlich vielen Aktionen des Körpers auswählen, also »von oben« in die untere Wirklichkeitsschicht eingreifen. Andererseits wirken auch die unteren Schichten nach oben; das merkt man etwa, wenn das Bewusstsein dem Körper einen Marathonlauf abringen will, dieser aber unterwegs schlapp macht, oder wenn man einen Text schreiben möchte, aber durch eine Grippe daran gehindert wird.

Das soziale Handeln ist am besten als eigene Wirklichkeitsschicht anzusehen. Es ist zwar ein Produkt des Einzelnen: ein von seinem Bewusstsein ausgewählter körperlicher Vollzug. Aber es verweist gleichzeitig auf eine außerindividuelle höhere Wirklichkeitsschicht – auf soziale Phänomene: kollektiv vorgebahnte, normale, im Gedächtnis aller gespeicherte und wechselseitig voneinander erwartete interpersonale Handlungsmuster. Diese wirken im Hinblick auf die Gesamtheit der für einen Menschen verfügbaren Handlungsmöglichkeiten selektiv: Sie definieren die soziale Anschlussfähigkeit des Handelns; von den vielen Möglichkeiten kommen nur wenige oder kommt nur eine in Betracht.

Beispiel: A hat B zum Essen eingeladen. Beide sitzen im Restaurant, werden jedoch nicht bedient. Der hungernde Organismus drängt nun das Bewusstsein beider spätestens nach einer halben Stunde zur Handlung »Restaurant verlassen«. Dagegen verlangt die Wirklichkeitsschicht des sozialen Handelns die Handlung »dableiben«. Hier macht sich die »oben« liegende Schicht der sozialen Phänomene bemerkbar, in der es allgemein als unhöflich gilt, wenn ein Gast einfach weggeht und den Gastgeber kurzerhand sitzen lässt – oder umgekehrt der Gastgeber die Einladung abbläst. Konsequenz: Beide würden nur zu gerne das Restaurant verlassen, aber sie zwingen sich, sitzen zu bleiben. An diesem Beispiel lässt sich die Interaktion von gleich vier Wirklichkeitsschichten studieren: Organismus, Bewusstsein, Handeln, Interaktionsmuster.

Für das widersinnig scheinende Phänomen sozialen Handelns gegen die Präferenzen aller Beteiligten hat der Wirtschaftswissenschaftler Jerry B. Harvey den Begriff des *Abilene-Paradoxes* geprägt. Er beschreibt ein Familienfest, bei dem sich alle einem Ausflug in die nahegelegene Stadt Abilene anschließen, obwohl keiner Lust dazu hat.[48]

Schwer zu fassen, aber real – die Wirklichkeit der Soziologie

Die evolutionäre Erkenntnistheorie sensibilisiert dafür, dass für verschiedene Schichten der Wirklichkeit eigens dafür zuständige Wissenschaften gebraucht werden. In der Evolution des Universums entstanden immer komplexere Wirklichkeitsschichten. Diejenigen, mit denen sich die Soziologie beschäftigt, sind die zuletzt entstandenen und komplexesten. Dass hier besonders schwer zu bewältigende methodologische Probleme auftauchen, ist eine Folge dieser Komplexität. Worin diese Schwierigkeiten konkret bestehen, fasst die folgende Aufzählung zusammen.

- *Hohe Variabilität:* Sowohl individuelles Bewusstsein wie soziale Strukturen können sich auf unendlich vielfältige Weise organisieren. Konsequenz: Wenn es um die Erkenntnis historisch einmaliger Gesellschaften oder kognitiver Systeme geht, ist eine Nachprüfung unter äquivalenten Bedingungen wegen des Wandels der Verhältnisse nicht möglich. Invarianzen haben eine kurze Halbwertszeit und müssen ständig neu beschrieben werden.
- *Rationalität:* Menschen und Gesellschaften organisieren ihr Handeln häufig zweckbezogen. Das jeweils vorhandene Wissen begründet die Erwartung, dass bestimmte Handlungen instrumentell für bestimmte Ziele

seien. Zweckrationalität ist eine der Formen, mit denen Menschen Bewusstsein in Handeln übersetzen; als zusätzliche Formen fügte Max Weber Wertrationalität, Affekt und Traditionsorientierung hinzu.[49] Vor allem die der Zweckrationalität zugrundeliegenden Wissensbausteine und Ziele unterliegen in der Moderne ständigem Wandel; dies ist eine der Hauptursachen für die im ersten Punkt angeführte Variabilität. Die beiden nächsten Punkte spezifizieren wichtige Ursachen des Wandels von Wissen und Zielen.

- *Lernfähigkeit:* Menschen und Gesellschaften sind in der Lage, den Erfolg ihres Handels zu bewerten und Regelmäßigkeiten aus einer Vielzahl von Beobachtungen zu abstrahieren. Dadurch können sie ihr Wissen ständig verändern, was wegen des Rationalitätsprinzips auch zu einer Veränderung ihres Handelns führen muss.
- *Reflexivität:* Individuen und Gesellschaften bilden sich selbst durch Ich- und Gesellschaftsmodelle ab. Diese Modelle fließen in ihr Handlungswissen ein. Deshalb reagieren Individuen und Gesellschaften auf die Ergebnisse der sie beschreibenden Wissenschaften einschließlich der Soziologie. Pointiert gesprochen, kann es sein, dass die empirischen Kulturwissenschaften ihre eigenen Befunde durch Veröffentlichung und Aufklärung obsolet machen – die Menschen fangen an, neu über ihr bisheriges Tun nachzudenken. Selbstveränderung durch Selbsterkenntnis ist ein alltägliches Vorkommnis, dem in der Psychotherapie der Rang eines obersten Prinzips zukommt.
- *Symbolgebundenheit:* Individuen und Gesellschaften bringen Kosmen von Zeichen hervor, die zur Kommunikation von Bedeutungen verwendet werden. Die soziale Realität lässt sich erst dann wissenschaftlich erfassen, wenn man versucht, die Bedeutungen dieser Symbole zu entschlüsseln. Dabei entsteht ein Fehlerrisiko, das in anderen Wissenschaften nicht auftritt: Wann immer man hermeneutisch arbeitet, ist es unerlässlich, Deutungsregeln anzuwenden, die zum großen Teil auf den persönlichen Erfahrungen und Abstraktionen des Interpreten beruhen. Anders als beispielsweise bei physikalischen Kontrollmessungen ist intersubjektive Kontrolle in der Soziologie ihrerseits subjektgebunden. Dies bedeutet nicht, dass Intersubjektivität unmöglich wäre, sie ist jedoch weniger zwingend.
- *Zeitlichkeit:* Wichtige Begriffe der Soziologie – etwa Struktur, Rolle, System, Schicht, Milieu, Macht, Institution, Organisation – verweisen auf Wiederholungstendenzen in einer unübersehbaren Vielzahl von Handlungsepisoden. Der Gegenstandsbereich besteht also im Wesentlichen aus

zahllosen Abläufen, deren Muster und Wiederholungstendenzen die Soziologie entschlüsseln will.

- *Reaktivität*: Damit ist gemeint, dass sich das Verhalten von Menschen, Gruppen und sozialen Organisationen verändert, sobald ein Bewusstsein davon entsteht, Gegenstand wissenschaftlicher Beobachtung zu sein. Wie kann man dies in der Sozialforschung umgehen oder wenigstens reduzieren? Mehr als jede andere Wissenschaft muss sich die Soziologie immer wieder selbstkritisch befragen, inwieweit sie Einblick in das normale Leben jenseits der Forschung gewähren kann oder bloß Forschungsartefakte produziert.
- *Präexperimentelle Variable:* Die meisten Variablen der empirischen Soziologie lassen sich nicht experimentell manipulieren und kontrollieren: Geschlecht, Alter, Bildung, Familienstand, Religion, Wohnumgebung und viele andere Merkmale. Kausalaussagen, in denen solche Variablen vorkommen, lassen sich keinem harten Test unterziehen. Was bleibt, sind korrelative Studien – mit allen damit verbundenen Irrtumsrisiken.
- *Besondere Stichprobenprobleme:* Verweigerung, Unerreichbarkeit, fehlende Werte und andere Formen der Selektivität bei der Zusammenstellung von Samples aus großen Grundgesamtheiten führen mehr als in anderen empirischen Wissenschaften zu chronischen systematischen Stichprobenfehlern. Durch das Vordringen von Online-Umfragen wird dies noch potenziert.

Unschärfe und Ungenauigkeit

Dieser Abschnitt schließt die Liste der Besonderheiten mit einem Aspekt ab, der eine etwas ausführlichere Betrachtung verlangt. Bei den meisten kulturwissenschaftlichen Abstraktionen muss man eine Art »Rauschen« in Kauf nehmen: Die konkrete soziale Wirklichkeit fügt sich so gut wie nie in allen Details den Begriffen und Theorien, die sie abbilden sollen. Zwar kommt Unschärfe auch in den Naturwissenschaften vor, doch in den Kulturwissenschaften ist ihre Bedeutung ungleich größer. Die häufige Verwechslung von Unschärfe mit Ungenauigkeit führt zu Vorwürfen an die Adresse der Soziologie, die genau genommen auf die Kritik zurückfallen, weil sie von mangelnder Differenzierung zeugen.

- *Ungenauigkeit* definiere ich hier als Sammelbegriff für alle Abweichungen der Forschungsergebnisse von der Realität, etwa bedingt durch bewusste oder unbewusste Falschaussagen von Befragten, durch Stichprobenfehler, ungeeignete Kodierung, Interpretationsfehler, Fehler der Modellspezifikation u. a.
- Mit *Unschärfe* meine ich dagegen Abweichungen der sozialen Wirklichkeit von darauf bezogenen begrifflichen Schemata, die wir sowohl im Alltag als auch in der Wissenschaft benötigen.

Betrachten wir als Beispiel den Begriff sozialer Milieus, die sich als Untergruppen in sozialen Kollektiven ausbilden: Netzwerke mit erhöhter Binnenkommunikation und gemeinsamen Stilen, Sprachcodes und Denkweisen. Solche Milieus findet man beispielsweise unter Jugendlichen. Wie auch immer man nun versuchen mag, diese Milieus soziologisch zu beschreiben, gestützt auf noch so viele empirische Untersuchungen, die das Typische erfassen – man wird keine Typisierung finden, die der Wirklichkeit zu einem gegebenen Zeitpunkt genau entspricht, vielmehr werden immer Grenzfälle, Grauzonen, Ausnahmen auftreten.[50] Wer dies nicht will, muss auf Typisierung überhaupt verzichten – und damit auf Soziologie. Ohne Schemata kann man nicht über die soziale Wirklichkeit sprechen, dabei muss man aber damit rechnen, dass sich die Wirklichkeit unregelmäßig dazu verhält.

Der fundamentale Unterschied ist nun folgender: Ungenauigkeit kann man durch wissenschaftlichen Fortschritt vermindern, Unschärfe nicht. Logisch haben beide Konzepte nichts miteinander zu tun. Ein unscharfes Forschungsergebnis kann beispielsweise auf denkbar präzisen Methoden beruhen; umgekehrt kann ein Modell mit genauen Abgrenzungen illusionär und gerade wegen der Behauptung von Genauigkeit ungenau sein. Im Forschungsergebnis vermischen sich die beiden Phänomene jedoch, es ist meist nicht möglich, Ungenauigkeit und Unschärfe empirisch zu trennen. Umso wichtiger ist es, sie wenigstens theoretisch klar zu unterscheiden.

Teil II
Wissenschaft

Leitfrage: Was macht Wissenschaftlichkeit aus und wie kann die Soziologie Wissenschaft sein?

In der Wissenschaft wurde vieles wieder verworfen, was zunächst als Fortschritt betrachtet worden war, und vieles setzte sich durch, was am Anfang nur Kopfschütteln hervorrief. Am besten sollte der Streit bereits im Kopf beginnen: Was spricht für bestimmte Behauptungen, und – vor allem – was spricht dagegen? In den Diskursen des jeweiligen Fachs, so die Idealvorstellung, setzt sich das kritische Selbstgespräch fort.

Möglich sind diese Diskurse jedoch nur, wenn alle Beteiligten darin übereinstimmen, welche Argumente überhaupt sinnvoll und zulässig sind. Nach welchen Maßstäben soll geurteilt werden? Wenn Einigkeit über die Kriterien besteht, wird sich – eine faire Diskussion vorausgesetzt – am Ende die aktuell beste Theorie durchsetzen.

Aber wie kann eine gemeinsame Kultur der Begründung entstehen? Dafür ist eine überzeugende Begründung der Begründung erforderlich. Sie speist sich aus zwei Quellen: philosophisch aus der Wissenschafts- und Erkenntnistheorie, inhaltlich aus einem grundlegenden Vorverständnis des jeweiligen Forschungsgegenstands.

An dieser Stelle könnte man zwar weiterfragen: Wie steht es mit der Begründung der Begründung, dann mit der Begründung der Begründung der Begründung – und so weiter? Logisch gesehen hat man es hier mit einer unlösbaren Aufgabe zu tun: aus einem unendlichen Regress auszusteigen. Doch die real praktizierten Wissenschaften haben diese potenzielle Blockade pragmatisch umgangen. Bei allem Streit herrscht hinsichtlich der Grundvorstellungen doch weitgehend Konsens, auch, wie dargestellt, in der Soziologie.

Davon ausgehend hat sich die moderne Wissenschaft als Projekt der Selbstbeobachtung konstituiert. Sie entfaltet sich in der Beziehung von drei Ebenen.

- Auf der *operativen Ebene* wird geforscht und diskutiert.
- Die dafür notwendigen Methoden und Argumentationsregeln sind in der *Metaebene* angesiedelt. Während auf der operativen Ebene Konflikte geradezu erwünscht sind, weil Dialektik die Erkenntnis voranbringt, muss auf

der Metaebene weitgehend Einigkeit über die Regeln herrschen, wie im Fußballspiel.

– Doch diese Einigkeit lässt sich nicht verordnen, vielmehr müssen alle Beteiligten davon auch überzeugt sein. Aber mit welcher Begründung? Diese Frage bringt eine weitere Ebene ins Spiel – nennen wir sie die *normative Ebene.* Hier können alle möglichen Werte angesiedelt sein, doch die moderne Wissenschaft bekennt sich ausschließlich zu einem: Wahrheit. Allerdings machen sich unter dem Etikett der Wahrheit oft ganz andere Werte breit – Ideologien, Staatsraison, Machtstreben, religiöse Imperative, nicht zuletzt persönliche Interessen und institutionelle Besitzstandswahrung von wissenschaftlichen Organisationen.

Das 4. Kapitel beginnt mit einer langen Liste von altgewohnten Mustern zweifelhafter Rechtfertigung von »Wissen« und illusionärer Konstruktion von »Gewissheit«. Darauf antwortet die Idee der *modernen Wissenschaft.* Was aus dieser Idee folgt – insbesondere die Erhebung von Zweifel zur Tugend –, bürstet die menschliche Natur gegen den Strich. Deshalb ist es wichtig, Wissenschaft als soziales Projekt in Form einer Diskursgemeinschaft zu institutionalisieren und ethisch zu befestigen, wie dies Robert Merton in einem berühmten Vortrag von 1937 unternommen hat.[51] In diesem normativen Rahmen soll Wissenschaft das Mögliche tun, auch dann, wenn das angestrebte Maximum nicht erreichbar ist. Das Prädikat »wissenschaftlich« ist *nicht* an Eigenschaften des Wissens festzumachen, sondern am Prozess seiner Herstellung.

Für Soziologie als Wissenschaft ist dieser Standpunkt besonders wichtig. Das 5. Kapitel über den Unterschied zwischen *Natur- und Kulturwissenschaften* wendet sich gegen eine Rangordnung, die einen bestimmten Typus von Wissen prämiert und den Gegentypus diskreditiert, für den insbesondere die Soziologie steht und stehen muss, es sei denn, man gibt das Projekt Soziologie ganz auf. Soziologie muss mit (gegenstandsbedingter) Unschärfe leben, mit Messfehlern und Ungenauigkeit, mit einzigartigen Stichprobenproblemen, mit Interpretationen, die sich nicht uneingeschränkt objektivieren, sondern nur plausibel machen lassen. Umso wichtiger ist es, Soziologie als strenge Wissenschaft zu betreiben und öffentlich zu vertreten.

Nichtsdestoweniger ist die Unterscheidung zwischen Naturwissenschaften und Kulturwissenschaften unerlässlich, die in den Jahrzehnten vor und nach der Wende zum 20. Jahrhundert vor allem in Deutschland aufkam, fokussiert auf den Begriff der Geisteswissenschaften (den ich hier als Synonym für den Begriff der Kulturwissenschaften behandle).

4. Kapitel: Was heißt Wissenschaft – und was nicht?

Konstruierte Gewissheit – Die üblichen Verdächtigen

Wissen begegnet uns in verschiedenen Formen: als Strom des eigenen Bewusstseins; als Intuition oder Bauchgefühl; im Sprechen und Handeln anderer; als geschriebener Text; als Bildmaterial; in Filmen; als implizites Wissen in sozialen Phänomenen; als eingebautes Wissen in Maschinen, Apparaten und großtechnischen Anlagen; in wissenschaftlichen Publikationen.

Für wahr gehaltenes Wissen entscheidet darüber, was Menschen tun und lassen. Wegen dieser existenziellen Bedeutung ist die Frage, an welches Wissen man sich halten soll, in allen Kulturen ein Thema von oberster Priorität. Behaupten aber lässt sich viel – wonach soll man sich richten? Wodurch wird Wissen glaubwürdig? In der Geschichte der Menschheit trifft man vor allem auf die folgenden Formen der Privilegierung und Legitimierung bestimmten Wissens gegenüber denkbaren Alternativen:

- *Tradition:* Man hält sich an das, was schon die Vorfahren geglaubt haben.
- *Esoterische Vorhersageregeln*: Astrologie, Opferschau, Träume, Beobachtung des Vogelflugs, sonstige »Zeichen« aller Art.
- *Autoritäten:* Priester, Schamanen, Häuptlinge, Gurus, Prominente, Stars, charismatische Führer, Nobelpreisträger, und, als neueste Kategorie, Influencer.[52]
- *Jenseitige Eingebungen*: Menschliche Medien empfangen angeblich Botschaften aus einer anderen Welt. Ein bekanntes Beispiel ist das delphische Orakel.
- *Praktische Erfahrung*: Wenn etwa nach der Einnahme eines homöopathischen Medikaments bestimmte erwünschte Wirkungen eintreten, bewerten dies viele als Beweis der damit verbundenen Annahmen.
- *Mehrheitsmeinung, Mainstream, Konsens:* Eine der wichtigsten Legitimationsformen im Zeitalter von Massendemokratie, Massenmedien und Internet ist die Sichtbarkeit der Übereinstimmung mit vielen anderen.

- *Emotionen:* Das Gefühl scheint immer Recht zu haben – etwa bei Verdächtigungen, Vorurteilen, oder Investitionsentscheidungen. Rache, Hass und Wunschdenken sind nur eine kleine Auswahl.
- *Ungewissheits-Intoleranz:* Etwas muss doch stimmen! Es darf nicht wahr sein, dass man sich der Wahrheit nicht sicher ist! Je apodiktischer angebliche Gewissheit beteuert wird, desto weniger verfangen noch irgendwelche Sachargumente. Ausgerechnet das Etikett »Wissenschaft« wurde schon oft dafür missbraucht, Ungewissheit pseudorational zu überdecken. Dabei läuft Wissenschaft auf das genaue Gegenteil hinaus: Unsicherheit von Wissen zuzulassen, ja als Normalfall anzusehen.

Wahrheit und Nützlichkeit: Die Verwandtschaft von Wissenschaft und Common Sense

Die Wahrheit, so zeigt ein Blick auf die im vorigen Abschnitt aufgelisteten Formen der Konstruktion von Gewissheit, ist ein Ziel, das die Wissenschaft mit allen außerwissenschaftlichen Handlungsfeldern teilt. Was beide Seiten unterscheidet, sind die Mittel der Wahrheitssuche. Jenseits der Wissenschaft treten, wie beschrieben, diverse Muster der Privilegierung und Legitimierung von Wissen auf – magische, pragmatische, soziale und emotionale Formen. Sie statten die Menschen mit gefühlter Handlungssicherheit aus. Sollte sie ihr vermeintliches Wissen in die Irre geführt haben, erfinden sie typischerweise Erklärungen für das Scheitern, die das irreführende Wissen selbst nicht antasten.[53]

Immer und überall traten aber auch Skeptiker in Erscheinung, die oft bitter für ihre Zweifel bezahlen mussten. In der Geschichte der Menschheit dominiert die Affirmation, die Verteidigung des für Wissen gehaltenen Glaubens, die Verdrängung realer Ungewissheit, um angeblich sicheres Wissen zu etablieren und zu stabilisieren. Demgegenüber vollzog die Wissenschaft eine revolutionäre, kontraintuitive Wende. Sie sprengte das Gehäuse der vermeintlichen Sicherheit welcher Legitimationsformen auch immer, indem sie den Zweifel zum obersten Prinzip der Wahrheitssuche machte.

Wie konnte es überhaupt zu diesem Prinzip kommen? Nur aus Liebe zur Wahrheit, aus Neugier auf besseres Wissen, aus erkenntnistheoretischer Einsicht, aus »Leidenschaft«, wie Max Weber hervorhebt?[54] Solche Motive haben gewiss eine wichtige Rolle gespielt – neben einem ebenso wichtigen pragmatischen Gesichtspunkt: Je näher Wissen der Wahrheit kommt, desto nützlicher ist es – etwa technisch, ökonomisch, militärisch, politisch oder in der alltäglichen Lebensführung. »Wissen ist Macht«, schrieb Francis Bacon, einer der Gründerväter der modernen Wissenschaft, im Jahr 1598.[55] Dass sich die moderne Wissenschaft durchsetzen und zu einer die Geschichte der Menschheit bestimmenden Kraft werden konnte, lag vor allem auch an der praktischen Überlegenheit ihrer Anwendung.[56] Die evidente Nützlichkeit der Wissenschaft besiegte zwar immer wieder selbst die erklärten Feinde ihres wichtigsten Prinzips, des Zweifels,[57] diese formieren sich aber immer wieder neu, längst auch im Namen der Wissenschaft.[58]

Die Gesichtspunkte, an denen sich die Selbstbeobachtung der Wissenschaft heute ausrichtet, Wahrheit und Nützlichkeit, entspringen dem Common Sense; sie leuchten den meisten Menschen ein. Das kontraintuitive Fortschrittsprinzip des Zweifels muss sich in der Öffentlichkeit allerdings immer wieder neu durchsetzen.

Betrachten wir zunächst den ersten Zentralbegriff der Wissenschaft: Wahrheit. Gegenüber der naiven Vorstellung von Wahrheit erfordert der wissenschaftliche Wahrheitsbegriff einige Modifikationen, die ich im Vorgriff auf das 10. Kapitel hier zunächst nur im Überblick darstelle:

- Es gibt nicht nur eine Dimension der Wahrheit; vielmehr ist es zweckmäßig, nicht weniger als drei Dimensionen zu unterscheiden: Wahrheit im empirischen, im logischen und im normativen Sinn. In jeder Dimension gelten eigene Argumentationsregeln. Die Überlegungen in diesem Kapitel konzentrieren sich auf Wahrheit im empirischen Sinn; auf die anderen Dimensionen der Wahrheit komme ich im 11. Kapitel (Wahrheit im logischen Sinn) und im 13. Kapitel (Wahrheit im normativen Sinn) zu sprechen.
- Wahrheit im empirischen Sinn ist nicht an sich definierbar, sondern immer nur relativ zu einer Perspektive. Dies läuft aber keineswegs auf Beliebigkeit und Relativismus hinaus. Perspektiven sollen so konstruiert sein, dass sie Aspekte der Wirklichkeit isomorph wiedergeben können.
- Wahrheit im empirischen Sinn ist oft nur näherungsweise zu erlangen. Das Ziel der Wissenschaft kann dann nur sein, den Wahrheitsgehalt ihrer Aussagen zu steigern und den Falschheitsgehalt zu senken.

Der zweite Zentralbegriff, Nützlichkeit, provoziert sofort eine Anschlussfrage: nützlich für wen? Was unter den jeweils gegebenen Umständen als nützlich gelten kann, ist immer wieder neu in normativen Diskursen auszuhandeln. Würde sich die Wissenschaft ständig auf diese Diskurse einlassen, käme sie gar nicht erst in Gang. Wissenschaftlerinnen und Wissenschaftler sollten nichtsdestoweniger bei solchen Diskursen mitreden können. Zumindest dem allgemeinsten Nützlichkeitsanspruch – Verwendbarkeit schlechthin – sollte Wissenschaft genügen. Wissenschaft kann sich bereits durch das Versprechen von auch nur potenzieller praktischer Relevanz ausreichend legitimieren. In welcher Weise diese Relevanz außerwissenschaftlich genutzt wird, steht auf einem anderen Blatt.

Wahrheit und Nützlichkeit hängen teilweise zusammen:

- Wahre Erkenntnisse sind potenziell nützlich, wie sich für alle sichtbar in der Verbindung von Naturwissenschaft und Technik zeigt. Dass und wie genau auch Soziologie nützlich sein kann, ist allerdings bei weitem nicht so evident. Auf eine Kurzformel gebracht, liegt der potenzielle Hauptnutzen der Soziologie darin, dass sie gute Beschreibungen und Erklärungen kollektiver Phänomene liefert. Sie gewinnt Praxisrelevanz durch Veranschaulichung dessen, was ständig geschieht, aber nicht zur Sprache kommt.
- Umgekehrt gilt, dass im nützlichen Handeln ein Kern von wahren Informationen eingeschlossen sein muss, auch wenn dieser Kern zunächst verborgen bleibt. So entdeckte man die Nützlichkeit der Pockenimpfung bereits lange vor der Entdeckung der Pockenviren. Erst nachträglich entstand Anfang des 20. Jahrhunderts die mikrobiologische Erklärung der Wirksamkeit.

Aus vier Gründen ist es trotz dieser Zusammenhänge von Wahrheit und Nützlichkeit wichtig, beides klar zu unterscheiden.

Erstens: In wahren Erkenntnissen kann ein Nützlichkeitspotenzial enthalten sein, das sich erst im Lauf der Zeit erschließt. Es lohnt sich also, zunächst nur auf Verdacht hin Grundlagenforschung zu betreiben. Die praktische Verwertung der Ergebnisse kann Jahrzehnte auf sich warten lassen – etwa weil erst noch weitere Erkenntnisse hinzukommen müssen; oder weil sich das Wollen der Menschen nur langsam dem wissenschaftlich ermöglichten Können anpassen kann; oder weil man Zeit und Phantasie braucht, um schon vorhandene Erkenntnisse praktisch zu verwerten. Dies gilt in ganz besonderem Maß für die Soziologie, die ja erst am Ziel ist, wenn ihre Beschreibungen die Menschen erreichen und ihre Sicht der Dinge verändern. Der unmittelbar an einzelne Projekte gekoppelte Nützlichkeits*zwang*, dem sich die Wissenschaft in der Gegenwart immer stärker ausgesetzt sieht, wird unter Zeitdruck leicht zum Nützlichkeits*hindernis*.

Zweitens: Auf der anderen Seite hat der Gesichtspunkt der Nützlichkeit eigene Berechtigung. Seine Funktion liegt darin, die Wissenschaft vor Selbstbezüglichkeit zu bewahren und sicherzustellen, dass sie nicht völlig abhebt, was der Soziologie immer wieder vorgeworfen wurde. Auch wenn es sich um Grundlagenforschung handelt, soll doch zumindest plausibel sein, dass man irgendwann auch etwas mit den Ergebnissen anfangen können wird. Der Gesichtspunkt der Nützlichkeit beeinflusst die Selektion von Themen. Er wirkt als ständige Frage und als Rechtfertigungsdruck auf die Wissenschaft: Worin liegt die praktische Bedeutung der Ergebnisse? Und er veranlasst die Wissenschaft, sich an der Vermittlung von Theorie und Praxis zu beteiligen.

Drittens: Für Diskurse über Wahrheit und Nützlichkeit gelten vollkommen verschiedene Regeln; beides ist deshalb streng auseinander zu halten. Im ersten Fall entscheidet die Wirklichkeit, im zweiten geht es um normativen Konsens: Was soll sein, was nicht? Ungeachtet des Prinzips der Wertfreiheit (davon später mehr) gehört es zu Wissenschaft als Beruf, in beiden Diskursformen mitreden zu können.

Viertens: Je mehr der Gesichtspunkt der *Nützlichkeit* in den Vordergrund tritt, desto größer ist die Gefahr, dass die Wahrheitssuche darunter leidet. Wissenschaft wird zu einer Produktionsstätte von Waren und Dienstleistungen, Forschung zum Instrument der Politik, Wahrheitssuche zur Klientelwirtschaft.

Fazit: So wichtig es ist, dass Wissenschaftlerinnen und Wissenschaftler in Diskursen über Nützlichkeit mitreden können und dass ihrer Arbeit ein Nützlichkeitspotenzial zugebilligt wird, so sehr ist andererseits darauf zu achten, dass das Kriterium der Wahrheit Vorrang vor dem der Nützlichkeit behält. Wie lässt sich dieser Vorrang sichern?

Willkommen auf der Metaebene

Die wissenschaftliche Legitimierung von Wissen beginnt damit, alles Wissen als Konstrukt zu sehen und nicht etwa als Offenbarung, als objektive Selbstverständlichkeit oder als sprachliches Abbild eines angeblich evidenten Sachverhalts. Hat man sich erst einmal von solchen teils magischen, teils naiven Vorstellungen gelöst, so bleibt nur die Deutung übrig, dass alles Wissen menschlichen Ursprungs ist. Wissen ist gemacht, und Menschen machen Fehler. Wie kann man diese möglichst weitgehend vermeiden? Welche Art des Machens von Wissen ist die beste?

Die Suche nach einer Antwort auf diese Frage verlief in der Geschichte der modernen Wissenschaft auf zwei Bahnen: zum einen auf dem Weg der Ausarbeitung von Methoden konkreter Erfahrungsbildung (Beobachtung, Messung, Experiment), zum anderen auf dem Weg der fundamentalen philosophischen Ausarbeitung von Ideen davon, was Konstruiertheit von Wissens eigentlich bedeutet. Wichtige Namen für den ersten Weg sind etwa Johannes Kepler, Galileo Galilei und Isaac Newton. Für den zweiten, den erkenntnistheoretischen Weg stehen etwa Francis Bacon, John Locke, George Berkeley, David Hume und Immanuel Kant. Richtungsweisend ist der Beitrag Kants: Man kann Wissen nicht konstruieren, ohne schon vorher (a priori) über Konstruktionsprinzipien (Kategorien) zu verfügen.

Schon bei diesen Anfängen der modernen Wissenschaft kommt ein Grundcharakteristikum des Menschen in den Blick: Reflexivität, die Fähigkeit also, sich selbst zum Gegenstand seiner Wahrnehmung zu machen. Distanz zu sich selbst einzunehmen ist eine fundamentale kognitive Operation, die allen Menschen verfügbar ist, nicht nur in der Wissenschaft. Jeder ist dazu imstande, sich selbst durch ein persönliches Zwei-Ebenen-Modell abzubilden: Hier das Ich als Handelnder; dort das Ich als Beobachter des eigenen Handelns. Die Ebene des Tuns ist die *operative Ebene*, die Ebene der Beobachtung die *Metaebene*.

Die fundamentale Konstitution des Selbst als Verhältnis von mehreren Ebenen ist zeitlos und universell. Bereits die ersten Werkzeuge belegen dies; ohne Reflexion dessen, was man tut, wären sie nicht möglich gewesen. Seit diesen Anfängen haben sich Techniken und Handlungsmuster ständig verändert. Die Richtung dieser Veränderungen zeigt, dass sich die Selbstbeobachtung meist an der gleichen Frage orientiert: Wie kann man es besser machen? Über die gesamte Geschichte der Menschheit hinweg ermöglichte dieses Schema eine kontinuierliche Vermehrung ihrer Optionen.

Was den Menschen schon immer beigegeben war, die Trennung von operativer Ebene und Metaebene, hat die Moderne in historisch beispielloser Weise ausgebaut und kultiviert. Die moderne Wissenschaft ist ein Paradebeispiel dafür. Ihre operative Ebene besteht im Erforschen, Abstrahieren und Systematisieren von Invarianzen, ihre Metaebene in den Regeln, an denen sich diese Tätigkeit orientieren soll. Sie strukturieren die wissenschaftliche Selbstbeobachtung.

Aber wo kommen die Regeln her? Diese Frage bringt eine dritte Ebene ins Spiel, von der aus die erste zu beurteilen ist. Diese bezeichne ich hier als *normative Ebene*. Hier ist zum einen das Prinzip Wahrheit verortet, um über die

Metaebene zu urteilen: Was sind gute, was sind schlechte Methoden? Zum anderen können sich Nützlichkeitskriterien auf der normativen Ebene ansiedeln und in Konkurrenz zum Prinzip Wahrheit treten: Die Wissenschaft soll einen Mehrwert politischer, wirtschaftlicher, persönlicher, organisationsbezogener, ideologischer oder religiöser Art abwerfen. Solche Anforderungen wurden schon oft an die Wissenschaft gestellt – und oft auch erfüllt.

Langfristig hat sich auf der normativen Ebene doch immer wieder das Prinzip Wahrheit durchgesetzt. Man sieht dies daran, dass es in allen Wissenschaften einen ständigen Fortschritt der Methoden gegeben hat, was nur möglich war, weil die Methoden, also die Instrumente wissenschaftlicher Selbstbeobachtung auf der Metaebene, ihrerseits von der normativen Ebene aus beobachtet und bewertet wurden. Fortschritt war definierbar, weil das Prinzip Wahrheit einen Maßstab bereitstellte, der eine Unterscheidung zwischen besserer und schlechterer Wissenschaft erlaubte. Im besten Fall wirken die Regeln und Einsichten auf der Metaebene als regulative Prinzipien, die eine sich dem Ideal der Wahrheit annähernde Wissenschaft hervorbringen, auch wenn diese Ideale kaum einmal perfekt erreicht werden. Im schlechtesten Fall bemänteln sie Ideologie, Betrug, Wunschdenken und Manipulation.

Die Metaebene, um die es in diesem Abschnitt ging, ist der Ort der Selbstbeobachtung die Wissenschaft, die dadurch erst möglich wird. Alle folgenden Abschnitte behandeln einzelne Aspekte dieser Selbstbeobachtung.

Am Anfang war der Zweifel: Der lange Weg des Fallibilismus

Moderne Wissenschaft dekonstruiert angebliche Gewissheiten systematisch. Nur das, was dann noch übrig bleibt, wird als halbwegs glaubwürdig erachtet – vorläufig. Wissen gilt als legitim, wenn es mit wissenschaftlichen Methoden erarbeitet und geprüft wurde; alle anderen Formen der Zuweisung von Glaubwürdigkeit werden nicht anerkannt. Daran schließt sich die in den nächsten Abschnitten zu erörternde Frage an, wie die Wissenschaft dazu kommt, ihre Methoden zu privilegieren und alles andere daran zu messen.

Im allgemeinen Sprachgebrauch bedeutet Wissen das Ende von Vermutungen und Ungewissheit. Die moderne Wissenschaft startet dagegen mit einem Wissensbegriff, der offen ist für Ungewissheit: »Alles Wissen ist Vermutungswissen« (Karl Popper).[59]Am Anfang und am Ende der Forschung stehen Zweifel, Irrtumsvorbehalte und Distanz zu jener Sicherheit, die sich mit dem populären, alltäglichen Wissensbegriff verbindet. Jenseits der Wissenschaft ist es durchaus oft pragmatisch sinnvoll, sicheres Wissen anzunehmen: »Es ist keine Milch mehr im Kühlschrank«. Aber auch in den sozialen Beziehungen des Alltags ist es oft besser, darauf gefasst zu sein, dass alles ganz anders sein könnte, als man zunächst denkt. Wissenschaft fängt damit erst an.

Wissenschaftlerinnen und Wissenschaftler unterliegen keinem Handlungszwang und können sich den Luxus des Irrtumsvorbehalts leisten. Außerhalb der Wissenschaft dagegen muss man sich festlegen. Das Wissen mag noch so unsicher, verzerrt oder falsch sein – wenn Menschen es annehmen, erlangt es für sie Verbindlichkeit, als ob es zuträfe. Erst durch persönliche Entscheidungen werden Sätze zu handlungsrelevantem Wissen: Man entschließt sich, Aussagen vorläufig als wahr oder wahrscheinlich zu betrachten. Je skrupulöser sie vorher in der Wissenschaft unter die Lupe genommen wurden, desto besser. Wissenschaft soll von jenem Handlungsdruck entlastet sein, der Politik, Wirtschaft und Alltagsleben im Griff hat.

Innerhalb dieses Rahmens von Freiheit konnte die moderne Wissenschaft eine Ordnung der Revolution herausbilden. Ihre Leitidee ist konstruktiver Zweifel auf der gemeinsame Suche nach Wahrheit, ohne dass ein Ende absehbar wäre. Doch wie lässt sich dieses Projekt über die Zeit hinweg durchhalten? Wissenschaft wird oft zum Ärgernis und wird leicht missbraucht. Deswegen ist sie ständig gefährdet. Moralische Appelle und wohlklingende Bekenntnisse allein können gute Wissenschaft noch lange nicht sicherstellen, wohl aber schlechte Wissenschaft verschleiern. Gebraucht werden klare Regeln, die auf dem langen Weg der Wissenschaft gültig bleiben. Erst durch sie kann Wissenschaft zu einer überzeitlichen Institution werden, die einem langfristigen Fortschrittspfad folgt.

Logisch gesehen ist Kritik immer erst der zweite Schritt. Am Anfang steht der Versuch einer Annäherung an die Wahrheit durch empirische Forschung und Theorien. Doch damit kann es noch nicht sein Bewenden haben. Im nächsten Schritt muss Kritik hinzukommen, nicht etwa, um die Wissenschaft abzuschaffen, sondern um sie zu ermöglichen. Wissenschaftskritik ist die direkte Konsequenz des Ethos der Wahrheitssuche. In konstruktiver Skepsis verbirgt sich die Idee des Erkenntnisfortschritts. Die Systematisierung der Kritik macht geradezu den institutionellen Kern der Wissenschaft aus.

Dies versteht sich keineswegs von selbst. Im Alltagsleben gehen wir meist davon aus, dass die Wahrheit offensichtlich sei; zu viel Skepsis wäre da nur Sand im Getriebe. Dagegen beschäftigt sich die Wissenschaft mit Rätseln, die einem mehr abverlangen, als einfach nur seine Augen und Ohren aufzumachen. Sie tastet sich im Dunkeln vorwärts und ginge unweigerlich in die Irre, würde sie sich Gewissheit einreden, statt ihre Ergebnisse ständig in Frage stellen.

Zwar entstand die Philosophie der Skepsis bereits vor zweieinhalb Jahrtausenden im antiken Griechenland.[60] Doch erst in der Neuzeit nahm diese Philosophie mit der modernen Wissenschaft die Gestalt einer Institution an. In den Jahrhunderten ihres Bestehens ließ die Wissenschaft keinen Stein auf dem anderen. Sie erzeugte eine rasante Wissensdynamik. Ständig wechselten die Paradigmen. Gerade im Wandel des Wissens tritt aber die Kontinuität der Wissenschaft zutage, ihr fester Kern. Sie gewinnt ihre Identität aus der Institutionalisierung des Zweifels. Ständiger Wandel des Wissens ist die Folge.

In der Geschichte der Institutionalisierung des Zweifels ging Karl Popper einen bedeutenden Schritt weiter. In seinem 1934 erschienenen Hauptwerk *Logik der Forschung* erhebt er den Widerlegungsversuch zum Kernprinzip der Wissenschaft überhaupt. Popper begründet diesen Vorschlag mit der logischen Asymmetrie von Allaussagen: Diese lassen sich nicht endgültig bestätigen, wohl aber endgültig falsifizieren. Ein Beispiel von Karl Popper: Jeder weiße Storch bestätigt die Theorie, dass alle Störche weiß seien. Damit ist aber keineswegs bewiesen, dass schwarze Störche nicht vorkommen – in Australien gibt es sie tatsächlich. Übrig bleiben nur solche Theorien, die bisher dem Kreuzfeuer der Falsifikationsversuche standgehalten haben – bis sie eventuell doch noch falsifiziert werden. Das dafür ideale Verfahren ist das kontrollierte Experiment.

Doch viele Felder der Wirklichkeit lassen sich mit der experimentellen Methode gar nicht erreichen. So ist etwa die Humanmedizin auch auf ärztliches Erfahrungswissen und korrelative Studien angewiesen. Für alle empirischen Kulturwissenschaften wäre die Einschränkung auf experimentelle Verfahren zu eng. Das Geschlecht oder das Lebensalter etwa kann man nicht experimentell manipulieren. Hinzu kommt, dass es in diesen Wissenschaften immer auch um Verstehen geht: geteilte Sinnwelten nachzubilden. Doch Interpretationen dieser Art lassen sich keiner harten Kontrolle unterziehen.

Andererseits muss jede empirische Wissenschaft den Grundgedanken Poppers ernst nehmen: In allgemeinerer Form läuft sein Falsifikationismus auf die Forderung nach methodischem Zweifel und Kritik hinaus. Charles S. Pierce, den Popper als Geistesverwandten empfand, proklamierte eine weichere, auf Aussagen aller Art anwendbare Version der kritischen Grundhaltung, die er *Fallibilismus* nannte.[61] Gerade wenn Ermessensfragen an der Tagesordnung sind, wie dies der Forschungsgegenstand Gesellschaft erfordert, darf die Frage nicht fehlen, ob bestimmte Beobachtungen nicht auch noch ganz anders gedeutet werden könnten.

Zwar war Popper nicht der Erste, der Kritik in den Mittelpunkt der Institution Wissenschaft stellte, aber seine Arbeiten gewannen weltweiten und nachhaltigen Einfluss. Seine Überlegungen waren richtungsweisend für die Wissenschaft im 20. Jahrhundert – trotz berechtigter Einwände gegen den radikalen Falsifikationismus (die Popper zum Teil bereits selbst vorgetragen hat).[62]

Nun ist Fallibilismus eine Idee, die zwar einleuchtet, aber auch Ärger nach sich zieht. Umso eindrucksvoller ist die Institutionalisierung des Zweifels in der Wissenschaft – eine Kulturleistung, die darauf hinausläuft, dass Menschen über ihren Schatten springen. Wo dies gelingt, werden große Erkenntnisfortschritte möglich. Die Kultur des Zweifels rechtfertigt sich durch ihren Erfolg, so unbequem sie sein mag. Sie lässt Studien gedeihen, beeinflusst Karrieren, kanalisiert Geldströme, reguliert das wissenschaftliche Publikationswesen, wirkt sich auf die Themenwahl aus, formt Kommunikationsstile und entscheidet über Durchsetzung oder Zerstörung von Paradigmen.

Dass der Fallibilismus die Wissenschaft so tiefgehend geprägt hat, ist fast ein Wunder, denn er ist schwer auszuhalten. Wenn wir uns selbst nachgeben, gehen wir als notorische Rechthaber auf der Suche nach Bestätigung durchs Leben und fühlen uns durch Kritik in unserer Eitelkeit gekränkt. Im Alltagsleben dominiert ein naiver Verifikationismus: ein Gewissheitsglaube auf der Basis passender Beispiele, denen allerdings die behauptete Beweiskraft abgeht, denn man kann auch die unsinnigsten Behauptungen durch an den Haaren herbeigezogene Beispiele »belegen«. Öffentliche Diskurse sind bestimmt vom Tenor unerschütterlicher Gewissheit; Zweifel wird als Angriff abgewehrt. In der Wissenschaft dagegen gelingt Fallibilismus immerhin halbwegs. Schon deshalb ist der im letzten Abschnitt dieses Kapitels zum Kriterium der Wissenschaftlichkeit erhobene Überlegenheitsanspruch gerechtfertigt, nicht nur im Verhältnis zum Alltagsdenken, sondern auch im Verhältnis zu Politik, Massenmedien und Internet.

Die Idee der Methodologie

Das Prestige der empirischen Wissenschaft beruht auf ihrem Anspruch, Wissen verbindlich durch empirische Beobachtungen (und nicht durch Autorität, Glauben, Tradition und andere Legitimationsformen) zu begründen.

Auch wenn so begründetes Wissen immer nur als vorläufig gelten kann, hat es sich vielfach bewährt und die Welt verwandelt. Damit klingen noch einmal die beiden Leitkriterien der modernen Wissenschaft (auch der Soziologie) an: Unmittelbar dient sie der Wahrheit, mittelbar der Nützlichkeit, in dieser Reihenfolge.

Groß ist freilich die Versuchung, die Reihenfolge umzukehren und die Ergebnisse so zu frisieren, wie man sie gerade brauchen kann, aus ideologischen, politischen, ökonomischen oder auch nur persönlichen Gründen wie Karriere, Eitelkeit oder Rechthaberei. Die Verwendung von Wissen strikt von seiner Herstellung zu trennen, ist eine der wichtigsten Bedingungen guter Wissenschaft. Gelingen kann dies nur als *soziales Projekt*, orientiert an gemeinsamen Regeln der Wissensproduktion, deren Einsatz kontrollierbar und nachvollziehbar sein muss. Allein dies entscheidet über die Qualität einer empirischen Wissenschaft.

Doch wie kommen wir zu dem, was wir für Wissen halten, und wie können wir begründen, dass man dazu bestimmte Methoden brauchen kann? Geradezu leidenschaftlich wandten sich die Philosophen der Aufklärung im 17. und 18. Jahrhundert den großen Fragen der Erkenntnistheorie zu. Wer sich, um Kants Formulierung zu gebrauchen, seines Verstandes ohne Leitung eines anderen bedienen will, muss das Selbstdenken so systematisch lernen wie ein Meister sein Handwerk. Ohne Dogmen, heilige Schriften und unantastbare Autoritäten ist der Mensch selbst dafür verantwortlich, was er im Kopf hat. Beim Aufbau seines Wissens kann er sich intelligent oder dumm anstellen, aber was heißt das genau? Wie weit kann man der Erfahrung trauen? Was müssen wir schon vorher, »apriorisch«, im Kopf haben, um überhaupt Erfahrungen machen zu können? Wie kommen wir vom Einzelnen zum Allgemeinen, von Beobachtungen zu Gesetzen?

Das Faszinierende an der Erkenntnistheorie ist zum einen ihr emanzipatorischer Grundgedanke: Ich selbst bin es, der Wissen aufbaut, prüft, verwirft und weiter entwickelt, ohne dabei von jemand anderem abhängig zu sein. Wenn Wissen Macht ist, dann ist Selbstdenken gleichbedeutend mit Selbstermächtigung. Zum anderen liefert die Erkenntnistheorie Diskursregeln: Wenn wir uns über die Prinzipien der Wissenskonstruktion einig sind, können wir unser Denken für andere nachvollziehbar machen und mit ihnen darüber reden. Für sich alleine geht man ein viel höheres Irrtumsrisiko ein, als wenn man seine Gedanken und Schlussfolgerungen zur Diskussion stellt. Man tauscht damit freilich die Seelenruhe der Selbstgewissheit gegen die Attacken Andersdenkender ein. Dass viele Wissenschaftlerinnen und Wissenschaftler dazu neigen, alles zu tun, um Kritik zu vermeiden, fällt ihnen selbst am wenigsten auf. Die menschliche Überforderung durch Wissenschaft lässt sich nur in der Gemeinschaft durchhalten: Alle verlangen einander etwas ab, was im Grunde jedem unangenehm ist.

Leibnitz, Newton, Galilei, Bacon, Locke, Hume und andere Gründerväter der modernen Wissenschaft machten sich zwar »nur« Gedanken über die wissenschaftliche Methode, wurden damit aber implizit auch zu Institutionsgründern. Zuerst waren die Regeln des Forschens, Denkens und Argumentierens da; erst im Laufe der Zeit wurden diese zu Kristallisationskernen von wissenschaftlichen Organisationen, Akademien, Fachzeitschriften und akademischen Laufbahnen.

Die Methodologie stattete den Zweifel mit klaren Kriterien aus. Wenn sich alle auf erkenntnistheoretisch begründete Regeln geeinigt haben und wenn sie sich dann auch noch daran halten, muss sich in der Konkurrenz der Meinungen die wahrscheinlich beste durchsetzen. Alles andere hat von der Bildfläche zu verschwinden. Von diesem Grundgedanken führt ein direkter Weg zur heutigen Wissenschaft als globaler Institution mit ihren Forschungsverfahren, Rankings, Qualifikationswegen, Netzwerken, Finanzierungsformen, Gutachten, Peer Reviews und Publikationen, aber auch zur wissenschaftssoziologischen Kritik von all dem.[63]

Nicht, dass die wechselseitige Kritik dabei immer den Rang eingeräumt bekäme, zu dem sich alle lautstark bekennen. Doch das Prinzip, alles unter Irrtumsvorbehalt zu stellen, bestimmt den langfristigen Kurs der Wissenschaft trotz vieler Verstöße, und es wurde immer fester institutionalisiert. Wenn ruchbar wird, dass die Herrschaft des Zweifels heimlich außer Kraft gesetzt wurde, etwa durch Betrug, stille Absprachen oder Tauschgeschäfte wechselseitiger Anerkennung, ist die Reputation dahin, werden Ergebnisse zu Makulatur, gehen Ressourcen verloren.[64] Dass solche Fälle selten publik werden, kann man als Indikator für das regelgerechte Funktionieren der Wissenschaft interpretieren – oder auch als Zeichen für die Verborgenheit ihrer Fehltritte. Dazu zählt vor allem auch die Subversion von Kritik durch kollektiven Konformismus, wovon im 19. Kapitel noch ausführlicher die Rede sein soll. Der Diskursschaden, der auf diese Weise entsteht, wird gerade denjenigen gar nicht bewusst, die ihn anrichten. Trotzdem ist die Institution Wissenschaft insgesamt und auf lange Sicht ein Erfolgsprojekt.

Objektivität, Intersubjektivität und Wahrheit

Das Prestige der empirischen Wissenschaften leitet sich aus ihrem Anspruch ab, ihre Erkenntnisse verbindlich durch Beobachtungen zu begründen. Damit kommen zwei Prinzipien ins Spiel: Objektivität und Intersubjektivität. Beide Prinzipien hängen zusammen, und beide sind in den Kulturwissenschaften wesentlich schwieriger zu realisieren als in den Naturwissenschaften. Mit diesen methodologischen Sonderproblemen ist auf Dauer zu rechnen. Sie sind untrennbar mit dem Forschungsgegenstand verbunden und lassen sich nicht durch wissenschaftlichen Fortschritt überwinden. Notwendig ist deshalb eine pragmatische Anpassung der wissenschaftlichen Prinzipien von Objektivität und Intersubjektivität an die besonderen Bedingungen des Forschungsgegenstands Gesellschaft.

Im Begriff der *Objektivität* meldet sich das Ziel einer Entsubjektivierung der Wissenschaft zu Wort: Nur die Wirklichkeit soll sprechen – wer sie erforscht, fungiert nur als Bote. Inzwischen hat sich allerdings die Überzeugung durchgesetzt, dass dies nur mit Abstrichen zu realisieren ist. Objektivität ist ein sinnvolles regulatives Prinzip, das kontraproduktiv wird, sobald man sich anschickt, den subjektiven Faktor völlig aus der Wissenschaft zu eliminieren, der selbst in den Naturwissenschaften in Grundsatzfragen eine zunehmend wichtige Rolle spielt.[65]

Paradoxerweise verwenden viele Apologeten strenger Empirie den Begriff der Objektivität mit metaphysischen Konnotationen, ohne sich dessen auch nur bewusst zu sein. Sie sagen »objektiv« und meinen absolute Erkenntnis, Wesensschau, völlige Entsubjektivierung – als wäre Erkenntnis überhaupt möglich ohne Perspektiven, Hintergrundtheorien, Aprioris und selektiven Zugriff auf die Wirklichkeit. Stattdessen soll Objektivität hier lediglich heißen: das Ausmaß, in dem intersubjektive Überprüfung zu gleichen Ergebnissen führt, egal ob in der Soziologie oder der Physik. So verstandene Objektivität ist keine binäre, sondern eine kontinuierliche Größe. Es kann sein, dass Ergebnisse verschiedener Studien mit identischer Fragestellung voneinander abweichen und wie zufällig verteilt erscheinen, es kann aber auch sein, dass sie perfekt übereinstimmen. Dazwischen gibt es beliebig viele Abstufungen.

In diesem Zusammenhang kommt nun das zweite wissenschaftliche Prinzip ins Spiel, das Postulat *intersubjektiver Überprüfbarkeit.* Es bedeutet, dass wissenschaftliche Forschung nachvollziehbar sein soll. Dabei wird trivialerweise vorausgesetzt, dass innerhalb einer akademischen Disziplin Konsens über die Regeln guter Wissenschaft besteht. Anders als in den Naturwissenschaften ist dies in der Soziologie nach wie vor keineswegs selbstverständlich.

Es besteht nun ein Zusammenhang zwischen Objektivität einerseits und der Vollständigkeit oder Unvollständigkeit intersubjektiver Überprüfbarkeit andererseits. Je mehr Lücken die Überprüfung aufweisen muss, desto mehr sinkt tendenziell das Niveau der Objektivität. Das Ablesen eines Thermometers ist lückenlos überprüfbar: Alle kommen zum selben Ergebnis. Dagegen ist die Interpretation von nichtstandardisierten Interviews nicht lückenlos überprüfbar. Ermessensentscheidungen lassen sich nicht umgehen. Intersubjektivität ist auch unter diesen Umständen möglich, aber nur auf dem Niveau von Plausibilität, nicht auf dem Niveau absoluter, auf künstliche Intelligenz übertragbarer Nachprüfung. Dadurch sinkt die Objektivität im oben definierten Sinn der Übereinstimmung. In der Soziologie kann vollständige Überprüfbarkeit keine sinnvolle Forderung für die Zuerkennung des Prädikats »wissenschaftlich« sein, und hundertprozentige Objektivität schon gar nicht.

Für die Wahrheit von Aussagen ist die Maximierung von Objektivität erstens *nicht hinreichend*, denn auch uneingeschränkt wiederholbare Untersuchungen mit identischen Ergebnissen können zu gänzlich falschen »Erkenntnissen« führen (etwa die Identifikation von »Hexen« anhand von Merkmalen wie Muttermalen und roten Haaren oder anhand von Aussagen unter Folter zur Zeit der Inquisition). Zweitens ist Objektivität für Wahrheit auch *nicht notwendig*, denn es ist nicht auszuschließen, dass wissenschaftlich nicht nachvollziehbare Wahrnehmungsformen zu wahren Aussagen führen – etwa Intuition, Empathie, Brainstorming. Diese Überlegungen rauben dem Prinzip der Objektivität zwar den Heilgenschein, entbehrlich wird es dadurch aber keineswegs. Warum?

- Beim völligen Verzicht auf Objektivität wäre Wissenschaft als soziale Institution nicht mehr möglich. Jeder könnte alles mit gleichem Wahrheitsanspruch behaupten. Erst wenn die Qualität wissenschaftlicher Aussagen auch danach beurteilt wird, ob andere zu ähnlichen Ergebnissen kommen, lässt sich vermeiden, dass sich die Wissenschaft in einem Chaos der Theorien selbst paralysiert.
- Objektivität beinhaltet zwar keine Wahrheitsgarantie. Trotzdem besteht eine Wahrscheinlichkeit, dass objektive Aussagen besser sind als nicht-objektive. Wenn wissenschaftliche Ergebnisse trotz der Multiperspektivität

verschiedener Personen weitgehend invariant bleiben, sind sie umso glaubwürdiger. Die Hoffnung ist plausibel, dass sich im kleinsten gemeinsamen Nenner verschiedener Forschungsergebnisse die tatsächlichen Verhältnisse herauskristallisieren.

Diese Überlegungen zur Beziehung zwischen Intersubjektivität, Objektivität und Wahrheit lassen sich in folgender Weise zusammenfassen:

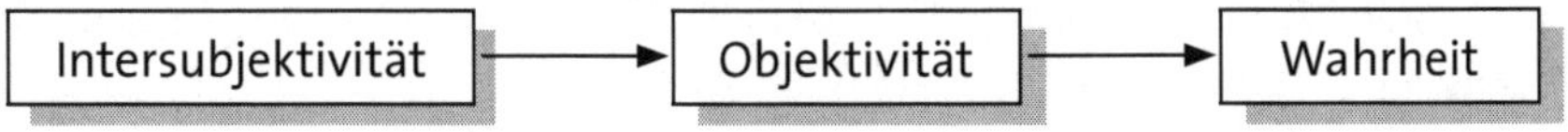

Die Pfeile bedeuten: nicht hinreichend, aber tendenziell förderlich.

Konzentration auf das Machbare

Aus diesem Schema folgt die Forderung nach einem Maximum an Intersubjektivität. Das erreichbare Niveau variiert jedoch mit dem Forschungskontext. Realistischerweise sind vier verschiedene Grade der intersubjektiven Überprüfbarkeit zu unterscheiden:

- Jederzeitige Nachvollziehbarkeit unter äquivalenten Bedingungen, etwa bei naturwissenschaftlichen Experimenten oder bei der Überprüfung statistischer Auswertungen gegebener Daten.
- Parallele Durchführung von Forschungshandlungen durch mehrere unabhängig voneinander arbeitenden Forscherinnen und Forscher mit anschließendem Vergleich der Ergebnisse, wie dies bei der Auswertung nichtstandardisierter Interviews oder bei Beobachtungsverfahren häufig erfolgt, um die »Interrater-Reliabilität« (das Ausmaß der Übereinstimmung) zu ermitteln.
- Retrospektive Rekonstruierbarkeit von Forschungshandlungen – ein Muss bei jedem soziologischen Forschungsbericht angesichts der Tatsache, dass mehr oft gar nicht möglich ist.
- Plausibilität: Nachvollziehbarkeit von Argumenten.

Nicht einmal in den Naturwissenschaften ist es sinnvoll, die oberste Stufe der Intersubjektivität als allgemeine, den gesamten Forschungsprozess einschließende Norm zu postulieren, denn auch dort findet sich die Handschrift des forschenden Subjekts in Form von unvermeidlichen Voreinstellungen, Paradigmen, produktiven Spekulationen und theoretischen Implikationen der Beobachtungssprache: »Alle Erkenntnis ist theoriegetränkt, auch unsere Beobachtungen«.[66] In den Kulturwissenschaften ist die oberste Stufe allenfalls in Teilgebieten zu erreichen, etwa in der experimentellen Sozialpsychologie, soweit sie sich mit anthropologisch gegebenen Tendenzen etwa der Wahrnehmung, der Konformität oder der Kooperation beschäftigt.[67]

Die oberste Stufe der intersubjektiven Überprüfung dort zu fordern, wo sie grundsätzlich nicht erreichbar ist, zeugt lediglich von Unkenntnis der Forschungsbedingungen, die von Wirklichkeitsschicht zu Wirklichkeitsschicht unterschiedlich sind. Wissenschaftlichkeit kann immer nur heißen: das höchstmögliche Niveau an Intersubjektivität anzustreben. Auch die unteren Niveaus der Intersubjektivität sind als »wissenschaftlich« anzuerkennen, wenn höhere Niveaus ausgeschlossen sind. Soziologie nur auf der obersten Stufe der Intersubjektivität gelten zu lassen, liefe auf ihre Selbstabschaffung hinaus.

Würde man das Prädikat »wissenschaftlich« bei den unteren Niveaus verweigern, so ergäbe sich die Konsequenz, dass weite Felder soziologischer Erkenntnisinteressen vom Bildschirm verschwänden. Warum sollte man dies wollen, obwohl sich auch auf den darunterliegenden Stufen überlegenes Wissen erarbeiten lässt – vorausgesetzt, die hier immerhin gegebenen, wenn auch begrenzten Nachprüfungsmöglichkeiten werden genutzt? Selbst auf der untersten Stufe der bloßen Plausibilität ist Wissenschaft möglich: als gut geführter kritischer Diskurs. Mit den dabei verbleibenden Meinungsgegensätzen muss und kann die Soziologie leben. Die Alternativen wären ungut: entweder zentrale soziologische Erkenntnisinteressen auszuschließen, oder Dissens zu unterdrücken und Konsens zu erzwingen.

Wertneutralität: Ein notwendiges Prinzip und seine Grenzen

Erkenntnisfortschritt ist nur möglich, wenn in der Wissenschaft gemeinsame Prinzipien gelten. Eine solche Gemeinsamkeit ist jedoch nur teilweise herstellbar. Die Regeln der Logik und der empirischen Begründung gelten für alle. Eine daran orientierte Kritik ist verbindlich; wer sie ignoriert, macht sich unglaubwürdig. Anders verhält es sich etwa bei etwa politischen, ästhetischen, religiösen, pädagogischen oder emotionalen Inhalten: Hier geht es um Probleme und Ziele, um Gewolltes und Gesolltes, um Wünsche und Ablehnungen, mit einem Wort um Werte.

Während sich nun logische und empirische Diskurse durchaus produktiv führen lassen, weil die Methodologie alle Beteiligten mit gemeinsamen Kriterien ausrüstet, ist dies bei Diskursen über Werte nur teilweise der Fall. Wissenschaftlich diskutieren lassen sich empirische Implikationen von Wertaussagen (zum Beispiel Realisierbarkeit) und logische Stimmigkeit. Möglich sind auch Diskurse in Bezug auf gemeinsame übergeordnete Werte, sofern man sich über sie einig ist, was allerdings in normativen Diskursen eher selten vorkommt. Versuche, die Angelegenheit »auszudiskutieren«, enden oft ergebnislos (zum Handwerk normativen Argumentierens siehe das 13. Kapitel).

Daraus ergibt sich ein Dilemma: Einerseits soll Wissenschaft kein Glasperlenspiel sein, sondern letztlich einen praktischen Nutzen haben; sie ist erst dann am Ziel, wenn sie verwendet wird. Andererseits kann man über den Werthorizont dieser Verwendung nicht so eindeutig und verbindlich reden wie über Logik und Empirie. Ständige normative Diskurse würden die Forschung schnell zum Erliegen bringen; im Gegensatz zu logischen und empirischen Diskursen lassen sie sich methodologisch nur beschränkt in die Institution Wissenschaft einbauen. Ohne eine solche Beschränkung (die allerdings nicht absolut sein kann, wie wir gleich sehen werden) verlieren Logik und Empirie schnell ihre Unabhängigkeit und werden von den gerade herrschenden Interessen in Dienst genommen.

Letztlich hat sich angesichts dieses Dilemmas der vor allem von Max Weber bereits vor hundert Jahren vehement proklamierte Standpunkt der Wertfreiheit durchgesetzt.[68] Was dieses Prinzip bedeutet, erschließt sich am besten, wenn man, in Übereinstimmung mit Max Weber, zunächst seine Grenzen bestimmt. Eine durch und durch wertneutrale Wissenschaft wäre aus mehreren Gründen unmöglich:

- Erstens bezieht Wissenschaft ihre Themen aus den Wertsetzungen und Wertkonflikten des wirklichen Lebens.
- Zweitens muss die Wissenschaft mithelfen, die Verwendung ihrer Ergebnisse in Gang zu bringen, eine wertneutrale Praxisberatung aber kann es nicht geben.
- Drittens schließlich: Was ist die Methodologie schon anderes als ein Kanon von normativen Aussagen, abgeleitet aus dem obersten Wert der Suche nach Wahrheit? Die Quintessenz der Methodologie sind Imperative: So und nicht anders muss man es machen! Nicht zuletzt ist das Postulat der Wertneutralität selbst ganz und gar nicht wertneutral – normativer geht es nicht.

Erst wenn man sich diese unvermeidliche Wertverhaftung der Wissenschaft klar macht, versteht man, was Wertneutralität heißt: dass die Forschung innerhalb ihres gegebenen normativen Rahmens, gesetzt durch Thema, Methodologie und Praxisbezug, ausschließlich logischen und empirischen Gesichtspunkten folgen soll. Was so einfach klingt, ist allerdings nur schwer durchzuhalten. So muss man in der Wissenschaft immer damit rechnen, dass einem die Forschungsergebnisse ganz und gar nicht ins Konzept passen; sie dennoch unverfälscht zu publizieren, verlangt einem einige Selbstüberwindung ab. Noch gefährdeter ist die Wahrheit in der kommerziellen Forschung; dort stellt sich oft genug die Frage, ob man lieber ein geschöntes Ergebnis abliefern oder auf den Anschlussauftrag verzichten soll.

Aber auch in der nichtkommerziellen, rein akademischen Forschung fällt Wertneutralität schwer. Man gerät schnell in Versuchung, seine wissenschaftliche Arbeit den persönlichen Wünschen anzupassen. Die Ergebnisse stellen den eigenen politischen Standpunkt infrage? Sie dokumentieren die Zwecklosigkeit langjährigen persönlichen Engagements? Sie lassen oft bekundeten Optimismus als Illusion erscheinen? Sie machen bisher behauptete Opferrollen unglaubwürdig und Mitgefühl fragwürdig? Dann weg mit diesen Ergebnissen, damit Wahrheit nicht zum Problem werden kann! Wissenschaftlerinnen und Wissenschaftler, die solchermaßen ihrem normativen Impetus nachgeben, machen sich selbst überflüssig. Sie passen die Wirklichkeit ihrem Werthorizont an und reproduzieren das, was sie bereits ohne Wissenschaft für richtig hielten. Einzelne sind oft damit überfordert, dieser Versuchung standzuhalten. Deshalb ist Wissenschaft auf Kritik aus den eigenen Reihen angewiesen.

Das Postulat der Wertfreiheit ist ein Vermeidungsimperativ, der auf die unmittelbare empirische Arbeit und Argumentation begrenzt bleibt. In dieser Form ist Wertfreiheit für die Institution Wissenschaft zwar nicht hinreichend, aber notwendig. Über Werte kann man sich endlos streiten, ohne zu einem verbindlichen Ergebnis zu kommen. Soweit es möglich ist, Werte auszuklammern, bleiben die Kriterien empirischer und logischer Argumentation übrig, an denen man sich gemeinsam ausrichten kann. Unter diesen Umständen ist Intersubjektivität möglich. Nur so kann Wissenschaft zu einem sozialen Projekt mit vielen Beteiligten werden, die miteinander kooperieren und sich wechselseitig kontrollieren. Ansonsten verkommt Wissenschaft, vor allem auch Soziologie, zu Propaganda, endloser Selbstbetätigung und Rechthaberei.

Institutionalisierte Ethik: Mertons Vortrag von 1937 bleibt aktuell

Es ist immer damit zu rechnen, dass Wissenschaft aneckt, sei es im eigenen Kreis, sei es in der Öffentlichkeit. Aus der Sicht aller möglichen Partikularinteressen gibt es Wunschergebnisse – und solche, die nicht sein dürfen. Jede Wissenschaft muss bestrebt sein, eine innerwissenschaftliche Öffentlichkeit zu konstituieren, die solche Zumutungen abwehrt und die Suche nach Wahrheit garantiert. Um störenden Einflüssen standzuhalten, braucht man ein klares Bewusstsein der Regeln, nach denen sich jede Wissenschaft richten muss. Insofern ist Wissenschaft dezidiert eine Frage der Moral im diskursethischen Sinn. Durch das Milieu der innerwissenschaftlichen Öffentlichkeit wird die Einhaltung dieser Regeln zugleich kontrolliert und gefährdet.

Aber wer lässt sich schon gerne kontrollieren? Beim TÜV werden Kontrollen gesetzlich durchgesetzt, in der Wissenschaft gibt es »nur« die Selbstkontrolle und die Kritik aus den eigenen Reihen. Weltfremd wäre die Erwartung, dass dies perfekt funktionieren könnte. Wissenschaft tut weh; die ganz normale Empfindlichkeit bei verweigerter Anerkennung ist eine Sollbruchstelle guter Wissenschaft. Deshalb ist es wichtig, den Blick auf Vermeidungstendenzen zu kultivieren, ja zu institutionalisieren.

Die zentrale Gründungsidee der modernen Wissenschaft ist gemeinsame Selbstbeobachtung, orientiert an gegenstandsadäquaten Regeln, die von allen akzeptiert werden. Aber welche Regeln? Popper und seine Vorläufer entwarfen Regeln für das Forschungshandeln und die Logik wissenschaftlicher Diskurse. Diese Regeln sind notwendig, aber sind sie auch ausreichend? Robert Merton ging in seinen Arbeiten zur Organisation guter Wissenschaft darüber hinaus. Was nützt die beste Methodologie, wenn sich Wissenschaftlerinnen und Wissenschaftler als Agenten einer politischen Ideologie begreifen?

Jede noch so perfekte Handhabung der Methoden ist wertlos, wenn nicht auch bestimmte *soziale* Regeln innerhalb der Wissenschaft eingehalten werden. Solche formulierte Robert Merton in einer 1937 gehaltenen Vorlesung, veranlasst durch den Niedergang der Wissenschaft im nationalsozialistischen Deutschland.[69] Merton hat damit eine zeitlose Utopie guter wissenschaftlicher Normalität vorgelegt; seine Kriterien wissenschaftlicher Selbstbeobachtung lassen sich als Quintessenz akademischer Moral lesen. Im Einzelnen ging es Merton um vier regulative Prinzipien:

- *Kommunitarismus*: Wissenschaftliche Ergebnisse sind gemeinsamer Besitz. Sie müssen allen jederzeit zur freien Verfügung stehen.
- *Universalismus*: Wissenschaftliche Forschung ist unabhängig von der Person der Forschenden zu beurteilen. Ethnische Herkunft, Nationalität, Religion, Alter, Geschlecht, soziale Netzwerke und sonstige sachfremde Merkmale dürfen für die Anerkennung oder Ablehnung wissenschaftlicher Ergebnisse keine Rolle spielen.
- *Uneigennützigkeit*: Wissenschaftliches Handeln soll primär durch die Suche nach Wahrheit motiviert sein. Es wäre zwar weltfremd, das Streben nach Geld, Macht und Prestige aus dem Wissenschaftsbetrieb verbannen zu wollen, aber solche Motive müssen dem Erkenntnisstreben untergeordnet bleiben. Ebensowenig soll sich die Wissenschaft für politische Ziele instrumentalisieren lassen.
- *Organisierte Skepsis*: Merton macht den Fallibilismus zur sozialen Regel. »Die organisierte Skepsis stellt sowohl ein methodologisches als auch ein institutionelles Gebot dar.« Wissenschaftliche Einrichtungen und Abläufe sollen den konstruktiven Zweifel als Routine etablieren, etwa im Zusammenhang mit Rankings, Auswahlverfahren, Prüfungen, Forschungsförderung oder Publikationswesen. Als warnendes Beispiel führt Merton die Gängelung der Wissenschaft in totalitären Gesellschaften an.

Leitmotiv aller vier Standards ist die Sicherstellung von Kritik und Erkenntnisfortschritt. *Kommunitarismus* sorgt dafür, dass alle Ergebnisse öffentlich werden. *Universalismus* verbürgt, dass sich die Kritik ausschließlich an methodologischen Gesichtspunkten orientiert und sachlich bleibt. *Uneigennützigkeit* ist die Voraussetzung dafür, dass keine Beurteilungskonflikte entstehen und dass sich begründete Zweifel tatsächlich gegen sachfremde Interessen durchsetzen können. Sonst könnte es ja zum Beispiel sein, dass ein wissenschaftlich unhaltbarer Befund publik gemacht würde, weil er Profit abzuwerfen verspricht, oder dass ein gut abgesichertes Ergebnis unter Verschluss gehalten würde, weil dies politisch nicht opportun scheint.

Kommunitarismus, Universalismus und Uneigennützigkeit wären jedoch wertlos, wenn man wie in einem Gesangsverein miteinander umgehen würde, bemüht um Harmonie, Rücksichtnahme und den Austausch von Nettigkeiten. Die Institution muss durch *organisierte Skepsis* allen etwas abverlangen, was sie im Privatleben tunlichst vermeiden: dass sie sich ständig gegenseitig am Zeug flicken.

Diese institutionellen Imperative erlegen allen Beteiligten Selbstdisziplin und Frustrationstoleranz auf; kein Wunder, dass die Wirklichkeit der Wissenschaft dem Ideal nur unvollkommen entspricht. Mit welchen Störungen immer wieder zu rechnen ist und was sich dagegen tun lässt, ist Gegenstand des 19. Kapitels.

Was soll als »wissenschaftlich« gelten?

Ausgehend von der Einsicht in die Konstruiertheit des Wissens hat sich eine seit den Anfängen der modernen Wissenschaft stabil gebliebene Antwort auf die Frage herausgebildet, wie die Produktion von Wissen am besten einzurichten sei. Die in diesem Kapitel dargestellten Grundsätze lassen sich in einem Bild von drei tragenden Säulen der modernen Wissenschaft zusammenfassen. Die erste Säule besteht in der Denkmethode, die zweite in der Vergesellschaftung des Denkens, die dritte im Geltungsanspruch.

- *Denkmethode: Reflexivität.* Kern wissenschaftlichen Denkens ist immer das Denken über das Denken. Durch die Ausrichtung des Denkens an expliziten Prinzipien der Selbstbeurteilung (auf der Metaebene und der darüber liegenden normativen Ebene) wird Wissensproduktion zur Wissenschaft. Reflexivität bedeutet systematische Selbstverunsicherung statt illusionärer Gewissheit.
- *Vergesellschaftung: Intersubjektivität.* Für die methodischen Prinzipien des Denkens wird Nachvollziehbarkeit gefordert, so dass eine Denk- und Diskursgemeinschaft entstehen kann, in der diese Prinzipien allgemein anerkannt werden. Das Ziel der Diskursgemeinschaft ist Wissensverbesserung durch Kritik von allen an allen. Schon Kritik auszusprechen fällt allerdings vielen schwer; Kritik zu ertragen verlangt allen noch viel mehr ab.
- *Geltungsanspruch: Überlegenheit.* Wissenschaftlich produziertes Wissen beansprucht Vorrang vor anderen Wissensformen, den »üblichen Verdächtigen«, wie sie im ersten Abschnitt dieses Kapitels genannt wurden. So dubios diese sein mögen, so einflussreich sind sie nach wie vor. Wichtig ist ein öffentlich behaupteter Überlegenheitsanspruch insofern, als sich die Wissenschaft damit selbst unter Druck setzt, die beiden erstgenannten Grundsätze, Reflexivität und Intersubjektivität, tatsächlich zu praktizieren. Die von der Wissenschaft selbst erhobene Forderung, ihr Wissen vor anderen Wissensformen zu privilegieren, hat einen methodischen Sinn: Sie sensi-

bilisiert die Beobachtung der Wissenschaft dafür, ob letztere hält, was sie verspricht. Wissenschaft steht unter Qualitätsstress.

Vergleichen wir zum Abschluss dieses Kapitels zwei Wissenschaften, von denen die eine typischerweise exakte, stabile, eindeutige und weitgehend fehlerfreie Ergebnisse liefert, während die Ergebnisse der anderen unscharf, veränderlich, interpretationsbedürftig und fehlerbelastet sind, mit anderen Worten, wenn die eine der Physik gleicht, die andere der Soziologie. Steht nicht die erste Wissenschaft im Rang höher als die zweite? Verhalten sich beide nicht wie Goldmarie und Pechmarie im Märchen von Frau Holle zueinander?

Nein, Wissenschaft ist Wissenschaft. Das Prädikat »wissenschaftlich« hat sich ausschließlich nach den genannten Kriterien zu richten – Reflexivität, Intersubjektivität und Überlegenheitsanspruch. Ihrerseits vereinen diese Prinzipien eine Fülle weiterer Kriterien in sich, die in Forschungsverfahren und Fachdiskussionen manifest werden. Wenn diese Kriterien in der Soziologie erfüllt sind, spiegelt sich in ihren Ergebnissen ein lokales Optimum, trotz aller Unschärfen, Fehler, Ermessensentscheidungen und Instabilitäten. Das Prädikat »wissenschaftlich« ist angemessen, wenn das Bestmögliche getan wurde, egal, ob es sich um Physik oder Soziologie handelt.

5. Kapitel: Soziologie als Kulturwissenschaft

Fakten und Sinngebilde. Zwei Klassen von Phänomenen

Gibt es Fragen, die sich nicht endgültig und verbindlich klären lassen, obwohl alle erdenklichen Informationen vorliegen? So wurde beispielsweise hundert Jahre nach Ausbruch des Ersten Weltkriegs immer noch kontrovers darüber diskutiert, wem eigentlich die Schuld an dieser Katastrophe zu geben sei, nachdem es lange Zeit als ausgemacht galt, die Deutschen dafür verantwortlich zu machen. Der australische Historiker Christopher Clark trat 2014 mit einer Gegenthese hervor: »Schlafwandler« seien sie alle gewesen, die maßgeblichen Politiker welcher Seite auch immer, verantwortlich höchstens im Sinn grober Fahrlässigkeit insofern, als sie sich den Luxus unklaren Denkens erlaubten.[70] Oder gilt vielleicht weder die eine noch die andere These, sondern eine dritte – könnte die Frage nach den Schuldigen überhaupt falsch gestellt sein? War vielleicht ein nicht mehr steuerbarer Mechanismus im Gange, mit einer Eigendynamik, die ablaufen musste, ohne dass jemand die Chance gehabt hätte, den Brand noch aufzuhalten, als erst einmal das Attentat von Sarajewo wie eine Initialzündung gewirkt hatte? Diese Deutung entspricht in etwa der Einschätzung von Golo Mann: »Dieser Krieg war nicht, wie der Zweite, ein Anachronismus, den ein einziger Verbrecher erzwang. Er ging aus dem Geist der Zeit, aus den Begriffen, in denen die Leute dachten, aus dem Stil, in dem sie lebten, stimmig hervor. Es war kein Wunder, dass er kam. Es war eines, dass er so lange *nicht* gekommen war.«[71]

Wenn man zu all dem sagt, die Wahrheit werde sich wohl nie herausstellen, operiert man mit einer Vorstellung von Wahrheit, deren Angemessenheit hier zweifelhaft ist. Dass nur genau eine Deutung wahr sein könne, passt zu bestimmten naturwissenschaftlichen, technischen, alltäglichen, strafrechtlichen oder ökonomischen Fragen: Wie kommt es zur Erderwärmung? Warum ist der Zug entgleist? Wer hat das Licht angelassen? Handelt es sich um Mord oder Selbstmord? Die Möglichkeit des eindeutigen Wahrseins schützt zwar keineswegs vor Irrtümern, Lügen und falschen Paradigmen, doch kann man bei Fragen dieses Typs schnell erkennen, dass man letztlich eine und nur eine Wahrheit finden wird, wenn man den Fragen auf den Grund geht, mit Irrtumsvorbehalt natürlich. Wer zweifelt, kann ja eine Widerlegung versuchen. Vielleicht muss man sich auch damit begnügen, dass das Geheimnis aus Mangel an Beweisen bestehen bleibt.

Doch die Frage nach den Ursachen des ersten Weltkriegs ist von anderer Art. Sie verlangt nach einem Wahrheitsbegriff, der mehrere Deutungen eines Phänomens zulässt. Diese müssen sich nicht gegenseitig ausschließen; sie können sich sogar ergänzen. Die verschiedenen oben referierten Interpretationen der historischen Quellen zur Genese des Ersten Weltkriegs könnten durchaus ein Gesamtbild ergeben, welches der Wahrheit näher kommt als nur eine von ihnen. Die Annäherung an die Wahrheit zeigt sich hier als Prozess der Anreicherung des Wissens, wenn auch mit abnehmendem Grenznutzen: Irgendwann scheint vorläufig alles Relevante gesagt. Kritik kann hier nur selten in einer harten Falsifikation durch Gegenbeweise bestehen. Überwiegend muss sie die Form plausiblen Zweifels an Sinnunterstellungen und behaupteten Handlungsmustern annehmen oder notwendige Ergänzungen anmahnen.

Was sich hier andeutet, ist die Unterscheidung von zwei Klassen von Phänomenen: Fakten und Sinngebilde. Diese Unterscheidung hat philosophische Tradition. Sie klingt etwa bei Leibnitz in Form des Begriffspaars von Tatsachenwahrheiten und Vernunftwahrheiten an oder in Kants Kritik der Urteilskraft.[72]

Als *Fakten* bezeichne ich im Folgenden alle eindeutig definierbaren und feststellbaren Sachverhalte, beispielsweise das Wetter, eine Infektionskrankheit oder den Abschluss eines Kaufvertrags. Demgegenüber sind *Sinngebilde* alle Phänomene, die man erst dann erfasst, wenn man das Innenleben der Beteiligten einbezieht: Absichten, Wahrnehmungen, Wissen, Emotionen, Vorstellungen, Semantik. Dazu gehören unter anderem Interaktionsmuster; Symbole und ihre Bedeutungen; historische Abläufe wie der Erste Weltkrieg; Deutungsmuster und Weltbilder; Institutionen wie Justiz, Familie, Gesundheitswesen. Weitere Beispiele sind Lebensgewohnheiten aller Art, Fernsehserien, Wahlkämpfe oder die Bedeutungen von Tattoos. Zu den Sinngebilden gehört auch, um auf das Beispiel des Ersten Weltkriegs und der drei genannten Deutungsalternativen zurückzukommen, »der Griff nach der Weltmacht« als behauptetes Charakteristikum der politischen Kultur Deutschlands vor dem Ersten Weltkrieg; »Schlafwandeln« als ein von Clark konstatiertes, sich wiederholendes Defizit damaliger Politik; »Eigendynamik« als kollektive Kettenreaktion, die von Einzelnen nicht mehr zu steuern war.

Die Unterscheidung von Fakten und Sinngebilden grenzt potenziell eindeutige Sachverhalte von nur indirekt zugänglichen und interpretationsbedürftigen kulturellen Phänomenen ab. Mit dem Begriff der Kultur meine ich Geflechte von Sinngebilden. Sie bestehen einige Zeit, gelten als normal und manifestieren sich im menschlichen Handeln, lassen sich aber nicht absolut objektiv und exakt messen, wie etwa die Temperatur. Das Reden über Kultur kommt der Wirklichkeit umso näher, je mehr es ihrer realen Unschärfe Rechnung trägt. Wer sich mit Kulturfragen beschäftigt, muss Ermessensspielräume beanspruchen und darf nur auf Plausibilität hoffen.

Dagegen gibt es bleibende wissenschaftliche Triumphe nur in der Welt der Fakten, mit der sich die Naturwissenschaften beschäftigen. Beispiele dafür sind neben vielen anderen die Kopernikanische Wende oder der endgültige Nachweis der Existenz von Infektionskrankheiten durch Robert Koch und Louis Pasteur Ende des 19. Jahrhunderts. Der langewährende Streit zweier medizinischer Schulen wurde zugunsten der »Kontagionisten« entschieden, die »Miasmentheorie« war besiegt. Zu den Faktenfragen gehört jedes Erkenntnisinteresse, das zu einem wahren und verbindlichen Endergebnis führen könnte.

Mitzudenken sind allerdings hier einige erkenntnistheoretisch unerlässliche Einschränkungen, die sich heute weitgehend durchgesetzt haben, vor allem: Wahrheit kann es immer nur relativ zu selbst gewählten Voreinstellungen und Perspektiven geben; All-Sätze lassen sich nicht endgültig verifizieren; Beobachtungen können falsch sein, der Versuch ihrer endgültigen Absicherung führt jedoch in einen unendlichen Regress (weil man dabei mit einer potenziell unendlichen Reihe impliziter Beobachtungstheorien konfrontiert ist).

Diese und andere Abschwächungen ändern nichts am fundamentalen Unterschied von Fakten und Sinngebilden. Wie jeder Einzelne damit umgeht; welche Rolle der Unterschied beider Wirklichkeitsbereiche in Wissenschaft, Wirtschaft, Medien und Politik spielt; inwieweit er ignoriert, verdrängt, unterschätzt oder überspielt wird: Dies ist ein nach wie vor unterbelichtetes Thema von großer Tragweite.

Der unbewältigte Unterschied zwischen beiden Klassen von Phänomenen ist in der neueren Ideengeschichte immer wieder zutage getreten, in wechselnden Konfliktfeldern und eingebettet in scheinbar weit auseinanderliegende Begriffswelten. Nach wie vor fehlt es der modernen Wissenschaft an geistiger Integration, paradoxerweise unter dem Banner methodologischer Einheit des

Denkens. Bisher hat die Suche nach Einheit jedoch eher zu Tendenzen methodologischer Kannibalisierung unter den Wissenschaften geführt – zugunsten der Faktenwissenschaften und zu Lasten der Sinnwissenschaften.

Die Ausdifferenzierung der Geisteswissenschaften

In ihrer Geschichte haben sich die empirischen Wissenschaften in eine auch heute noch wachsende Vielzahl einzelner Disziplinen aufgefächert, deren Methoden, Praxisbeziehungen, Langfristentwicklungen und Deformationen weit auseinanderliegen, bedingt durch den jeweiligen Gegenstand. Entscheidend ist, ob es sich dabei – im Sinn des vorangegangenen Abschnitts – um Fakten oder Sinngebilde handelt. Die diesen Wirklichkeitsfeldern zugeordneten Disziplinen bilden zwei deutlich unterschiedene Gruppen – wissenschaftssoziologisch, wissenschaftshistorisch und methodologisch gesehen. Ist dies gerechtfertigt? Oder sollten sich die »weichen« Kulturwissenschaften die »harten« Naturwissenschaften zum Vorbild nehmen?

Am Anfang war dies durchaus der Fall; die frühe Soziologie bewegte sich im Fahrwasser naturwissenschaftlichen Denkens. Es gab Vorschläge der quantifizierenden Modellierung sozialer Wirklichkeit und Auguste Comptes Idee einer »sozialen Physik«[73]. Auch die biologistischen Theorieansätze der Frühphase verraten den Einfluss der Naturwissenschaft, so der Sozialdarwinismus von Herbert Spencer.[74] In Reaktion darauf bildete sich um die Wende vom 19. zum 20. Jahrhundert zunächst vor allem im deutschen Sprachraum eine neue Konzeption von Soziologie heraus, die der Besonderheit des Forschungsgegenstands Gesellschaft gerecht zu werden versuchte. Sinngebilde verlangen dieser Strömung zufolge einen verstehenden und ihrer historischen Begrenztheit Rechnung tragenden Zugang.

Wilhelm Windelband hat diese Verschiedenheit der Wissenschaften in einem wegweisenden Vortrag 1897 durch ein klassisches Begriffspaar gekennzeichnet: hier die idiographischen (sinnbeschreibenden) Geisteswissenschaften, da die nomothetischen (Gesetze formulierenden) Naturwissenschaften.[75] Die den Sinngebilden angemessenen Geisteswissenschaften sind für Beschreibungen von Interaktionsmustern, Symbolkosmen, Sinnwelten und zwischenmenschlicher Normalität zuständig; die Naturwissenschaften dagegen für universelle und zeitlose Gesetzmäßigkeiten im Bereich der Fakten. Protagonisten dieser Aufteilung der Wissenschaften in zwei Familien sind – mit Modifikationen und Weiterentwicklungen – unter anderem Max Weber, Georg Simmel, Wilhelm Dilthey, Edmund Husserl und Alfred Schütz.[76] In ihrer phänomenologischen, kulturverstehenden, historisch ausgerichteten Soziologie tritt die traditionelle Orientierung an raum-zeitlich unbegrenzten Invarianzen und formalistischen Systematisierungen zurück.

Der Terminus »Geisteswissenschaft« wurde zum Zentralbegriff einer im 19. Jahrhundert entstandenen Gegenbewegung zum Positivismus. Dieser erkennt nur solche Disziplinen als Wissenschaften an, die sich mit Fakten und sonst nichts beschäftigen. In einer maßgeblich von Dilthey geprägten Definition bestimmte Rothacker die Geisteswissenschaften als »die Wissenschaften, welche die Ordnungen des Lebens in Staat, Gesellschaft, Recht, Sitte, Erziehung, Wirtschaft, Technik und die Deutungen der Welt in Sprache, Mythos, Kunst, Religion, Philosophie und Wissenschaft zum Gegenstand haben«.[77] Dieser Zielbestimmung zufolge ist die zentrale Methode der Geisteswissenschaft das Verstehen von Sinnkonstruktionen; komplementär dazu zielt die Methode des Erklärens auf kausale Beziehungen ab.

Die Bestimmung der Soziologie als Teil der Geisteswissenschaften weist einerseits auf Sonderbedingungen hin, die im Bereich der Naturwissenschaften nicht gelten und in der Tat eine disziplinäre Eigenständigkeit begründen. Andererseits ist zu fragen, ob der Gegensatz nicht überakzentuiert wird: Erstens ist es durchaus möglich, dass Naturgesetze in gesellschaftliche Phänomene hineinwirken. So untersuchte beispielweise Jared Diamond den Einfluss von Klima und geographischen Bedingungen auf ganze Kulturen über Jahrtausende hinweg;[78] Pascal Boyer stellt eine Beziehung zwischen Soziologie und der biologischen Ausstattung des Menschen her.[79] Zweitens bestehen auch im Objektbereich der Geisteswissenschaften kausale Beziehungen, die erst zu erkennen sind, wenn man über den bloßen Anspruch des Verstehens hinausgeht, wie dies schon Max Weber in seiner klassischen Aufgabenbestimmung der Soziologie getan hat: »… den Sinn sozialen Handelns zu verstehen, um dieses in seinem Ablauf kausal zu erklären.«[80] Das Verstehen erscheint dabei nicht als Gegensatz, sondern als Voraussetzung des (kausalen) Erklärens.

Nehmen wir als Beispiel die immer wieder empirisch festgestellte Korrelation der Schulbildung der Eltern mit dem Bildungserfolg der Kinder. Es wäre vorschnell, aufgrund des statistischen Ergebnisses hier gleich von einem »Faktor« zu sprechen – erst einmal muss man die Korrelation sinngemäß verstehen, wobei in der Bildungsforschung Einiges zusammengekommen ist: Kinder orientieren sich am Vorbild der Eltern; sie gehören einem Milieu an, in dem ein gewisser Bildungsehrgeiz selbstverständlich ist; sie sind sprachlich besser auf gehobene Bildung vorbereitet; das Wissen um das Bildungsniveau der Eltern beeinflusst die Notengebung. Bei all diesen Feststellungen handelt es sich um verstehende Rekonstruktionen von Sinngebilden, die in ihrer Gesamtheit eine kausale Erklärung von Bildungserfolg als Substrat sozialen Handelns liefern.

Am Beispiel der Soziologie zeigt sich die Suche nach einer gemeinsamen wissenschaftlichen Denkwelt als dialektischer Prozess in der Ideengeschichte: als Abfolge von These, Antithese und Synthese. These: Zunächst wurde die Soziologie als Naturwissenschaft aufgefasst. Zu dieser positivistischen Auffassung entstand die Antithese von Soziologie als Geisteswissenschaft. Die Synthese tritt vielfach in Erscheinung: in der zitierten Formulierung von Max Weber, in der gerade am Beispiel dargestellten Praxis kausalanalytischer Interpretation statistischer Ergebnisse, in der evolutionären Erkenntnistheorie, nicht zuletzt in den abertausend Warum-Fragen des Alltagslebens. »Warum grüßt du unseren Nachbarn nicht mehr?« »Weil er letzte Woche behauptet hat, ich hätte die Zeitung aus seinem Briefkasten gestohlen. Ich bin einfach sauer auf ihn.«

Doch in den real praktizierten Wissenschaften wird diese Synthese oft in Frage gestellt; die methodologische Entwicklungsblockade wissenschaftlicher Fixierung auf entweder/oder wird immer wieder als der Weisheit letzter Schluss verkauft. Der Positivismus lebt, und er klingt überzeugend. Nach Auffassung dieser Denkschule konstituieren die Unterschiede der Gegenstandsbereiche verschiedener Erfahrungswissenschaften keine Unterschiede in der Logik der Forschung – diese sei voll und ganz auf die Entdeckung universeller Gesetze einzustellen, um ein möglichst großes Spektrum von Phänomenen unter möglichst wenigen Theorien zu subsumieren. Im Lauf der Zeit werde das Gesetzeswissen ständig weiter verbessert, es werde immer wahrheitsähnlicher. Zentral für den linearen Fortschritt der Erkenntnis sei die Methode des Falsifikationsversuchs. Überzeugend daran ist, dass die Geschichte der Naturwissenschaften diesem Modell durchaus Recht gibt.

Hatte die methodologische Reflexion der Besonderheiten der zwei Wissenschaftsfamilien zunächst ihren Schwerpunkt im deutschen Sprachraum, so ist sie inzwischen längst international geworden. Diesem Umstand trage ich hier terminologisch Rechnung, indem ich die Begriffe »Geisteswissenschaften« und »Kulturwissenschaften« (in Korrespondenz zu Cultural Studies oder Humanities) als Synonyme behandle.

Wegen ihrer besonderen Schwierigkeiten wurde und wird die Wissenschaftlichkeit der Soziologie angezweifelt, doch handelt es sich dabei um einen Zweifel, der durch die Sondertradition der Naturwissenschaft inspiriert ist, nicht durch die Idee von Wissenschaftlichkeit an sich, wie ich sie am Schluss des 4. Kapitels dargestellt habe. Die Suche nach einer streng naturwissenschaftlichen Soziologie ist jedoch immer noch unterwegs. Was dieses Streben vor allem antreibt, ist der Wunsch nach Erlösung von Ungewissheit und Störfaktoren der Wissensproduktion – verständlich, aber illusionär.

Ende des 19. Jahrhunderts wurde die partielle Andersartigkeit von Natur- und Kulturwissenschaften explizit. Inzwischen hat es immer wieder Versuche gegeben, diese Andersartigkeit durch Monopolisierung des Prädikats »wissenschaftlich« zu überwinden. In Varianten der Rational-Choice-Theorie, in ökonomischen Theorien, in erkenntnistheoretischen Implikationen der Regressionsanalyse oder in der hypothesentestenden induktiven Statistik finden sich nach wie vor Elemente einer den Naturwissenschaften nachempfundenen Wissenschaftskonzeption.

Neue Einfallspforten für naturwissenschaftliches Denken haben sich in der Neurophysiologie und Genforschung aufgetan; vehement treten in diesen Forschungsfeldern naturwissenschaftlich orientierte Fürsprecher für die »Reduktion« (im Sinn einer theoretischen Rückführung) kultureller auf biologische Tatbestände ein. Doch die gegenwärtige Wissenslandschaft ist von einer etwaigen reduktionistischen Wende weit entfernt. Trotz methodologischer Gegenwehr hat sich an der Andersartigkeit von Naturwissenschaften und Kulturwissenschaften nichts geändert.

Beide Wissenschaftsfamilien wirken wie zwei verschiedene Welten. Dass es sich wenigstens um zwei Kontinente auf demselben Planeten handeln würde, ist bereits eine optimistische, Gemeinsamkeit unterstellende Metapher. Wie die nächsten Abschnitte zeigen, sind die beiden Kontinente jedenfalls weit voneinander entfernt. Es ist gut, sich dieser Entfernung bewusst zu sein; sie aufheben zu wollen, wäre ein Irrweg; man muss und kann damit leben. Mit vier Stichworten lässt sich die Entfernung näher bestimmten: Wissenschaftskultur, Wissensdynamik, Praxisbeziehung sowie Umgang mit Invarianzen und Singularitäten.

Zwei Wissenschaftskulturen

»Zwei Kulturen« ist der Titel eines berühmten und viel diskutierten Vortrags von C. P. Snow, gehalten in Cambridge 1959.[81] Trotz vieler Einwände ist das Schlagwort bis heute aktuell. Es genügt, zuerst einen Kongress der Naturwissenschaften zu besuchen, dann einen der Kulturwissenschaften, um vier wesentliche Unterschiede zu erkennen.

- Begriffe, Argumente und Ergebnisse der Kulturwissenschaften sind unschärfer und spekulativer als dies in den Naturwissenschaften der Fall ist. Für die Kulturwissenschaften ist Ungewissheit normal, für die Naturwissenschaften ungewohnt und irritierend.
- Die Kulturwissenschaften sind heterogener als die Naturwissenschaften. Ihre Uneinheitlichkeit schließt alles Wichtige ein: wissenschaftstheoretische Grundlagen, Paradigmen, Forschungsmethoden, Begriffe (etwa »Gesellschaft«), empirische Ergebnisse und ihre Interpretation. Für die Kulturwissenschaften ist es nicht ungewöhnlich, dass ein und dieselbe Informationslage gegensätzlich beurteilt wird. In den Naturwissenschaften ist man es dagegen gewohnt, dass entweder das Eine stimmt oder das Andere, und dass sich die Diskussion erledigt hat, wenn man gemeinsam festgestellt hat, was der Fall ist.
- Soziologie und verwandte Kulturwissenschaften beschäftigen sich in höherem Maße mit Werten und beziehen selbst Wertpositionen; normative Diskurse sind bei ihnen an der Tagesordnung. Für die Naturwissenschaften dagegen gilt: Auch ihre Arbeit hat zwar normative Implikationen, doch werden diese kaum diskutiert. Darüber etwa, dass die Medizin im Dienst der Gesundheit stehe, braucht man nicht viele Worte zu machen. Alle Naturwissenschaften starten mit der Prämisse, dass ihre Fortschritte einen praktischen Nutzen abwerfen können. Normativ schwierig wird es immer erst *nach* den Fortschritten, doch die Diskurse etwa über Gentechnik, Atomenergie, »Apparatemedizin« oder pharmazeutische Innovationen bleiben überwiegend anderen überlassen; sie sind kein integraler Bestandteil der Kultur der Naturwissenschaften.
- Es gibt wechselseitige Irritationen und Feindbilder. Für viele Naturwissenschaftler sind Kulturwissenschaftler Schwätzer, die alle durcheinander reden, niemals zu einem Ende des Palavers kommen und über Dinge sprechen, von denen sie keine Ahnung haben (beispielsweise über die Naturwissenschaften). Regelrecht vorgeführt haben Sokal und Bricmot die Neigung der Kulturwissenschaften zum bedeutungsheischenden Palaver mit ihrer Parodie *Die Grenzen überschreiten: auf dem Weg zu einer grenzüberschreitenden Hermeneutik der Quantengravitation.* Was davon zu halten ist, bringen sie im Titel ihres Buchs zum Ausdruck: »Eleganter Unsinn.«[82]

In der Gegenrichtung ist das Feindbild weniger klar artikuliert. Es überwiegt eine Art resignativer Respekt der Kulturwissenschaft vor der Naturwissenschaft – Respekt deshalb, weil die Erfolge der Naturwissenschaft viel eindeutiger und spektakulärer sind, als man dies für die eigene Arbeit beanspruchen kann; Resignation insofern, als Kulturwissenschaftler im Gespräch mit Naturwissenschaftlern oft auf eine irritierende Borniertheit stoßen. Letztere lehnen es meist ab, sich mit soziologisch unentbehrlichen Denkschemata auch nur zu beschäftigen, geschweige denn, diese zu begreifen und ernst zu nehmen, etwa Typologien, Unschärfe, Verstehen, Empirie ohne Messgeräte, begriffskritische Diskurse oder historische Relativierungen.

Diese Verständniskluft in der Diskussion zu schließen ist dann unmöglich, wenn Ignoranz auch noch als angebliche Überlegenheit daherkommt. Dass umgekehrt die meisten Kulturwissenschaftler naturwissenschaftliche Ignoranten sind, ist ebenfalls richtig. Der Unterschied ist allerdings, dass Kulturwissenschaftlern dies normalerweise klar ist.

Zwei Formen der Wissensdynamik

Die Geschichte der Naturwissenschaften ist eine lineare, »kumulative« Fortschrittsgeschichte. Zwar entsteht ständig neues Nicht-Wissen insofern, als Wissensfortschritt eine »Fragendynamik« (Rescher) in Gang setzt: Auf jedem neuen Erkenntnisniveau ergeben sich Anschlussfragen, die so noch nicht gestellt wurden.[83] Es überrascht deshalb nicht, dass Carl Friedrich von Weizsäcker die Geschichte der Physik im 20. Jahrhundert als einen Lernprozess charakterisiert, bei dem man immer mehr gemerkt habe, wie wenig man eigentlich erst weiß.[84] Auch dies ist ein Aspekt des Fortschritts.

Besonders manifest wird naturwissenschaftlicher Fortschritt jedoch vor allem im Hinblick auf Fragen, die schon eine lange Tradition haben: Wie erklären sich die Bewegungen der Himmelskörper? Wie entstehen Wetterphänomene? Wie kommt es zu bestimmten Krankheiten und wie kann man sie heilen? Typisch für die Naturwissenschaften ist die ständige Zunahme der Erklärungskraft ihrer Modelle über die Jahrzehnte und Jahrhunderte hinweg. Es gibt sogar immer mehr Erkenntnisse, denen nichts mehr hinzu zu fügen ist, weil die betreffenden Sachverhalte als restlos aufgeklärt gelten können (Beispiele: Periodensystem; Doppelhelix; Hauptsätze der Thermodynamik; anatomische, physiologische und pathologische Erkenntnisse).

Die Kulturwissenschaften hingegen sind weit davon entfernt, das Bild einer so geschlossenen Fortschrittsdynamik zu vermitteln. Dies liegt *erstens* an ihrer schon dargestellten theoretischen Heterogenität, die einem gemeinsamen, kooperativen Voranschreiten entgegensteht. Eine *zweite* Ursache ist die zeitliche Begrenztheit kulturwissenschaftlich relevanter Invarianzen. Einem über Jahrzehnte oder Jahrhunderte andauernden Wissensfortschritt steht die Geschichtlichkeit des Forschungsgegenstands Gesellschaft entgegen. *Drittens* ist der Gegenstandsbereich der Kulturwissenschaften unscharf und nur durch verstehende Interpretation zu erreichen. Oft gibt es mehrere plausible Deutungsvarianten, die einfach im Raum stehen bleiben müssen, ohne dass man durch ein *experimentum crucis* die zutreffende Version herausfinden könnte. Wollte man jedoch auf diejenigen Fragen überhaupt verzichten, die zu solchen Ambivalenzen führen, blieben gerade die wichtigsten Erkenntnisinteressen links liegen. Es wäre trotzdem grundfalsch, den Kulturwissenschaften Erkenntnisfortschritt abzusprechen, er manifestiert sich nur anders als in den Naturwissenschaften. Eine ausführliche Darstellung erfolgt im 16. Kapitel.

Zweierlei Praxisbeziehung

Naturwissenschaftliche Erkenntnisse werden technologisch umgesetzt, was in allen Bereichen des Handelns zu mehr Optionen und gesteigerten Möglichkeiten führt. Es gibt eine Parallelität zwischen naturwissenschaftlichem Erkenntnisfortschritt und Lebenserleichterung, die sich im Laufe der Jahrhunderte tief ins kollektive Bewusstsein eingeschrieben hat und immer noch wesentlich zum Prestige der Naturwissenschaften beiträgt.

Mit der Praxisverwendung sozialwissenschaftlicher Ergebnisse verhält es sich ganz anders. Sie betreffen das Denken und Handeln lebender Menschen und lassen sich schon deshalb nicht einfach technologisch implementieren. Es handelt sich um Deutungsangebote, die mit schon existierenden Deutungen (vor allem auch der unmittelbar Betroffenen) konkurrieren und das Denken und Handeln verändern. Nehmen wir etwa das Beispiel des heute weitgehend popularisierten Begriffs der Geschlechterrollen. Ließe sich seine »Verwendung« in aufeinanderfolgenden Frauenbewegungen des 19. und 20. Jahrhunderts etwa mit der Elektrifizierung der Haushalte vergleichen? Nein – schon deshalb nicht, weil dafür die Übersetzung des Begriffs in den singulären sozialen Kontext einer Partnerbeziehung erforderlich ist. Dabei kann es zu Umdeutungen kommen, zu selektiver Rezeption, Akzentuierung, Erweiterung, partiellem Vergessen und Hinzuerfinden.[85] Verwendung solcher Art ist etwas ganz anderes, als einen Haushalt ans Stromnetz anzuschließen und Glühbirnen einzuschrauben.

Man kann zwar sagen: Je besser ein kulturwissenschaftliches Argument ist, je fundierter die Methoden sind, auf die es zurückgeht und je kompetenter die Abnehmer (im Sinn von kulturwissenschaftlicher und erkenntnistheoretischer Allgemeinbildung), desto mehr wird sich seine Substanz im Verlauf seiner Rezeptionsgeschichte auch tatsächlich durchsetzen. Doch an eine unveränderte Übernahme ist nicht zu denken. Es ist kein zu bekämpfender Fehler, wenn kulturwissenschaftliche Ergebnisse im Verlauf ihrer Rezeptionsgeschichte eine Reinterpretation erfahren, vielmehr handelt es sich um eine notwendige Bedingung ihrer Verwendung.

Zweierlei Umgang mit Invarianzen und Einzelfällen

Die griechische Philosophie programmierte das wissenschaftliche Denken auf das Regelmäßige, Wiederholte, Unveränderliche in einer scheinbar chaotischen Welt. Als unerlässlich für die Annäherung an das Invariante galt die Mathematik: Sie war das ideale Denkwerkzeug für die Abbildung des Prinzipiellen, Ideellen, Ewigen. Durch die Entwicklung des schlussfolgernden, syllogistischen Denkens baute Aristoteles eine Brücke zwischen dem Besonderen und dem Allgemeinen. *Induktiv* kann man aus einer Menge einzelner Beobachtungen auf etwas Allgemeines schließen (wenn auch nicht logisch zwingend): »Alle Menschen, die ich kennengelernt habe, dachten über sich selbst nach. Schlussfolgerung: Reflexivität gehört zum Menschsein schlechthin«. *Deduktiv* kann man mit Hilfe von Schlussfolgerungen das Allgemeine auch auf das Singuläre übertragen: »Wenn alle Menschen reflexiv sind, dann muss dies auch für meine Großmutter gelten.« Solche auf Invarianzen ausgerichteten Denkmuster strukturieren auch die moderne Wissenschaft, ergänzt um ein weiteres Element: die Deduktion von Prognosen aus wissenschaftlichen Theorien, um diese besonders harten Prüfungen zu unterziehen.

In der Person Platons kulminierte eine Wissenschaftsauffassung, die als Ziel der Wissenschaft die Entdeckung ewiger, unbezweifelbarer Prinzipien propagierte. Platon war der Auffassung, dass sich diese Prinzipien im Reich der empirischen Erscheinungen nur unvollkommen abbilden würden; der

Kernbereich seines Wissenschaftsverständnisses lag im reinen Denken (Mathematik, Geometrie, Harmonik). Sein Schüler Aristoteles dagegen war Empiriker; er lehrte, dass auch die Welt der Erscheinungen nach unabänderlichen Prinzipien strukturiert sei und dass sich diese Prinzipien durch methodisches Denken und Beobachten herausfinden ließen.

Kann dies schließlich dazu führen, dass man alles weiß? John Horgan betrachtet den Pfad der Wissenschaft als endlich: Forschung könne es nur solange geben, bis alles erforscht sei. Im Reifestadium besteht dieser Auffassung zufolge Wissenschaft dann nicht mehr im Aufhellen des Verborgenen, sondern im Verfügen über das Bekannte.[86] Nicht nur Max Weber hätte für die Soziologie mit Hinweis auf den »ewig sich fortwälzenden Strom des Geschehens« energisch widersprochen, auch Nicholas Rescher unter Berufung auf seine Theorie der Fragendynamik.[87]

Kennzeichnend für die moderne Wissenschaft sind im Vergleich dazu folgende Positionen.

- Erstens setzt sie der Vorstellung von der Abschließbarkeit der Wissenschaftsgeschichte die Annahme eines unendlichen Fortschrittspfades entgegen: Die Wissenschaft stößt in immer neue Gegenstandsbereiche mit noch unentdeckten Invarianzen vor; sie schließt in schon bekannten Gegenstandsbereichen Erklärungslücken durch die Entdeckung neuer Invarianzen; sie fasst disparates Invarianzwissen in neuen, integrierenden Invarianzformeln zusammen; sie setzt mit neuen Fragen an gelösten Problemen an.
- Zweitens hat sich die Wissenschaft der Idee geöffnet, dass es Bereiche geben kann, die nicht durch Invarianzen strukturiert, also chaotisch und zufallsabhängig sind. Wissenschaft endet an den Grenzen dieser Bereiche; das letzte, was sie tun kann, besteht in der Aussage darüber, wo das Reich der Invarianzen aufhört. In diesem Zusammenhang ist es bezeichnend, dass die praktisch relevanten Aussagen der Chaostheorie sich letztlich doch auf Invarianzen beziehen, die aus Chaos entstehen.[88]
- Drittens fasste der Gedanke Fuß, dass Invarianzen zeitlich und räumlich begrenzt sein können. Dies gilt, wie ein Blick auf die Evolutionstheorie zeigt, sogar in rein naturwissenschaftlichen Zusammenhängen. Erst recht muss die Soziologie von der zeitlichen Beschränktheit der Invarianzen ihres Gegenstandsbereichs ausgehen, da sich gesellschaftliche Phänomene ständig wandeln. Dies ändert nichts daran, dass auch die Soziologie erst dann zur Wissenschaft wird, wenn sie sich auf die Suche nach Invarianzen begibt, so vorübergehend diese auch sein mögen.

Naturwissenschaft Soziologie? Ein Elefant will eine Rose sein

Die Soziologie muss sich mit mehr Schwierigkeiten herumschlagen als die Naturwissenschaften. Dabei ist sie überwiegend auf ihre Selbstkontrolle angewiesen. Anders die Natur- und Technikwissenschaften; diese unterliegen spätestens bei der Anwendung einem harten Praxistest. Brücken können einstürzen; Software kann versagen; Maschinen können stehen bleiben. Die Naturwissenschaft profitiert nolens volens von der harten Schule praktischer Bewährung. Dagegen steht den empirischen Kulturwissenschaften diese Korrekturinstanz so gut wie nie zur Verfügung. Ihr Schwierigkeitsgrad provoziert Außenstehende oft zur Nichtanerkennung und Insider zur Nachahmung der Naturwissenschaft. Beides ist verfehlt.

Naturwissenschaftlerinnen und Naturwissenschaftler sind zwar »harte Daten« gewöhnt, und vieles an den empirischen Kulturwissenschaften befremdet sie: Laufend werden neue Diagnosen aufstellt; Unschärfe und Ungenauigkeit sind unvermeidlich; Verstehen als zentrale Methode nutzt die Subjektivität der Forschenden als Ressource, statt sie zu eliminieren. Nichtsdestoweniger kommen Naturwissenschaft und Technik aus zwei Gründen nicht ohne den Blick auf Kultur und Gesellschaft aus.

Erstens entfalten ihre Ergebnisse und Konstruktionen immer größere gesellschaftliche Relevanz, die Forschung und Technik längst nicht mehr ignorieren können. Der durch sie ständig erneuerte Deutungsbedarf löst regelmäßig gesellschaftsweite Diskurse aus, in denen genau diejenigen methodologischen Probleme auftreten, für welche die empirischen Kulturwissenschaften oft kritisiert werden.[89] In Talkshows, Parlamentsdebatten, Pressekommentaren oder sozialen Medien fehlt jedoch die zum Umgang mit diesen Problemen erforderliche Metaebene, ja es fehlt oft bereits das Wissen darum, dass es diese methodologischen Probleme überhaupt gibt.

Zweitens, und den meisten Beteiligten kaum bewusst, entstehen auch die Ergebnisse von Naturwissenschaft und Technikentwicklung in einem sozialen Kontext, der die ganze Palette des Menschlichen einschließt – Eitelkeit, Machtstrukturen, Karrieredenken, finanzielle Abhängigkeit, massenmediale Selbstinszenierungen. Die Geschichte von Naturwissenschaft und Technik ist gepflastert mit fiktiven Gewissheiten, die sich als fatale Irrtümer herausgestellt haben und bei einer kulturwissenschaftlich inspirierten Selbstreflexion vermeidbar gewesen wären.[90]

Während nun Naturwissenschaft und Technik auf Distanz zu den Kulturwissenschaften bleiben, kommt es in den Kulturwissenschaften immer wieder zu dem Versuch, diese Distanz durch Annäherung zu überwinden und jeden einzelnen Schritt kontrollierbar, reproduzierbar und quantifizierbar zu machen. Die standardisierte, quantitative Sozialforschung, das sozialpsychologische Experiment oder die mathematischen Modelle der Wirtschaftswissenschaften sind zwar aus den Kulturwissenschaften nicht wegzudenken, doch *nur* damit wären sie nicht in der Lage, dem an sie immer umfangreicher und dringender herangetragenen Deutungsbedarf zu genügen. Nehmen wir das Beispiel der Demographie. Ihre Statistiken sind unentbehrlich, können aber zentrale Fragen nicht beantworten. Geburtenzahlen, Migrationsströme und Mortalität sind Phänomene, deren Erklärung und Prognose sowohl quantitatives wie hermeneutisches Vorgehen verlangen: ein verstehendes Erkunden von Sozialwelten.

Beschränkte sich die Soziologie auf die Analyse von Standarddaten, um möglichst geringe Fehlerrisiken einzugehen, bliebe ihr der Zugang zur gesellschaftlichen Entstehung und Bedeutung ihrer Ergebnisse weitgehend versperrt. Der Weg zur »Naturwissenschaft Soziologie« ist eine Sackgasse, denn der Forschungsgegenstand Gesellschaft weist Eigenschaften auf, die aus der Soziologie eine Wissenschaft wie keine andere machen. Wegen einer ganzen Reihe von bereits erörterten Gründen sind Intersubjektivität und soziologische Kommunikation in der Soziologie besonders schwer zu verwirklichen. Hier noch einmal ein Überblick:

- Soziologische Abstraktion muss immer sinn-orientiert (verstehend) vorgehen; damit ist die Subjektivität der Forschenden nicht nur als Störfaktor zu kritisieren, sondern umgekehrt auch als Forschungsressource zu mobilisieren.
- Der Forschungsgegenstand ist extrem variabel, was der Suche nach Invarianzen zwar keinen Abbruch tut, aber der wechselseitigen wissenschaftlichen Überprüfung Grenzen setzt.
- Der Gegenstand selbst ist unscharf und oszillierend, auch bei größter methodischer Genauigkeit.
- Die Soziologie hat es in so gut wie jedem Forschungskontext (nicht nur bei Standardrepräsentativumfragen) mit erheblichen systematischen Stichprobenfehlern zu tun, die sich den lediglich auf Zufallsfehler zielenden und auf Surveys beschränkten Berechnungen der induktiven Statistik entziehen (siehe hierzu das 7. Kapitel).
- Soziologische Datenerhebung ist an sprachliche Verständigung (Befragung), sinnentnehmende Protokollierung (Beobachtung) und Lektüre

(Inhaltsanalyse) gebunden. Sie ist in besonders starkem Maß interpretationsabhängig; die Grenzen der Objektivierung sind wesentlich enger gezogen als bei anderen Wissenschaften.
– Die Forschungsergebnisse der Soziologie verweigern sich weitgehend technologischen Verwendungen und damit einem harten Praxistest.

Diese (und weitere) Eigenschaften des Gegenstands tun zwar der Wissenschaftlichkeit der Soziologie keinen Abbruch, sie bedingen aber eine Sonderstellung. Man mag dies als irritierend empfinden, ändern kann man es nicht.

Wegen der Besonderheiten ihres Gegenstands und der damit verbundenen methodischen Schwierigkeiten ist die Soziologie besonders anfällig für die im 18. und 19. Kapitel zu untersuchende Subversion wissenschaftlicher Rationalität. Die Kulturwissenschaften haben, wie die oben angeführte Satire von Sokal und Bricmont gezeigt hat, ihren Teil dazu beigetragen, dass sie häufig als eine Art moderner Verbalfolklore angesehen werden.

Doch diese Einschätzung ist in einer bestimmten Hinsicht nicht auf der Höhe der Zeit. Gerade der Erfolg der (technologisch umgesetzten) Naturwissenschaften hat zu einer so enormen Ausweitung der Handlungsalternativen geführt, dass die weitere technische Ausdehnung des Möglichkeitsraums (mit den Mitteln der Naturwissenschaften) an Dringlichkeit hinter der Frage zurücktritt, wie man sich eigentlich gemeinsam im existierenden Möglichkeitsraum einzurichten habe. Genforschung und Informationstechnologie sind nur zwei von vielen Beispielen dafür, dass kulturwissenschaftliche Fragestellungen unvermeidlich werden, wenn technische und naturwissenschaftliche Entwicklungen sehr weit gediehen sind. Je mehr die Menschen können, desto mehr drängt sich ihnen die Frage auf, was zu wollen eigentlich sinnvoll wäre; in welcher Transformation sie sich gerade befinden; wie ihr Zusammenleben in der Gegenwart zu beschreiben ist.

Während der gesamtgesellschaftliche kulturwissenschaftliche Deutungsbedarf rapide und unvermeidlich ansteigt, bieten die Kulturwissenschaften ein unbefriedigendes Bild. Es gibt immer wieder den Versuch, dies durch eine Art Vernaturwissenschaftlichung der Kulturwissenschaften zu verbessern: Standardisierung, Mathematisierung, Falsifizierbarkeit, experimentelle Verfahren, Reproduzierbarkeit von Ergebnissen, strikte Intersubjektivität, Suche nach universellen Invarianzen, kumulative Fortschrittsgeschichte, Erarbeiten technologischer Anschlussfähigkeit.

All dies ist nicht falsch und schädlich, es ist nur zu wenig, wenn man den Gegenstandsbereich ernst nimmt. Der entgangene Gewinn eines Verzichts auf

Andersartigkeit (im Vergleich zur Naturwissenschaft) wird selbst dann fühlbar, wenn es sich scheinbar um rein technisch-ökonomische Problemstellungen handelt. Nehmen wir etwa an, ein soziologisches Projektteam sei damit beauftragt, hunderttausende von Kunden einer Versicherungsgesellschaft nach allen in den Daten vorhandenen Merkmalen zu klassifizieren. Das Ergebnis wird für den Auftraggeber umso handlungsrelevanter sein (wobei etwa an Werbestrategien, Kooperationen mit anderen Anbietern, Entwicklung neuer Produkte, Kalkulation von Risiken zu denken wäre), je mehr die Projektgruppe bereit ist, über den Bereich überprüfbaren datenanalytischen Denkens hinauszugehen und sich auf Interpretationswagnisse einzulassen: Welche Denkformen, kulturellen Muster, alltäglichen Lebenswelten und Wandlungstendenzen könnten sich in den statistischen Klassen andeuten?

Auf dem weiteren Weg der Soziologie kommt es deshalb nicht primär darauf an, allmählich dasselbe Erscheinungsbild wie die Naturwissenschaften zu bieten, sondern die kulturwissenschaftliche Identität innerhalb einer allen Wissenschaften gemeinsamen Konzeption von Wissenschaftlichkeit selbstbewusst und offensiv zu kultivieren. Eine naturwissenschaftlich reduzierte Soziologie würde am steigenden gesellschaftsbezogenen Deutungsbedarf vorbeigehen; die Soziologie würde sich selbst abschaffen. Fritz Perls, der Gründungsvater der Gestalttherapie, sagte zu solcher Selbstverleugnung: »Ein Elefant will eine Rose sein.«[91]

Teil III
Wirklichkeitszugang

Leitfrage: Wie informiert sich die Soziologie über ihren Forschungsgegenstand?

Einerseits versteht sich die Soziologie als empirische Wissenschaft wie jede andere – sie begründet ihre Aussagen durch Erfahrungen und hält sich dabei an methodische Regeln. Andererseits ist soziologische Erfahrungsbildung ein Prozess, der keine Parallele in anderen Wissenschaften hat. So verschieden etwa Biologie, Chemie oder Physik sein mögen – vergleicht man sie hinsichtlich ihres Wirklichkeitszugangs mit der Soziologie, so zeigt sich eine deutliche Verwandtschaft zwischen ihnen, während die Soziologie sozusagen nicht zu dieser Familie gehört.

Es zählt zu den Kernkompetenzen professioneller Soziologinnen und Soziologen, sich der Eigenart ihrer wissenschaftlichen Erfahrungsbildung bewusst zu sein und diese Eigenart öffentlich geltend zu machen. Doch genau daran fehlt es oft. Es ist eine Sache, sein methodisches Handwerk gelernt zu haben, aber es ist eine ganz andere Sache, den Unterschied zu anderen Disziplinen klar zu artikulieren und öffentlich zu verteidigen. Stattdessen stößt man in der Soziologie nicht selten auf das genaue Gegenteil: auf den Versuch, sich den fachspezifischen Maßstäben der Naturwissenschaften anzupassen. Auch dieser Mangel an methodologischem Selbstbewusstsein trägt zur marginalen Rolle der Soziologie in der Öffentlichkeit bei.

Die drei folgenden Kapitel behandeln elementare Aspekte spezifisch soziologischen Wirklichkeitszugangs. Zunächst, im 6. Kapitel, geht es um die wichtigsten Verfahren, mit denen die Soziologie ihre *Daten* erzeugt – und darum, was diese Daten im Licht soziologischer Erkenntnisinteressen hergeben. Hier verläuft eine der traditionellen Frontlinien der Soziologie, nämlich die zwischen standardisierten und offenen Verfahrensweisen, verkörpert durch die »Quantis« und die »Qualis«, die sich immer wieder einmal aus ihren Schützengräben heraus bekämpfen, statt die Komplementarität der Verfahren zum Programm zu erheben.

Mit der Frage nach der Qualität der Daten rückt eine weitere methodische Herausforderung in den Fokus, von der keine Wissenschaft so sehr betroffen ist wie die Soziologie: die *Stichprobenproblematik*, der sich das 7. Kapitel zuwendet. Wie naiv diese Frage behandelt wird, zeigt bereits die verbreitete Rede von »repräsentativen Daten«, welche Hoffnung mit Wissen verwechselt, oft ohne einen Gedanken auf die immer fraglichere Begründung dieser Hoffnung zu verschwenden. Ähnlich zu beurteilen ist der fast schon zur Routine gewordene Einwand, kleine Stichproben, wie sie vor allem bei offenen Interviews anfallen, seien ja »nicht repräsentativ« und deshalb methodisch fragwürdig. Wozu dann noch offene Interviews?

Gegenfrage: Ist etwa der auf Massenumfragen gemünzte Repräsentativitätsbegriff bei kleinen Stichproben überhaupt sinnvoll? Natürlich nicht – aber welcher dann? Weiter unten finden sich einige Vorschläge dazu. Kritisch zu beurteilen ist auch die übliche Beschränkung der Thematisierung von Stichprobenproblemen auf Personenstichproben, als wäre die Repräsentation von zwischenmenschlichen Handlungsmustern und Textmengen nicht ebenso wichtig.

Zum Oberthema »Wirklichkeitskontakt« gehört schließlich als dritter Themenkomplex die Frage, in welcher *zeitlichen Reihenfolge* Forschung organisiert werden sollte. Damit beschäftigt sich das 8. Kapitel. Die hypothesenprüfende Statistik und die experimentelle Methode setzen voraus, dass zuerst eine Theorie formuliert wird, woran sich die empirische Prüfung anschließt. Deduktiv heißt ein solches Vorgehen deshalb, weil seine empirischen Schritte aus theoretischen Vermutungen abgeleitet werden. In Teilen der »Schulmedizin« werden überhaupt nur deduktiv gewonnene Ergebnisse als wissenschaftlich akzeptiert. Doch wie steht es dann beispielsweise um die Erforschung pathogener Lebensgewohnheiten oder traumatischer Ereignisse? Experimente sind bei solchen medizinsoziologischen Fragen ausgeschlossen.[92]

Nicht einmal die Medizin kommt also mit rein deduktiver Forschung aus, und die Soziologie schon gar nicht. Beim induktiven Vorgehen wird die Reihenfolge umgekehrt. Dagegen lassen sich zwar gewichtige Bedenken vorbringen, aber was soll man tun, wenn anderes nicht möglich ist, wie es in der Soziologie auf Schritt und Tritt der Fall ist? Antwort: Man kann beides kombinieren – man steigt induktiv ein, entwirft eine Theorie, testet diese dann deduktiv, korrigiert sie induktiv, testet erneut und so weiter – bis der analytische Grenznutzen gegen Null geht. Für die Soziologie ist ein solches iteratives Vorgehen meist die beste Lösung.

Die drei folgenden Kapitel stellen die empirische Arbeit der Soziologie in Grundzügen vor. Mehr ist hier nicht möglich. Um empirische Forschung professionell zu beherrschen, braucht man eine gründliche Ausbildung – gut und gerne ein bis zwei Jahre Studium mit praktischen Übungen. In diesem Buch geht es um einen Überblick über die gesamte Soziologie. Die professionelle Schulung spezieller Fähigkeiten steht auf einem besonderen Blatt. Dabei ist es wichtig, dass sich das Spezielle nicht vor das Ganze drängt. Soziologie ist auf empirische Sozialforschung angewiesen, lässt sich jedoch keinesfalls darauf reduzieren. Es verhält sich vielmehr genau umgekehrt: Empirische Sozialforschung ist auf die Verbindung zur ganzen Soziologie angewiesen. Auch in diesem Zusammenhang trifft der berühmte Satz aus Kants Kritik der reinen Vernunft den Kern: »Gedanken ohne Inhalt sind leer, Anschauungen ohne Begriffe sind blind.«

6. Kapitel: Daten erzeugen, beurteilen und transformieren

Was die Soziologie wissen will

Was tut die empirische Soziologie anderes als das, was alle ständig tun, um sich ein Bild davon zu machen, was gerade gespielt wird? Die Menschen beobachten einander, stellen Fragen und lassen auf sich einströmen, was aus diversen Medien auf sie zukommt. Teils formen sie aus diesem Material ihre eigene Sicht der sozialen Wirklichkeit, teils übernehmen sie die Sicht anderer. Auch die Soziologie beobachtet, fragt und analysiert Inhalte; ihr Material ist aus dem gleichen Stoff. Der Unterschied zu den Naturwissenschaften könnte kaum größer sein. Diese verfeinern ständig ihre Messgeräte; nur wer dafür ausgebildet ist, kann sie bedienen und interpretieren. Die Soziologie ist am anderen Extrem angesiedelt. Ihre Zugänge zur Wirklichkeit – Beobachtung, Befragung, Inhaltsanalyse – sind alltagsnäher als in jeder anderen Wissenschaft.

Doch diese Erhebungsformen sind nur der Anfang – sie liefern lediglich das, was ich im nächsten Abschnitt als »soziologische Primärinformationen« bezeichne. Um ihren besonderen Erkenntnisinteressen gerecht zu werden, muss die Soziologie im Umgang mit den so erhobenen Informationen weit über das Alltagsdenken hinausgehen. Es bedarf raffinierter wissenschaftlicher Techniken, um von da aus zum Zielgebiet der Soziologie vorzustoßen: zur Wirklichkeit der Kollektive – interpersonale Handlungsmuster, Sinnwelten und Verteilungen.

Über die Wirklichkeit der Kollektive machen sich zwar alle Menschen Gedanken, dies aber meist ohne die methodologischen Mittel der Soziologie. Betrachten wir dazu ein Beispiel der globalen Alltagssoziologie, das sich im April 2015 in den USA zutrug. Ein weißer Polizist erschoss einen unbewaffneten afroamerikanischen Autofahrer, der sich einer Verkehrskontrolle entziehen wollte, mit acht Schüssen von hinten und fingierte nachträglich eine Notwehrsituation. Doch ein Passant nahm die Episode mit seiner Handy-Kamera auf. Am nächsten Tag war das Video, das die Darstellung des Polizisten als Lüge entlarvte, überall in den Fernsehnachrichten zu sehen.

Alle Kommentatoren stellten das Video wie selbstverständlich in einen Zusammenhang mit einer Mehrzahl ähnlicher Vorfälle in den USA. Sie interpretierten den Vorfall nicht bloß als für sich stehende Episode, sondern als Manifestation eines repetitiven Musters: als Teil der gesellschaftlichen Normalität in den USA – Diagnose Rassismus. Wozu braucht man da noch Soziologie? Liegen die Tatsachen nicht klar auf der Hand?

Die intuitive Alltagssoziologie ist einerseits verblüffend leistungsstark. Wenn alles von alleine seinen gewohnten Gang geht, braucht es keine Worte, sie würden nur stören. Unterricht, Konsum, Straßenverkehr, Urlaub, Konzerte, Familienleben, Partnerschaften und was sonst noch zur Normalität gehört: all diese zwischenmenschlichen Abläufe beruhen auf dem abstrahierenden Erfassen des Regelhaften, auf beiläufiger Verständigung über Symbole und auf Empathie.

Doch wenn es – wie in unserem Beispiel – um eine Diagnose für ein so großes Kollektiv wie die USA geht, benötigt man besonderes methodisches und theoretisches Know-how. Ich habe dieses Beispiel mit Bedacht gewählt, weil die Diagnose »Rassismus« gegenwärtig weltweit besonders häufig in den Raum gestellt wird, keineswegs nur in Bezug auf die USA. Urteile dieser Art beruhen auf einer Mehrzahl von Vorkommnissen, denen man einen gemeinsamen Sinn unterstellt: verstehende Abstraktion. Dieses Verfahren provoziert kritische Anschlussfragen: Worauf beruht hier die Sinnunterstellung? Welche Stichprobe von Episoden soll hier welche Grundgesamtheit repräsentieren (siehe hierzu das 7. Kapitel)? Was ergeben historische und interkulturelle Vergleiche? Wie spezifisch sind Vorkommnisse dieser Art für das Kollektiv X zum Zeitpunkt Y? Nicht zuletzt: Was genau meint der Begriff »Rassismus« eigentlich?

So zu fragen bedeutet keineswegs bereits, die dargestellte Kollektivdiagnose in Abrede zu stellen. Es geht im Gegenteil darum, etwas über ihre Grundlagen zu erfahren und ihre Glaubwürdigkeit beurteilen. Wer dies versucht, wird in öffentlichen Diskursen allerdings oft die Erfahrung machen, dass die schon Überzeugten schnell die Geduld verlieren. Doch soziologische Urteile brauchen ihre Zeit. Geduld einzufordern steht der Soziologie ebenso selbstverständlich zu wie allen anderen Wissenschaften auch. Nicht nur in den USA, sondern überall auf der Welt sind Urteile über Rassismus ein Politikum ersten Ranges. Umso wichtiger ist, dass sie soziologisch fundiert sind. Fehlt es daran, bleibt nur der übliche Kampf um die Deutungshoheit, geführt mit Schnellschüssen, öffentlichem Druck und wechselseitigen Verdächtigungen.

Soziologische Primärinformationen

Die Soziologie findet ihren Zugang zur Wirklichkeit über gewöhnliche Kommunikationsformen und allgemein zugängliche Erfahrungen: Antworten im Fragebogen; Gesprächsbeiträge in Experteninterviews; Texte in Printmedien, Radio, Fernsehen und sozialen Medien; Beobachtungen handelnder Personen; persönliche Dokumente wie Briefe, Tagebücher, Lebensläufe; Erzählungen und Filme; Kunstwerke und Monumente; öffentliche Ereignisse wie Krisen, Umstürze, Kriege; technische Innovationen wie Eisenbahn, Elektrizität, Telefon; amtliche Statistiken.

Empirische Sozialforschung besteht also nicht nur in Fragebogenforschung, was man angesichts der gegenwärtigen Dominanz dieses Verfahrens manchmal glauben könnte. Norbert Elias analysierte Benimmbücher;[93] Claude Lévi-Strauss lebte längere Zeit mit nomadisierenden Ureinwohnern Brasiliens zusammen;[94] Florian Znaniecki untersuchte Lebensläufe polnischer Einwanderer in den USA;[95] Niklas Luhmann beschäftigte sich auf den Spuren von *Liebe als Passion* mit Romanen der 17. und 18. Jahrhunderts.[96] Dies sind nur einige Beispiele für wegweisende Sozialforschung jenseits von standardisierter Befragung.

Die verschiedenen Formen soziologischen Wirklichkeitskontakts werden üblicherweise als Datenerhebungsverfahren bezeichnet. Mir scheint es jedoch sinnvoll, hier noch nicht von »Daten« zu sprechen, sondern von »Primärinformationen«. Warum? Weil soziologische Ersterfahrungen, etwa Antworten in Fragebögen, nur das Ausgangsmaterial für voraussetzungsvolle Transformationen sind, um Anschlussfähigkeit für komplexe Auswertungen herzustellen. Mit dem Begriff »Daten« bezeichne ich im Folgenden *transformierte* Primärinformationen. Erst Kategorisierung und numerische Repräsentation, die beiden soziologisch relevanten Typen der Transformation, eröffnen ungeahnte Möglichkeiten der Kombination, Modellbildung, Verdichtung und Differenzierung, von denen das Alltagsdenken nichts weiß und nichts wissen kann (mehr dazu weiter unten in diesem Kapitel).

Doch bleiben wir zunächst bei der Vorstufe von Daten. Soziologische Primärinformationen entstehen auf alltagsnahen Wahrnehmungs- und Kommunikationswegen – mit allen damit verbundenen Fehlermöglichkeiten. Ein völlig kommunikationsunabhängiger Wirklichkeitszugang, etwa vergleichbar der Laboruntersuchung von Blutproben in der medizinischen Diagnostik, steht der Soziologie kaum zur Verfügung. Im Vergleich zu anderen Wissenschaften weisen soziologische Primärinformationen eine dreifache

Distanz zu ihrem Gegenstand auf, wie man sie auch aus dem ganz normalen Leben kennt.

- Soziologische Primärinformationen sind *indirekt*, sofern sie nur auf berichteten Wahrnehmungen sozialer Phänomene und nicht auf deren unmittelbarer Beobachtung beruhen.
- Soziologische Primärinformationen sind *interpretativ*, sofern sie erst durch Sinndeutung zustande kommen: Antworten im Interview, Beobachtungen von Menschen im sozialen Umgang, Texte, Bilder, Videos, Architektur, Monumente...
- Soziologische Primärinformationen entstehen vielfach *interaktiv* in sozialen Beziehungen. Zugänge zur sozialen Wirklichkeit wie schriftliche Befragung oder offene Beobachtung definieren einen Rahmen, der auf ihr Ergebnis zurückwirkt. Dieses als »Reaktivität« bezeichnete Problem der empirischen Sozialforschung wird uns noch beschäftigen.

Die folgenden drei Abschnitte gehen genauer auf diese Formen der Distanz manifester Primärinformationen zur Wirklichkeit ein. Ob man mit standardisierter Befragung, Leitfadeninterviews, Beobachtung oder Inhaltsanalyse vorgeht – mit Indirektheit, Interpretationsbedarf und Reaktivität ist fast immer zu rechnen.

Einzelne als Zeugen sozialer Phänomene: Indirektheit

In Fragebögen und Leitfäden für nichtstandardisierte Interviews geht es meist auch um zwischenmenschliche Normalität; darauf beruhen dann soziologische Theorien etwa über Geschlechterrollen, Arbeitsbeziehungen, politische Kultur, Märkte oder Medienwelten. Die zugrundeliegenden Elementarsätze stammen jedoch von Einzelnen, die sich, mit allen damit verbundenen blinden Flecken und Wahrnehmungsverzerrungen, über soziale Phänomene äußern.

Welche methodologischen Konsequenzen dies hat, zeigen etwa alltägliche Beziehungskonflikte bei zusammenlebenden Paaren. Ihre Auseinandersetzungen drehen sich meist um scheinbar einfache und klar erkennbare Sachverhalte wie Arbeitsteilung, Zuwendung, Kommunikation oder Geldprobleme. Wenn Konflikte auftreten und sich die Partner um eine Lösung bemühen, käme es auf die Fähigkeit an, den gemeinsamen Nenner aus einer Mehrzahl von Episoden zu destillieren, die beispielsweise die Hausarbeit betreffen. Die dafür erforderliche unparteiische Voreinstellung konterkariert jedoch alltagstypische Sichtweisen; kein Wunder, dass beide Seiten oft in völlig verschiedenen Welten zu leben scheinen, wobei die einander widersprechenden subjektiven Wirklichkeiten regelmäßig vom jeweiligen persönlichen Interessenstandpunkt geprägt sind.

Allmählich hat sich die Erkenntnis durchgesetzt, dass solche Wahrnehmungsdefizite eine neutrale dritte Beobachtungsinstanz erfordern. Erst die Außenperspektive auf das ganze Spiel ermöglicht einen frischen Blick auf das Geschehen, ohne jenen Knick in der Optik, der durch Emotionen, Verletzungen, Egoismen und Typisierungen entsteht. In den letzten Jahren wurde deshalb Mediation zu einer wichtigen Form angewandter Soziologie (die allerdings in der Ausbildung immer noch keine Rolle spielt). In Kulturanthropologie und Ethnomethodologie dominieren Beobachtungsverfahren;[97] hier ist die Soziologie wesentlich näher an ihrem Gegenstand als in der gegenwärtig dominierenden empirischen Sozialforschung, die überwiegend zur Befragungsforschung wurde. Die Studie von Paul Lazarsfeld und Mitarbeitern über die Arbeitslosen von Marienthal ist ein frühes, selten erreichtes Beispiel für die Überwindung der Indirektheit durch längerfristige Präsenz vor Ort und durch Einsatz verschiedener Verfahren zur Erhebung von Primärinformationen.[98]

Von Symbolen zum gemeinten Sinn: Interpretationsbedürftigkeit

Interpretieren müssen zwar alle empirischen Wissenschaften, aber in der Soziologie setzt die Interpretation bereits bei den Primärinformationen ein. Messungen in den Naturwissenschaften informieren über einen objektiven Aspekt der Wirklichkeit; das einzige interpretative Element bei der Auswertung der Messergebnisse besteht hier im Vertrauen in die Messapparatur. Durch Parallelmessungen und Messwiederholungen lässt sich dieses Vertrauen fast zur Gewissheit steigern.

Demgegenüber haben die Elementarsätze der verstehenden, auf Sinnzusammenhänge fokussierten Soziologie bereits einen Interpretationsvorgang hinter sich. Kreuze in einem Fragebogen sind nichts weiter als Primärinformationen – aber was sagen sie über die Person aus, die sie gemacht hat? Oft verschwenden die Durchführenden einer Befragung kaum einen Gedanken auf den hier anstehenden Interpretationschritt, durch den Soziologie erst möglich wird. Viele betrachten die Standardbefragung sogar irrtümlich als Alternative zu sogenannten interpretativen Verfahren. Doch dies beruht auf einer Illusion. Die Verwandlung codierter Antworten in einen Datensatz mag vollautomatisch vor sich gehen, doch ihre Interpretation lässt sich nicht automatisieren, sie lässt sich nur verdrängen und vergessen. Sie versteckt sich in den Ergebnissen und wird im wissenschaftlichen Diskurs kaum einmal thematisiert.

Wir alle spielen Theater: Reaktivität durch Interaktivität

Noch aus einem weiteren Grund sind soziologische Primärinformationen unter Vorbehalt zu sehen: Sie entstehen überwiegend in interaktiven Situationen. Standardisierte und nichtstandardisierte Befragung, Gruppendiskussion, offene Beobachtung und biographische Interviews stellen ihrerseits soziale Phänomene dar. Die Beteiligten agieren im Rahmen des Drehbuchs »Forschung«, und dies selbst dann, wenn seitens der Forschung gar niemand physisch präsent ist, wie dies bei Online-Befragungen oder bei der Vorlage schriftlicher Fragebögen der Fall ist.

Wie sehr das Wissen darum, Gegenstand der Aufmerksamkeit zu sein, das Handeln beeinflusst, weiß jeder aus seiner Alltagserfahrung. Die bloße Gegenwart einer weiteren Person im Raum genügt bereits. In sozialen Situationen beobachtet jeder jeden, und alle wissen auch um diese wechselseitige Beobachtung. Was daraus soziologisch folgt, hat Erving Goffman in seinem Klassiker *Über die Selbstdarstellung im Alltag*[99] herausgearbeitet: Menschen handeln typischerweise so, wie sie in der jeweiligen Situation wahrgenommen werden wollen; sie wollen nicht »aus dem Rahmen fallen«. Nicht umsonst wurde der Begriff des Rahmens (*frame*) zu einer der wichtigsten soziologischen Kategorien, die wir Goffman verdanken.[100]

Die daraus erwachsenden Diskrepanzen zwischen den Primärinformationen der empirischen Sozialforschung einerseits und dem wirklichen Leben andererseits machen das aus, was man unter »Reaktivität« versteht. Ihre wichtigsten Formen sind:

- *Soziale Erwünschtheit:* In Befragungen und Beobachtungsstudien inszenieren sich Menschen oft so, dass sie ihrem Gegenüber vermutlich gefallen oder zumindest nicht missfallen. Fragen zum Alkoholkonsum beispielsweise ergeben regelmäßig einen unglaubwürdig hohen Prozentsatz fast abstinenter Menschen.

- *Non-Attitudes:* Mit diesem von Philipp Converse geprägten Begriff[101] wird die Tendenz bezeichnet, Antworten zu geben, obwohl man eigentlich nichts zu sagen hat. Als »guter Befragter« bleibt man keine Antwort schuldig, auch wenn man noch nie über den Gegenstand der Frage nachgedacht hat, etwa über die Agrarpolitik der EU, über Protektionismus im internationalen Handel oder über das Streikrecht für kleine Berufsgruppen. Die in Untersuchungen explizit aufscheinenden fehlenden Werte haben deshalb geringeren Umfang als die realen fehlenden Werte; gleichzeitig regiert in den gegebenen Antworten der blanke Zufall.
- *Versuchsleitereffekt:* Bei Experimenten tendieren die Versuchspersonen dazu, sich entsprechend den vermuteten Theorien zu verhalten. In der medizinischen Forschung hat diese Erkenntnis zur Methode der randomisierten Doppelblindstudie geführt: Keiner der Beteiligten weiß, welche Versuchsperson der Treatment-Gruppe und welche der Placebo-Gruppe angehört. Die medizinische Forschung reagiert also darauf, dass sich der Versuchsleitereffekt sogar körperlich auswirken kann. Erst recht beeinflusst er soziales Handeln, das in der experimentellen Sozialpsychologie im Vordergrund steht.[102]

Es gibt nichtreaktive Verfahren, bei denen diese Effekte nicht auftreten. Dazu gehören neben der eben genannten Methode der Doppelblindstudie die verdeckte Beobachtung und die Inhaltsanalyse von Texten, die unabhängig vom jeweiligen Forschungsprojekt entstanden sind (Zeitungsartikel, Jahresberichte, Satzungen, Protokolle, Briefe usw.). Auch die bloße Teilnahme am Alltagsleben einer Gesellschaft in wissenschaftlicher Absicht ist ein soziologisch relevanter, nichtreaktiver Zugang zur sozialen Wirklichkeit. Eine ganz neue Klasse nichtreaktiver Primärinformationen kommt gegenwärtig gerade erst in den Blick der Soziologie: Big Data – die zahllosen Aktivitäten der Menschen in der digitalen Sphäre.

Würde sich die Sozialforschung auf nichtreaktive Verfahren beschränken, wären allerdings viele soziologisch relevante Inhalte nicht zu erreichen. Das Interview bleibt, wie René König formuliert hat, der »Königsweg der Sozialforschung«.[103]

Standardisierte oder offene Verfahren? Falsche Frage!

Wenn die Soziologie schon mit den dargestellten Problemen ihrer Primärinformationen leben muss, sind dann wenigstens bestimmte Verfahren besser, valider, objektiver als andere? Hier blitzt die allgegenwärtige Unterscheidung von »qualitativen« und »quantitativen« Verfahren auf, die in der soziologischen Fachdiskussion oft wie eine Schicksalsfrage diskutiert wird, wobei geschworene »Quantis« den »Qualis« die Wissenschaftlichkeit absprechen, während Letztere meinen, den Ersteren würden wesentliche Bereiche des Forschungsgegenstands Gesellschaft verborgen bleiben. Doch schon die dichotome Entgegensetzung von qualitativen und quantitativen Verfahren ist aus zwei Gründen irreführend.

Erstens unterstellt der Gegensatz »quantitativ versus qualitativ«, dass das eine das andere ausschließe. Richtig ist vielmehr, dass man auch bei den sogenannten qualitativen Verfahren in der Auswertung durchaus quantifiziert: zum einen durch die rudimentäre Unterscheidung des Häufigen vom Seltenen, zum anderen durch die Suche nach auffälligen Kombinationen: Nach dem Typischen zu fragen läuft logisch gesehen auf die Suche nach Abweichungen vom Modell stochastischer Unabhängigkeit hinaus, auch wenn man nur zehn Fälle auszuwerten hat, und die Inhalte nicht in Zahlen transformiert wurden. Auf der anderen Seite erreichen sogenannte quantitative Verfahren erst dann ihr soziologisches Ziel, wenn die den Berechnungen zugrundeliegenden Zahlencodes in ihren sozialen und kulturellen Bedeutungszusammenhang zurückübersetzt werden. Auch quantitative Forschung muss ihre Daten verstehend »qualifizieren«.[104] Das Begriffspaar »standardisierte versus offene Verfahren« bildet den wesentlichen Unterschied besser ab als das von »quantitativen versus qualitativen Verfahren«.

Zweitens ist einzuwenden, dass die gängige Gegenüberstellung von quantitativen und qualitativen Verfahren fälschlicherweise eine Dichotomie voraussetzt. Zu unterscheiden sind jedoch vier Abstufungen:

- *Vollständige Offenheit (1):* Festgelegt ist lediglich die Analyseeinheit, beispielsweise ein noch unerforschtes Milieu wie das der Hooligans. Forschung hat hierbei den Charakter des langfristigen Kennenlernens ohne Beschränkungen des Forschungshandelns. Es kommt darauf an, den Forschungsgegenstand in möglichst vielen Facetten zu erleben, Regelmäßigkeiten herauszufinden und den Gesamtzusammenhang zu verstehen. Dieser Forschungstyp findet sich häufig in Ethnologie und Kulturanthropologie. Wenn es darum geht, einen fremden sozialen Kontext in seiner Gesamtheit zu beschreiben, etwa eine unvertraute Lebenswelt, ist vollständige Offenheit zumindest am Anfang der Forschung unumgänglich. Vollständige Offenheit bedeutet: sich in dem erforschten Kontext längere Zeit aufzuhalten, zu beobachten, Material zu sammeln und zu einem ersten Gesamtbild zusammenzufügen.[105]

- *Eingeschränkte Offenheit (2):* Hierbei konkretisiert man nicht bloß die Analyseeinheit, sondern zusätzlich einen bestimmten thematischen Bereich innerhalb der Analyseeinheit. In Gruppendiskussionen, narrativen Interviews und nichtstrukturierten Beobachtungen geht es regelmäßig nicht bloß um beliebige Inhalte, vielmehr ist ein thematischer Fokus vorgegeben.
- *Teilstandardisierung (3):* Nicht nur ein thematischer Bereich wird vorweggenommen, vielmehr werden auch schon bestimmte Unterthemen innerhalb des übergeordneten Bereichs konkretisiert. Zu dieser Kategorie gehören vor allem Leitfadeninterviews, offene Fragen im schriftlichen Fragebogen und teilstrukturierte Beobachtungen, die explizit auf bestimmte Handlungsaspekte zentriert sind.
- *Vollstandardisierung (4):* Hier erreicht die vorwegnehmende Konkretisierung der möglichen Informationen ihr Maximum. Die vollstandardisierte Sozialforschung nimmt nicht nur die Variablen vorweg, sondern auch die Ausprägungen innerhalb der Variablen und möglichst auch die Erhebungssituation.

Welchen dieser vier Wege man wählen sollte, muss man in jeder Studie neu entscheiden; eine generelle, von der Forschungssituation unabhängige Präferenz wäre unsinnig. Worauf kommt es dabei im Einzelnen an?

Einerseits sprechen verschiedene Gesichtspunkte dafür, einen möglichst hohen Standardisierungsgrad anzustreben – sofern dies mit den Interpretationsabsichten vereinbar ist. Die Attraktivität vollstandardisierter Verfahren in der Forschungspraxis lässt sich in fünf Klassen von Argumenten zusammenfassen: Erhebungsökonomie, Informationstyp, zeitbezogene Informationen, Validität und Interpretationsmöglichkeiten. Hierzu jeweils einige Stichworte:

- *Erhebungsökonomie:* schnelle Durchführbarkeit; geringer Aufwand der Datenaufbereitung; leichte Übertragbarkeit in maschinenlesbare Form, Schriftlichkeit (wodurch Online-Befragungen erst möglich werden); thematische Fokussierung ohne Abschweifungen; wenig fehlende Information; Delegierbarkeit der Erhebungsarbeit.

- *Informationstyp:* Schätzungen mit kleinen Irrtumsbereichen; Möglichkeit multivariater zusammenhangsanalytischer Untersuchungen bei repräsentativen Massendaten; differenziertes Erfassen von Abstufungen; gleichzeitige Erhebbarkeit einer Vielzahl von Variablen.
- *Zeitbezogene Informationen:* Dieser Informationstyp ist soziologisch so wichtig, dass er hier eigens hervorgehoben werden soll. Konkret handelt es sich um Kohortendaten, Paneldaten, Ereignisdaten und langfristig fortgesetzte Zeitreihen. Worauf die hervorgehobene soziologische Bedeutung zeitbezogener Informationen beruht, liegt auf der Hand – auf ihrer Aussagekraft für sozialen Wandel.
- *Validität:* Vergleichbarkeit von Formulierungen und Erhebungssituationen durch Standardisierung; Neutralisierung des Verbalisierungsvermögens von Befragten als Bedingung des Antwortverhaltens; Neutralisierung von Vorstellungsvermögen, Phantasie und Erinnerung als Bedingungen des Antwortverhaltens; bessere Möglichkeit von wissenschaftlicher Kontrolle (Replikationsstudien).
- *Interpretationsmöglichkeiten:* Kausale, dimensionale, dynamische und klassifikatorische Interpretationen, aufbauend auf univariaten und multivariaten statistischen Analysen.

Diese Vorteile sind allerdings nur dann relevant, wenn das Forschungsinteresse an Verteilungen individueller Merkmale in Kollektiven geknüpft ist. Im Mittelpunkt der Soziologie stehen jedoch zusätzlich zwischenmenschliche Handlungsmuster und Sinnwelten in Kollektiven (siehe das 2. Kapitel). Verliert die Soziologie diese zentralen Erkenntnisinteressen aus dem Blick, wird sie, wie Herbert Blumer schon vor langer Zeit kritisiert hat, zur bloßen »Variablensoziologie«.[106]

Damit kommt die *andere Seite* in den Blick: Es gibt auch gute Gründe für Offenheit. Wo Standardisierung an Grenzen stößt, sind offene Verfahren unentbehrlich, vor allem nichtstandardisierte Interviews, Gruppendiskussionen, Beobachtungsstudien, institutionelle Fallstudien und Inhaltsanalysen:

- Cresswell ordnet offene Verfahren vor allem dem soziologischen Interesse an dem »Wie und Was« zu (Wie laufen soziale Prozesse ab? Was stellen sich Menschen vor?), standardisierte Verfahren dagegen dem soziologischen Interesse am »Warum«.[107] Das ist teilweise zutreffend: Mit offenen Verfahren lassen sich eine Tiefenschärfe und ein Reichtum von Aspekten bei der Beschreibung subjektiver und sozialer Phänomene erzielen (»Wie und Was«), die das diesbezügliche Potenzial standardisierter Verfahren in den Schatten stellen. Offene Verfahren kommen mehr als standardisierte Verfahren dem mit der soziologischen Perspektive verbundenen Umstand entgegen, dass Beschreibung nicht nur der Theoriebildung *dienen* soll, sondern selbst bereits Theorie *ist.*[108]

- Offene Verfahren besitzen allerdings durchaus auch ein besonderes kausalanalytisches Potenzial. Die kausale Rekonstruktion der Gründe von Handlungen ist bei offenen Verfahren in weit höherem Maß möglich als bei standardisierten Verfahren.[109] Dies steht nicht im Widerspruch dazu, dass verschiedene Formen der Kausalanalyse auf Standarddaten angewiesen sind, weil sie Massendaten und numerisch repräsentierte, statistisch bearbeitbare Variablen voraussetzen (Regressionsanalyse, Pfadanalyse, Ereignisanalyse und andere Verfahren).
- Neben den gerade vorgebrachten Argumenten leitet sich die soziologische Relevanz offener Verfahren auch daraus ab, dass sie die Besonderheiten des Forschungsgegenstands Gesellschaft in einer Tiefe erreichen, an die standardisierte Verfahren nicht herankommen: Reflexivität, Intentionalität, Rationalität, Konstruktivität, interpretative Konstitution sozialer Phänomene, Kulturspezifität und Historizität (siehe zu diesen Besonderheiten die letzten Abschnitte des 3. Kapitels).
- Hinzu kommt, dass offene Verfahren der zeitlichen Extension sozialen Handelns und sozialer Phänomene näher kommen. Bei Beobachtungsverfahren geht dies so weit, dass die Forschung während des gesamten Ablaufs von Interaktionsmustern präsent ist. In offenen Interviews lässt sich die Zeitlichkeit sozialer Episoden durch Erzählen rekonstruieren. Standardisierte Verfahren erlauben es andererseits, Zeitlichkeit durch Serien von Zeitpunkten einzufangen, wodurch sich besondere analytische Möglichkeiten eröffnen: In Panelstudien werden dieselben Personen sukzessiv befragt; Kohortenstudien beruhen auf vergleichbaren Stichproben in aufeinanderfolgenden Erhebungen; in Retrospektivfragen lässt sich der Zeitpunkt des Eintritts bestimmter Ereignisse erfassen.

Zweigleisige Soziologie

Die Argumente für einen hohen Standardisierungsgrad gelten nur, soweit das Erkenntnisinteresse Standardisierung zulässt. Gerade in der Soziologie erlauben wichtige Erkenntnisinteressen jedoch keine so weitgehende vorwegnehmende Konkretisierung des Forschungsgegenstandes, wie sie bei einer Vollstandardisierung notwendig wäre. Eine Fixierung der Forschungspraxis auf vollstandardisierte Verfahren führt deshalb zwangsläufig zu einer partiellen Soziologievergessenheit, die sich nicht durch die Vorteile vollstandardisierter Verfahren aufwiegen lässt. Es ist unsinnig, das Nichtvorliegen dieser Vorteile bei offenen Verfahren als »Nachteil« qualifizieren, weil es bei zentralen Themen der Soziologie keine Alternative zu offenen Verfahren gibt.

Das gleiche Argument gilt aber auch in umgekehrter Richtung. Die Vorteile offener Verfahren begründen keine generelle Skepsis gegenüber standardisierten Verfahren. Auch hier gilt die Priorität des Erkenntnisinteresses: Wenn das Erkenntnisinteresse nur durch ein vollstandardisiertes Erhebungsinstrument einzulösen ist, hat es keinen Sinn, einen niedrigeren Standardisierungsgrad zu wählen. Die soziologische Relevanz standardisierter Verfahren liegt vor allem in der anders nicht erreichbaren Beschreibung großer Aggregate durch multivariate Verteilungen individueller Merkmale. Damit eröffnen sich dimensionale, kausale, dynamische, klassifikatorische, zeitvergleichende und kulturvergleichende Interpretationsmöglichkeiten.

Sowohl standardisierte wie offene Verfahren liefern Informationen für anschließende Interpretationen. Jede der beiden großen Klassen von Erhebungsverfahren kann einerseits besondere Einsichten liefern, andererseits aber birgt jede Form auch besondere Irrtumsrisiken. Beide eignen sich einerseits als Transportmittel für spezifische Inhalte, sind aber andererseits auch für bestimmte, soziologisch relevante Inhalte ungeeignet. Das gesamte Terrain der Soziologie lässt sich nur mit beiden Klassen von Forschungswerkzeugen erschließen. Insgesamt gilt, dass keine Konkurrenz zwischen den Verfahrensklassen besteht, sondern Komplementarität.

Der Forschungsgegenstand Gesellschaft zwingt die Soziologie zu einem Methodenpluralismus in Forschung und Theoriebildung, den es so in anderen Wissenschaften nicht gibt. Im Vergleich etwa zur Physik oder zur Medizin wirkt die Soziologie für Außenstehende heterogen. Als Standardforschung scheint sie objektiv zu sein, als offene Forschung dagegen subjektiv. Soziologische Standardforschung gilt vielen als »wissenschaftlicher«, das heißt den Naturwissenschaften ähnlicher als die offene Forschung. Für Laien hat offene Forschung oft eher die Anmutung einer Art von Literatur. In der Öffentlichkeit und in der kommerziellen Sozialforschung hat die Standardforschung das höhere Prestige: Sie liefert Zahlen, Tabellen und Grafiken, und zwar mit Methoden, die eine längere Ausbildung erfordern und deshalb Professionalität signalisieren. Auch innerhalb der Soziologie ist die Integration von Standardforschung und offener Forschung keineswegs vollzogen, weder institutionell (vor allem in der Ausbildung und in Forschungskooperationen) noch personell. Forschende in der Soziologie decken oft nur entweder die eine oder die andere Seite ab – es gibt sozusagen viele Einäugige, aber wenige, die auf beiden Augen sehen können.

Zu dieser noch immer nicht vollzogenen Integration von Methoden der Soziologie gehören zwei häufige Fehleinschätzungen: Standardisierte Forschung sei weitgehend interpretationsfrei, und offene Forschung sei einfach. Das Gegenteil trifft zu.

Erstens: Wie bereits hervorgehoben, ist auch standardisierte Forschung zwangsläufig interpretativ. Dabei sind die Fehlerrisiken keineswegs geringer als in der offenen Forschung (siehe hierzu den Abschnitt über die Sollbruchstellen soziologischer Elementarsätze weiter unten), was kein Vorwurf sein soll, was aber wegen der Exaktheits- und Objektivitätssuggestion von Zahlen oft übersehen wird.

Zweitens: Offene Forschung ist nicht weniger komplex als standardisierte. Während sich standardisierte Forschung jedoch in eine Reihe von Routinen auflösen und an verschiedene Personen delegieren lässt, verlangt offene Forschung die engagierte persönliche Beteiligung der Forschenden in allen Stadien. Zusätzlich erfordert sie die Fähigkeit, sich immer wieder auf singuläre Kontexte (Personen, Organisationen, Lebenswelten, Texte, Situationen) einzustellen. Gewiss ist in der offenen Forschung nicht jenes Niveau der Intersubjektivität zu erreichen, das bei der statistischen Auswertung selbstverständlich ist (zu Stufen der Intersubjektivität siehe das 4. Kapitel). Offene Forschung kann jedoch systematisch nach einem Maximum von Intersubjektivität und kritischer Selbstreflexion streben, orientiert an etablierten Qualitätskriterien.[110] Wissenschaftlichkeit konkretisiert sich bei offenen Verfahren lediglich anders als bei standardisierten, aber sie gibt auch hier die Richtung vor.

Damit soll die soziologische Relevanz standardisierter Verfahren nicht bestritten werden. Sie liegt vor allem, wie bereits dargestellt, in der anders nicht erreichbaren Beschreibung großer Aggregate an Hand multivariater Verteilungen individueller Merkmale, die dimensionsanalytische, kausalanalytische und klassifikatorische Interpretationsmöglichkeiten eröffnen. Andererseits wird jedoch die soziologische Reichweite offener Verfahren in der gegenwärtigen Forschungspraxis nicht ausgeschöpft.

Jedes Verfahren hat ein besonderes Potenzial, aber auch besondere Grenzen. Die Konsequenz dieser Ambivalenz liegt auf der Hand: Es ist unsinnig, sich auf eine und nur eine Verfahrensklasse festzulegen, was allerdings in der Soziologie oft genug vorkommt. Gute Soziologie muss vielmehr empirische Allroundsoziologie sein, denn die die Verfahren verhalten sich komplementär zueinander. Doch die aktuelle Forschungspraxis neigt zur Einseitigkeit und damit zu blinden Flecken. Woran liegt dies?

Psychologie und Soziologie der Methodenwahl

Methodisch gesehen bewegt man sich bei der Untersuchung von Verteilungen auf einem besonderen Terrain. Hier ist die Standardrepräsentativbefragung mit anschließender statistischer Datenanalyse das dominierende Verfahren. Im Gegensatz dazu steht die Untersuchung von Interaktionsmustern und Sinnwelten; hier sind die Verfahren der Wahl teilnehmende und nichtteilnehmende Beobachtung, explorative Interviews, Gruppendiskussionen, Inhaltsanalysen, institutionelle oder organisationsbezogene Fallstudien und historische Rekonstruktionen kollektiver Entwicklungen, verbunden mit zusammenfassenden, mustererkennenden Interpretationen.

Die Charakterisierung dieser beiden Denk- und Forschungswelten als »quantitativ« und »qualitativ«, oft auch noch verbunden mit einer konfessionsähnlichen Entgegensetzung, ist etabliert, aber irreführend. Wie bereits erörtert, kann man gar nicht rein quantitativ soziologisch denken, ohne gleichzeitig auch zu »qualifizieren«, das heißt inhaltlich zu interpretieren. Zwar wird die Interpretation bei der Auswertung von Standardfragebögen durch Vorgabe von Codes und durch statistische Prozeduren automatisiert. Sie verschwindet dadurch aber nicht, sie wird nur unsichtbar und bleibt in den Ergebnissen versteckt – zu Lasten der Intersubjektivität.

Auf der anderen Seite kann man ebensowenig rein qualitativ soziologisch denken, ohne zumindest auf komparativem Niveau zu quantifizieren, indem man zwischen mehr oder weniger, zwischen typisch oder ungewöhnlich, zwischen unabhängig (im Sinn von stochastisch) oder überzufällig unterscheidet. Angemessener sind deshalb die Begriffe »standardisierte« und »offene« Erhebungsverfahren. Standardisierte Erhebungsverfahren sind typisch für Verteilungsanalysen, offene Erhebungsverfahren sind typisch für die Analyse von Interaktionsmustern und Sinnwelten.

Wissenschaftssoziologisch ist es trotz dieser Komplementarität von quantitativer und qualitativer Analyse zur Ausbildung weitgehend getrennter soziologischer Milieus gekommen, die jeweils verschiedene Denkformen kultivieren. Psychologisch lassen sich die milieuspezifischen Denkformen durch die Unterscheidung von Rechnen und Verstehen charakterisieren. Sozialwissenschaft als Kollektivanalyse sollte in beiden Denkwelten zuhause sein, doch die Integration beider Bereiche im selben Kopf ist alles andere als eine Selbstverständlichkeit; sie fordert weit auseinanderliegende Dimensionen der Intelligenz heraus.

Hinzu kommen drei forschungssoziologische Erklärungen der Methodenwahl. Die Dominanz standardisierter Verfahren hat *erstens* mit Unterschieden in der sozialen Anschlussfähigkeit zu tun. Standardisierte Forschungsprozesse lassen sich arbeitsteilig organisieren, technisieren, zeitökonomisch rationalisieren und unter der Kontrolle objektiver Qualitätsstandards (beispielsweise stichprobentechnischer Art) kommerzialisieren. Offene Verfahren sind an die Subjektivität der Forschenden gebunden, auch in dem Sinn, dass subjektive Kompetenzen, etwa die Fähigkeit zur Mustererkennung, zur Gestaltwahrnehmung und zur verstehenden Einfühlung in subjektive Sinnwelten unmittelbar als Forschungsressourcen benötigt werden.

Zweitens sind offene Verfahren langwierig; sie bleiben einer arbeitsorganisatorischen, technischen und zeitökonomischen Rationalisierung unzugänglich, wie sie bei standardisierten Verfahren weitgehend möglich ist.

Eine *dritte* forschungssoziologische Erklärung der Asymmetrie zwischen offenen und standardisierten Verfahren liegt in dem Umstand, dass standardisierte Verfahren besser einer professionellen Monopolisierung von Kompetenzen zugänglich sind als offene Verfahren. Anders ausgedrückt: Mit multivariaten Ergebnissen, die nur hochspezialisierte Experten erzeugen und interpretieren können, wird auch das Expertentum selbst immer wieder stabilisiert, damit aber auch der dem Expertentum entsprechende Forschungstyp. Bisher ist es nicht gelungen, die – durchaus definierbare – Professionalität offener Verfahren in ähnlicher Weise zu etablieren. Dies könnte sich erst dann ändern, wenn sich eine klare Orientierung an Qualitätsstandards bei offenen Verfahren durchsetzt.

Soziologische Elementarsätze und ihre Sollbruchstellen

Mit dem folgenden Abschnitt gehe ich nun zu einer abstrakteren wissenschaftstheoretischen Betrachtung über. Empirische Forschung will wissen, was im Einzelfall jeweils tatsächlich vorliegt – sie startet mit einem auf Einzelfälle bezogenen *Erkenntnisinteresse*. Die wirkliche Ausprägung der Eigenschaft, um die es der Forschung geht, bezeichne ich im Folgenden als *Tatsache*, die Beschreibung dieser Tatsache als *Elementarsatz* (siehe dazu auch die Typologie von Aussagen im 10. Kapitel). Diese Beschreibung soll wahr sein – aber wie gelangt man dahin, und was kann alles schief gehen?

Zunächst einmal muss man versuchen, die Tatsache überhaupt sichtbar zu machen. Selten kann man diese in der Soziologie unmittelbar beobachten; stattdessen muss man in der Regel versuchen, *Indikatoren* zu erfassen, die nur einen Schluss auf die Tatsache zulassen, aber nicht damit identisch sind. Beispiel: Tatsache ist das politische Interesse eines Menschen; Indikator soll die Häufigkeit sein, mit der ein Mensch die Fernsehnachrichten ansieht.

Doch auch die Indikatoren kann die Forschung meist nicht unmittelbar erfassen – vielmehr muss man eine erfahrbare *Manifestation* provozieren, die wiederum nur einen Schluss auf den Indikator zulässt, sich aber nicht notwendig damit deckt. Um im Beispiel zu bleiben: Manifestationen könnten etwa Fragen nach der Mediennutzung oder ein politischer Wissenstest liefern.

Alle Manifestationen von Indikatoren werden durch *Protokollsätze* beschrieben werden. Kreuze im Fragebogen sind Abkürzungen für Protokollsätze, die man sich etwa in folgender Gestalt vorstellen kann: »Bei Befragung in der Situation A zum Zeitpunkt B kreuzte die Person X bei der Frage nach Lektüre des politischen Teils der Tageszeitung die Antwortvorgabe ›ziemlich selten‹ an«.

Mit solchen Protokollsätzen ist die Forschung jedoch noch nicht am Ziel. Um schließlich die Bedeutungsebene des Erkenntnisinteresses zu erreichen, muss die Forschung über den empirischen Gehalt der Protokollsätze hinausgehen und diese als Spuren der Tatsachen interpretieren. Resultat dieser Interpretation ist endlich der angestrebte Elementarsatz.

Das folgende Schema visualisiert die einzelnen Stufen der Konstruktion von Elementarsätzen:

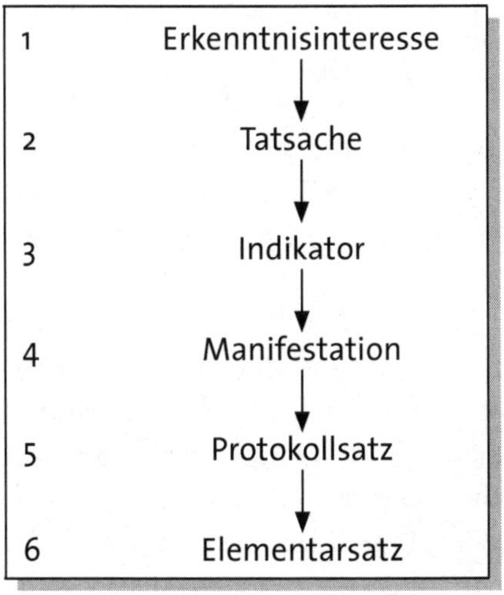

Dieses Schema lässt sich als Systematik von Irrtumsrisiken bei der Konstruktion soziologischer Elementarsätze nutzen. Zunächst: Was ist eigentlich ein Irrtum? Die Antwort ist einfach: Ein Irrtum liegt dann vor, wenn die im Elementarsatz gegebene Beschreibung nicht mit den Tatsachen übereinstimmt (siehe hierzu den Abschnitt über die Korrespondenztheorie der Wahrheit im 10. Kapitel). Oft ist es sinnvoll, den Begriff des Irrtums nicht etwa dichotom aufzufassen, also nur zwischen Irrtum und Nicht-Irrtum zu unterscheiden, sondern sich ein Kontinuum vorzustellen. Wenn beispielsweise eine Person 1,80 m groß ist und A behauptet, sie sei 1,75 Meter groß, während B sie als 1,60 Meter groß einstuft, so irren sich offensichtlich beide, aber B irrt sich mehr als A. Ein Elementarsatz ist umso *gültiger* (Synonym: *valider*), je geringer der in ihm enthaltene Irrtum ist.

Wie können nun Irrtümer entstehen? Die folgenden Überlegungen gehen den Prozess der Konstruktion von Elementarsätzen Schritt für Schritt durch und heben die Eigenart des jeweiligen Irrtumsrisikos hervor:

1–2: Realitätsbezug der Prädikatoren. Die in Elementarsätzen verwendeten Begriffe sollen auf tatsächlich existierende Gegenstände anwendbar sein. Was Forschende sich alles so vorstellen, muss keineswegs auch real sein. Bei »Zentauren« fällt die Entscheidung leicht. Aber nehmen wir das bekannte Beispiel der Intelligenz, definiert als allgemeine Problemlösungskompetenz. Ist Intelligenz nicht bei jedem Menschen von Problembereich zu Problembereich sehr unterschiedlich? Muss man nicht zwischen sprachlicher, logischer, motorischer, emotionaler Intelligenz und anderen Dimensionen unterscheiden?

Muss man nicht, wie der Persönlichkeitspsychologe Howard Gardener vorschlägt, immer im Plural von *Intelligenzen* sprechen?[111] Unter diesen Umständen wäre die Suche nach der *einen* Intelligenz von Anfang an verfehlt.

2–3: Angemessenheit des Indikators. Ein Indikator ist umso angemessener, je enger seine Beziehung zur Tatsache ist. Für die Tatsache »politisches Interesse« ist beispielsweise die Lektüre politischer Texte sicherlich angemessener als deren bloßer Besitz.

3–4: Angemessenheit der Manifestation. Eine Manifestation ist umso angemessener, je genauer sie den Indikator zum Ausdruck bringt. Hier sind wir nun bei der wichtigsten Sollbruchstelle der empirischen Sozialforschung angekommen. Irreführende Manifestationen sind allgegenwärtig: Täuschungsmanöver; Ankreuzen einer Antwort, obwohl die Frage nicht verstanden wurde; fehlende Bedeutungsäquivalenz (eine Frage wird nicht so verstanden, wie sie gemeint ist); Gedächtnislücken und Irrtümer; Reaktivität als Abweichung vom normalen Verhalten unter dem Einfluss der Befragung oder Beobachtung; Tendenz zur Beschönigung im Sinne sozialer Erwünschtheit u. a. All dies begegnet uns überall, auch jenseits der Soziologie, etwa auch in der medizinischen Diagnostik: Sind die in der ärztlichen Sprechstunde dargestellten gesundheitlichen Beschwerden (Manifestationen) glaubwürdige Hinweise auf Symptome (Indikatoren), die ihrerseits auf eine bestimmte Krankheit hinweisen (Tatsache)?

4–5: Angemessenheit der Protokollsätze. Inwieweit werden Protokollsätze den tatsächlichen Manifestationen gerecht? Vollstandardisierte Befragungen sind auch deshalb so beliebt, weil man sich wenigstens auf die Protokollsätze (Ankreuzungen von Antwortalternativen) verlassen kann. Dagegen treten erhebliche Protokollsatzprobleme bei nichtstandardisierten Befragungen und bei reinen Beobachtungsverfahren auf: Erinnerungslücken in Gedächtnisprotokollen, falsche Interpretationen von Mimik und Gestik, Verzerrungen durch selektive Protokollierung eines komplexen Ereignisses u. a. In den Naturwissenschaften dagegen hat die technische Verfeinerung apparategestützter Protokollierung die Fehler von Protokollsätzen bis auf einen geringen Rest reduziert.

5–6: Angemessenheit der Protokollsatz-Interpretation. Hier handelt es sich um ein Problem, das nur in den Kulturwissenschaften auftritt. Oft ist es nicht möglich, für Protokollsätze ausschließlich Worte zu verwenden, die der Wissenschaftssprache angehören und deren Bedeutung eindeutig festgelegt ist, wie dies etwa für die Laborwerte bei einer medizinischen Blutuntersuchung gilt. Vielmehr enthalten die Protokollsätze immer auch Zeichen, die in den

Sinnkosmos der Individuen gehören, auf welche sich die Protokollsätze beziehen. Dazu zwei Beispiele: »Die Mutter gab dem Kind einen Klaps«; und: »Befragter X antwortete auf die Frage 21: ›ziemlich häufig‹«. Die Bedeutung der Zeichen »Klaps geben« und »ziemlich häufig« ist abhängig von den Befragten. Die Interpretation von Protokollsätzen setzt nun voraus, dass Forschende die von den Befragten tatsächlich gemeinte Bedeutung der protokollierten Zeichen adäquat *verstehen*. War der Klaps liebevoll oder strafend gemeint? Und was ist die Konsequenz, wenn der Befragte X mit der Angabe »ziemlich häufig« fünfmal pro Zeiteinheit meint, der Befragte Y dagegen zehnmal? Die Protokollsätze werden irrtümlich als gleichbedeutend interpretiert.

Beobachtungstheorien

Nur wissenschaftlichen Laien erscheint die Begründung von Elementaraussagen unproblematisch. Lässt sich eine Elementaraussage wie beispielsweise »X hat rote Haare« nicht einfach durch die Konfrontation mit den Fakten begründen oder widerlegen? An diesem Vorschlag ist sicherlich richtig, dass empirische Begründung immer durch eine Konfrontation mit der Wirklichkeit erfolgen muss – nur: einfach im Sinne von voraussetzungslos ist diese Konfrontation keineswegs. Selbst die Wahrheit dieses relativ unproblematischen Elementarsatzes lässt sich nur dann durch Beobachtung begründen (oder anzweifeln), wenn man bereit ist, bestimmte Prämissen zu akzeptieren, beispielsweise, dass X sich nicht die Haare gefärbt hat und dass die Beobachtung nicht durch Farbenblindheit beeinträchtigt wird.

Der Begriff der Beobachtungstheorien fasst die bei Elementarsätzen implizierten Prämissen zusammen. Er bezeichnet die Gesamtheit der Annahmen, die nötig sind, um auf der Grundlage von Protokollsätzen Elementarsätze zu konstruieren. In solchen Annahmen ist beispielsweise eingeschlossen, dass die Indikatoren zu den theoretisch relevanten Tatsachen passen (dass sich also beispielsweise befragte Personen richtig an ihre letzte Wahlentscheidung erinnern, wenn diese Gegenstand des Erkenntnisinteresses ist), dass die Manifestationen den Indikatoren entsprechen (also jeder Befragte die Antwort gibt, die seiner Erinnerung entspricht und nicht etwa ausweicht) usw. Der Wahrheitsanspruch von Elementarsätzen ist untrennbar verbunden mit dem Wahrheitsanspruch der Beobachtungstheorien. Nur ein Bruchteil davon kann überhaupt zur Sprache kommen – wenn überhaupt. Dass Beobachtungstheorien meist nur implizit bleiben, ja dass sich viele ihrer gar nicht bewusst sind, ändert nichts an ihrer Existenz.

Damit tut sich ein Dilemma auf: Das Verfahren der Begründung von Elementarsätzen ist erst dann abgeschlossen, wenn auch die Wahrheit der Beobachtungstheorien erwiesen ist. Da diese Beobachtungstheorien jedoch empirischen Gehalt besitzen, lassen sie sich nur durch zusätzliche empirische Operationen begründen, für welche neue Beobachtungstheorien erforderlich sind – man gerät in einen unendlichen Regress. Ist es also prinzipiell sinnlos, eine empirische Begründung von Elementarsätzen zu versuchen? Gegenüber einer so radikalen Konsequenz, die letztlich auf die Abschaffung der empirischen Wissenschaft hinausliefe, scheint es besser, aus den vorangegangenen Überlegungen die folgenden Prinzipien der empirischen Begründung von Elementarsätzen abzuleiten:

1. Nur die besonders problematisch erscheinenden Bestandteile der jeweiligen Beobachtungstheorien sind explizit zu machen.
2. Empirische Wissenschaft kann keine absolute Geltung beanspruchen. Alle ihre Aussagen stehen einem Vorbehalt: »Falls die Beobachtungstheorien gültig sind«.
3. Die Geltung von Beobachtungstheorien kann man nur teilweise aufgrund eigener empirischer Forschung beurteilen, für die man allerdings weitere Beobachtungstheorien benötigt – und so weiter. Um diesen Prozess abzubrechen, bleibt letztlich bleibt nichts anderes übrig, als sich um einen Konsens in der Fachdiskussion zu bemühen: Kann man den impliziten Beobachtungstheorien vertrauen?

Transformation: Von Primärinformationen zu Daten und zurück

Primärinformationen gehen aus Standardfragebögen, Leitfadeninterviews, Beobachtungen oder Texten hervor. Die vielen Aspekte jedes einzelnen Falles, die durch die Erhebung von Primärinformationen festgehalten werden, gleichen einem Haufen von Puzzleteilen: alles, was die im Rahmen der Forschung kontaktierten Menschen gesagt, getan oder geschrieben haben. Dies ist schon bei einer einzigen Person unübersichtlich genug, allerdings haben wir es in der

Soziologie immer mit Stichproben zu tun, also nicht nur mit einem Fall, sondern mit einer Vielzahl, zum Beispiel tausend.

Stellen wir uns nun eine Turnhalle vor, in der all diese Häufchen von Puzzleteilen nebeneinander liegen: Wie kann man, ausgehend von tausend ungeordneten Informationshäufchen, zu soziologisch relevanten Aussagen kommen, etwa über Lebenslagen, kausale Zusammenhänge, Dispositionen, Typen, Interaktionsgruppen? Jedes der gerade genannten Forschungsinteressen fragt, um im Bild zu bleiben, ob es Konstellationen von Puzzleteilen gibt, die sich bei einer Mehrzahl von Fällen in etwa wiederholen.

An dieser Herausforderung setzt die Idee der Transformation an: unhandliches Material so zu vereinfachen, dass man komplexe Operationen damit durchführen kann, die Antworten auf Forschungsinteressen der gerade angedeuteten Art ermöglichen. Es geht um ein vorübergehendes intelligentes Vergessen, mit der Absicht, gewissermaßen die Puzzleteile übersichtlich zu machen. Am Ende der Auswertung, wenn man wiederkehrende Konstellationen entdeckt hat, kann man dann wieder zu den komplexen Inhalten vor der Transformation zurückkehren: Fragen und Antwortvorgaben, verschriftlichte Aussagen im Rahmen offener Interviews, frei formulierte Beobachtungsprotokolle, Briefe, Tagebücher und andere Texte. Durch die vorübergehende Transformation können Muster in der Gesamtmasse der Primärinformationen erkannt werden; ans Ziel gelangt man aber erst durch Rückbesinnung auf die Primärinformationen: Was bedeuten die in den Daten gefundenen Muster?

Dieses Vorgehen ermöglicht eine Art Weltensprung der soziologischen Erkenntnis – das Vordringen in eine Sphäre der Wirklichkeit, die jenseits des subjektiven Erfahrungshorizonts liegt. Das außerwissenschaftliche Denken hält dafür zwar einige Begriffe bereit, etwa »soziale Herkunft«, »Betriebsklima«, »Persönlichkeit«, »Milieu«, »Partnerschaft« oder »Lebensgewohnheiten« – Begriffe, die alle eine Vielzahl einzelner Aspekte meinen. Aber dieser Bedeutung empirisch auf den Grund zu gehen, ist nur in der professionellen Sozialforschung möglich. Im Vergleich dazu hat das Alltagsdenken bloß Ahnungen und gewisse Indizien verfügbar, wenn überhaupt. Nirgendwo ist die Distanz zwischen professioneller Soziologie und Alltagsdenken größer, nirgendwo der Übersetzungsbedarf höher, um die im 21. Kapitel geforderte soziologische Kommunikation zu ermöglichen. Die Idee der Transformation von Primärinformationen in Daten führt zu differenzierten, komplexen und (unter gleichbleibenden Umständen) auch replizierbaren Einsichten, die methodisch und in der Modellbildung weit über die Reichweite des Common Sense hinausgehen und in der Wissenschaftslandschaft ohne Beispiel sind.[112]

Im Einzelnen vollzieht sich die Praxis der Transformation von Primärinformationen in Daten mit anschließender Interpretation in vier Schritten:

(1) Kategorisierung: Die Primärinformationen werden in vergleichbare inhaltliche Einheiten übersetzt. Bei den Antworten in Standardfragebögen ist der Fall klar: Jede mögliche Antwort auf jede gestellte Frage repräsentiert eine Sinneinheit (zum Beispiel eine Wertung) oder einen Aspekt der Lebenssituation (zum Beispiel das verfügbare Monatseinkommen). Damit verbindet sich die Unterstellung der Bedeutungsäquivalenz, die sich zwar keineswegs von selbst versteht, wie ich weiter üben im Abschnitt über Sollbruchstellen soziologischer Elementarsätze ausgeführt habe, aber ohne Inkaufnahme von Unschärfen ist das in den nachfolgenden Schritten angestrebte Analyseziel nicht zu erreichen (siehe dazu den im 10. Kapitel erläuterten Gedanken der Wahrheitsannäherung trotz eines partiellen »Falschheitsgehalts«).

Komplizierter stellt sich die Anforderung der Kategorisierung bei nichtstandardisiertem Material dar, wie es zum Beispiel bei Experteninterviews entsteht. Angenommen, es sind zehn Interviews zu Fragen der Geschlechterrollen in der Familie auszuwerten. Auch wenn verschiedene Gesprächspartner Gleiches meinten, brachten sie dies mit verschiedenen Worten und Sätzen zum Ausdruck. Den jeweils gemeinten Sinn gilt es in einem ersten Interpretationsdurchgang zu identifizieren und zu markieren.

(2) Kodierung mit dem Ziel isomorpher numerischer Repräsentation: Die bei der Kategorisierung identifizierten Inhalte werden in Zahlen übersetzt, und zwar so, dass die Relationen der Zahlen den empirischen Relationen der Inhalte entsprechen. Hier kommt der Begriff des *Skalenniveaus* ins Spiel, der eine Typologie von Variablen beinhaltet. Zu unterscheiden sind vier Arten von Variablen je nach der Relation, die zwischen ihren jeweiligen Ausprägungen definiert sind (zum Begriff der Variable siehe das 9. Kapitel):

- Nominalskalen: Hier ist nur die Relation gleich oder ungleich definiert. Beispiele: Religionszugehörigkeit; Sinneinheiten in nichtstandardisierten Interviews; protokollierte Episoden in Beobachtungsstudien.
- Ordinalskalen: Zusätzlich ist hier die Relation von größer und kleiner (beziehungsweise höher und geringer) gegeben. Beispiel: Schulabschluss.
- Intervallskalen: Auch die Abstände zwischen den Ausprägungen sind definiert. Beispiel: Intelligenz.
- Ratioskalen: Hier kommt noch die Definiertheit eines Nullpunkts hinzu, so dass man beispielsweise sagen kann, X verdiene doppelt so viel wie Y. Ein weiteres Beispiel einer Ratioskala ist das Lebensalter.

(3) Statistische Analysen von beliebiger Komplexität: In der informationsreduzierten Welt der Zahlen ist es möglich, sehr viele Variable gleichzeitig zu analysieren. Verschiedene statistische Verfahren sind maßgeschneidert für immer wiederkehrende soziologische Erkenntnisinteressen, etwa kausalanalytischer, dimensionsanalytischer, typologischer oder klassifikatorischer Art. Hier wird tatsächlich möglich, was im obigen Bild der tausend Häufchen von Puzzleteilen unerreichbar schien: die Identifikation einiger Grundmuster, die sich in einer Mehrzahl von Fällen annähernd wiederholen, beispielsweise von vier Typen politischer Teilnahme, von unterschiedlichen Ausprägungen einer Persönlichkeitsvariable, von charakteristischen Konstellationen einer Mehrzahl von Merkmalen der Lebenssituation (Lebenslage).

(4) Rückübersetzung der statistischen Ergebnisse in die Wirklichkeit der Kollektive: Was sagen die Zahlen über die Interaktionsmuster und Sinnwelten im untersuchten sozialen Kontext aus? Am Ende der Datenanalyse verlässt man die Sicherheitszone der Statistik, in der eindeutig feststeht, was richtig und was falsch ist. Nun geht es um die soziologische Hauptsache: sich den Anforderungen der verstehenden Interpretation zu stellen, mit allen damit verbundenen Fehlerrisiken.

7. Kapitel: Und täglich grüßt der Stichprobenfehler

Vorsicht beim Flirten! Das Stichprobenproblem in Alltag und Wissenschaft

Ein Stichprobenproblem entsteht immer dann, wenn es um die Beurteilung einer Menge auf der Grundlage einer Teilmenge geht. Die zu beurteilende Menge wird als Grundgesamtheit bezeichnet, die Teilmenge als Stichprobe. Wie sehr man sich dabei irren kann, hat jeder schon erfahren, der von einer neuen Bekanntschaft zunächst begeistert war und sich näher darauf einließ, um dann aber im längeren Kontakt »ganz neue Seiten kennenzulernen, als ob es sich um einen anderen Menschen handeln würde.«

Hier liegt regelmäßig ein Stichprobenproblem vor: In den ersten Situationen, etwa beim Flirten und den ersten Treffen, herrschen die Sonderbedingungen der Werbephase bei der Entstehung von Kontakten; jeder zeigt sich von seiner Schokoladenseite, die jedoch nicht repräsentativ für die alltäglichen persönlichen Handlungsmuster ist. Die Stichprobe der Episoden am Anfang einer Beziehung ist hochgradig selektiv, sie erlaubt kein halbwegs sicheres Urteil über die zu erwartende, für den anderen typische Grundgesamtheit von Episoden beim längerfristigen Zusammenleben.

Und täglich grüßt der Stichprobenfehler: Diese Überschrift sagt zum einen aus, dass die Soziologie mehr als jede andere Wissenschaft von Stichprobenproblemen betroffen ist. Soziologisches Denken bezieht sich auf Mengen, die meist zu groß sind, um jedes Element zu erfassen – Menschen, soziale Episoden, Texte. Zum anderen hebt die Überschrift hervor, dass Stichprobenfehler nicht auf die Soziologie beschränkt bleiben, sondern die gesamte Sozialwelt betreffen – Alltag, Politik, Wirtschaft, klassische Medien und erst recht die digitale Sphäre. Als sozialen Wesen ist uns das Stichprobenproblem in die Wiege gelegt, das wir als ständigen inneren Normalitätscheck erleben: Was ist normal? Und andersherum: Das ist doch nicht normal!

Ständig sind wir in dabei in der Gefahr, das Atypische für typisch zu halten und umgekehrt das Typische nicht zu erkennen: etwa bei der Beurteilung von Unbekannten oder bei der auf Gesamtheiten bezogenen Einschätzung von Frauen, Männern, Deutschen, Eingewanderten, Randgruppen usw. Wir alle betreiben Soziologie, um uns ein Bild von Gesamtheiten zu machen. Jenseits der Wissenschaft tun wir das allerdings überwiegend nur intuitiv und ohne methodologische Metaebene. Für einen der häufigsten Fehler in der sozialen Wahrnehmung, den Stichprobenfehler, fehlen der Alltagswelt die Begriffe. Die Irrtumsrisiken unserer anthropologisch vorgegebenen Orientierung an Normalität und damit an »Wissen« über Mengen werden nicht einmal zum Thema, im Gegenteil: »Ich weiß Bescheid; ich habe es doch mit eigenen Augen gesehen!«

Falsch! Die für uns relevanten Mengen sehen wir so gut wie nie mit eigenen Augen; was wir sehen, sind Stichproben, die regelmäßig systematisch verzerrt sind. So gut wie nie haben wir die Grundgesamtheit vor Augen. Unsere Alltagserfahrungen liefern uns partielle Informationen über Interaktionsmuster, Sinnwelten und Verteilungen, doch die Vorstellungen über die soziale Wirklichkeit, die wir daraus ableiten, weisen weit über die Stichproben hinaus, auf denen sie beruhen. Kaum jemand macht sich die Unterscheidung von Stichproben und Grundgesamtheiten bewusst, geschweige denn die Unsicherheit des Schließens vom einen auf das andere.

Auch in der wissenschaftlichen Soziologie fallen Stichprobenprobleme oft genug unter den Tisch oder sie werden schöngeredet, selbst in professionellen Forschungsberichten, gerne in Form einer lapidaren Feststellung: »Es handelt sich um eine repräsentative Stichprobe.« Von wegen! Erstens kann man dies nicht wissen, sondern nur hoffen, andernfalls müsste man ja über eine Vollerhebung als Vergleichsmaßstab verfügen, bräuchte dann aber auch keine Stichprobe. Zweitens fehlen dabei oft methodische Hinweise: Wie genau wurde die Stichprobe gezogen? Und traten dabei etwa nicht die üblichen Probleme auf?

Dieses Kapitel beschäftigt sich zunächst mit soziologisch relevanten Grundgesamtheiten, dann mit dem darauf bezogenen zentralen Zielbegriff der Repräsentativität. Anschließend geht es um die Frage, wie man Stichproben so zusammenstellen kann, dass sie diesem Ziel möglichst nahe kommen. Der Begriff der Repräsentativität ist die Kontrastfolie zum ebenso wichtigen Begriff des Stichprobenfehlers, der in zwei Varianten vorkommt – Zufallsfehler und systematische Fehler. Wie man Stichprobenfehler beurteilen kann, ist Gegenstand der zweiten Hälfte dieses Kapitels. Am Schluss geht es um sehr kleine Stichproben, die in der offenen Sozialforschung an der Tagesordnung sind. Diese pauschal als »nicht repräsentativ« abzuqualifizieren, ist insofern ein Kategorienfehler, als kleine Stichproben anders zu beurteilen sind als die großen Stichproben von Surveys.

Soziale Normalität als Mengenlehre

In der Soziologie und im Alltag kommt es vor allem auf drei Klassen von Grundgesamtheiten an: Personen, soziale Episoden und Texte. Ausgeklammert bleiben hier Grundgesamtheiten kleiner Kollektive innerhalb größerer Kollektive, etwa Familien, Organisationen, Schulklassen, Gemeinden, Wahlbezirke; die folgenden Überlegungen sind leicht darauf zu übertragen und gelten analog.

1. *Personenstichproben* werden im Alltag ständig anschaulich: wenn man etwa mit der U-Bahn fährt; in der Fußgängerzone flaniert; in der Nachbarschaft spazieren geht; in Klassenzimmern oder Hörsälen sitzt; zu Fußballspielen oder Opernaufführungen pilgert. Jede der dabei sichtbar werdenden Personenmengen ist hochgradig selektiv zusammengesetzt. Ein Fußballfan, den es in die Oper verschlagen hat, wird sich ebenso die Augen reiben wie ein Opernliebhaber im Pokalendspiel. Stichproben professioneller Standardumfragen sind darauf angelegt, Selektivität zu reduzieren und Repräsentativität zu maximieren. Davon, was das genau bedeutet, was man dafür tun kann und wie man beurteilt, ob man sein Ziel halbwegs erreicht hat, wird gleich noch die Rede sein.
2. Stichproben von *Interaktionsmustern* manifestieren sich im Alltag als Serien aufeinander folgender sozialer Episoden – etwa im Berufsleben, in Familien, in der Schule, beim Einkaufen, in Paarbeziehungen. In solchen Kontexten tritt das Stichprobenproblem vor allem am Anfang auf, wenn man noch nicht »Bescheid weiß« (darauf spielt etwa das oben erwähnte Beispiel des ersten Flirts an). Hat man dagegen längere Zeit an einem Kontext teilgenommen, so »weiß man, wie es läuft« – die Stichprobe ist zur Vollerhebung geworden, was bedeutet, dass alle zur Gesamtheit gehörenden Elemente (hier: repetitive soziale Episoden) erfasst wurden. Nach zehn Jahren des Zusammenlebens in einer Partnerschaft erlebt man kaum noch Überraschungen, ob man dies nun als Vertrautheit oder Trott empfinden mag. Im Gegensatz dazu muss die Soziologie bei der Untersuchung von Interaktionsmustern in Beobachtungsstudien durchaus mit Selektivitätsproblemen rechnen: Menschen verhalten sich oft anders, wenn sie wissen, dass sie beobachtet werden; die Beobachtungszeit könnte zu kurz sein, um alles Wichtige zutage treten zu lassen; bei längerer Beobachtungsdauer im Rahmen teilnehmender Beobachtung kann es sein, dass sich der Kontext dadurch verändert.

3. Stichproben von *Textgesamtheiten* findet man beispielsweise in mentalitätsgeschichtlichen Studien oder in Untersuchungen zur Soziologie der Massenmedien. Hat sich beispielsweise die Vermengung von Nachrichten und Meinungen in den Fernsehnachrichten verändert? In welchem Verhältnis stehen Freiheit und Sicherheit in Pressekommentaren, Gerichtsurteilen oder Gesetzesinitiativen? Wie wandelte sich der Blick auf Liebesbeziehungen in der Belletristik (womit sich Niklas Luhmann in »Liebe als Passion« beschäftigt)?[113] Textstichproben haben den Vorteil, dass Reaktivität – selektive Kooperation oder Verweigerung – so gut wie keine Rolle spielt, denn die Texte sind einfach da. Wenn es hier ein Repräsentativitätsproblem gibt, dann liegt dies daran, dass es zu viele Texte gibt, um eine Vollerhebung durchzuführen.

Personen, soziale Episoden, Texte: Jeder dieser drei Klassen von Grundgesamtheiten korrespondieren bestimmte Fehlertypen, auch in der Alltagskommunikation. Untersuchen wir kurz drei gewöhnliche Aussagen:

- »Typisch Mann«. Grundgesamtheit: Personen
- »Gutes Betriebsklima«. Grundgesamtheit: soziale Episoden
- »Schablonenhafter Kommentar«. Grundgesamtheit: Texte

Die erste Aussage bezieht sich auf das Personenkollektiv der Männer – aber wie repräsentativ war die Auswahl, oder handelt es sich vielleicht nur um einen einzigen? Die zweite Aussage bezieht sich auf ein Unternehmen – aber liegt ihr eine umfassende Normalitätserfahrung zugrunde oder nur eine Auskunft der PR-Abteilung? Die dritte Aussage bezieht sich auf die Menge aller Meinungsäußerungen in Massenmedien in einem bestimmten Zeitraum – aber wer überblickt dieses Textvolumen überhaupt? Mit hoher Wahrscheinlichkeit sind alle drei Aussagenmuster durch Stichprobenprobleme beeinträchtigt; nicht selten führen sie völlig in die Irre. Dies ändert nichts ihrer Allgegenwart und an ihren weitreichenden Konsequenzen. Privatleben, Nachbarschaftsbeziehungen, Bildungsentscheidungen, Gerichtsurteile, Unternehmensstrategien, Regierungshandeln, Gesetzgebung… Stichprobenfehler durchziehen die gesamte soziale Wirklichkeit.

Wenn in der wissenschaftlichen Soziologie von Stichprobenproblemen die Rede ist, sind so gut wie immer Personenkollektive gemeint. Aber was ist mit Interaktionsmustern und Sinnwelten? Auch hier haben wir es mit großen Mengen zu tun, über die man nur anhand von Stichproben reden kann. Von den sich dabei ergebenden Repräsentativitätsproblemen ist allerdings kaum einmal die Rede, allenfalls dann, wenn Fachleute unter sich sind. Und täglich grüßt der Stichprobenfehler: Was taugen soziologische Zeitdiagnosen, etwa in Bezug auf »kulturellen Wandel«, »Trends«, »Milieus«, »Generation X«, »Typen«? Beruhen sie auf Impressionen, auf verallgemeinerten Einzelbeispielen, auf Vorurteilen oder auf methodischer Reflexion aller drei Klassen von Stichprobenproblemen? Die französische Tradition der Sozialgeschichte als Beschreibung langdauernder Zeiträume (»longue durée«) ist hinsichtlich dieser methodologischen Herausforderungen führend.[114]

Die Idee der Repräsentativität

Eine Stichprobe gilt dann als repräsentativ, wenn sie in jeder Hinsicht ein getreues Abbild der Grundgesamtheit darstellt. Doch was heißt das schon? Bei Licht betrachtet, handelt es sich bei dieser Bestimmung um eine Tautologie, denn die Ausdrücke »repräsentativ« und »getreues Abbild« sind ohne weitere Präzisierung in etwa bedeutungsgleich. Weiter kommt man, wenn man den Begriff der Repräsentativität konkret auf die Hauptaspekte sozialer Kollektive bezieht: Interaktionsmuster, Sinnwelten und Verteilungen. Wie kann man sich die Realisierung des Ideals, ein getreues Abbild der Grundgesamtheit zu erhalten, jeweils vorstellen?

Am leichtesten fällt die Konkretisierung bei dem zuletzt genannten Aspekt – Verteilungen. Diese stehen vor allem bei Surveys im Vordergrund. Bei den Umfragen vor einer Wahl geht es zum Beispiel darum, die Prozentsätze der Anhänger verschiedener Parteien zu erfassen (Schwankungen bis zum Wahltag und Verzerrungen seien an dieser Stelle ausgeklammert). Im Folgenden schlage ich eine Präzisierung des Repräsentativitätsbegriffs vor, wobei ich das Niveau der Komplexität in vier Schritten steigere:

1. Ein Maximum an Repräsentativität der einfachsten Form ist dann erreicht, wenn die Prozentsätze der Parteipräferenzen in der Stichprobe mit denen in der Grundgesamtheit (die ja am Wahltag das Wort hat) identisch sind. Repräsentativität konkretisiert sich hier in einem ersten Schritt als Gleichheit proportionaler Häufigkeiten bei einer gegebenen Variablen.
2. Dies lässt sich nun in einem zweiten Schritt von einer Variable (im Beispiel: der Parteipräferenz) für alle untersuchten Variablen verallgemeinern: Das weitergehende Ideal einer repräsentativen Stichprobe ist dann

erfüllt, wenn die proportionalen Häufigkeiten aller erhobenen Variablen in der Stichprobe identisch sind mit denen in der Grundgesamtheit.
3. Nun können wir noch einen dritten Schritt gehen: Nicht nur die proportionalen Häufigkeiten aller einzelnen Variablen sollen bei perfekter Repräsentativität gleich sein, sondern auch die proportionalen Häufigkeiten der *gemeinsamen Verteilungen* aller gemessenen Variablen, und dies in beliebiger Komplexitätsstufe, von bivariat bis multivariat.
4. In einer vierten und letzten Komplexitätsstufe der Präzisierung des Repräsentativitätsbegriffs beziehe ich nun auch noch alle nicht in erfassten Variablen mit ein: Bei einer perfekt repräsentativen Stichprobe besteht Gleichheit der einfachen und der gemeinsamen proportionalen Verteilungen mit denen der Grundgesamtheit in jeder Hinsicht, auch in Bezug auf solche Variablen, die gar nicht erhoben wurden, selbst in Bezug auf solche, an die niemand denkt, bis hin zu denen, an die noch nie jemand gedacht hat und für die es keine Begriffe gibt.[115]

Diese Explikation des Begriffs der Repräsentativität für Verteilungen lässt sich gedanklich auf Interaktionsmuster und Sinnwelten ausweiten: Man kann sich die einzelnen Elemente dieser Klassen von Grundgesamtheiten analog zu Personen als Merkmalsträger vorstellen. Interaktionsmuster haben Eigenschaften – sie können vertraulich oder formell sein, unmittelbar oder indirekt, streng ritualisiert oder wandelbar bei gleichem Sinnhintergrund, kurztaktig wie die Episoden des Straßenverkehrs oder ausgedehnt wie gemeinsame Urlaubsreisen usw. Ebenso lassen sich Sinnwelten als Kombinationen der Ausprägungen von Variablen auffassen: vielfältig oder schlicht, mit unterschiedlichen Zwecksetzungen von technischer Rationalität bis zu ästhetischem Eindrucksmanagement, personenunabhängig oder an bestimmte Personen gebunden, um nur einige Aspekte zu nennen.

In Analogie zur Repräsentativität bei Verteilungen soll Repräsentativität bei Interaktionsmustern und Sinnwelten nun bedeuten: proportionale Gleichheit solcher Merkmalsverteilungen im Verhältnis der jeweiligen Stichproben einerseits und der Grundgesamtheiten andererseits, denen sie entnommen sind. Mehr als eine solche Präzisierung des Zielbegriffs ist bei der Repräsentation von Interaktionsmustern und Sinnwelten zwar meist nicht möglich; es gibt hier keine Parallele zur Methode der Zufallsstichprobe bei Verteilungen, die im nächsten Abschnitt erläutert wird. Aber diese Präzisierung hilft bereits, um die Qualität von Stichproben grob zu beurteilen: Sie ist umso höher einzuschätzen, je ähnlicher sich die Interaktionsepisoden und Sinnwelten in einer Sequenz aneinander anschließender Beobachtungen sind – etwa in einer Schulklasse, in einem Wahlkampf, in Arzt-Patienten-Kontakten. Repräsentativität erweist sich als Wiederholungstendenz.

Empirische Sozialforschung beruht auf der Annahme, dass es tatsächlich gelingen kann, alle relevanten Informationen über große, nicht für Vollerhebungen zugängliche Grundgesamtheiten in kleinen Teilmengen zu repräsentieren. Eine gute Auswahl von tausend in Deutschland lebenden Personen kann beliebig komplexe Aspekte von Merkmalsverteilungen in der Gesamtbevölkerung spiegeln, abgesehen von kleinen Zufallsfehlern. Ebenso gilt etwa: Wer einen Menschen in ein paar gut ausgewählten Situationen erlebt hat, kann daraus weitreichende Schlüsse ziehen; und wenn man die zehn am meisten rezipierten Medien in Deutschland im Abstand von zehn Jahren inhaltsanalytisch bearbeitet, kann man etwas über Wandel oder Gleichbleiben von Mainstreams in Erfahrung bringen.

Ob Repräsentativität tatsächlich vorliegt, lässt sich allerdings aus einem simplen Grund nur vermuten, nicht aber nachweisen: Man kennt ja immer nur die Stichprobe. Repräsentativität muss meist eine rein theoretische Größe bleiben, ein regulatives Prinzip – ein Ideal also, das die Richtung vorgibt.

Selektivität

Am Anfang der modernen Umfrageforschung in den 30er Jahren steht die Erkenntnis, dass es weniger auf die Größe als auf die Zusammensetzung von Stichproben ankommt. Niemals hat die empirische Sozialforschung jene Lektion vergessen, die ihr 1936 bei einer Präsidentschaftswahl in den USA erteilt wurde.[116] Damals konkurrierten zwei Vorhersagen miteinander: die Prognose der Zeitschrift *Literary Digest* auf der Grundlage der Rücksendungen von zweieinhalb Millionen Leserinnen und Lesern einerseits und andererseits die Prognose eines gewissen George Gallup (der die heute weltweit anerkannte Gallup International Association gründete), die nur auf einer Stichprobe von einigen Tausend Befragten beruhte. *Literary Digest* sagte einen sicheren Sieg des konservativen Kandidaten Alf Landon voraus, Gallup dagegen einen Sieg von Franklin D. Roosevelt, der damals gewissermaßen das sozialdemokratische Denken in den USA verkörperte. Alle glaubten, beindruckt von der riesigen Stichprobe, der Vorhersage von *Literary Digest*. Recht behielt jedoch Gallup, und zwar mit weitem Abstand zur Prognose der Konkurrenz.

Das Problem von *Literary Digest* war erstens die niedrige Rücklaufquote von nur einem Viertel. Diejenigen Leserinnen und Leser, die sich an der Umfrage beteiligten, waren sehr wahrscheinlich anders politisch eingestellt als jene, die sich nicht beteiligten. Hinzu kam zweitens, dass sich die Klientel von *Literary Digest* fast nur aus Mittel- und Oberschichtsangehörigen zusammensetzte, während andere Bevölkerungsgruppen nicht repräsentiert waren. Gallups Geheimnis dagegen war die sorgfältige Nachbildung bekannter Verteilungsmerkmale der Grundgesamtheit (Alter, Geschlecht, Schulbildung und andere) in der Stichprobe; heute würde man von einer Quotenstichprobe sprechen. Gute Quotenstichproben kommen Zufallsstichproben erfahrungsgemäß ziemlich nahe – die exakte Nachbildung der vorab bekannten Verteilungen der Quotenmerkmale in der Grundgesamtheit überträgt sich mit Abstrichen auf die meisten anderen Merkmale. Bald ging Gallup dann zu Zufallsstichproben über, die inzwischen längst Standard sind.

Die Auswahlregeln von Zufallsstichproben orientieren sich am wahrscheinlichkeitstheoretischen Modell des *Zufallsexperiments*. Darunter versteht man einen beliebig oft wiederholbaren Vorgang, dessen Ergebnis vom Zufall und sonst nichts abhängt. Wenn das Ziehen einer Stichprobe dieser Definition entspricht, hat jedes Element der Grundgesamtheit die gleiche Chance, in die Stichprobe zu gelangen. Liegt diese Voraussetzung vor, so handelt es sich um eine *Zufallsstichprobe*. Das Wesen der Zufallsstichprobe lässt sich intuitiv gut mit dem aus der Statistik bekannten Urnenmodell erfassen: Man stellt sich dabei vor, dass sich die Grundgesamtheit wie die Menge der Kugeln bei der Ziehung der Lottozahlen in einem Behältnis befindet und »gut durchgemischt« ist. Aus dieser Urne wird »mit verbundenen Augen« ein Element nach dem anderen gezogen, bis die festgesetzte Stichprobengröße erreicht ist. Beispiel: Als Grundgesamtheit sind die über 18jährigen Einwohner einer Stadt definiert. Dem Modell des Zufallsexperiments entspräche dann etwa das Entnehmen jeder n-ten Adresse aus dem alphabetischen Verzeichnis aller Einwohner.

Doch wie auch immer man vorgehen mag, es ist immer damit zu rechnen, dass nur die Adressenstichprobe eine Zufallsstichprobe darstellt, nicht jedoch die Stichprobe der realisierten Interviews. Es kommt erstens regelmäßig zu Totalausfällen, von denen man dann spricht, wenn die geplanten Interviews mit ausgewählten Personen nicht realisiert werden konnten; zweitens werden Fragebögen unvollständig ausgefüllt, so dass einzelnen Werte fehlen. Es entstehen sogenannte Missing Data.

Könnte man diese Defizite nun nicht einfach dadurch beheben, dass man Totalausfälle durch Nachbefragungen ausgleicht, bis man die angestrebte Fallzahl zusammen hat, und dass man ähnlich bei Missing Data verfährt – man ergänzt die Stichprobe solange, bis man genügend vollständig ausgefüllte Fragebögen zur Verfügung hat? Nein: dies liefe auf den gleichen Fehler hinaus, mit dem sich *Literary Digest* 1936 blamiert hat – auf die Fortsetzung einer selektiven Tendenz, um eine höhere Fallzahl zu erreichen.

Totalausfälle kommen meist dadurch zustande, dass man die ausgewählten Personen nicht antrifft oder dass sie die Teilnahme verweigern. Dabei handelt es sich jedoch um ganz bestimmte Gruppen – bei den nicht angetroffenen Personen etwa um Studierende, bei den Verweigerern um Leute, die sich nicht stören lassen wollen, die sich abkapseln, die vor Außenkontakten zurückschrecken. Ginge es nun beispielsweise darum, das Durchschnittseinkommen der Gesamtbevölkerung zu untersuchen, würden die Werte durch das Fehlen dieser Gruppen wohl nach oben verzerrt, denn beiden Gruppen, den Studierenden und Ängstlichen, ist eines gemeinsam: Sie haben weniger Geld. Diese selektive Tendenz würde sich auch bei einer Substitution der Totalausfälle fortsetzen, hinsichtlich der Genauigkeit wäre also nichts gewonnen. Gleiches gilt für *missing data*. Die Nichtbeantwortung einer Frage, etwa nach Konsumgewohnheiten, Parteipräferenzen oder Partnerschaftskonflikten, deutet darauf hin, dass die befragte Person ihre Gründe hat, nicht zu antworten. Dies muss sich in den Ergebnissen niederschlagen.

Selektivität tritt erst recht bei Telefonumfragen und Online-Umfragen auf. Glaubt tatsächlich irgendjemand, dass es sich dabei um Zufallsstichproben handelt? Dass also für alle Elemente der Grundgesamtheit, sprich für alle Menschen des zu untersuchenden Kollektivs, die Wahrscheinlichkeit gleich sei, in die Stichprobe zu gelangen? Wohl kaum – vielmehr haben wir es mit einer besonderen Art von Reaktivität zu tun.

Dieser Begriff ist uns bereits im vorangegangenen Kapitel im Zusammenhang mit der Erhebung soziologischer Primärinformationen begegnet – er meint kurz gesagt den Verlust der Unbefangenheit, sobald man merkt, dass man Gegenstand der Aufmerksamkeit ist, wie dies Interviews und offene Beobachtung zwangsläufig mit sich bringen. Reaktivität kann jedoch bereits im Vorfeld der Forschung einsetzen: als Vermeidung einer Forschungssituation, was zu einer Verzerrung der Stichprobe führt.

Ob Reaktivität dieser Art entstehen kann, hängt vom jeweiligen Erhebungsverfahren ab. Jeder der drei Klassen von soziologisch relevanten Grundgesamtheiten entspricht ein dominierendes Erhebungsverfahren. Bei

Personengesamtheiten arbeitet man vor allem mit Befragung, bei sozialen Situationen mit Beobachtung, bei Texten mit Inhaltsanalyse. Stichprobentechnisch besteht nun ein großer Unterschied zwischen diesen Erhebungsmethoden: Beobachtungsverfahren und Inhaltsanalysen lassen sich je nach Forschungskontext auch *nichtreaktiv* gestalten, das heißt, ohne dass die beobachteten Personen oder die Urheber der Inhalte (zum Beispiel im Internet) überhaupt Kenntnis davon erlangen, dass sie zum Gegenstand einer Untersuchung werden. Bei Befragungen kann man dies dagegen nicht vermeiden.

Die Beteiligung oder Nichtbeteiligung an einer Befragung ist soziales Handeln. Dadurch, dass bestimmte Personen mitmachen und andere nicht, entstehen Stichprobenfehler, die oft genug durch treuherzige Euphemismen kleingeredet werden: »Die Stichprobe ist repräsentativ für die Bevölkerung der Bundesrepublik Deutschland« – eine Standardfloskel in den Medien.

Stichprobenfehler

Repräsentativitätsprobleme können auf zwei Typen von Fehlern zurückgehen, die oft gemeinsam auftreten, aber sehr unterschiedliche Eigenschaften haben:

- *Zufallsfehler:* Selbst wenn eine Zufallsstichprobe vorliegt (gleiche Auswahlchancen für alle Elemente der Grundgesamtheit), entstehen durch eine Vielzahl unkalkulierbarer Faktoren (»Zufall«) meist kleinere Abweichungen der Stichprobe von der Grundgesamtheit. Zufallsfehler lassen sich quantitativ zum Ausdruck bringen. Dabei wird auf der Grundlage wahrscheinlichkeitstheoretischer Modelle ein Intervall bestimmt, innerhalb dessen sich der zu schätzende wahre Wert in der Grundgesamtheit (zum Beispiel ein Prozentsatz oder das Durchschnittseikommen) mit einer vorher festgelegten Wahrscheinlichkeit befindet. Dieses Intervall wird »Konfidenzintervall« genannt, die Wahrscheinlichkeit (üblicherweise 95 Prozent oder 99 Prozent) heißt »Konfidenzniveau«. Je größer die Stichprobe ist, desto kleiner wird das Konfidenzintervall bei gegebenem Konfidenzniveau.
- *Systematische Fehler:* Sie entstehen, wenn nicht jede Einheit der Grundgesamtheit die gleiche Chance hat, in die Stichprobe zu gelangen. Typische Beispiele sind Ausfälle aufgrund von Verweigerung und Auswahlverzerrungen bei sogenannten Quotenstichproben, bei denen die Interviewer in den Auswahlvorgang eingeschaltet werden. Mit der Beurteilung systematischer Fehler beschäftig sich ein eigener Abschnitt weiter unten.

Im Gegensatz zu Zufallsfehlern sind systematische Fehler quantitativ nicht exakt beschreibbar: Man weiß zwar oft, wie viele der ursprünglich vorgesehenen Erhebungseinheiten ausgefallen sind, kann aber nicht genau angeben, wie stark sich dies auf die Ergebnisse auswirkt. Über die Richtung der Abweichung kann man allerdings oft plausible Hypothesen aufstellen. Bei Zufallsfehlern ist es umgekehrt; sie lassen sich quantitativ besser auf den Begriff bringen, ihre qualitative Tendenz dagegen (welche Merkmalsbereiche sind in welcher Weise betroffen?) bleibt verborgen. Zufallsfehler kann man durch eine Vergrößerung der Stichprobe reduzieren (mit abnehmendem Grenznutzen), systematische Fehler dagegen nicht.

Die folgende Tabelle stellt die Unterschiede zwischen Zufallsfehlern und systematischen Fehler im Überblick dar:

Unterschied	*Zufallsfehler*	*Systematischer Fehler*
Ursache	unspezifisch (»Zufall«)	Auswahlvorgang oder fehlende Werte (keine Antwort)
Quantitative Beschreibbarkeit	Gegeben	nicht gegeben
Qualitative Beschreibbarkeit	nicht gegeben	oft Anhaltspunkte gegeben
Abhängigkeit von Stichprobengröße	Ja: je größer die Stichprobe, desto kleiner der Fehler	Nein: die Stichprobengröße hat keinen Einfluss

In der Soziologie sind allerdings reine Zufallsstichproben nahezu ausgeschlossen. Es gibt immer Personen, die auch bei mehreren Kontaktversuchen nicht anzutreffen sind; andere verweigern das Interview; bei schriftlichen Interviews, vor allem in Form von Online-Umfragen, tritt regelmäßig Selektivität auf, oft in systematischem Zusammenhang mit den Forschungsinteressen. Zu solchen Totalausfällen kommen die variablen-spezifische Ausfälle in Form fehlender Werte.

Wenn bekannt ist, wie viele Personen ursprünglich zur Stichprobe gehören sollten, lässt sich die Diskrepanz zwischen Wunsch und Wirklichkeit bei Surveys durch die *Ausschöpfungsquote* darstellen. Darunter versteht man das Verhältnis der Anzahl der tatsächlich realisierten Befragungskontakte zur Anzahl der ursprünglich angestrebten Befragungskontakte, sofern diese dem Modell der Zufallsstichprobe genügen. Von der letzteren Größe sind die stichprobenneutralen Ausfälle abzuziehen. Dazu zählen etwa unrichtige Adressen. Welche

Ausfälle sonst noch als stichprobenneutral gelten können, ergibt sich im Kontext des jeweiligen Forschungsinteresses.

In den letzten Jahrzehnten sind die Ausschöpfungsquoten weltweit zurückgegangen. Auch bei großem Aufwand sind nur noch Quoten von 50 Prozent bis maximal 70 Prozent zu realisieren. Das Absinken der Quoten hat vor allem folgende Ursachen:

- Zeit wird den Menschen immer wichtiger; einen Termin von ihnen zu bekommen, wird immer schwieriger.
- Viele haben schon schlechte Erfahrungen mit unechten »Interviewern« (beispielsweise Zeitschriftenwerbern) gemacht.
- Wissenschaft und Umfrageforschung werden weniger respektiert als früher.
- Im Zusammenhang mit öffentlichen Datenschutzdebatten ist die Bereitschaft gesunken, Informationen über Persönliches nach außen dringen zu lassen.
- Vielen ist ihre Privatsphäre heilig; die Bereitschaft, Fremde in die Wohnung zu lassen, hat im Vergleich zu früher stark nachgelassen.

Das Absinken der Ausschöpfungsquoten im Lauf der Jahrzehnte wird immer noch kaum zur Kenntnis genommen, obwohl (oder weil) sie die Substanz der Sozialforschung gefährdet.

Die Beurteilung systematischer Fehler

Es gelten folgende Grundsätze:

- Fehler sind immer nur in Bezug auf einzelne Forschungsinteressen zu bestimmen, niemals allgemein. Geht es etwa um das Monatseinkommen, sind andere systematische Fehler zu erwarten als bei einer Frage nach Partnerschaftsproblemen.
- Da unbekannt bleibt, welcher Ausfallgrund genau zu welchem Ausfallumfang geführt hat, muss die Fehlerbestimmung immer qualitativ bleiben (im Gegensatz zur oben beschriebenen quantitativen Fehlerbestimmung von Zufallsfehlern, falls man unterstellt, dass es sich um eine Zufallsstichprobe handle) und auf plausiblen Vermutungen aufbauen.
- Es ist zu unterscheiden, ob es um univariate Parameter (etwa Prozentsätze oder Durchschnittswerte) oder um Zusammenhänge (etwa Korrelationen)

geht. Zusammenhangsmaße sind bei Stichprobendefekten relativ robust, zumindest wenn man nur eine grobe Einschätzung vornimmt: starker, mittlerer, schwacher Zusammenhang.

Bei eindimensionalen Parametern (meist Prozentsätze und Mittelwerte) geht die Fehlerbestimmung in folgenden Schritten vor sich:

Fokussierung: Wie soeben ausgeführt, lassen sich systematische Fehler nicht allgemein einschätzen, sondern immer nur im Hinblick auf konkrete erhobene Variable. Beispiel: monatlich verfügbares Einkommen.

1. Schritt: Selektivitätshypothese: In welcher Weise weicht der Auswahlvorgang vom Modell der Zufallsstichprobe ab? Anders formuliert: In Bezug auf welche Merkmale ist der Auswahlvorgang selektiv? Beispiel: Es fallen überproportional viele ältere Personen aus.

2. Schritt: Zusammenhangshypothese: Besteht ein Zusammenhang zwischen der zu beurteilende Variable und dem Ausfallgrund? Beispiel: Ja, das monatlich verfügbare Einkommen sinkt tendenziell mit dem Alter.

3. Schritt: Verzerrungshypothese: Ableitung aus Schritt 1 und 2: In welcher Weise ist die zu beurteilende Variable vermutlich verzerrt? Beispiel: Das durchschnittliche Einkommen wird überschätzt.

Die Annahmen über Fehlerbelastungen sind umso solider, je mehr Informationen vorliegen. Bei face-to-face-Befragungen ist die Informationslage wesentlich besser als bei Online-Befragungen.

- Fast immer bekannt sind die Merkmale Wohnregion (Adresse), Geschlecht (Vorname), oft auch das ungefähre Alter oder gar das Geburtsdatum.
- Durch Vergleich mit amtlichen Statistiken können oft weitere Merkmale (Religionszugehörigkeit, Bildung, Berufsgruppe u. a.) daraufhin kontrolliert werden, ob die Proportionen in der Stichprobe denen der Grundgesamtheit entsprechen.
- Obligat ist ein Interviewerfragebogen, der Informationen über das Nichtzustandekommen erhebt.
- Handelt es sich nicht um Totalausfälle, sondern um fehlende Werte (*missings*) bei einzelnen Variablen, so liefern die ansonsten gegebenen Antworten eine Fülle von Informationen.

Nachfassaktionen mit speziell geschultem Personal, dem es gelingt, einen Teil der Verweigerer doch noch zur Beteiligung zu bewegen, erlauben Rückschlüsse auf Merkmale der übrigen Verweigerer.

Was tun bei Ausfällen?

Man kann versuchen, systematische Verzerrungen durch Gewichtung zu korrigieren. Ob dies gelingt, ist allerdings keineswegs so sicher, wie es oft behauptet wird. Ziel der Gewichtung ist, einen Datensatz nachträglich in die Form zu bringen, die er hätte, wenn für alle Zielpersonen ein Interview zustande gekommen wäre. Hierfür sind diejenigen Teilgruppen, von denen man weiß, dass sie unterrepräsentiert sind, mit einem entsprechenden Gewichtungsfaktor zu multiplizieren.

Dabei gibt es zwei Hauptprobleme. *Erstens:* Die Merkmale, nach denen sich die Teilgruppen unterscheiden, müssen etwas mit den erhobenen Merkmalen zu tun haben, nur dann können die Gewichtungsfaktoren einen Repräsentativitätsgewinn bringen. Oft ist fraglich, ob diese Bedingung erfüllt ist. *Zweitens:* Die »hochmultiplizierten« Teilgruppen in der Stichprobe müssen repräsentativ für die entsprechenden Teilgruppen in der Grundgesamtheit sein. Oft ist jedoch anzunehmen, dass es sich um atypische Fälle handelt. Wenn zum Beispiel in der Gruppe der über 65jährigen viele ausfallen, so ist anzunehmen, dass es sich bei den in der Stichprobe Verbliebenen um besondere Fälle handelt, die nicht repräsentativ für die Gesamtgruppe sind.

Keinen Sinn hat die Substitution der Ausfälle durch Ersatzadressen, da sich der systematische Fehler bei den Ersatzadressen fortsetzt. Eine Korrektur ist nur dann zu erzielen, wenn man die Ausfälle so substituiert, dass die zusätzlichen Adressen möglichst viele Charakteristika der ausgefallenen Adressen aufweisen.

Viele Forscherinnen und Forscher halten es mit dem Prinzip Hoffnung: Sie nehmen an, dass sich die verschieden Ausfallgründe ausbalancieren würden oder dass die Variable »Ausfall (ja/nein)« von allen erhobenen Variablen statistisch unabhängig sei. Diese Annahme ist jedoch pures Wunschdenken, denn die Beteiligung oder Nichtbeteiligung an einer Umfrage ist soziales Handeln, das oft systematisch mit denjenigen Merkmalen zusammenhängt, die erforscht werden sollen. Die methodologische Beurteilung von Stichproben ist insofern von der soziologischen Beurteilung der Stichprobenkonstitution abhängig. Überwiegend ist man dabei auf plausible Überlegungen ohne Datengrundlage angewiesen.

Repräsentativität bei kleinen Stichproben

Bei großen Stichproben ist Repräsentativität im Sinn der Gleichheit proportionaler Verteilungen in Stichprobe und Grundgesamtheit das Hauptziel. Bei kleinen Stichproben ist es nötig, den Repräsentativitätsbegriff anzupassen. Kleine Stichproben kommen zustande,

– wenn Datenerhebung und Auswertung sehr aufwendig sind (Beispiele: teilnehmende Beobachtungen, organisationssoziologische Fallanalysen, explorative Interviews);
– wenn es besonders schwierig ist, überhaupt Interviewpartner zu finden und Zugang zu ihnen zu bekommen (Beispiele: Strafentlassene, Parlamentsabgeordnete, Vorstandsmitglieder von Aktiengesellschaften).

Die unmittelbare Übertragung des bei Surveys angebrachten Repräsentativitätsbegriffs wäre schon deshalb unsinnig, weil die Auswertung gar nicht auf die statistische Analyse von Verteilungen abzielt. Aber welche Anpassung des Repräsentativbegriffs könnte sinnvoll sein? Anhaltspunkte ergibt das jeweilige Forschungsinteresse. Typisch für kleine Stichproben ist die Konzentration auf einen der folgenden Aspekte:

1. *Erfassen des empirischen Spektrums:* Offene Erhebungsverfahren, die bei kleinen Stichproben normal sind, beziehen ihre Rechtfertigung oft daraus, dass wenig über den Gegenstandsbereich bekannt ist. Es geht zunächst einmal darum, das zu erfassen, was überhaupt vorkommen kann, ohne dass man sich gleich auch für exakte Häufigkeiten interessieren würde. Anpassung des Repräsentativitätsbegriffs: Es genügt, wenn die in der Grundgesamtheit vorkommenden Ausprägungen des empirischen Spektrums die Chance haben, sich zu manifestieren.
2. *Erfassen des Typischen:* Bei dieser wichtigen Form der Betrachtung kleiner Stichproben geht es primär nicht darum, was überhaupt vorkommt, sondern um die Frage, was davon relativ häufig ist. Das Interesse am Typischen richtet sich auf die dominierenden Facetten des empirischen Spektrums. Anpassung des Repräsentativitätsbegriffs: Es genügen grobe Häufigkeitskategorien wie »oft«, »selten«, »überwiegend«, »wiederholt« oder ähnlich. Auch kleine Stichproben können bereits halbwegs zuverlässig Informationen über das Typische liefern. Es wäre unwahrscheinlich, wenn sich bei einer cleveren Auswahl nicht auch bei einem geringen Stichprobenumfang

(beispielsweise 15) das in der Grundgesamtheit Häufige in der Stichprobe durchsetzen würde.

3. *Erfassen von Gruppenunterschieden:* Viele Theorien behaupten die Existenz von Gruppenunterschieden, beispielsweise Theorien über die Wirksamkeit verschiedener Sozialisationsbedingungen, Theorien sozialer Ungleichheit, Theorien über die Segmentierung von Subkulturen. Das Forschungsziel bei kleinen Stichproben kann darauf fokussiert sein, solche Gruppenunterschiede überhaupt offenzulegen und zu beschreiben, ohne sie exakt zu quantifizieren. Hat man es beispielsweise mit einer stark geschlechtsspezifisch differenzierten Gesellschaft zu tun, so ist es auch bei einer Stichprobe von nur jeweils fünf sorgfältig ausgewählten männlichen und weiblichen Personen unwahrscheinlich, dass sich die typischen Unterschiede in der Biographie *nicht* zeigen würden. Anpassung des Repräsentativitätsbegriffs: Es genügt, wenn sich reale Unterschiedlichkeit auch in der Stichprobe manifestiert.

Bei der Zusammenstellung kleiner Stichproben sind immer zwei Gesichtspunkte zu berücksichtigen. Auf der einen Seite geht es darum, die angestrebte Form von Repräsentativität systematisch zu begünstigen, auf der anderen Seite sind unerwünschte systematische Effekte zu bekämpfen, die gerade bei kleinen Stichproben häufig sind. Beispielsweise werden auch die angepassten Repräsentativitätskriterien verletzt, wenn man die Gesprächspartner für zehn narrative Interviews ausschließlich im Bekanntenkreis rekrutiert. Ähnlich problematisch wäre es, würde man bei einer betriebssoziologischen Untersuchung 50 Betriebe anschreiben, von denen schließlich nur diejenigen fünf in die Stichprobe gelangen, die sich zur Mitarbeit bereit erklärt haben.

Was bedeuten diese Überlegungen nun für die Zusammenstellung kleiner Stichproben? Allgemein gilt: Die wenigen Fälle sind so auszuwählen, dass sie den angepassten Repräsentationszielen möglichst entgegenkommen. Im Einzelnen:

1. Erfassen des empirischen Spektrums: Hier gilt das Auswahlprinzip einer möglichst breiten Streuung der Fälle. Dabei versucht man, die schon bei der Auswahl erkennbare Unterschiedlichkeit zu maximieren.
2. Erfassen des Typischen: Dies gelingt am besten durch Konzentration auf Normalfälle und Weglassen von Spezialfällen (oft gibt es für diese Unterscheidung schon bei der Auswahl Anhaltspunkte).
3. Erfassen von Gruppenunterschieden: In diesem Fall besteht das Auswahlprinzip in der Bildung von annähernd gleich besetzten Kontrastgruppen.

Dies kann durchaus gegen den bei großen Stichproben üblichen Repräsentativitätsbegriff verstoßen, wenn die Kontrastgruppen in der Grundgesamtheit zahlenmäßig deutlich unterschieden sind. Der angepasste Repräsentativitätsbegriff legt es nahe, die Kontrastgruppen abweichend von der Grundgesamtheit etwa gleich groß zu machen, damit sich die Unterschiedlichkeit möglichst gut manifestieren kann. Ein zusätzlicher Gesichtspunkt ist, dass es sich möglichst um vermutlich typische Angehörige der zu vergleichenden Gruppen handeln sollte und nicht etwa um »Exoten«.

Fazit: Ein weiteres Sonderproblem der Soziologie

Stichprobenprobleme gibt es in vielen Wissenschaften; etwa haben es auch Biologie, Medizin, Ökologie oder Literaturwissenschaft oft mit Mengen zu tun, die zu groß sind, um Gegenstand von Vollerhebungen zu werden und die deshalb zu Stichproben zwingen. In keiner Wissenschaft jedoch stellt sich das Stichprobenproblem so umfangreich, facettenreich und fehlerverursachend dar wie in der Soziologie.

Dies liegt zum einen an der soziologiespezifischen, fast allgegenwärtigen Reaktivität, die sich auch bei Stichproben auswirkt und sowohl zu Totalausfällen als auch zu variablenspezifischen fehlenden Werten führt. Zum anderen liegt dies an der Schwierigkeit, soziologisch relevante Grundgesamtheiten (Personen, Episoden, Texte) überhaupt klar abzugrenzen.

Erneut aber gilt, wie bereits bei den übrigen bereits behandelten soziologiespezifischen Erkenntnisproblemen, dass es keineswegs die gegenstandsbedingten Sonderprobleme und damit zusammenhängende Ungewissheiten und Unschärfen sind, die über den Anspruch der Soziologie auf Wissenschaftlichkeit entscheiden. Darüber entscheiden allein methodologische Reflektiertheit und Intersubjektivität.

Genau daran mangelt es im Kontext der Stichprobenproblematik allerdings oft. Angesichts der historisch sinkenden Ausschöpfungsquoten einerseits und der enormen Zunahme von Online-Befragungen mit ihren evidenten Selektivitätsproblemen andererseits hört sich der Satz »Es handelt sich um eine repräsentative Stichprobe« allmählich wie eine Lebenslüge der empirischen Sozialforschung an. Die eingangs des Kapitels dargestellten Illusionen von *Literary Digest* im Jahr 1936 sind immer noch virulent.

8. Kapitel: Der Weg ins Unbekannte. Zeitmuster der Forschung

Was kommt zuerst?

Forschung bedeutet immer Grenzüberschreitung – aber wie soll man dieses Vordringen ins Neuland am besten organisieren? Soll man erst einmal Vermutungen anstellen, sich vorwegnehmend ein Bild machen und sich unter Aufbietung des schon vorhandenen Wissens von der Theorie leiten lassen? Oder sollte man im Gegenteil so unbefangen wie möglich neue Erfahrungen sammeln und diese dann zu einer Theorie verdichten? Die erste Vorgehensweise nennt man *deduktiv*, die zweite *induktiv*.

Möglich ist aber auch noch eine dritte Strategie: die Verbindung des deduktiven und des induktiven Vorgehens in einem häufigen Hin und Her zwischen Theorie und Empirie, bis sich das Bild stabilisiert. Diese Methode klingt vor allem in zwei Begriffen an: *hermeneutischer Zirkel* und *Grounded Theory* (oder *gegenstandsbasierte Theoriebildung*). Der erstgenannte Begriff meint das schrittweise Vorgehen bei der Interpretation von Texten, der zweite die allmähliche Annäherung an die Wirklichkeit der Kollektive in der Soziologie. Im Folgenden bezeichne ich diese Vorgehensweise als *Iteration*

Ist es denn nicht gleichgültig, wie herum man die Forschung aufzieht? Muss nicht immer dasselbe herauskommen? Dass diese Sichtweise naiv ist, weiß jeder aus seinem Alltagsleben. Wenn es darum geht, eine Suche sinnvoll zu organisieren, hängt es ganz von der Situation ab, welche der im Folgenden angedeuteten Strategien die beste wäre.

Fall A: Man will unbedingt eine Person finden, die man auf dem Flug nach New York kennen gelernt hat. Man weiß nicht einmal den Namen, aber man erinnert sich an bestimmte Vorlieben, von denen die Person erzählt hat, zum Beispiel für ein Lokal oder für einen Jazzclub. Dann wird man mit einiger Aussicht auf Erfolg genau dort anfangen, also deduktiv vorgehen.

Fall B: Auf einer Reise kommt man an einem Jahrmarkt vorbei. Man wird neugierig, stellt das Auto ab und bummelt zwischen den Ständen herum –

vielleicht findet man ja etwas, von dem man noch nicht einmal weiß, dass man es sucht. Und tatsächlich: Man entdeckt einen antiken Kerzenhalter, der in der supermoderne Küche zuhause einen reizvollen Kontrast abgeben würde – und schon kauft man ihn: induktives Vorgehen.

Fall C: Man tritt eine neue Stelle an und alles ist erst einmal unbekannt: die Abläufe, die Kolleginnen und Kollegen, die Rituale, die Sollbruchstellen. In dieser Situation achtet man besonders auf Wiederholungen, um sich eine erste Meinung darüber zu bilden, »wie es läuft«. Im Lauf der Zeit weiß man immer besser Bescheid, die Irrtümer werden seltener. Nach einem Jahre fühlt man sich im Umfeld der Arbeit wie ein Fisch im Wasser. Dies ist ein klassischer Fall für das iterative Kennenlernen eines zunächst völlig unbekannten Kontexts.

Wie stellen sich diese Suchstrategien in der Wissenschaft dar?

Deduktion 1. Konfirmatorische Variante

Was wir zur Genüge aus dem Alltagsleben kennen, verfolgt uns auch in der Wissenschaft: die gezielte Suche nach Bestätigung für eine schon existierende Annahme. Nun ist es zwar sicherlich sinnvoll, alle Informationen zusammenzutragen, die für die Richtigkeit der Annahme sprechen. Sobald die Suche nach Bestätigung jedoch zum dominierenden Grundsatz empirischer Forschung wird (was sich leicht unter der Hand einschleicht), führt dies nicht etwa zu besonders guten Ergebnissen, sondern zu wertlosen – denn selbst für die absurdesten Theorien kann man irgendwelche Bestätigungen an den Haaren herbeiziehen.

Nehmen wir beispielsweise die Behauptung, dass sich aus der Länge der »Lebenslinie« in der Handinnenfläche die Lebenserwartung ablesen lasse. Üblicherweise wird nun die Richtigkeit dieser und ähnlicher Theorien konfirmatorisch »nachgewiesen«: Person A hatte eine kurze Lebenslinie und ist schon mit 25 Jahren gestorben; Person B hatte eine lange Lebenslinie und wurde 90 Jahre alt usw. Ein anderes Beispiel ist die typische Beweisführung von Gewohnheitsrauchern: »Rauchen ist unschädlich. Mein Onkel war Kettenraucher, aber gefehlt hat ihm nie etwas«.

Begründungen dieser Art sind nicht nur im Alltag weit verbreitet, sondern auch in der Wissenschaft. Emotional ist dies leicht zu verstehen: Wer eine bestimmte Theorie vertritt, möchte sie gerne beibehalten, vor allem, wenn andere daran zweifeln – schließlich will man nicht als der Dumme dastehen. Doch gegen die Begründung einer Theorie durch passende Beispiele lässt sich einwenden, dass es immer auch Gegenbeispiele geben könnte, die bei dieser Begründungsweise bloß unerwähnt bleiben. Der Wert einer Theorie zeigt sich erst, wenn sie systematische Versuche übersteht, sie zum Scheitern zu bringen. Durch die häufige Praxis, jeden Widerspruch auszublenden und nur noch theoriekonforme Informationen zuzulassen, degenerieren angebliche Beweisführungen zum Rechtfertigungstheater ohne Begründungswert.

Deduktion 2. Fallibilistische Variante

Solche Überlegungen führten in der Geschichte der Wissenschaft schließlich zu dem Gedanken, die genau entgegengesetzte Strategie zu verfolgen, also systematisch nach Fakten zu suchen, die Zweifel an der Theorie begründen oder diese gar falsifizieren. Das ist zwar kontraintuitiv, aber einleuchtend: Wenn eine Theorie harte Widerlegungsversuche übersteht, kann man sie am Ende als besonders gut bestätigt ansehen. Mit dieser bereits im 4. Kapitel dargestellten Überlegung hat sich Karl Popper ins kollektive Gedächtnis der modernen Wissenschaft eingeschrieben.

Soziologische Aussagen sind allerdings aus zwei Gründen meist gar nicht im strengen Sinn falsifizierbar. Sie müssen erstens so gut wie immer Ausnahmen zulassen, also probabilistisch gefasst werden; und sie haben zweitens oft verstehenden Charakter, sie beziehen sich als nicht auf Fakten, sondern auf Sinngebilde (siehe dazu das 5. Kapitel). So oder so ist die negative Gewissheit einer Falsifikation nicht zu erreichen. Hier kann es keine harten Beweise oder Gegenbeweise geben, sondern »bloß« Plausibilität oder Zweifel. Immerhin, denn mehr ist nicht zu haben.

Nur bei deterministischen Theorien mit Bezug auf Fakten ist reiner Falsifikationismus angebracht. Im soziologischen Normalfall probabilistischer und verstehender Theorien dagegen wäre es absurd, selektiv die von der Theorie zugelassenen Ausnahmen zusammenzusuchen, um die Theorie dann für erledigt zu erklären. In der Soziologie muss Falsifikationismus, wie im 4. Kapitel erläutert, zum Fallibilismus abgeschwächt werden. Damit mutiert die systematische Suche nach Widerlegung zur methodischen Skepsis.

Auf diese Weise lässt sich das produktive Potenzial kritischen Denkens auch auf die Soziologie übertragen. Zwar ist das Niveau der Erkenntnissicherheit bei fallibilistischem Zweifel geringer als bei Falsifikation, zwar steht Zweifel immer unter Irrtumsvorbehalt, während Falsifikationen endgültig sind. Nichtsdestoweniger ist gut begründeter soziologischer Zweifel der allgegenwärtigen konfirmatorischen Suche nach Bestätigung haushoch überlegen, wie im vorangegangenen Abschnitt erläutert.

Viele behaupten mit aller Bestimmtheit, sie würden falsifikationistisch oder fallibilistisch vorgehen. Aber ist das die Wahrheit? Hinter dem Rücken der Wissenschaft setzt sich immer wieder systematische Selbstbestätigung durch. Karl Sahner machte die empirische Sozialforschung ihrerseits zum Gegenstand der empirischen Sozialforschung; er analysierte 233 empirische Beiträge in verschiedenen deutschsprachigen soziologischen Fachzeitschriften. In der Mehrzahl dieser Studien wurden die »getesteten« Hypothesen erst nachträglich aufgestellt – eine deduktiv intendierte statistische Prozedur wurde also kurzerhand induktiv eingesetzt. Bei einer kleineren Gruppe der Studien wurden tatsächlich vorab formulierte Hypothesen geprüft, wobei sich überwiegend eine Bestätigung ergab. Haben wirklich alle Autoren so deduktiv-fallibilistisch gehandelt, wie sie behaupteten?[117]

Sahners Befund mag auch mit der subjektiven Schwierigkeit zusammenhängen, Widerlegungen emotional zu verkraften. Wem würde es nicht schwerfallen, alle Anstrengung darauf zu verwenden, ausgerechnet diejenigen Überzeugungen zu Fall zu bringen, an die man selber glaubt, um hinterher umso fester daran glauben zu können? Das ist zwar überzeugend, verlangt aber nach hoher intellektueller Disziplin. Hinzu kommt, dass Fehlanzeigen, so gut fundiert sie sein mögen, kein hohes Prestige in der Fachwelt einbringen und oft erst gar nicht zur Publikation angenommen werden, obwohl sie wissenschaftlich ebenso wichtig sind wie Bestätigungen.

Auf einem anderen Blatt steht, dass Fallibilismus nicht alles sein kann. Dass noch eine andere Strategie gebraucht wird, zeigt der nächste Abschnitt.

Induktion: Von Kindern lernen

Sucht man nach Bestätigung oder Widerlegung, so muss zuerst die Theorie da sein, dann erst kommt die Forschung. Diese Zeitstruktur des deduktiven Vorgehen wird bei der induktiven Methode umgekehrt: Zuerst sammelt man Erfahrungen, dann verallgemeinert man. Am Ende wird man die Theorie immer so formulieren, dass sie zu den Beobachtungen passt. Allerdings sind damit andere Theorien noch lange nicht ausgeschlossen. Es bleibt immer Spielraum für konkurrierende Interpretationen.

Dass induktiv gewonnene Theorien immer von den Daten »bestätigt« werden, ist banal. Solche Bestätigungen haben nicht denselben Rang wie Bestätigungen, die harte fallibilistische Kritik hinter sich haben. Deswegen wurde oft gefordert, empirische Forschung ausschließlich am Prinzip deduktiver Falsifikationsversuche zu orientieren. Doch was den Anschein der Rettung von Soziologie als Wissenschaft erweckt, liefe unweigerlich auf ihre Abschaffung hinaus. Selbst die Naturwissenschaften können auf das induktive Prinzip nicht verzichten; für die Kulturwissenschaften ist es essentiell. Rein deduktive Wissenschaft ist aus drei Gründen zur Stagnation verurteilt.

1. Immer wieder entstehen neue Fragestellungen, welche über das bisherige Wissen hinausgehen. Dies gilt für alle Wissenschaften, für die Soziologie aber im besonderen Maße, da hier der kulturelle Wandel immer wieder neue Theoriedefizite erzeugt. Wenn aber keine Theorie vorhanden ist, bleibt gar nichts anderes übrig, als induktiv vorzugehen.
2. Deduktive Verfahren haben, allen kritischen Absichten zum Trotz, oft theorie-konservative Wirkungen. Es ist schwer, sich aus vorgegebenen Denkzusammenhängen zu lösen. Ganz neue Aspekte, die man – wie im obigen Beispiel des Jahrmarkts – nicht einmal antizipieren kann, ergeben sich viel eher auf induktivem Weg. Zwar ist dieses Neue weniger gut abgesichert, aber eine härtere Überprüfung lässt sich ja später arrangieren. Schon wegen seiner heuristischen Funktion ist das induktive Prinzip vor allem in der Soziologie als einer Wissenschaft gerechtfertigt, die sich immer wieder mit völlig neuen Phänomenen beschäftigen muss.
3. Induktiv vorzugehen ist schließlich oft auch dann am Platz, wenn eine Theorie deduktiv zu Fall gebracht wurde. In einer solchen Situation können die Forschenden ja nicht einfach befriedigt ihre Arbeit einstellen, vielmehr erhebt sich nun die Frage, was an die Stelle der alten Theorien zu setzen sei. Eine legitime und oft genutzte Möglichkeit besteht darin, die neue Theorie so zu formulieren, dass sie zu den Daten passt – damit ist man aber unversehens von der deduktiven zur induktiven Logik übergegangen.

Iteration: Wechsel zwischen Anschauung und Theorie

In allen Wissenschaften ist es sinnvoll, ja unvermeidlich, deduktives und induktives Vorgehen zu kombinieren. Welches Mischungsverhältnis jeweils zweckmäßig ist, lässt sich jedoch nicht allgemein bestimmen. In Physik, Pharmakologie oder Werkstoffwissenschaft hat man es mit unveränderlichen Naturgesetzen zu tun, denen streng experimentelle, deduktiv ausgerichtete Methoden besonders angemessen sind. Dagegen mussten andere Naturwissenschaften wie Geographie, Botanik oder Zoologie eher suchend, beschreibend, kategorisierend vorgehen, um ihren heutigen Wissensstand aufzubauen – zumindest in ihrer Entstehungsphase mussten sich diese Wissenschaften weitgehend induktiv vorwärtsbewegen.

Wie steht es nun mit der Soziologie? Welche Mischung von Deduktion und Induktion ist dem Forschungsgegenstand Gesellschaft angemessen? Soll die Analyse sozialer Kollektive mehr der Physik oder mehr der Zoologie gleichen? Einerseits entwickeln sozial handelnde Menschen und die von ihnen gebildeten sozialen Kollektive unweigerlich Invarianzen: Ordnungen, Muster, Regelmäßigkeiten, Normalität. Methodisch gesehen spricht dies eher für ein deduktives Vorgehen – man leitet aus einmal erkannten Regelmäßigkeiten hypothetische Präzisierungen ab, um sie dann so gezielt und fallibilistisch wie möglich zu überprüfen.

Andererseits unterliegen diese Invarianzen ständigem Wandel, wobei jedes Kollektiv seinem eigenen Pfad folgt. Robert K. Merton hält deshalb »Theorien mittlerer Reichweite« für diejenige Theorieform, die der Soziologie angemessen ist.[118] Was die Soziologie zu sagen hat, soll räumlich und zeitlich nur begrenzt gelten; ihre Ergebnisse haben ein eingeschränktes Anwendungsgebiet und sozusagen ein Verfallsdatum.

Wenn man es deshalb immer wieder mit ganz neuen Phänomenen zu tun hat, muss man zumindest am Anfang induktiv vorgehen. Die ersten Ergebnisse liefern dann eine Basis für einen nächsten, deduktiven Schritt. Dabei mag sich etwas Unerwartetes herausstellen, welches man nun wieder induktiv in eine Modifikation der Theorie einfließen lässt – und so weiter. Der Gegenstand der Soziologie verlangt, mehr als in jeder anderen Wissenschaft, eine solche systematische Kombination von Induktion und Deduktion. Das deduktive Element führt zur immer schärferen Konturierung von Invarianzen in einem gegebenen sozialen Kollektiv; das induktive Element erlaubt es, obsolet werdende soziologische Wissensbestände zu erkennen und neu entstandene Normalität durch neue Theorien zu modellieren.

Am besten kommt man allerdings voran, wenn man beide Vorgehensweisen nicht trennt, sondern ständig aufeinander bezieht: Induktion und Deduktion werden zu einer Feedbackschleife verbunden. Der jeweils nächste induktive Schritt profitiert von der gezielten Fokussierung, die aus der bisherigen deduktiven Arbeit hervorgegangen ist; der jeweils nächste deduktive Schritt überprüft gezielt die vorläufigen Verallgemeinerungen, die dem vorherigen induktiven Schritt zu verdanken sind. Mit jedem Durchlauf vermindert sich der Grenznutzen an Erkenntnis, bis ein lokales Optimum erreicht ist. Dieses schrittweise Vorgehen sei – in Anlehnung an den analogen Begriff der Mathematik – als *Iteration* bezeichnet.

In den Kontexten von standardisierter und offener soziologischer Forschung konkretisiert sich Iteration unterschiedlich.

- *Standardisierte Forschung:* Ein sorgfältig vorbereiteter und ausgetesteter Fragebogen mit vielen Variablen hat teilweise deduktiven Charakter insofern, als die Auswahl der Variablen nach dem Gesichtspunkt vermuteter Relevanz erfolgen muss. Die Auswertung geht diesen Vermutungen nach, aber sie sollte nicht darauf beschränkt bleiben. Es bietet sich an, dabei Fragen zu verfolgen, die man erst dann formulieren kann, wenn erste Ergebnisse vorliegen. Man »probiert herum« – warum nicht? –, bis ein sowohl statistisch wie inhaltlich überzeugendes Modell gefunden ist. Ergebnisoffene statistische Suchverfahren wie Clusteranalysen, Faktorenanalysen, Korrespondenzanalysen oder die Inspektion groß angelegter Matrizen bivariater Zusammenhangsmaße können helfen, Regelmäßigkeiten zu entdecken, auf die man ohne sie nicht gekommen wäre. Solche induktiven Schritte führen zu neuen vorläufigen Theorien, denen man deduktiv in nachfolgenden Auswertungsschritten oder in Anschlussprojekten gezielt nachgehen kann.
- *Offene Forschung:* Hier hat die Methode der Iteration bereits eine lange Tradition, wenn auch unter einem anderen Namen: In der Methodologie des Verstehens ist der *hermeneutische Zirkel* ein fester Begriff. Gemeint ist damit ein Hin und Her zwischen interpretativen Voreinstellungen der Forschenden einerseits und dem auszuwertendem Material andererseits. Man vermutet beispielsweise die Existenz eines bestimmten Typus von Interaktionsmustern (deduktives Element), studiert dann die Aussagen von Gesprächspartnern in explorativen Interviews (induktives Element), modifiziert daraufhin die ursprüngliche typologische Hypothese und wendet sich vor diesem geänderten Hintergrund erneut dem Material zu (nächster

Iterationsschritt). Dies wiederholt man so lange, bis sich keine neuen Aspekte mehr ergeben. Die optimale Entsprechung von Theorie und Material scheint erreicht.

Ein soziologischer Klassiker der iterativen Forschungsmethodologie ist der Ansatz der *Grounded Theory* von Glaser und Strauss. Ihre Studie über den Prozess des Sterbens als soziales Phänomen in US-amerikanischen Kliniken dokumentiert ihre Vorgehensweise eindrucksvoll.[119] Hier war der ganze Forschungsprozess iterativ angelegt, nicht nur die Auswertung, wie beim hermeneutischen Zirkel. Glaser und Strauss führten eine Serie von Forschungskontakten durch, bei der jede neue Datenerhebung auf bisher erarbeiteten Theoriefragmenten aufbaute. Auch bei einem solchen Vorgehen stabilisiert sich die Theorie nach mehreren Iterationsschritten, bis die Fortsetzung nur noch minimale Veränderungen der Theorie einbringt. Treffend bezeichnen Glaser und Strauss in ihrem Grundlagenwerk zur gegenstandsbasierten Theoriebildung dieses Stadium als *theoretische Sättigung*.[120]

Teil IV
Sprache

Leitfrage: Aus welchen Bausteinen bestehen soziologische Texte?

Blicken wir zunächst kurz zurück. In Teil I ging es darum, was überhaupt den Gegenstand der Soziologie ausmacht, in Teil II um die Leitvorstellungen aller empirischen Wissenschaften und um den Unterschied zwischen Natur- und Kulturwissenschaften. Beide Teile zusammen kann man gewissermaßen als die allgemeinen Geschäftsgrundlagen der Soziologie betrachten. Teil III wandte sich dann, um im Bild zu bleiben, dem laufenden Geschäft zu. Es ging um den spezifischen Wirklichkeitszugang der Soziologie, ihre Verfahren von Informationserhebung und Elementarsatzbildung, ihre unvergleichlichen Stichprobenprobleme und ihre Kombination von Induktion und Deduktion in aufeinanderfolgenden Iterationsschritten.

Der sich nun anschließende Teil IV behandelt Grundformen wissenschaftlichen Sprechens. Dies beginnt im 9. Kapitel mit der Erkundung der elementaren Bausteine, der *Begriffe*: Woher kommen sie? Welche Funktion haben sie? In welcher Beziehung stehen sie zum sprechenden Subjekt einerseits und zur Wirklichkeit andererseits? Schließlich und vor allem: Wie kann man Begriffe kritisieren, beurteilen und konstruktiv weiterentwickeln?

Erste Antworten auf diese Fragen findet man, wenn man unübersetzbare Ausdrücke betrachtet. So gibt es nur Finnischen ein Wort für »die Entfernung, die ein Rentier bequem zurücklegen kann, bevor es eine Pause braucht«; nur im Arabischen ein Wort für »die Menge Wasser, die man in einer Hand halten kann«; nur im Japanischen ein Wort für »ein Buch ungelesen lassen, nachdem man es gekauft hat, um es zu den anderen ungelesenen Büchern zu legen«. Beispiele aus dem Deutschen sind etwa »Kummerspeck«, »Warmduscher«, »Kabelsalat« und »Waldeinsamkeit«.[171] Umgangssprachliche Begriffe, so zeigen diese Beispiele, nehmen Aspekte der Welt unter die Lupe, die den Menschen in bestimmten Umwelten und Kulturen wichtig sind. Mit wissenschaftssprachlichen Begriffen verhält es sich ähnlich.

Begriffe werden gebraucht, um *Aussagen* zu formulieren. Aussagen sind Sätze, die wahr oder falsch sein können. Damit kommt das Oberziel aller Wissenschaften in den Blick: Wahrheit. Was darunter zu verstehen ist, behandelt das 10. Kapitel, das drei gänzlich verschiedene Dimensionen der Wahrheit vorstellt: Wahrheit im logischen, im empirischen und im normativen Sinn. Jeder dieser Dimensionen der Wahrheit entspricht eine eigene »Wahrheitstheorie«, zu der jeweils eine besondere Argumentationsform gehört: Kohärenztheorie, Korrespondenztheorie und Konsenstheorie.

Welche Wahrheitstheorie einschlägig ist, ergibt sich aus den Merkmalen der jeweiligen Aussage. Nur in der logischen Dimension ist die ganze, sichere Wahrheit zu haben, oder auch die unverbrüchliche Feststellung von Falschheit. Dagegen ist sichere empirische Wahrheit in der Soziologie eine Ausnahme, plausibles Vermuten die Regel. Deshalb ist Poppers Vorschlag so wichtig, Wahrheit als Kontinuum zu sehen, auf dem sich die Wissenschaft in einem unabschließbaren Projekt der Wahrheitsannäherung vorwärts arbeitet. Wahrheit im normativen Sinn schließlich ist eine Frage des gemeinsamen Ermessens und der Entscheidung.

9. Kapitel: Begriffe fallen nicht vom Himmel

Elementare Bausteine der Sprache

Kommunikation, ob im Alltag, in den Massenmedien oder in der Wissenschaft, besteht im Austausch von Aussagen: »Heute ist schönes Wetter«; »Die internationale Konferenz endete mit einem Kompromiss.« »In deutschen Klinken werden immer mehr antibiotikaresistente Keime festgestellt.« Es gibt auch nonverbale Kommunikation durch Mimik und Gesten, doch für die Wissenschaft sind nur aus Wörtern zusammengesetzte Aussagen relevant.

In einer bestimmten Hinsicht verhalten sich Wörter zu Aussagen so, wie Buchstaben zu Wörtern: Es gibt unbegrenzt viele Kombinationsmöglichkeiten. Ein entscheidender Unterschied besteht allerdings darin, dass in die Wörter bereits bestimmte Bedeutungen einprogrammiert sind: Sichtweisen, Sachverhalte, Wirklichkeitsmodelle, Zustands- oder Tätigkeitsbeschreibungen. Man kann sie als Zeichen für bestimmte Bedeutungen betrachten, als *Begriffe.* Erst mit diesen Bausteinen lassen sich Aussagen konstruieren. Im Jahr 1885 wäre die obige Aussage über die Zunahme antibiotikaresistenter Keime noch nicht möglich gewesen, weil der Begriff noch nicht existierte – denn es gab die Theorie noch nicht, aus der er seinen Sinn bezieht.

Auch wenn Aussagengefüge die Substanz aller Wissenschaften ausmachen, ist es sinnvoll, erst einmal die Eigenart der Bausteine zu untersuchen, aus denen Aussagen zusammengesetzt sind. Im folgenden Kapitel geht es allein um empirische Begriffe, ausgehend von einem für alle solchen Begriffe geltenden Grundschema der Zuordnung von Zeichen, Bedeutung und Welt. Ausgeklammert bleiben im Folgenden andere Begriffsarten, unter anderem logische Begriffe wie »und«, »oder«, »nicht«; normative Begriffe wie »gut« oder »böse«; ästhetische Begriffe wie »schön« oder »erhaben«; metaphysische Begriffe wie »Gott« oder »Sünde«. Im weiteren Verlauf erläutere ich einige im Alltag und in der Soziologie wichtige Formen empirischer Begriffe.

Kein Begriff ist einfach nur gegeben, als wäre er vom Himmel gefallen; vielmehr sind alle Begriffe menschliche Konstruktionen, über die sich kritisch reden lässt. Mit schlechten Begriffen müssen auch die damit konstruierten Aussagen schlecht werden. Was aber sind gute Begriffe? Nach welchen gemeinsamen Gesichtspunkten kann man verbindlich über Begriffe diskutieren? Um diese elementar wichtige Frage geht es am Ende des Kapitels.

Wissenschaft als Handwerk der Begriffskonstruktion

Alle Wissenschaften sind aus mehreren Gründen auf ein klares Verständnis der eigenen Begriffswelt angewiesen.

- Erstens fordert der Erkenntnisfortschritt einer Disziplin zur ständigen terminologischen Aktualisierung heraus.
- Zweitens verwenden alle Wissenschaften spezielle Begriffstypen, deren Besonderheiten man begreifen muss, auch auf einer allgemeinen, metasprachlichen Ebene, um mitreden und mitforschen zu können. Wichtige soziologische Begriffsformen werden weiter unten erläutert.
- Drittens sind Begriffe Wahrnehmungsprogramme (wie noch zu zeigen ist), die den Erkenntnisfortschrift befördern oder blockieren können. Ob die aktuelle Heuristik einer Wissenschaft zweckmäßig oder irreführend ist, entscheidet sich auch im kritischen Diskurs über ihre Begriffe.

Aus den genannten Gründen tauchen in der Wissenschaftsgeschichte immer wieder neue Begriffe auf. Sie werden diskutiert, verworfen oder verwendet, etablieren sich auf Dauer oder werden obsolet. Bei den Begriffen »Moderne«, »traditionelle Frauenrolle« oder »Wissensgesellschaft« beispielsweise handelt es sich um zurückliegende soziologische Begriffsinnovationen, die heute noch Bestand haben. In der Medizingeschichte gab es in den Jahren nach 1618 eine Diskussion über Sinn oder Unsinn des Begriffs des Blutkreislaufs, und zwar anlässlich seiner Entdeckung durch den englischen Arzt William Harvey. Noch in der zweiten Hälfte des 19. Jahrhunderts bestritten berühmte Mediziner wie Virchow oder Pettenkofer die empirische Berechtigung des Begriffs der Infektionskrankheit im Sinn eines durch Mikroorganismen ausgelösten pathologischen Geschehens. »Der Körper ist doch kein Bazillenzirkus«, höhnte Virchow.

Hier wie in den anderen Beispielen stehen empirische Begriffe im Mittelpunkt. Darauf konzentrieren sich die folgenden Überlegungen.

Das Grundschema empirischer Begriffe

Alle Begriffe implizieren ein Grundschema, das eine Beziehung zwischen drei Bereichen herstellt: Zeichen (Z), Bedeutung (B) und Welt (W). Das Beziehungsgefüge lässt sich in folgender Weise veranschaulichen:

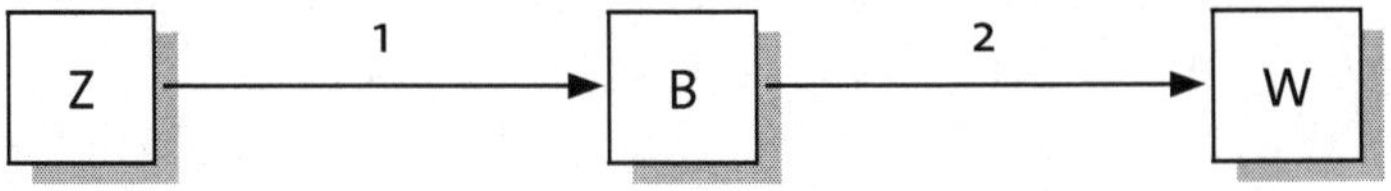

Die beiden Pfeile in diesem Schema symbolisieren die zwei Grundprobleme des Aufbaus einer Sprache. Der linke Pfeil besagt: Man muss sicherstellen, dass in einer Sprachgemeinschaft feste Zuordnungen von Zeichen und Bedeutungen bestehen. Wenn beispielsweise jemand »Vorsicht« ruft, sollten alle wissen, was gemeint ist. Wie kann man dies erreichen? Im Kontext der Umgangssprache braucht man sich darüber keine Gedanken zu machen. Anders verhält es sich in den empirischen Wissenschaften, wo ständig neue Bedeutungen auftauchen. Erst wenn es gelingt, sie für jeden nachvollziehbar mit Zeichen zu verbinden, kann man darüber sprechen.

Doch wo kommen diese Bedeutungen her? Damit ist das im Schema durch den rechten Pfeil symbolisierte Problem angesprochen: die Zuordnung von gemeinten Bedeutungen zur Welt. Alle Qualitätskriterien für Bedeutungen haben etwas mit der Orientierung zu tun, die sie im Umgang mit der Welt gewähren – oder blockieren. Diese Anforderung ist fundamental, bleibt aber merkwürdig unbeachtet. Auch in der Wissenschaft sind darauf fokussierte Diskurse selten, obwohl Begriffe die Theoriebildung entscheidend prägen. Liegt es daran, dass viele gar nicht wissen, wie man solche Diskurse führen kann? Der letzte Abschnitt dieses Kapitels stellt Gesichtspunkte der Begriffskritik vor.

Verständigung durch Zeichen

Geschriebene und gesprochene Worte, Gesten, Mienen, schlicht alles, was Menschen an den Tag legen, um etwas zum Ausdruck zu bringen, werden im Folgenden *»Zeichen«* oder *»Symbole«* genannt. Ein *Text* ist ein zusammenhängendes Gebilde von Zeichen, das der Verständigung zwischen Menschen dienen soll. Die gesendete Botschaft soll identisch sein mit dem, was am anderen

Ende verstanden wird. Dies ist nur dann möglich, wenn alle an der Kommunikation Beteiligten die ausgetauschten Zeichen ungefähr gleich interpretieren. Schon in der Alltagskommunikation kommt es dabei immer wieder zu Schwierigkeiten, doch im Großen und Ganzen wächst man im Laufe seines Lebens in eine Zeichengemeinschaft hinein, in der es für alle wichtigen Tatbestände des täglichen Lebens halbwegs bedeutungsgleiche Zeichen gibt, die jeder in annähernd gleicher Weise versteht.

Während in der Alltagskommunikation Vieles Routine ist und der etablierte Zeichenvorrat nicht ständig wechselt, verhält sich dies in der wissenschaftlichen Kommunikation ganz anders. Die Wissenschaft versucht ja, die Welt ständig unter neuen Perspektiven zu sehen und bisher unerforschte Aspekte namhaft zu machen. Dafür werden immer wieder neue Zeichen mit neuen Bedeutungen benötigt. Außerdem kommt es in der Wissenschaft mehr auf Exaktheit an als in der Alltagskommunikation. Man muss sich in der wissenschaftlichen Kommunikation also darüber im Klaren sein, wie sich gänzlich neue Bedeutungen für Zeichen einführen oder schon gebräuchliche Bedeutungen präzisieren lassen, und was man dabei richtig oder falsch machen kann. Mit diesen Fragen setzen sich die folgenden Ausschnitte auseinander.

Bedeutungszuweisung: Prädikation und Definition

Ein bekanntes Beispiel für die Einführung einer Verbindung von Zeichen und Bedeutung findet sich in Daniel Defoe‘s Roman *Robinson Crusoe*. Robinson zeigt dem zu ihm geflohenen Inselbewohner, den er »Freitag« nennt, Gegenstände und äußert dazu ein sprachliches Zeichen, mit dem diese Gegenstände »zum Ausdruck« gebracht werden sollen. Dies wiederholt er so lange, bis Freitag offenbar die Bedeutung des Zeichens begriffen hat. Allmählich entsteht so eine Zeichengemeinschaft zwischen den beiden. Handlungen dieser Art seien im Folgenden in Anlehnung an Wilhelm Kamlah und Paul Lorenzen, die Protagonisten des »Erlanger Konstruktivismus«, als *deiktische (hinweisende) Handlungen* bezeichnet.[122]

Damit hat jeder schon in der frühen Kindheit Bekanntschaft gemacht. Michael Tomasello sieht in den »Zeigegesten« von Kleinkindern die Ursprünge menschlicher Kommunikation überhaupt. Das Verfahren der Prädikation ist uns buchstäblich angeboren.[123] Deiktische Handlungen sind auch gemeint, wenn man die gestikulierende Verständigung von Personen unterschiedlicher

Nationalität und Sprache als »Radebrechen« bezeichnet. In einer fortgeschrittenen Sprachgemeinschaft kann man deiktische Handlungen mit sprachlicher Unterstützung ausführen, etwa in Form von Sätzen wie »dies ist ein Tisch« oder »Robinson ist ein Mensch«. Prädikationen dieser Art bestehen ihrerseits aus drei Klassen von Zeichen:

- *Nominatoren*: hinweisende Worte wie »dies« oder Eigennamen wie beispielsweise »Robinson«
- *Verbindungsworte:* »ist«
- *Prädikatoren:* »Tisch«, »Mensch«: neue Zeichen, deren Bedeutungen unter Zuhilfenahme von Nominatoren und Verbindungsworten eingeführt werden.

Die neuen Zeichen müssen nicht immer Prädikatoren sein (dieser Begriff wird noch näher erläutert), allerdings ist die Einführung der Bedeutung von Prädikatoren besonders wichtig. Prädikatoren wie »Tisch« oder »Mensch« bezeichnen etwas Allgemeines, das nicht nur im konkreten Gegenstand der jeweiligen Prädikation vorzufinden ist. Dieses Allgemeine lässt sich erst anhand eine Serie von Prädikationen mit verschiedenen Gegenständen herausarbeiten: Nachdem bei einer Prädikation auf verschiedene Tische und Menschen hingewiesen wurde, kann derjenige, der dazulernen soll, die allgemeine Bedeutung dieser Zeichen durch Abstraktion herausdestillieren.

Prädikation als Verfahren der Verbindung von Bedeutungen mit Zeichen stößt allerdings schnell an Grenzen. Sie ist erstens umständlich und in einem auf schriftlicher Kommunikation beruhenden Wissenschaftsbetrieb als dominierendes Verfahren kaum vorstellbar. Ginge es vielleicht doch, wenn sich wissenschaftliche Kommunikation auf Videos per Internet umstellen würde? Nein – denn Prädikation ist noch aus einem zweiten Grund unzureichend: Bei vielen Abstrakta führt sie zu nichts; damit ist sie gerade für die Soziologie untauglich. Wie sollte man etwa die Bedeutung von Prädikatoren wie »Herrschaft«, »Rolle« oder »Klassenkonflikt« durch deiktische Handlungen einführen?

Dafür steht ein zweites Verfahren zur Verfügung, dasjenige der Definition. Bei einer Definition wird eine Regel aufgestellt, die festlegt, dass die Bedeutung eines neuen Zeichens – Definiendum – mit der Bedeutung einer Gruppe bereits eingeführter Zeichen bzw. einer Zeichengruppe – Definiens – identifiziert wird. Allgemeine Form:

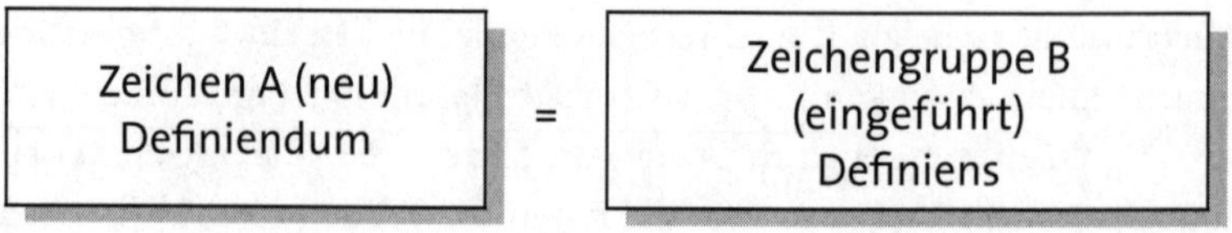
Zeichen A (neu)
Definiendum
=
Zeichengruppe B
(eingeführt)
Definiens

Ein Beispiel für eine Definition wäre etwa: »Macht bedeutet jede Chance, innerhalb einer sozialen Beziehung den eigenen Willen auch gegen Widerstreben durchzusetzen, gleichviel worauf diese Chance beruht« (Max Weber).[124] In dieser Definition ist »Macht« das Definiendum, der Ausdruck »bedeutet« ist ein Verbindungswort für die Gleichsetzung, und der Rest ist diejenige Zeichengruppe, deren Bedeutung als bekannt vorausgesetzt wird.

Nun kann es allerdings sein, dass diese Voraussetzung bei denjenigen, denen die Bedeutung des Zeichens »Macht« mitgeteilt werden soll, gar nicht zutrifft. Sie könnten beispielsweise fragen: Was bedeutet »sozial«, »Beziehung«, »Wille« usw.? Damit fordern sie zu Folgedefinitionen auf, bei denen freilich erneut das Problem auftauchen kann, dass das Definiens Zeichen enthält, deren Bedeutungen ebenfalls noch unbekannt sind.

Wenn es nicht möglich wäre, diesen unendlichen Regress abzubrechen, wären Definitionen für die Wissenschaft ohne Wert. Was also tun? Man kann sich auf den Standpunkt stellen, dass es legitim sei, den Prozess des Nachschiebens von Folgedefinitionen dann abzubrechen, wenn man bei Zeichen angelangt ist, die im Alltagssprachgebrauch einer Zeichengemeinschaft so fest etabliert sind, dass sich alle, welche die Bedeutung dieser Zeichen noch hinterfragen würden, sich vorhalten lassen müssten, sich einfach nur dumm zu stellen.

Was aber meint dieser Vorwurf genau? Er verweist auf die Wurzeln der Umgangssprache in den entwicklungspsychologisch frühen Phasen des Spracherwerbs, auf Prädikationen durch Zeigegesten und Zeichengeben. Wir sehen also, dass Prädikationen letztlich die Bedingung der Möglichkeit von Definitionen sind – sie bilden sozusagen das semantische Sicherheitsnetz der intersubjektiven Wirklichkeitsverankerung der Sprache

Nach dem Ausmaß, in dem eine Definition an eine bereits im Sprachgebrauch etablierte Bedeutung des Definiendums anknüpft, unterscheidet man folgende Typen:

- *feststellende Definitionen*: Explizit-Machen der bereits eingeführten Bedeutung eines Zeichens
- *regulierende Definitionen*: Präzisierung eines bereits bestehenden Sprachgebrauchs

– *festsetzende Definitionen*: Einführung einer völlig neuen Bedeutung für ein Zeichen

Vom Einzelnen zum Allgemeinen: Eigennamen, Prädikatoren und Variable

Implizit habe ich in den bisherigen Überlegungen bereits einen »Begriff des Begriffs« vorausgesetzt, den ich nun folgendermaßen definiere: Begriffe sind Zeichen, deren Bedeutung entweder bereits fest etabliert ist oder die durch explizite Prädikation oder Definition eingeführt wird. Für jeden, der selbst definieren oder die Bedeutung von Definitionen verstehen will, ist es nun wichtig, verschiedene Grundtypen von empirischen Begriffen auseinander zu halten, die in allen empirischen Wissenschaften, aber auch in außerwissenschaftlichen Kontexten vorkommen können: Eigennamen, Prädikatoren und Variablen.

Eigennamen sind solche Begriffe, die ganz bestimmte, singuläre Gegenstände bezeichnen; etwa eine konkrete Person, eine historisch und geographisch eindeutig bestimmte Gesellschaft, ein einzelnes physikalisches Objekt.

Prädikatoren sind solche Begriffe, deren Bedeutung sich auf eine bei mehreren Gegenständen vorstellbare Eigenschaft bezieht. Ein einfaches Beispiel ist der Prädikator »rot«. Offensichtlich ist dieser Begriff nicht nur auf einen einzigen Gegenstand anwendbar, vielmehr kann man bei jedem physischen Objekt feststellen, ob es rot ist oder nicht. Ein anderes Beispiel ist der Prädikator »Mensch«. Um besser zum Ausdruck zu bringen, dass es sich tatsächlich um einen Prädikator handelt, könnte man das Zeichen vielleicht umformulieren in »Menschhaftigkeit«, womit zum Ausdruck kommt, dass es sich hier um einen Eigenschaftskomplex handelt, der nicht auf ein einziges Individuum beschränkt ist. Man kann bei jedem beliebigen Gegenstand fragen, ob die Qualität der »Menschhaftigkeit« vorliegt. En passant zeigt sich hier, dass sprachliche Zeichen für Prädikatoren grammatikalisch unterschiedliche Formen annehmen können: Substantiv (»Mensch«), Adjektiv (»menschlich«), Verb (»menscheln«).

Variable sind ein noch allgemeinerer Begriffstyp. Sie lassen sich auffassen als Klassen von Prädikatoren; der Begriffstyp der Variable bezeichnet also immer ein Ensemble von allgemeinen Eigenschaften. Der Begriff »Farbe« etwa ist dem Typus der Variablen zuzurechnen; er vereinigt in sich eine größere Menge von einzelnen Prädikatoren (rot, grün, blau, usw.). Weitere Beispiele sind: Größe, Schulbildung, Intelligenz, Modernisierungsgrad der Gesellschaft.

Statt »Variable« kann man auch »Dimension« sagen. Die in einer Variablen zusammengefassten Prädikatoren werden als »Ausprägungen« oder »Kategorien« der Variable bezeichnet. Man kann sich diese Kategorien wie einen Satz Schablonen vorstellen, von denen genau eine auf einen gegebenen Gegenstand aus dem Anwendungsbereich der Variable passen muss. Wenn dieser Gegenstand beispielsweise das Individuum »Hans« ist, so passt aus der Schublade (Variable) »Lebewesen« die Schablone »Mensch«, aus der Schublade »Anzahl der Beine« die Schablone »zwei«, aus der Schublade »Haarfarbe« die Schablone »braun«.

Wie bereits im 6. Kapitel ausgeführt, durchlaufen die Variablen der Soziologie meist eine Transformation: Sprachlich formulierte Primärinformationen werden durch Zahlen repräsentiert, die den Relationen der zu einer Variable gehörenden Ausprägungen isomorph sind. Erst diese Transformation erlaubt die statistische Bearbeitung beliebig großer Mengen von Variablen bei beliebig großen Stichproben.

Die Ausprägungen von Variablen dienen dazu, Gegenstände voneinander zu unterscheiden. Genau genommen sind auch Prädikatoren Variablen, denn zu jedem Prädikator gibt es implizit einen Komplementärbegriff, dessen Minimalbedeutung im *Nichtvorliegen* der vom Prädikator bezeichneten Eigenschaft besteht. Wer »menschlich« sagt, muss gleichzeitig über den Begriff »nicht-menschlich« verfügen, ebenso ist der Prädikator »zweibeinig« nur sinnvoll in Verbindung mit dem Komplementär-Prädikator »nicht-zweibeinig«. Im Grunde lässt sich jeder einzelne Prädikator also auch als Ausprägung einer binären Variable auffassen, und jede mehrwertige Variable lässt sich in eine Reihe von binären Variablen transformieren, in sogenannte Dummy-Variable, wovon bestimmte statistische Prozeduren Gebrauch machen.

Dichotome Variable (menschlich/nicht-menschlich; zweibeinig/nicht-zweibeinig) sind der einfachste Fall von Variablen überhaupt. In der Regel weisen Variable allerdings eine größere Differenzierung auf. Den Residual-Prädikator »nicht-menschlich« beispielsweise kann man sinnvoll in eine Menge konkreterer Prädikatoren zerlegen, etwa: überirdisch/tierisch/pflanzlich/anorganisch. Ebenso kann man aus der primitiven Variable »zweibeinig/nicht-zweibeinig« eine viel besser diskriminierende Variable machen, mit der sich etwa auch kriechende Nullbeiner im einen Extrem und Tausendfüßler im anderen Extrem klar unterscheiden lassen.

Wo kommen Bedeutungen her?

Die meisten Menschen sind der Auffassung, dass sich Bedeutungen auf Phänomene beziehen, die einfach in der Welt vorgefunden und dann »bezeichnet« würden. In der Wissenschaft, erst recht in der Soziologie, kommt man damit aber nicht weit. Halten wir zunächst noch einmal fest: Die Bedeutung eines Eigennamens ist ein singulärer Gegenstand; die Bedeutung eines Prädikators ist eine Eigenschaft einer Mehrzahl von Gegenständen; die Bedeutung einer Variable ist identisch mit der Bedeutung einer Klasse von Prädikatoren. Was aber sind Gegenstände? Und wo kommen die Prädikatoren und Variablen her?

Zunächst einmal ist klarzustellen, dass »Gegenstände« im sprachanalytischen Sinn nicht nur physikalische Objekte sein können, sondern beispielsweise auch Situationen, Prozesse, Gesellschaften, Handlungsmuster, psychische Zustände, Texte, Software, Gesetze oder statistische Verteilungen. Schlechthin alles, was sich in der Realität feststellen lässt, kann zum Gegenstand des Denkens und Sprechen werden. Selbst bei diesem erweiterten Gegenstandsbegriff wäre es jedoch naiv anzunehmen, dass Gegenstände und ihre Eigenschaften einfach nur »vorgefunden« würden, und dass sich Begriffsbildung darauf beschränkte, den »Gegebenheiten« ein Etikett anzuheften, sie also durch Zeichen zu markieren, die etwas »Gegebenes« bedeuten.

Darauf bezieht sich nun der zweite Pfeil im obigen Schema: die Verbindung zwischen Bedeutungen und Welt. Grenzen wir uns zunächst gegen zwei irreführende Auffassungen dieser Verbindung ab: das *naturalistische* (synonym: *essentialistische*) und das *radikal-konstruktivistische* Missverständnis. Ersteres dominiert im Alltagsleben, letzteres taucht immer wieder in der Philosophiegeschichte auf.

Mit dem naturalistischen Missverständnis ist die Auffassung gemeint, dass Bedeutungen bereits durch die Natur der Dinge vorgegeben seien, man müsse sie nur explizit machen. Was dabei in Vergessenheit gerät, ist der konstruktive Anteil, den Menschen dabei unvermeidlich übernehmen, ob sie sich dessen bewusst sind oder nicht. Wer grenzt denn die Dinge voneinander ab, wenn nicht wir selbst? Jede Bedeutung bringt eine selektive Perspektive zum Ausdruck. Insofern muss man sagen: Was uns unabhängig von uns selbst gegeben scheint, ist im erkenntnistheoretischen Sinn insofern unser eigenes Werk, als wir einen Aspekt der Welt aktiv ins Auge fassen – in der impliziten Hoffnung auf eine Entsprechung in der Wirklichkeit.

Wenn man sich dies klargemacht hat, ist es allerdings nur ein kleiner Schritt zum entgegengesetzten, radikal-konstruktivistischen Missverständnis der Beziehung von Bedeutung und Welt.[125] Man verfällt nun nämlich leicht auf den Gedanken, dass Bedeutungen nichts weiter seien als Hirngespinste. Der Phantasie sind zwar keine Grenzen gesetzt, wie obsolet gewordene Begriffsbeispiele zeigen, etwa »Hexe« oder »Zauberer«. Aber auch Begriffe, die uns sinnvoll erscheinen, sind Konstrukte, es kann gar nicht anders sein. Dass wir uns etwas Inexistentes einbilden, ist zwar möglich, aber nicht notwendig – im Gegenteil haben wir Anlass zu der Annahme, dass sich die meisten unserer Bedeutungen auf etwas Wirkliches beziehen.

Mit der Abgrenzung gegen diese beiden Missverständnisse sind unsere Kernfragen aber noch nicht beantwortet: Wo kommen die Bedeutungen her? Und wie können wir über sie urteilen? Eine angemessene Theorie der Bedeutung muss beide Pole zusammen bringen, die der rechte Pfeil im Schema am Anfang dieses Kapitels verbindet: den Pol des Subjektiven (B) und den Pol des Objektiven (W). Bedeutungen entstehen in der Auseinandersetzung zwischen sprechenden Subjekten und der objektiven Wirklichkeit.

Begriffe gliedern die Totalität der Welt in besonders hervorgehobene Einzelaspekte. Theoretisch gibt es unendlich viele Möglichkeiten, dies zu tun. Man kann beispielsweise gewiss nicht behaupten, dass der Begriff »Baum« nichts mit der Realität zu tun hätte – es gibt ja ganz offensichtlich Bäume. Dass wir jedoch Bäume tatsächlich als isolierte Gegenstände wahrnehmen, hängt auch damit zusammen, dass wir über einen Begriff verfügen, der Bäume als Objekte in der Welt isoliert und damit überhaupt erst sichtbar macht. Verfügten wir beispielsweise nur über den Begriff der Natur oder nur über den Begriff der Pflanze, wären wir nicht in der Lage, Bäume als Gegenstände zu erkennen. Dass die Bedeutung des Zeichens »Baum« existiert, hängt also nicht nur von der Beschaffenheit der Welt ab, sondern auch von unserem Entschluss, die Welt in einer ganz bestimmten Weise zu sehen.

Gegenstände und ihre Eigenschaften sind also immer etwas Gegebenes aus der Perspektive eines sprechenden und denkenden Subjekts. Wir können unsere Perspektiven ändern (und tun dies auch ständig, insbesondere in der Wissenschaft), womit sich auch die in der Sprache repräsentierten Gegenstände ändern. Bedeutungen sind also durch die »Natur der Dinge« allein nicht ausreichend bestimmt. Der menschliche Faktor muss hinzukommen – es handelt sich um Konstruktionen in Bezug auf objektiv Gegebenes. Bedeutungen können durchaus nur Einbildungen sein, wir hoffen jedoch, dass sie Aspekte der real existierenden Welt auf den Begriff bringen. Damit soll die zunächst unübersichtliche Welt kognitiv gegliedert und uns zugänglich gemacht werden.

Um all dies in einer Formel zusammenzufassen: Bedeutungen sind *interessenbestimmte Wahrnehmungsprogramme.* Dies zeigt sich besonders deutlich in kulturspezifischen Begriffen, die sich nicht übersetzen lassen, weil sie etwas zum Ausdruck bringen, das anderen Kulturen nicht wichtig genug ist, um einen eigenen Begriff dafür zu prägen. Einige schöne Beispiele habe ich bereits weiter oben in die Erläuterung der Leitfrage von Teil IV übernommen; hier sind noch zwei: Im Schwedischen gibt es ein Wort für »sich treffen, um zu reden und eine Pause vom Alltag zu machen, wobei man normalerweise Kaffee trinkt«, und im Malaiischen ein Wort für »die Zeit, die man braucht, um eine Banane zu essen«.[126] Allerdings kann man durchaus Bedeutungen ohne reale Entsprechung konstruieren. So bezeichnet der Prädikator »Zentaur« ein Mittelding zwischen Mensch und Pferd, doch Lebewesen dieser Art gibt es gar nicht. Bedeutungen von Prädikatoren und Variablen sind oft Eigenschaftskombinationen (bei Prädikatoren) oder Klassen von Eigenschaftskombinationen (bei Variablen). Nicht jede theoretisch denkbare Eigenschaftskombination aber muss tatsächlich auch vorkommen, so sehr viele auch davon überzeugt sein mögen – man studiere nur etwa die Geschichte des Rassismus.

Eine weitere Annäherung an die »Bedeutung der Bedeutung« ergibt sich aus der Unterscheidung zwischen Intension und Extension. Mit der Intension ist dasjenige Eigenschaftsbündel gemeint, das die spezifische Weltperspektive des Begriffs ausmacht. Die Extension bezeichnet demgegenüber die Menge aller durch einen Begriff bezeichneten Gegenstände. Der Begriff »Zentaur« beispielsweise hat die Intension einer Kombination von Mensch und Pferd mit der Extension null. Ein Eigenname hat, sofern er sich auf einen real existierenden Gegenstand bezieht, immer die Extension eins. Der Begriff »Mensch« bewegt sich heutigen Schätzungen zufolge bis 2050 auf die Extension von etwa zehn Milliarden zu. Es liegt auf der Hand, dass man mit Begriffen, deren Extension null ist, nichts anfangen kann. Unerlässlich ist deshalb, bei der Begriffsbildung auch empirische Strategien anzuwenden, wovon später noch zu reden ist.

Wichtige Begriffsformen der empirischen Soziologie

Wir alle betreiben Soziologie, zumindest intuitiv: Wir machen uns Gedanken über die uns umgebende soziale Wirklichkeit, über die zwischen Menschen geltenden Regeln, über gesellschaftliche Normalität und ihren Wandel, über soziale Milieus und Gruppen, über die Verteilung persönlicher und situativer Merkmale in Kollektiven. Ist es beispielsweise gerecht, dass ein Bruchteil der Bevölkerung über den Löwenanteil des Vermögens verfügt? Die Begriffsmuster der Soziologie korrespondieren denen der Alltagswahrnehmung. Sie spiegeln die als wichtig angesehenen Eigenschaften des Forschungsgegenstands Gesellschaft.

Meine folgende Zusammenstellung ist nicht vollständig, doch deckt sie einen erheblichen Teil der aktuellen soziologischen Terminologie ab. Gemeinsames Merkmal ist der empirische Bezug: Alle hier genannten Begriffstypen programmieren die Wahrnehmung auf ganz bestimmte Aspekte der gesellschaftlichen Wirklichkeit. Sie sind ein Echo etablierter soziologischer Sprachtraditionen. Weil sich die Perspektiven überlagern, können sich die angeführten Begriffsklassen überschneiden, oder sie können sich (ganz oder teilweise) gegenseitig enthalten. Im Einzelnen:

Interaktionsmusterbegriffe: Solche Termini beziehen sich auf repetitive Aspekte von Episoden sozialen Handelns. Beispiele: Rolle, Position, Herrschaftsstruktur, Ritual, Organisation, Institution, Stil, System.

Dispositionsbegriffe: Dabei handelt es sich um Variablen, die situationsübergreifende Handlungstendenzen abbilden. In den Kulturwissenschaften kommt es vor allem auf vier Klassen von Dispositionsbegriffen an. (1) Begriffe der Persönlichkeitspsychologie wie Introversion, Extraversion, Depressivität, Anomie, Fatalismus, Autoritarismus; (2) Einstellungsbegriffe wie Ausländerfeindlichkeit, Postmaterialismus, Konservativismus; (3) Kompetenzbegriffe, etwa für sprachliche, berufliche, körperliche, kognitive und andere Fähigkeiten; schließlich (4) Alltagsbegriffe wie »nett« oder »Langweiler«, Eine ausführlichere Darstellung von Dispositionsbegriffen findet sich im übernächsten Abschnitt.

Gruppierungsbegriffe: Abgrenzungen von Personengesamtheiten. Beispiele: Schichten, Klassen, Stände, soziale Milieus, Minderheiten, Randgruppen, ethnische Gruppen, Subkulturen.

*Typenbegriffe (*Synonyma: *Syndrombegriffe, Kombinationsbegriffe):* Solche Begriffe charakterisieren Objekte durch eine multivariate Konstellation von Eigenschaften. Zwei Unterformen sind soziologisch wichtig:

- kollektivbezogene Typenbegriffe, etwa Feudalgesellschaft, moderne Gesellschaft, Gemeinschaft – Gesellschaft (Ferdinand Tönnies),[127] Kapitalismus, Sozialismus, Typen des Wohlfahrtsstaats nach Esping-Andersen.[128]
- personenbezogene Typenbegriffe (zu denen als wichtiger Sonderfall Dispositionen gehören): Dabei kann es sich entweder um *subjektive* Syndro-

me handeln, etwa Deutungsmuster, Alltagswissen, Identität, subjektive Wirklichkeitsmodelle; oder um *situative* Syndrome wie Lebenslage und soziale Herkunft. Zusätzliche Erläuterungen zu Typenbegriffen gibt ein eigner Abschnitt weiter unten.

Verteilungsbegriffe: Damit sind Kollektivbeschreibungen nach Merkmalen der sie konstituierenden Menschen gemeint, etwa: soziale Ungleichheit, dominierende Handlungsmuster, verbreitetes Alltagswissen, vorherrschende Personentypen (»modale Persönlichkeiten«),[129] kulturspezifische Deutungsmuster, ferner statistisch gewonnene Begriffe, etwa »Faktoren« in der Faktorenanalyse, »Cluster« in der Klassifikationsanalyse, »multiple Regressionskoeffizienten« in der Kausalanalyse.

Prozessbegriffe: Zusammenfassende Bezeichnungen für Veränderungen, in deren Beschreibung die anderen oben dargestellten Begriffstypen vorkommen. Beispiele: »Demokratisierung« (handlungsstrukturbezogen), »Wertewandel« (dispositionsbezogen), »Individualisierung« im Sinn von Auflösung und Veränderung sozialer Großgruppen (gruppierungsbezogen), »Modernisierung« (typen-bezogen auf gesamtgesellschaftlicher Ebene), »Nivellierung von Lebenslagen« (verteilungsbezogen).

Was heißt »extrovertiert«? Dispositionsbegriffe

In Soziologie und Psychologie spielen Dispositionsbegriffe eine besondere Rolle. Hierbei handelt es sich um einen Begriffstypus, der komplexe empirische Annahmen beinhaltet. Ob diese auch tatsächlich vorliegen, ist erst einmal zu untersuchen, bevor man mit Dispositionsbegriffen arbeitet. Soziologische Dispositionsbegriffe haben eine Doppelnatur: Sie sind einerseits personenbezogene Variable, anderseits aber auch Merkmale von Kollektiven. Nehmen wir etwa die Variable »politisches Interesse«. Diese Variable existiert in modernen Demokratien, in denen es ein politisches System und Massenmedien gibt. Im Mittelalter oder bei den Nambikwara, dem von Levi-Strauss untersuchten Naturvolk in Brasilien, hätte sich diese Variable nicht auffinden lassen.[130]

Dispositionsbegriffe bezeichnen situationsübergreifende Handlungstendenzen. Es kann sich dabei etwa um emotionale Reaktionen handeln, (»positive/negative Einstellung gegenüber Ausländern«), um Handlungsbereitschaften (»politische Apathie/politische Aktivitätsbereitschaft«), um Fähigkeiten, Wissen, Ängste und ähnliches. Immer ist dabei ein Muster gemeint, das eine Person konsistent bei vielen verschiedenen Gelegenheiten an den Tag legt. Beliebig sind diese Situationen aber nicht, vielmehr weisen sie aus der Sicht der Person einen gemeinsamen Nenner auf. Die Bedeutung der Ausprägung »ausländerfeindlich« besteht beispielsweise in einem negativen, abweisenden oder aggressiven Denken und Handeln gegenüber Menschen, die als Ausländer wahrgenommenen werden. Analoges gilt für die entgegengesetzte Ausprägung: »ausländerfreundlich«, und ebenso für alle Ausprägungen dazwischen. Simuliert man solche Situationen durch eine Anzahl von Stimuli in einem Fragebogen, so lässt sich an der Konsistenz der Antworten erkennen, ob die Variable im gegebenen Kollektiv überhaupt existiert; falls ja, lässt sich ihre Ausprägung im Einzelfall als Punktwert zum Ausdruck bringen, der die Gesamtheit der Antworten einer Person abbildet. Dieser Logik begegnen viele im Internet, wenn sie bei einem Intelligenztest oder einem Persönlichkeitstest mitmachen

Je häufiger Inkonsistenzen auftreten, desto fragwürdiger wird ein entsprechender Dispositionsbegriff. Klammern wir an dieser Stelle die Frage aus, von welchem Grad der Konsistenz man überhaupt die Existenz einer Disposition unterstellen kann, so bleibt festzuhalten, dass es gerade bei den im Alltagsdenken und in den Sozialwissenschaften besonders häufigen Dispositionsbegriffen immer wieder anzuzweifeln ist, ob sie überhaupt empirische Korrelate haben. Es ist nicht schwierig, sich Dispositionen wie Ausländerfeindlichkeit, Intelligenz, Kontaktfähigkeit, Kreativität oder politisches Interesse *vorzustellen*. Ob es sie tatsächlich *gibt*, ist eine ganz andere Frage, die nur dann zu bejahen ist, wenn Menschen eines gegebenen Kollektivs in wechselnden Situationen konsistent immer wieder ein bestimmtes Niveau von Ausländerfeindlichkeit, Intelligenz, Kreativität usw. an den Tag legen, das alle Ausprägungen zwischen zwei Extremen aufweisen kann.

Es gibt einige wenige anthropologisch universelle Dispositionen; darauf bezieht sich das sogenannte Fünf-Faktoren-Modell (FFM) der Persönlichkeitspsychologie, das fünf Dimensionen der Persönlichkeit benennt: Aufgeschlossenheit, Gewissenhaftigkeit, Geselligkeit, Rücksichtnahme und Verletzlichkeit. Diese sogenannten Big Five bestätigten sich in allen einschlägigen Untersuchungen; sie kommen immer und überall vor.[131] Andere Dispositionen sind kulturspezifisch; ihre empirische Feststellung hat immer auch den Aspekt der Beschreibung einer gegebenen Gesellschaft. Zur menschlichen Komödie gehören schließlich auch singuläre, an eine einzige Person gebundene Dispositionen – fast jeder hat irgendeinen »Tick«.

Dispositionsbegriffe beruhen auf komplexen und keineswegs selbstverständlichen empirischen Annahmen, deren Untersuchung durch verschiedene Skalierungsverfahren einschließlich der Faktorenanalyse zu den anspruchsvolleren Aufgaben der empirischen Sozialforschung zählt.[132] Die Kernidee von Dispositionsbegriffen besteht in der Abkürzung des Denkens und Sprechens. Sie fassen gleichbleibende Tendenzen in einer Vielzahl von Situationen zu *einem* Prädikator zusammen: intelligent, menschenscheu, energisch, unwissend, reaktionsschnell usw. Die Benennung solcher Variablen bezieht sich in der Regel wie bei den oben angeführten Big Five oder wie beim populären Intelligenzbegriff zwar nur auf ein Extrem, gemeint ist aber immer das gesamte Kontinuum, bei Intelligenz etwa alles zwischen Genialität und Dummheit.

Was heißt »bürokratische Herrschaft«? Typenbegriffe

Viele Begriffe bestehen aus der Kombination *mehrerer* Prädikatoren. Damit beispielsweise ein Gegenstand als Baum gelten kann, muss eine ganze Reihe von Eigenschaften vorliegen (Größe, Form, biochemische Beschaffenheit, baumtypische Lebensprozesse). In der Wissenschaft spielen Kombinationsbegriffe eine wichtige Rolle. Sämtliche Krankheitsbegriffe der Medizin beispielsweise bringen Syndrome zum Ausdruck; sie fassen jeweils eine Mehrzahl von Symptomen zusammen. Ein anderes Beispiel ist die ältere Persönlichkeitspsychologie. Hier spielten komplexe Typen eine wichtige Rolle – Konglomerate von Prädikatoren. Bekannt wurde etwa die psychophysische Typologie von Kretschmer: Pykniker, Leptosome, Athletiker, Dysplastiker.[133] Wegen mangelnder empirischer Korrespondenz hat sie inzwischen an Bedeutung verloren.

In der Soziologie hat Max Weber mit seinen Idealtypen viele noch heute wichtige Kombinationsbegriffe geschaffen, etwa den der bürokratischen Herrschaft, gekennzeichnet durch die Kombination von Rechtlichkeit, professioneller Verwaltung, Aktenkundigkeit, Laufbahnen als Anreizsystem und anderem. Im Unterschied zur Persönlichkeitspsychologie beziehen sich sozialwissenschaftliche Idealtypen nicht auf einzelne Menschen, sondern auf gesellschaftliche Verhältnisse; begriffslogisch jedoch besteht kein Unterschied.

Es gibt unendlich viele Möglichkeiten, Prädikatoren miteinander zu kombinieren und diese Kombinationen als Begriffe in Sprachgemeinschaften einzuführen. Doch welche möglichen Kombinationen sind auch sinnvoll mit einem eigenen Begriff zu benennen? Es würde hier zu weit führen, die methodologische Problematik von Typenbegriffen auszuloten. An dieser Stelle sei nur hervorgehoben, dass sich Typenbegriffe nur zum Teil aus der »Natur der Sache« ableiten lassen. Anders als bei vielen Begriffen der Umgangssprache (»Baum«) ist im Rahmen wissenschaftlicher Erkenntnis die Natur der Sache nicht evident, sondern oft erst im Rahmen umfangreicher empirischer Studien zu erkennen. Die Weber‹schen Idealtypen beispielsweise sind das Ergebnis historischer Analysen; die Milieumodelle der Soziologie gehen auf Clusteranalysen oder andere Heuristiken zum Erkennen von Gruppierungen zurück;[134] die Persönlichkeitstypen von Kretschmer haben sich empirisch nicht bestätigt und sind aus der angewandten Psychologie verschwunden. Ein wichtiger Gesichtspunkt der empirischen Begründung von Typen ist der statistische Nachweis überzufälliger Häufungen der behaupteten Kombinationen.[135]

Idealtypen: Begriffe mit Unschärfetoleranz

Allen oben genannten Begriffstypen verweisen auf unscharfe Phänomene. Damit knüpfe ich an Überlegungen zur Unterscheidung von Ungenauigkeit und Unschärfe im letzten Abschnitt des 3. Kapitels an. Notwendig ist diese Unterscheidung, weil Begriffe und gesellschaftliche Realität in einer sprachlich nicht völlig fixierbaren Relation stehen, etwa wenn man sagt, dass zum Lebensstil einer bestimmten Personengruppe A »typischerweise« ein Verhalten X gehöre, oder dass in der Verteilung von Lebenslagen eine bestimmte Kombination »relativ häufig« sei, oder dass ein Prozess eine bestimmte »Tendenz« einschließe. Die Zurechnung konkreter Phänomene zum Begriff ist bei einer solchermaßen unbestimmten Redeweise nicht mehr binär (»entweder/oder«), sondern nur noch als Wahrscheinlichkeit (»tendenziell«) auszudrücken.

Einer der Gründe hierfür ist, dass Menschen Ordnungen schaffen, an die sie sich selbst nur im Großen und Ganzen halten. So kommt es etwa auch in stark durch soziale Distinktion geprägten Gesellschaften gelegentlich zur Exogamie bei der Partnerwahl, zu »nicht standesgemäßen« Verbindungen. Ein weiterer Grund besteht darin, dass die Menschen jene Handlungsschemata, auf die der Begriff der Ordnung verweist, an Situationen binden, welche sie immer erst interpretieren müssen: Welcher Rahmen gilt? Dabei treten Fehler, Schwankungen und Unstimmigkeiten auf. Das Ergebnis ist eine immer nur unvollkommene soziale Ordnung, die ihren Niederschlag auch in der Sprache der sie beschreibenden Wissenschaft finden muss. Ohne Unschärfetoleranz ginge der Soziologie ihr Gegenstandsbereich verloren.

Um über Ordnungen sprechen zu können, denen sich die sozialen Verhältnisse immer nur annähern, ohne sie jemals perfekt zu realisieren, konstruiert die Soziologie viele ihrer Begriffe als »Idealtypen«. Dieser von Max Weber eingeführte metasprachliche Terminus[136] wird oft als normative Kategorie missverstanden – dahingehend, dass Idealtypen Werte und Zielvorstellungen zum Ausdruck bringen würden. Gemeint sind jedoch Idealisierungen im Sinn von Glättungen, um die »unordentliche« Wirklichkeit der Kollektive überhaupt sprachlich angehen zu können. Diese »Unordnung« werfen die sogenannten exakten Wissenschaften der Soziologie manchmal vor. »Bringt doch einfach nur zum Ausdruck, was empirisch der Fall ist!« Das Problem ist nur, dass die soziale Realität oszilliert. So etwas kommt auch in den Naturwissenschaften vor, ein »Rauschen«, eine Unschärfe. Geeignete mathematische Verfahren lassen das Rauschen in den Hintergrund treten, damit das Wesentliche sichtbar wird, die bei aller Oszillation erkennbare Tendenz.

Unschärfe ist nicht zu verwechseln mit Ungenauigkeit, d. h. mit Abweichungen der Forschungsergebnisse von der Realität, etwa bedingt durch bewusste oder unbewusste Falschaussagen von Befragten, durch Stichprobenfehler, Kodierungsfehler, Interpretationsfehler, Fehler der Modellspezifikation u. a. Im Gegensatz dazu meint Unschärfe die unvermeidliche Abweichung der sozialen Wirklichkeit von empirisch geglätteten, »idealisierten« soziologischen Begriffsformen, welche Ordnungstendenzen abbilden sollen. Ungenauigkeit kann durch Verbesserung der Forschungsverfahren, durch kumulative Forschung und durch wissenschaftliche Diskussion verringert werden – Unschärfe nicht.

Logisch gesehen haben Unschärfe und Ungenauigkeit nichts miteinander zu tun. Die bestmögliche Annäherung an die Wahrheit kann gerade in der Feststellung von Unschärfe bestehen. Umgekehrt ist mathematische Exaktheit statistischer Ergebnisse immer unter Vorbehalt zu sehen. So genau, wie der Algorithmus suggeriert, kann man über die gesellschaftliche Wirklichkeit gar nicht sprechen.

Auch wenn es nicht möglich ist, Ungenauigkeitskomponenten und Unschärfekomponenten in den Daten exakt zu trennen und zu quantifizieren, ist doch schon ein entscheidender Schritt getan, wenn man den Unterschied überhaupt kennt. Die Konsequenzen erstrecken sich bis in die Datenanalyse hinein. Während nun das Problem der Ungenauigkeit in der Methodenlehre und der empirischen Forschung ausgiebig reflektiert wird, gehört ausgerechnet das in der Soziologie allgegenwärtige Thema der Unschärfe zu den weitgehend vernachlässigten methodischen Herausforderungen.

Zweckmäßigkeit: Wie man über Begriffe diskutieren kann

In der Auseinandersetzung der Menschen mit der Welt entstehen nicht nur sinnvolle, sondern auch irreführende Begriffe. Wegen der erkenntnisleitenden Bedeutung von Begriffen und wegen der kreativen Funktion, die den Menschen selbst bei der Begriffsentstehung zukommt, ist es notwendig, wissenschaftliche Diskurse über Begriffe möglichst klar zu strukturieren. Im Folgenden stelle ich die wichtigsten Kriterien begriffsbezogener Argumentation vor.[137]

Als erstes kommt es bei der Auseinandersetzung mit Begriffen darauf an, sich von einer scheinbar naheliegenden Überlegung freizumachen: »Richtigkeit« oder »Falschheit« im empirischen Sinne sind keine angemessenen Gesichtspunkte der Begriffskritik. Begriffe sind ja nichts weiter als sprachliche Konventionen: »Das Zeichen A bedeutet die Eigenschaftskombination XYZ«.

Eine Konvention aber beschreibt die Wirklichkeit nicht, vielmehr ist sie eine Vereinbarung darüber, wie man sich verhalten soll. Sie kann ebensowenig empirisch wahr oder falsch sein wie beispielsweise der Satz »Du sollst nicht töten«. Das, was sein *soll* (im Fall der Begriffe: Wie man sprechen soll), ist logisch und inhaltlich von anderer Qualität und deshalb auch anders zu beurteilen, als das, was *ist*. Die Aussage, dass man nicht töten soll, enthält keine Information darüber, ob in der Welt getötet wird oder nicht. Ebenso enthält die Aussage, dass man ein Zeichen zur Benennung einer bestimmten Bedeutung verwenden soll, keine Information über die Beschaffenheit der Wirklichkeit.

Von »richtigen« und »falschen« Begriffen zu sprechen geht deshalb als Kritik an der Sache vorbei. In dieser Redeweise spiegelt sich lediglich die längst überholte Auffassung, dass Begriffe dazu da seien, ein vom konstruktiven Zugriff des Menschen unabhängiges »Wesen der Dinge« darzustellen (siehe oben: essentialistisches Missverständnis).

Wie kann man dann aber an die Kritik von Begriffen herangehen? Dass es brauchbare und unbrauchbare Begriffe gibt, ist offensichtlich – doch wonach genau soll man urteilen? Besinnen wir uns zunächst noch einmal darauf, dass Begriffe Sprachkonventionen sind. Sie werden eingeführt, um eine unseren Bedürfnissen angemessene Sprachpraxis zu ermöglichen, und sie sind in dem Maße zu kritisieren, in dem sie diesen Bedürfnissen zuwiderlaufen.

Oberster Gesichtspunkt der Begriffskritik ist demnach die *sprachpragmatische Zweckmäßigkeit*, wobei sich zwei hauptsächliche Anliegen der wissenschaftlichen Sprachpraxis unterscheiden lassen, die bereits am Anfang dieses Kapitels im Schema der Begriffsbildung angeklungen sind:

- Das erste Anliegen ist die Zuordnung von Zeichen zu Bedeutungen (Z → B): Sprache soll so konstruiert sein, dass man sich mit ihrer Hilfe gut verständigen kann. Dem entsprechen die im nächsten Abschnitt erläuterten Kriterien der *kommunikativen Zweckmäßigkeit*: Nichtzirkularität, Konsistenz und Präzision.
- Das zweite Anliegen ist die Konkretisierung solcher Bedeutungen, die der Welt angemessen sind (B → W). Dieser *wirklichkeitsbezogenen Zweckmäßigkeit* dienen die im übernächsten Abschnitt dargestellten Kriterien von empirischer Relevanz, theoretischer Relevanz und Problemrelevanz.

Kommunikative Zweckmäßigkeit

Hier kommt es auf drei Kriterien an:

1. Nichtzirkularität: Ein Begriff ist dann zirkulär definiert, wenn das Zeichen im Definiendum noch einmal im Definiens vorkommt. Nicht weiter kommentierungsbedürftig wäre etwa folgendes Beispiel: »Das Leben ist eben einfach das Leben«. Häufig entdeckt man die Zirkularität von Definitionen jedoch erst dann, wenn man das Definiens durch Folgedefinitionen genauer untersucht.

   Nehmen wir folgendes Beispiel: »Eine soziale Gruppe ist eine kleine Anzahl von Personen, die häufig miteinander in Kontakt stehen und ein Wir-Gefühl entwickelt haben«. Stellen wir uns weiterhin vor, dass nun die sprachlichen Zeichen im Definiens durch Folgedefinitionen präzisiert werden sollen; dabei wird der Ausdruck »Wir-Gefühl« definiert als »Gefühl der Zugehörigkeit zu einer sozialen Gruppe«. Setzen wir, was ja erlaubt ist, diese Definition in die ursprüngliche Definition ein, so zeigt sich diese nun in folgender Gestalt: »Eine soziale Gruppe ist eine kleine Anzahl von Personen, die häufig miteinander in Kontakt stehen und ein Gefühl der Zugehörigkeit zu einer sozialen Gruppe entwickelt haben.« Jetzt wird evident, dass sich die Katze in den Schwanz beißt und dass die Definition nicht in der Lage ist, das zu leisten, was sie zu leisten beanspruch, nämlich eine neue Bedeutung für ein sprachliches Zeichen einzuführen. Für die Weiterentwicklung der Kommunikationstauglichkeit der Sprache ist diese Definition also wertlos.

2. Konsistenz: Die Definition eines Zeichens wird als umso konsistenter bezeichnet, je näher die im Definiens eingeführte Bedeutung an den bereits bestehenden Sprachgebrauch angelehnt ist, was in der Soziologie ständig vorkommt. Würde man beispielsweise »Jugend« definieren als »Lebensspanne nach der Pensionierung«, so würde diese Definition vielleicht das Grundgefühl mancher Rentner treffen, wäre aber inkonsistent und würde nur Verwirrung stiften.

   Da sich die Kulturwissenschaften viel mit Bedeutungen beschäftigen müssen, die bereits durch die Alltagskommunikation vorgeprägt sind, ist hier der Gesichtspunkt der Konsistenz von großer Bedeutung. Betrachten wir etwa die Definition von Politik von David Easton: »Politik ist die autoritative Allokation von Werten«.[138] Dieser Begriff ist viel weiter gefasst als der in der Umgangssprache vorgeprägte Politikbegriff, denn eine autoritative Allokation von Werten gibt es in allen sozialen Handlungsfeldern, zum Beispiel auch in Familien. Durch eine solche Inkonsistenz wird Kommunikation unnötig erschwert. Wir sollten es vermeiden, bereits eingeführte Verbindungen von Zeichen und Bedeutungen zu löschen und durch andere Verbindungen zu ersetzen.

3. Präzision: Eine Definition ist dann präzise, wenn die Bedeutung der sprachlichen Zeichen im Definiens klar ist. Man kann die Präzision durch zusätzliche Definitionen unklarer Zeichen im Definiens erhöhen. Bei der Anwendung des Kriteriums der Präzision muss man sich auf den Verständnishorizont derjenigen einlassen, an die sich der Definierende richtet. Für einen wissenschaftlichen Laien ist etwa die zitierte Definition von Politik durch Easton möglicherweise ein kleines Schockerlebnis, denn für ihn wird nicht etwa ein unbekanntes Zeichen durch eine Gruppe bekannter Zeichen ersetzt, sondern es ist gerade umgekehrt. Für wissenschaftlich Eingearbeitete hingegen mag die Definition hinreichend präzise sein; wenn nicht, ist nachzufragen, was Easton unter den Ausdrücken »autoritativ«, »Allokation« und »Wert« versteht. Nur wenn Easton eine restlose Klärung herbeiführen kann, ist seine Definition ausreichend präzise.

Wirklichkeitsbezogene Zweckmäßigkeit

Die bisher genannten drei Kriterien – Nichtzirkularität, Konsistenz und Präzision – hatten mit dem Problem der Zuordnung von Zeichen zu Bedeutungen zu tun (Z → B), die folgenden drei beziehen sich auf die Frage der Bedeutungskonstitution (B → W): Hilft einem der zur Diskussion gestellte Begriff, sich besser in der Wirklichkeit zu orientieren?

1. Empirische Relevanz: Es gibt, wie eingangs festgestellt, keine richtigen oder falschen Begriffe, sondern nur mehr oder weniger zweckmäßige, da Begriffe keine empirischen Aussagen sind, sondern Sprachkonventionen. Dies bedeutet jedoch keineswegs, dass Begriffe nicht auch unter empirischen Gesichtspunkten kritisierbar wären. Über etwas, das es gar nicht gibt, lohnt es sich nicht zu sprechen. Jeder empirische Begriff ist nur dann zweckmäßig, wenn die Existenzhypothese zutrifft, dass in der Realität auch Gegenstände vorkämen, auf die er anwendbar sei – dass seine Extension also größer als Null sei.

   Zwar können Begriffe nicht »richtig« oder »falsch« sein. Wohl aber ist es angemessen und wichtig, zwischen empirisch adäquaten und empirisch inadäquaten Begriffen zu unterscheiden. Gäbe es beispielsweise in zwischenmenschlichen Beziehungen nicht tatsächlich so etwas wie »Macht« im Sinn der weiter oben zitierten Definition Max Webers, so wäre dieser Begriff trivialerweise sinnlos. Wer etwas über die empirische Wirklichkeit aussagen möchte, wird seine Begriffe zweckmäßigerweise so konstruieren, dass sie etwas mit der Wirklichkeit zu tun haben.

   Gerade in der Soziologie ist es allerdings schwierig, Begriffsbildung an der Wirklichkeit zu orientieren, da die aus Sicht der Soziologie interessierenden Aspekte der Wirklichkeit nicht so anschaulich sind wie beispielsweise Pflanzen, Tiere oder Apparate. Unter anderem geht es dabei um interpersonale Handlungsmuster. Das Erkennen solcher Muster ist eine Abstraktionsleistung, die viel empirisches Material voraussetzt. Entsprechende Begriffe, etwa der Begriff »Unternehmenskultur«, sollten keine reinen Kopfgeburten sein, sondern aus einer intensiven empirischen Auseinandersetzung mit den gesellschaftlichen Verhältnissen hervorgehen. Da sich diese Verhältnisse ständig ändern, muss auch der sozialwissenschaftliche Begriffsapparat ständig angepasst werden. Oft ist es dabei sinnvoll, diejenigen Begriffe nachzuzeichnen, mit denen die Menschen selbst ihren sozialen Kontext beschreiben. Begriffe wie »Politik«, »Jugend«,

»Freund«, »krank« oder »kriminell« haben sowohl eine umgangssprachliche als auch eine wissenschaftliche Bedeutung.

Bei vielen Begriffen ist es erforderlich, das Vorliegen ihrer empirischen Voraussetzungen eigens zu untersuchen, vor allem bei Dispositionsbegriffen und Typenbegriffen. So gibt es eine jahrzehntelange Kontroverse darüber, ob »Intelligenz« als allgemeine, alles einschließende Disposition überhaupt existiert. Viele Autoren schlagen vor, sie in viele einzelne Dimensionen einschließlich der »emotionalen Intelligenz«, aufzulösen.[139]

Ähnlich ist bei besonders komplexen sozialwissenschaftlichen Kombinationsbegriffen die Frage zu stellen, ob eine theoretisch vorstellbare Konstellation auch empirisches Gewicht besitzt. Es gibt statistische Verfahren (etwa die Klassifikationsanalyse), die speziell dafür geeignet sind, empirisch relevante Merkmalskombinationen zu finden. Betrachten wir das Beispiel der Milieuforschung, wo es um Kombinationen einer Vielzahl von situativen und subjektiven Merkmalen geht. Wenn man empirisch festgestellt hat, dass verschiedene Kombinationen überzufällig häufig vorkommen und andere überzufällig selten, besteht der nächste Schritt in dem Versuch, diese statistischen Ergebnisse soziologisch zu »verstehen«: Was geht in den Menschen vor, aus deren Handeln diese Kombinationen hervorgehen? Der letzte Schritt besteht dann in der Entwicklung einer typologischen Terminologie, im Beispiel: Milieubezeichnungen.[140]

2. Theoretische Relevanz: In der Wissenschaft sind Begriffe auch unter dem Gesichtspunkt zu untersuchen, ob sie in Theorien brauchbar sind. Helfen sie beispielsweise, viele einzelne Erscheinungen durch ein einziges Wort abzubilden, zum Beispiel »Modernisierung«? Bringen sie ein immer wieder taugliches Erklärungsschema ins Spiel? So ist »Stigmatisierung« ein Begriff der modernen Devianztheorie, der besondere theoretische Relevanz besitzt, da er den Verlauf krimineller Karrieren besser als früher erklären hilft. Umgekehrt lässt sich etwa fragen, ob etwa der Begriff der »Statusinkonsistenz« (also das Auseinanderklaffen verschiedener Aspekte sozialer Ungleichheit) von Gerhard Lenski viel einbringt – empirische Studien legen diesen Zweifel nahe.[141] Handelt es sich wirklich um ein Phänomen, das nennenswerten Einfluss auf andere Phänomene (etwa politisches Verhalten, psychisches Befinden, Erziehungsstile) ausübt? Das Kriterium der theoretischen Relevanz ist auch einschlägig bei den Begriffen fundamentaler Theorien (siehe dazu das 14. Kapitel), etwa »System«, »Feld«, »Rolle«: Erweisen sich solche Begriffe in verschiedenen Kontexten als heuristisch wertvoll?

3. Problemrelevanz: Ein letzter Gesichtspunkt der Begriffskritik besteht in der Frage, ob ein Sachverhalt bezeichnet wird, der etwas mit menschlichen Interessen und Problemen zu tun hat. Medizinische und psychopathologische Krankheitsbegriffe sind besonders eingängige Beispiele für Begriffe, deren Hauptmotiv in ihrer Problemrelevanz liegt. Auch die Kulturwissenschaften liefern viele Beispiele; man kann es sogar als eine der Aufgaben von Soziologie, Pädagogik, Psychologie, Geschichtswissenschaften oder Politikwissenschaft ansehen, sich an der Definition sozialer Probleme zu beteiligen. Beispiele sind Begriffe wie »autoritäre Persönlichkeit«, »Randgruppe«, »neue Armut«, »Kulturindustrie«, »Entfremdung«, »Emanzipation«, »Stress«, »Desintegration«. Problemrelevanz muss nicht immer so unmittelbar erkennbar sein wie in diesen Beispielen. Dann ist die Frage am Platz, wozu ein bestimmter Begriff eigentlich gut sein soll. Handelt es sich eventuell nur um eine nutzlose akademische Spielerei?

Begriffe – ein vernachlässigtes Themengebiet der Metaebene

Angesichts der zentralen, das Denken, Forschen und Argumentieren leitenden Funktion von Begriffen wäre zu erwarten, dass Begriffsdiskurse und Begriffskritik eine hervorgehobene Rolle auf der Metaebene wissenschaftlicher Selbstbeobachtung spielen würden. Doch das Gegenteil ist der Fall, oft in einem Ausmaß, dass die Verwendung von Begriffen so zufällig wirkt wie das Einsammeln von erratischem Strandgut am Ufer der heranbrandenden Sprache.

Was selbst in der Wissenschaft (im Alltag ohnehin) weitgehend fehlt, ist erstens ein Bewusstsein von der unvermeidlichen Verantwortung des Sprechenden für die Tauglichkeit oder Unbrauchbarkeit seiner Begriffe, zweitens Klarheit über die Gesichtspunkte, nach denen Begriffe zu beurteilen sind. Idealerweise müsste der kritische Umgang mit forschungsleitenden Begriffen auf der Metaebene so selbstverständlich sein wie das Nachprüfen des empirischen Vorgehens. Davon sind die Kulturwissenschaften weit entfernt, auch die Soziologie. In öffentlichen Diskursen und im Alltagsleben ist das Defizit noch eklatanter. Begriffe werden in der Tat meist so behandelt, als wären sie vom Himmel gefallen.

10. Kapitel: Aussagen. Was ist Wahrheit?

Was allen Aussagen gemeinsam ist

Die im vorangegangenen Kapitel behandelten Begriffe sind Bausteine, um Aussagen zu konstruieren. Was aber sind Aussagen? Im Folgenden sind damit alle Wortverbindungen gemeint, die sich unter dem Gesichtspunkt der Wahrheit beurteilen lassen. Um eine Aussage zu sein, muss eine Wortverbindung keineswegs tatsächlich wahr sein; man muss nur überhaupt nach ihrer Wahrheit fragen können. Bei der Wortfolge »Baum Nummer Klavier« ist diese Bedingung nicht erfüllt. Anders ist es etwa mit der Wortfolge »Ein Klavier ist ein Musikinstrument« – sie ist offensichtlich wahr. Aber auch bei der Wortfolge »Ein Klavier ist essbar« handelt es sich um eine Aussage, denn jeder beurteilt sie als falsch, wendet also das Kriterium der Wahrheit an.

Für die Wissenschaft ist eine klare Vorstellung von Wahrheit konstitutiv. Sie entscheidet über den Gang der Wissenschaftsgeschichte, über die Brauchbarkeit der Ergebnisse, über Methoden und Fachdiskussionen: Was ist eine gute Begründung? Was ist eine gute, für alle Beteiligten verbindliche Kritik? Solche Fragen setzen das Kriterium der Wahrheit voraus und machen es zur obersten Instanz intersubjektiver Wissenschaft.

Ausgangspunkt der folgenden Überlegungen ist die Festlegung, Wahrheit als Eigenschaft von Aussagen aufzufassen, nicht etwa als etwas unabhängig von Aussagen Existierendes, was uns in Redewendungen wie »ein wahrer Freund« oder »wahre Kunst« begegnet. In solchen Redewendungen klingt ein ontologischer, auf das »Wesen der Dinge« verweisender Wahrheitsbegriff an, der im Folgenden ausdrücklich *nicht* gemeint ist. Hier gilt vielmehr ein semantischer Wahrheitsbegriff: »Wahr« und »falsch« bezieht sich auf die Art und Weise, wie wir über die Wirklichkeit reden.

Dies kann drei Formen annehmen, die ich im Folgenden als »Dimensionen der Wahrheit« bezeichne. Sie treten besonders deutlich in der Kritik von Aussagen als »falsch« hervor. Damit können erstens logische Fehler gemeint sein, zweitens Widersprüche zwischen Aussagen und Wirklichkeit, drittens als inakzeptabel angesehene Wertvorstellungen. Diesen drei Dimensionen der Wahrheit entsprechen drei »Wahrheitstheorien« (eigentlich müsste es heißen: Wahrheitskriterien): Korrespondenztheorie, Konsenstheorie und Kohärenztheorie. Mehr dazu weiter unten.

Drei Dimensionen der Wahrheit

Die Titelfrage dieses Kapitels »Was ist Wahrheit?« könnte zu einem Missverständnis verleiten, denn sie scheint zu suggerieren, dass es nur eine einzige Art von Wahrheit gebe. Doch wir brauchen uns nur einmal zu vergegenwärtigen, wie wir diskutieren, dann zeigt sich sofort, dass wir mit drei grundverschiedenen Dimensionen der Wahrheit operieren, ob uns das nun bewusst ist oder nicht. Auch dies könnte man allerdings missverstehen. Sollen etwa, wie man gelegentlich hört, »viele Wahrheiten« möglich sein, so dass sich jeder herausreden kann? Nein, das ist keineswegs gemeint – sonst könnte man ja gleich ganz auf das Prinzip Wahrheit verzichten. Gemeint ist vielmehr, dass wir mit drei sehr verschiedenen Arten der Geltung von Aussagen operieren. Vergleichen wir die folgenden drei Sätze:

1. A hilft B.
2. A soll B helfen.
3. A hilft B und A hilft B nicht.

Es springt ins Auge, dass man unterschiedliche Maßstäbe anwenden muss, um zu einem Urteil über Wahrheit oder Falschheit dieser Aussagen zu kommen:

- Im ersten Fall werden wir die empirische Wirklichkeit zur Beurteilung heranziehen. Je nachdem, was A wirklich tut, wird sich die Aussage als wahr oder falsch erweisen.
- Bei der Prüfung der zweiten Aussage steht dagegen nicht die empirische Wirklichkeit im Vordergrund; hier benötigen wir ethische Prinzipien, Moralvorstellungen, Grundwerte, normative Überzeugungen, von deren Richtigkeit (Wahrheit) wir überzeugt sind.
- In der dritten Aussage kommt erneut eine eigene Dimension der Wahrheit ins Spiel. Offensichtlich ist diese Aussage ja falsch. Das Evidenzerlebnis von Beurteilern leitet sich jedoch weder aus einer Konfrontation der Aussage mit der empirischen Wirklichkeit ab, noch lässt sich irgendeine

Verbindung mit ethischen Prinzipien erkennen. Beide Maßstäbe, Empirie und Werte, sind hier unerheblich. Stellen wir uns vor, die Beurteiler der dritten Aussage säßen in einer Dunkelkammer. Sie könnten ohne weiteres erkennen, dass die Aussage falsch ist, ohne sich mit der Realität oder mit Werten zu beschäftigen. Die Begründung ihrer Kritik wird darauf hinauslaufen, dass die Aussage in sich widersprüchlich sei.

Die Wahrheit von Aussagen, so das Ergebnis dieser Überlegungen, ist nach drei verschiedenen Gesichtspunkten zu beurteilen:

- Wahrheit im *empirischen* Sinn: Eine Aussage gilt als wahr, wenn sie mit der empirischen Wirklichkeit übereinstimmt.
- Wahrheit im *normativen* Sinn: Eine Aussage gilt als wahr, wenn sie als Wert an sich akzeptiert wird oder mit übergeordneten Werten übereinstimmt.
- Wahrheit im *logischen* Sinn: Eine Aussage gilt als wahr, wenn sie nicht gegen logische Regeln verstößt.

Nur das Kriterium der Wahrheit im logischen Sinn ist bei jeder beliebigen Aussage relevant. Die beiden anderen Maßstäbe, Wahrheit im empirischen und im normativen Sinn, sind nur anwendbar, wenn die Aussagen bestimmte Eigenschaften aufweisen.

Verschiedene Arten von Aussagen

Aussagen lassen sich nach verschiedenen Gesichtspunkten in Klassen einteilen. Von besonderer Bedeutung sind die folgenden die Unterscheidungen:

(1) Anwendbare Wahrheitskriterien:

- Bei *analytischen* Aussagen lässt sich über Wahrheit oder Falschheit allein auf Grund der Logik urteilen.
- Bei *normativen* Aussagen ist zusätzlich zur Logik das normative Wahrheitskriterium anwendbar. Man erkennt normative Aussagen daran, dass sie eine Aufforderung zum Ausdruck bringen, Ziele formulieren oder Probleme behaupten.
- Bei *empirischen* Aussagen ist zusätzlich zur Logik das empirische Wahrheitskriterium anwendbar. Erkennungsmerkmal dieser Aussagen ist ihr empirischer Informationsgehalt (mehr dazu im nächsten Abschnitt).

(2) Geltungsbereich:

- Rein *singuläre* Aussagen oder *Elementarsätze* beziehen sich auf ein Individuum. Dabei ist wichtig: In der Erkenntnistheorie gelten nicht nur Personen als Individuen; vielmehr werden alle einzigartigen Gegenstände der Betrachtung als Individuen aufgefasst, also etwa auch physikalische Objekte, Tiere, Institutionen, Organisationen, Gesellschaften oder Texte. Beispiele: »Hannah ist krank«; »Europa steckt in einer Krise«; »Die heutigen Fernsehnachrichten enthielten versteckte politische Meinungen.«
- *Nichtsinguläre* Aussagen mit *eingeschränktem Geltungsbereich:* Hierbei handelt es sich um eine soziologisch besonders wichtige Kategorie zwischen singulären Aussagen und allgemeinen Gesetzesaussagen. Beispiel: »In Mittelschichthaushalten der alten Bundesländer hat das Erziehungsziel Selbständigkeit seit den 60er Jahren ständig an Bedeutung zugenommen.« Dabei sind verschiedene Einschränkungen des Geltungsbereiches zu unterscheiden: räumliche (»in den alten Bundesländern«), zeitliche (»seit den 60er Jahren«) und sonstige (»in Mittelschichthaushalten«).
- Aussagen mit *unbeschränktem Geltungsbereich* (allgemeine Gesetzesaussagen): »Alle Menschen sind sterblich.«

(3) Geltungswahrscheinlichkeit:

- *Deterministische* Aussagen sind Behauptungen, die innerhalb ihres Geltungsbereichs keine Ausnahmen zulassen.
- *Probabilistische Aussagen* enthalten demgegenüber einen Hinweis darauf, dass auch Abweichungen vorkommen können. Beispiele: »Die meisten Menschen sind ehrlich.« Probabilistische Aussagen erkennt man an Relativierungen wie »einige«, »wahrscheinlich«, »tendenziell«, »häufig«, »relativ wahrscheinlich« usw.

Das folgende Schema verdeutlicht die Einteilung von Aussagen in verschiedene Klassen:

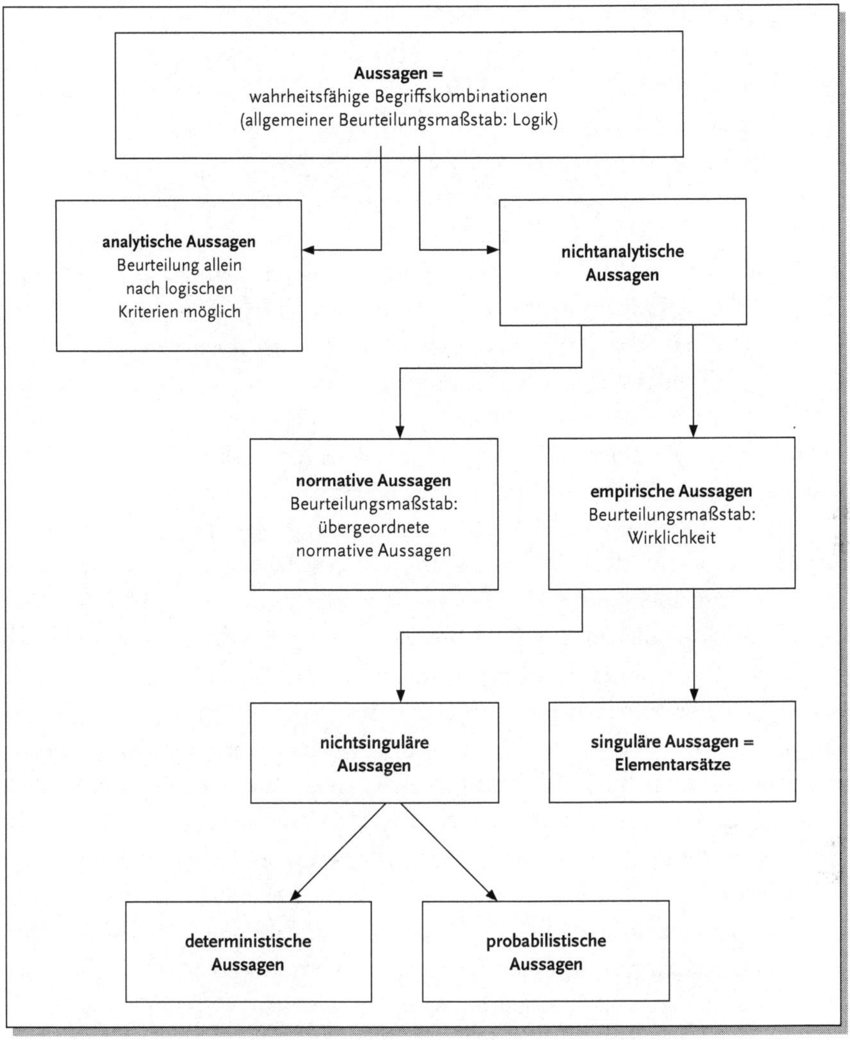
Aussagen =
wahrheitsfähige Begriffskombinationen
(allgemeiner Beurteilungsmaßstab: Logik)
analytische Aussagen
Beurteilung allein nach logischen Kriterien möglich
nichtanalytische Aussagen
normative Aussagen
Beurteilungsmaßstab: übergeordnete normative Aussagen
empirische Aussagen
Beurteilungsmaßstab: Wirklichkeit
nichtsinguläre Aussagen
singuläre Aussagen = Elementarsätze
deterministische Aussagen
probabilistische Aussagen

Empirischer Informationsgehalt von Aussagen

Wodurch wird eine Aussage zu einer *empirischen* Aussage? Das entscheidende Kriterium ist der empirische Informationsgehalt: Nur Aussagen mit empirischem Informationsgehalt sollen als empirische Aussagen gelten.

Eine Aussage hat dann empirischen Informationsgehalt, wenn sich Sachverhalte denken lassen, die dieser Aussage widersprechen. Solche Sachverhalte nennt man *potenzielle Falsifikatoren.* Zu der Aussage »Hannah ist zehn Jahre alt« gibt es eine Reihe potenzieller Falsifikatoren (etwa: »Hannah ist hundert Jahre alt«). Demnach hat die Aussage empirischen Informationsgehalt; wir haben es mit einer empirischen Aussage zu tun. Komplementärbegriff zum empirischen Informationsgehalt ist der *Spielraum* einer Aussage. Hierunter versteht man die *potenziellen Konfirmatoren* einer Aussage, also diejenigen denkbaren Sachverhalte, die die Aussage bestätigen.

Dass es auf die potenziellen Falsifikatoren einer Aussage mehr ankommt als auf ihre potenziellen Konfirmatoren, soll ein Beispiel klar machen. Nehmen wir populäre Gesundheitstheorien: Was macht uns krank? Und was hilft uns dann? Von solchen Theorien profitieren viele, unter anderem auch die wachsende Branche der Nahrungsergänzungsmittel. Wenn nun nach der Einnahme welcher Mittel auch immer eine Besserung eintritt, betrachten dies viele als unumstößlichen Beweis der Wirksamkeit. Sie haben die potenziellen Konfirmatoren im Blick: Ereignisse, welche eine Aussage bestätigen. Freilich ist möglich, dass diese Ereignisse nicht das Mindeste mit der jeweils geglaubten Theorie der Heilung zu tun haben – viele Krankheiten verschwinden ganz von selbst wieder. Um ein angebliches Heilmittel einem harten Test zu unterziehen, muss man deshalb auf die potenziellen Falsifikatoren abstellen, wie dies in randomisierten Doppelblindexperimenten geschieht: Zwei Gruppen werden nach dem Zufall zusammengestellt; die eine Gruppe bekommt das Mittel, die andere das Placebo, aber niemand weiß, wer was bekommt, nicht einmal der Versuchsleiter (um Reaktivität auszuschalten). Ansonsten unterscheiden sich die beiden Gruppen in nichts. So werden alle irrelevanten potenziellen Konfirmatoren ausgeschaltet, vor allem auch der Placeboeffekt. Die ganze Anlage des Experiments ist auf den entscheidenden potenziellen Falsifikator fokussiert: auf das Ausbleiben der Wirkung trotz Einnahme des Medikaments. Wenn sich unter diesen Umständen die beiden Gruppen am Ende des Experiments unterscheiden, kann man sich der Wirksamkeit des Medikaments sicherer als bei jeder anderen Vorgehensweise sein. Dieser Blick auf potenzielle Falsifikatoren folgt dem fallibilistischen Imperativ der Wissenschaft (siehe hierzu das 4. Kapitel). Die Suche nach Fehlern bringt die Forschung voran, die Suche nach Bestätigung führt zum Stillstand.

Man erkennt den empirischen Informationsgehalt einer Aussage an dem, was sie ausschließt. Analytische und rein normative Aussagen schließen nichts aus. Eine besonders wichtige Form von Aussagen ohne empirischen Informationsgehalt sind Tautologien, die zur Klasse der analytischen Aussagen gehören. Damit sind Sätze gemeint, die unabhängig von der Realität bereits aus rein logischen Gründen wahr sind, etwa: »Morgen werden die Börsenkurse steigen, gleich bleiben oder fallen«, oder, aus einem Fußballerinterview: »Wenn man nur den Gegner die Tore machen lässt, aber selbst keine schießt, muss man sich nicht wundern, wenn man verliert.« Zu einem solchen Satz gibt es keine potenziellen Falsifikatoren, denn er stimmt immer, egal was passiert. Er hat keinen Informationsgehalt.

Übrigens sind nicht alle Tautologien sinnlos – korrekte Definitionen etwa sind ebenfalls tautologische Sätze, denn es ergibt sich aus der Logik des Definierens, dass das Definiens bedeutungsgleich mit dem Definiendum ist. Weil Definitionen keinen empirischen Informationsgehalt haben, können sie allerdings auch nicht als »empirisch falsch« kritisiert werden (sehr wohl jedoch als empirisch irrelevant, siehe die Kriterien zur Beurteilung von Definitionen am Ende des 9. Kapitels). Auch rein normative Aussagenbestanteile haben keinen Informationsgehalt, allerdings sind rein normative Aussagen selten, wie wir noch sehen werden. Aber es gibt sie; ein Beispiel ist der Satz »Die Menschenwürde ist unantastbar«. Diese Aussage hat keine potenziellen Falsifikatoren – sie macht lediglich eine Angabe darüber, was sein soll, nicht darüber, was der Fall ist und was nicht.

Wenn man Aussagen als schwammig empfindet, so hat dies oft mit ihrem empirischen Informationsgehalt zu tun. Der empirische Informationsgehalt ist ein zentrales Kriterium zur Beurteilung der Qualität von Aussagen (aber nicht das einzige, wie wir gleich sehen werden). Je höher der Informationsgehalt einer Aussage ist, je mehr potenzielle Falsifikatoren sie also hat, desto präziser ist sie.

Den Informationsgehalt einer Aussage kann man steigern oder verringern, entsprechend lassen sich vergleichbare Aussagen nach dem Gesichtspunkt des Informationsgehalts bewerten. Unter anderem gilt:

- Eine deterministische Aussage hat mehr potenzielle Falsifikatoren als eine probabilistische. Man vergleiche etwa: »Heimerziehung führt zu Entwicklungsstörungen« mit »Heimerziehung führt oft zu Entwicklungsstörungen«. Bei der zweiten Variante sind einzelne Abweichungen von der Haupttendenz noch keine Falsifikatoren, bei der ersten Variante schon.

- Eine Aussage hat umso mehr potenzielle Falsifikatoren, je größer ihr Geltungsbereich ist. Man vergleiche etwa: »Kinder lernen umso besser, je mehr sie sich zutrauen« mit »Kinder lernen umso besser, je mehr sie sich zutrauen, sofern sie zusätzlich positives Feedback bekommen«. Bei der ersten Variante zählen auch solche Kinder zu den potenziellen Falsifikatoren, die zwar selbstbewusst sind, aber kein positives Feedback bekommen.

Warum aber erhebt man es nicht einfach zum Prinzip, immer nur Aussagen mit maximalem empirischem Informationsgehalt zu formulieren? Weil der Informationsgehalt mit der Wahrheit konkurriert – beides darf nicht verwechselt werden. So hat etwa die Aussage »Alle Kühe sind grün« den größtmöglichen empirischen Informationsgehalt, ist aber offensichtlich empirisch falsch. Informationsgehalt und Wahrheit sind zwei grundverschiedene Qualitätskriterien, bei denen im Zweifel dem Gesichtspunkt der empirischen Wahrheit der Vorzug zu geben ist. Häufig lassen sich Aussagen nur dadurch der empirischen Wahrheit annähern, dass man ihren empirischen Informationsgehalt reduziert: entweder indem man sie in probabilistische Aussagen umwandelt oder indem man ihren Geltungsbereich einschränkt. In keiner Wissenschaft nimmt dies so großen Umfang an wie in der Soziologie.

Korrespondenztheorie der Wahrheit

Bei der Suche nach Wahrheit im empirischen Sinn richten sich die meisten bewusst oder unbewusst nach der sogenannten Korrespondenztheorie der Wahrheit. Diese hat die längste Tradition (von Aristoteles über die Scholastik bis zu Tarski und Popper)[142] und entspricht unserem Alltagsverständnis von Wahrheit: Eine Aussage ist genau dann wahr, wenn das, was in ihr behauptet wird, mit den Tatsachen übereinstimmt. Banaler geht es nicht, könnte man zunächst denken – doch der Schein trügt, wie meine folgenden Kommentare zur Präzisierung die Korrespondenztheorie zeigen:

- Es wird grundsätzlich anerkannt, dass es möglich sei, Aspekte der objektiven Wirklichkeit isomorph durch Aussagen zu modellieren (dies ist nicht selbstverständlich; eine Gegenposition bezieht der radikale Konstruktivismus).

- Man muss zwei Sprachebenen unterscheiden: Objektsprache (»dieser Apfel ist rot«) und Metasprache (»die Aussage ›dieser Apfel ist rot‹ ist wahr«). Die Begriffe wahr/falsch gehören – entsprechend dem oben erläuterten semantischen Wahrheitsbegriff – immer der Metasprache an.
- Was heißt Korrespondenz von Aussage und Tatsachen? Mein Vorschlag: Korrespondenz besteht dann, wenn man sich aufgrund der *Aussage* dieselbe Vorstellung bildet, wie man sie sich auf Grund einer *idealen Beobachtung* bilden würde. Die Korrespondenztheorie der Wahrheit ist also nur sinnvoll, wenn man sich eine ideale Beobachtung wenigstens denken oder sie tatsächlich durchführen kann.
- Beispiel: Gegeben sind zwei Personen A und B in zwei aneinander angrenzenden Zimmern ohne Sichtkontakt. A fragt B, wie viele Äpfel auf dem Tisch im Zimmer von B liegen. B antwortet: »Auf dem Tisch liegen 2 Äpfel«. Eine Korrespondenz von Aussage und Sachverhalt ist nun genau dann anzunehmen, wenn sich A zunächst auf Grund der Aussage eine Vorstellung bildet, dann aufsteht und den Tisch im Zimmer von B betrachtet. Wenn das, was er sieht, seiner Erwartung entspricht, liegt eine Übereinstimmung von Aussage und Tatsache vor.
- In der Wirklichkeit fallen jedoch die Personen A und B oft in einer Person zusammen: X sieht zwei Äpfel auf dem Tisch und sagt aus: »Auf dem Tisch liegen zwei Äpfel.« Er formuliert die Aussage entsprechend seiner Vorstellung, die mit seiner Wahrnehmung identisch ist. Hier liegt im Sinn unserer Definition Korrespondenz vor. Der Zweck des Beispiels mit zwei Personen liegt darin, die Feststellung von Korrespondenz als sozialen, intersubjektiven Vorgang zu modellieren, wodurch Wissenschaft erst möglich wird.
- Außerdem macht das Beispiel klar, dass die Formulierung von Aussagen und die Feststellung ihrer Korrespondenz mit der Wirklichkeit auseinanderfallen können. In der Soziologie ist dies der Normalfall. Man registriert zunächst nur die Aussage, beispielsweise über die aktuelle Verteilung der Parteipräferenzen, und bildet sich daraufhin eine Vorstellung. Zwar muss ungewiss bleiben, ob die Aussage der Wirklichkeit korrespondiert, aber man weiß, unter welchen Umständen man dies anerkennen würde: wenn ein perfekter, aber unrealisierbarer Beobachtungsvorgang diese Vorstellung bestätigen würde, etwa ein Tiefeninterview mit jedem Wahlberechtigten.
- Die Korrespondenztheorie setzt eine – eher selten realisierte – *ideale* Beobachtung voraus. In der Soziologie geht es beispielsweise ständig darum, was in den Köpfen der Menschen wirklich vor sich geht, man kann sie aber

nur danach fragen. Konsequenz: Ob Korrespondenz vorliegt oder nicht, wird zur Ermessensfrage.

- Damit entsteht ein Problem der Begründung: Wie kann man die Übereinstimmung von Aussage und Tatsachen *verbindlich* nachweisen? Vorschlag: Der Begriff der Verbindlichkeit wird nicht als absolute, sondern als komparative Kategorie eingesetzt. Wissenschaft ist nur möglich, wenn man auch »einigermaßen verbindliche«, von den meisten Beteiligten akzeptierte Begründungen zulässt. Hier berühren sich Korrespondenztheorie und Konsenstheorie der Wahrheit (mehr zur Konsenstheorie weiter unten).
- Meine Auffassung der Korrespondenztheorie modelliert Perspektivität nicht etwa als Hindernis, sondern als Bedingung der Wahrheitssuche. Aussagen entstehen nicht an sich, sondern immer standortgebunden, innerhalb der Perspektive vorgegebener Wahrnehmungsmodalitäten. Wahrheit im empirischen Sinn gilt immer nur relativ zu den Perspektiven, aus denen heraus die beurteilenden Aussagen entstanden sind.

Durch diese Spezifikationen wird die Korrespondenztheorie einerseits gegenüber dem utopischen Ideal abgeschwächt, absolut wahre Aussagen machen zu können. Andererseits unterscheidet sich die so verstandene Korrespondenztheorie vom radikalen Subjektivismus: Das Zustandekommen der Aussage wird nicht vom Erkennenden allein abhängig gemacht, sondern auch von dem Gegenstand, auf den er aus einer Perspektive schaut, die auch andere einnehmen können. Bei aller Subjektgebundenheit können Aussagen der objektiven Wirklichkeit isomorph sein. Nur unter dieser Voraussetzung ist empirische Wissenschaft als soziales Projekt überhaupt sinnvoll.

Aber kann sich dann nicht jeder mit dem Hinweis auf seine Perspektive herausreden? Wie kann man es sich vorstellen, dass die Wissenschaft voranschreitet und der Wirklichkeit immer näher kommt?

Wahrheitskontinuum, Wahrheitsähnlichkeit, Wahrheitsannäherung

Beginnen wir die Beantwortung dieser Frage mit einem Beispiel: Wenn man eine Scheibe von der Seite sieht, erscheint sie als Stab. Die Aussage »Dieses Objekt ist stabförmig« sollte vor ihrer Wahrheitsbeurteilung zunächst perspektivisch relativiert werden: »Vom Standpunkt A aus gesehen, ist das Objekt stabförmig«. Nun wissen wir in diesem Beispiel zwar, dass die Aussage falsch ist, aber eine einfache Überlegung zeigt, dass diese Aussage trotz der Verzerrung durch die Perspektive durchaus Spuren der objektiven Wirklichkeit enthält: Sie ist nicht so falsch, wie sie theoretisch sein könnte. Eine Analyse ihres Informationsgehaltes zeigt, dass sie richtigerweise etwas ausschließt, nämlich dass es sich um eine Kugel handle. Sieht man das Objekt dagegen von vorne, gelangt man vielleicht zu der Aussage: »Objekt X ist eine Kugel«, was erneut falsch ist, doch wiederum wird auch etwas Falsches ausgeschlossen, nämlich, dass das Objekt ein Stab sei. Beide Aussagen sind nicht restlos wahr, aber auch nicht restlos falsch. Ihr Falschheitsgehalt geht auf die Perspektive zurück, ihr Wahrheitsgehalt auf die wahrnehmungsformende Kraft der objektiven Wirklichkeit trotz der subjektiven Perspektive.

Angesichts dieser Überlegungen ist es erkenntnispragmatisch angemessen, den Begriff der empirischen Wahrheit nicht als dichotome Kategorie (entweder/oder) zu konstruieren, sondern als Kontinuum. Wir sind auf der Suche nach möglichst hoher objektiver Wahrheitsähnlichkeit, denn mehr können wir von unseren Erkenntnissen oft nicht erwarten – aber immerhin dies.[143] Wahrheitssuche ist ein Vorgang der Annäherung im Lauf der Wissenschaftsgeschichte, unter Umständen mit vielen Zwischenstufen und ohne jemals zum Abschluss zu kommen.

Vollzieht man diesen Schritt zu einer graduellen Wahrheitsdefinition, dann wird deutlich, dass es nicht sinnvoll ist, Aussagen für sich (absolut) zu beurteilen; sinnvoll ist vielmehr, sie zu vergleichen: »Aussage A ist vermutlich wahrer (objektiv wahrheitsähnlicher) als Aussage B«. Aussagen vom Typ B müssen dabei nicht notwendig explizit gemacht werden; zumindest implizit aber sind immer auch solche Aussagen mit im Spiel, die man aus einer schlechteren Perspektive als die Aussagen vom Typ A gewinnen *würde*. Bei wissenschaftlichen Aussagen ist dieser implizite Aussagenvergleich immer mitzudenken, denn – wie am Ende des 4. Kapitels ausgeführt – das Prädikat »wissenschaftlich« erhebt grundsätzlich einen Überlegenheitsanspruch im Vergleich zu allen anderen Formen der Konstruktion von Wissen.

Dies verweist erneut darauf, dass ein entscheidendes Kriterium zur Beurteilung von Aussagen die Qualität der gewählten Perspektive ist. Im obigen Beispiel der Betrachtung einer Scheibe wäre eine sogenannte *Triangulation* am besten, das heißt die Kombination zweier Perspektiven. Seitenansicht und Vorderansicht sind gewissenmaßen zwei Eckpunkte eines Dreiecks, dessen dritter Eckpunkt der beobachtete Gegenstand ist. In der empirischen Sozialforschung ist Triangulation geradezu essentiell.[144]

Auch bei sehr gut bestätigten Aussagen müssen wir zugeben, dass sie teilweise falsch sein können. Wollte man jedoch auf sie verzichten, bliebe nicht mehr viel übrig. Wir müssen uns mit dem Gedanken vertraut machen, dass unsere Aussagen sowohl einen Wahrheitsgehalt als auch einen Falschheitsgehalt haben können. Es ist durchaus sinnvoll, den potenziellen Falschheitsgehalt von Aussagen erst einmal zu akzeptieren, es bleibt einem ja auch oft nichts anderes übrig. Wissenschaftlicher Fortschritt kann nicht darin bestehen, völlig falsche Aussagen durch völlig wahre zu ersetzen – das wäre utopisch. Möglich ist jedoch die Substitution von Aussagen mit geringerer Wahrheitsähnlichkeit durch Aussagen mit höherer Wahrheitsähnlichkeit. Der Begriff der Wahrheitsähnlichkeit ist nicht absolut interpretierbar; vielmehr setzt er logisch einen zumindest impliziten Aussagen*vergleich* voraus. Da sich der Falschheitsgehalt von Aussagen leichter erkennen lässt als der Wahrheitsgehalt, sollte der Vergleich auf den Falschheitsgehalt abstellen.

Zusammengefasst schlägt Karl Popper folgende Modifikation der naiven Erkenntnistheorie vor: Statt nach wahren Aussagen sollen wir nach den relativ wahrheitsähnlichsten Aussagen suchen, indem wir immer wieder konkurrierende Aussagen aufgreifen und Vergleiche hinsichtlich der Wahrheitsähnlichkeit vornehmen.

Alan F. Chalmers hat diese Sicht zum Konzept des »nichtrepräsentativen Realismus« weiterentwickelt:[145] Aussagen können zwar nicht die ganze Wirklichkeit einfangen, im Lauf der Wissenschaftsgeschichte nähern sie sich ihr aber immer mehr an. Von zwei Theorien ist diejenige besser, die einen größeren Anwendungsbereich hat. Die Frage der Repräsentation von Wirklichkeit erklärt Chalmers für irrelevant: Es komme nicht auf die grundsätzlich perspektivisch beeinflusste »Abbildung« der Realität an, sondern auf die Leistungskraft von Theorien bei der Subsumption von Daten. Im obigen Beispiel: Die Theorie der Scheibe subsumiert sowohl die Daten der Beobachtung von vorne wie die Daten der Beobachtung von der Seite.

Im Gegensatz zu Chalmers meine ich allerdings sehr wohl, dass man hier auch von einer »besseren Repräsentation« der Wirklichkeit sprechen kann und sollte, erst recht in der Soziologie, weil diese Auffassung eine Intuition zum Ausdruck bringt, die wir gar nicht loswerden können und sollen. Es handelt sich hier um nichts weniger als die zentrale Hintergrundmotivation aller Wissenschaft. Sie zu negieren heißt nur, sich selbst in die Tasche zu lügen.

Für die Kulturwissenschaften ist nun eine Frage entscheidend, die sich in den Naturwissenschaften erst gar nicht stellt: Lässt sich der Wahrheitsbegriff auch auf Sinnkonstruktionen ausdehnen? Gibt es wahres und falsches Verstehen im korrespondenztheoretischen Sinn? Die Antwort liegt auf der Hand: Was denn sonst! Trotz aller Intersubjektivitätsprobleme des Verstehens gibt es keine Alternative. Wenn man über die empirische Wahrheit oder Falschheit in den Kulturwissenschaften nicht uneingeschränkt diskutieren könnte, wären Soziologie, Politikwissenschaft, Geschichtswissenschaft, Psychologie oder Ökonomie gar nicht möglich.

Konsenstheorie der Wahrheit

Die Konsenstheorie der Wahrheit öffnet gewissermaßen eine Hintertür für Ermessensentscheidungen. Was ist zu tun, wenn man, bei allem Bemühen um Intersubjektivität, verschiedener Meinung ist? Mit Dissens muss man nicht nur bei rein normativen Aussagen rechnen, sondern auch bei der Interpretation empirischer Daten in der Soziologie, also so gut wie immer. Die Konsenstheorie der Wahrheit muss sich notgedrungen mit der diskursiven Übereinstimmung der Mehrheit zufrieden geben. Geht es dabei um empirische Aussagen, so stellt die Konsenstheorie nicht etwa eine Alternative zur Korrespondenztheorie dar, sondern eine Ergänzung. Dabei beruft sich die Konsenstheorie auf den Erfahrungssatz »Vier Augen sehen mehr als zwei«.

Aber Vorsicht: Die Erfahrung lehrt, dass nicht nur Wahrheiten, sondern auch Irrtümer besonders wirksam durch Übereinstimmung stabilisiert werden. Trotzdem führt bei der empirischen Überprüfung von Aussagen kein Weg an der Konsenstheorie vorbei. Sie bringt weder eine notwendige noch eine hinreichende Bedingung der Wahrheit im empirischen Sinn zum Ausdruck, sondern lediglich eine Bedingung, die eine größere Wahrheitsähnlichkeit von Aussagen wahrscheinlich macht.

Bei der *normativen* Dimension der Wahrheit verweist die Konsenstheorie nicht nur auf eine zusätzliche Bedingung, vielmehr ist der Diskurs alles, was man hat. Eine Berufung auf die Wirklichkeit (empirische Dimension) oder auf Axiome (logische Dimension) ist hier nur begrenzt möglich; es bleibt letztlich nichts anderes übrig, als sich um einen Konsens zu bemühen. Auch hierbei gilt der Vorbehalt, dass das, was alle für richtig halten, vollkommen falsch sein kann. So beruhte der Erfolg des Nationalsozialismus in Deutschland anfänglich auf einem normativen Konsens, dem sich damals nur wenige explizit zu verweigern wagten. Heute wird dieser Konsens als Massenwahn betrachtet.

Angesichts der Ambivalenz von Konsens ist es umso wichtiger, normative Diskurse auf der Suche nach Konsens durch Regeln zu strukturieren (siehe hierzu das 13. Kapitel) und ständig von der Metaebene aus zu beobachten. Diktaturen sind immer als erstes bestrebt, die Metaebene zu zerstören, indem sie gegen Medien, kritische Wissenschaft, Opposition und freie Meinungsäußerung vorgehen. Ex negativo verweist dies auf den Sinn der Konsenstheorie und ihr konstruktives Potenzial. Das in der Konsenstheorie zum Ausdruck kommende Vertrauen in die Fähigkeit der Menschen, gemeinsam herauszufinden, was für alle das Beste sei, begründet die vor allem im angelsächsischen Raum seit langem etablierte pragmatische Philosophie mit dem Hinweis auf den Common Sense, zu dem sie alle für fähig hält.

Kohärenztheorie der Wahrheit

Die Kohärenztheorie der Wahrheit ist ein rein logisches Kriterium. Hier geht es um Aussagen*systeme*: Diese können nur dann wahr sein, wenn sie in sich widerspruchsfrei (kohärent) sind. Darin ist keine Alternative zu Korrespondenz- und Konsenstheorie zu sehen, sondern eine Ergänzung. Für sich alleine bringt die Kohärenztheorie eine notwendige, nicht jedoch eine hinreichende Bedingung der Wahrheit im empirischen oder normativen Sinn zum Ausdruck. Sie verweist auf die logische Dimension. Mehr dazu im 11. Kapitel über logische Argumentation.

Ist Gewissheit möglich?

Empirische Wissenschaft ist zwar darauf programmiert, Nichtwissen durch Wissen zu ersetzen, doch ist vielen nicht klar, wie mit welcher Unsicherheit dieser Weg verbunden ist. In der häufigen Frage, was denn nun in der Studie X »herausgekommen« sei, deutet sich die naive Auffassung an, der Normalfall der Forschung gleiche etwa der Entdeckung Amerikas. Was dabei übersehen wird, ist der Vermutungscharakter der Wissensbildung. Dazu passt, dass Columbus das gerade entdeckte Amerika zunächst für Indien hielt.

Dass es am Ende der Forschung keinen vernünftigen Zweifel mehr geben kann, ist ein Ausnahmefall. Schon in den noch gar nicht verallgemeinerten wissenschaftlichen Beobachtungen, in den Elementarsätzen, stecken Voraussetzungen, die keineswegs absolut sicher sind (siehe das 6. und 12. Kapitel). An die Beobachtungen schließen sich Interpretationen an, die über den Informationsgehalt der registrierten Fakten hinausgehen (14. Kapitel). Selbst sicheres Wissen bringt neue Ungewissheit mit sich, denn es macht Fragen möglich, die man bisher noch nicht stellen konnte.

Ungewissheit also am Anfang und am Ende. Wissenschaftliche Wahrheitssuche ist ein Grenzgang im unbekannten Gelände. Um weiterzukommen, muss man mit Wahrscheinlichkeiten, bloßer Plausibilität, Ermessensentscheidungen und systematischer Prüfung von Gegenthesen operieren. Man kommt nie an ein Ende, im Gegenteil wirft jede neue Erkenntnis neue Fragen auf. Einerseits muss man sich also von der Illusion verabschieden, Forschung führe letztlich zu umfassender Gewissheit. Andererseits gibt es nichts Besseres. Aufs Ganze gesehen bringt Wissenschaft vergleichsweise höhere Gewissheit ein als jede andere bekannte Form der Begründung von Wissen, etwa Intuition, Tradition, Weissagungen, Wesensschau oder die im digitalen Zeitalter kommunikativ potenzierte, dubiose »Schwarmintelligenz« von Mainstreams und Konsensgemeinschaften wechselseitiger Bestätigung in sozialen Medien.

Vom Nutzen einer differenzierten Sicht von Wahrheit

Wenn man, wie in diesem Kapitel, über Aussagen nachdenkt, gelangt man direkt zur Leitidee der Wahrheit, der alle Wissenschaften folgen wie einem Kompass. Dabei gilt es allerdings, einer doppelten Gefahr zu entgehen: einerseits der landläufigen Vorstellung, es gebe eben »viele« Wahrheiten und damit gar keine; andererseits der ebenso verbreiteten Meinung, es gebe »eine und nur eine« Wahrheit – wenn man diese gefunden habe, würde sich jede weitere Diskussion erübrigen. Hier Beliebigkeit, dort Dogmatismus – dies ist die doppelte Gefahr.

Ein angemessenes, wissenschaftlich zweckmäßiges Konzept von Wahrheit operiert mit mehreren Differenzierungen gleichzeitig:

- Es gibt nicht nur eine, sondern drei Dimensionen der Wahrheit: die empirische, die normative und die logische Dimension. In der Soziologie steht die empirische Dimension zwar im Mittelpunkt, aber alle müssen auch die beiden anderen Dimensionen kennen und mit ihnen umgehen können.

- Bei komplexen Forschungsfragen kann man sich der Wahrheit im empirischen Sinn meist nur annähern. Anders als Wahrheit im logischen Sinn, die zweiwertig ist (gegeben oder nicht), stellt empirische Wahrheit ein Kontinuum dar, auf dem sich die Wissenschaft zum Pol der Wahrheit hinzubewegen versucht. Aussagen weisen idealerweise einen im Lauf der Zeit wachsenden Wahrheitsgehalt auf, meist aber auch einen Falschheitsgehalt. Mit dem Fortschritt der Wissenschaften und der Veränderung der Gesellschaft entstehen ständig neue Fragen und neue Distanzen zum Pol der Wahrheit auf neu begonnenen Forschungspfaden.
- Wahrheit im empirischen Sinn ist immer zu relativieren auf Perspektiven. Dies ist nicht gleichbedeutend mit Relativismus im Sinn von Beliebigkeit, im Gegenteil: Erst wenn man sich über die jeweils eingenommenen Perspektiven klar ist, entsteht die Möglichkeit eines intersubjektiv verbindlichen Diskurses darüber, was wahr ist. Ohne diese Voraussetzung reden alle aneinander vorbei – leider eine häufige Diskurserfahrung.

Teil V
Argumentieren

Leitfrage: Was sind gute Begründungen?

Den im 10. Kapitel vorgestellten drei Dimensionen der Wahrheit entsprechen drei Felder wissenschaftlicher Begründung mit jeweils eigenen Hauptkriterien und Begründungsverfahren: logische, empirische und normative Begründung. In den folgenden Kapiteln geht es darum, was konkret zu tun ist, um diesen verschiedenen Aspekten der Wahrheit gerecht zu werden. Wie sieht die Praxis der Wahrheitssuche aus? Wie soll man im Einzelnen vorgehen?

Aus gutem Grund steht dabei die *logische* Dimension der Wahrheit am Anfang (11. Kapitel). Nur wenn Aussagen logisch in Ordnung (»logisch neutral«) sind, verdienen sie weitere Aufmerksamkeit. Was logisch gesehen richtig und falsch ist, lässt sich immer eindeutig klären – man muss es sich nur auch wirklich klar *machen*. Im wissenschaftlichen Normalbetrieb sollte die logische Begründung am besten die Form eines permanenten Fehler-Checks annehmen, fokussiert auf drei Fehlertypen: Tautologien, Kontradiktionen und falsche Schlussfolgerungen. Dazu braucht man kein Studium der analytischen Philosophie. Wenn man weiß, worauf es ankommt, genügt der Common Sense.

Schwieriger stellt sich das Begründen beim empirischen und normativen Argumentieren dar. Ermessensentscheidungen sind unumgänglich, und es kann meist nur Annäherungen an vorläufige Lösungen unter Irrtumsvorbehalt geben – sozusagen Lösungen des kleinsten Übels. Geht es dem Fokus des 12. Kapitels entsprechend um Wahrheit im *empirischen* Sinn, kann man dies auch positiv ausdrücken: Das Handwerk der Begründung besteht hier in der Suche nach einem lokalen Optimum. Anders jedoch als die Naturwissenschaften, die auf ihren Forschungspfaden oft ans Ziel gelangen können, um von dort aus mit neuen Fragen weiter zu machen, muss sich die Soziologie mit der Unabschließbarkeit ihrer Forschungspfade arrangieren.

Im Mittelpunkt des 13. Kapitels steht schließlich das *normative* Argumentieren. Aber muss man sich denn damit in der empirischen Wissenschaft überhaupt auskennen? Gilt da nicht das Prinzip der Wertfreiheit? Gegenfrage: Wie könnte empirische Wissenschaft jemals wertfrei sein – stellt doch schon das Postulat der Wertfreiheit seinerseits eine Wertung dar, die nach einer Begründung eigener Art verlangt. Der Imperativ der Wertfreiheit betrifft nur die operative Ebene der empirischen Forschung: Deren Ergebnisse sollen nicht geschönt oder unterdrückt werden, ob dies nun irgendjemand in den Kram passt oder nicht. In der Forschung geht es um Wahrheit im empirischen Sinn und sonst gar nichts. Dass und warum Ergebnisse wahr sein *sollen*, ist aber bereits eine normative Frage, die man begründen können muss. Doch könnte es auch jeder?

Normatives Argumentieren bringt noch größerer Unsicherheit als das empirische Argumentieren mit sich. Es ist insofern zwar verständlich, aber wegen der Allgegenwart von Normativität alarmierend, dass wir es hier mit einem Stiefkind der Methodologie zu tun haben. Gibt es irgendwo einen soziologischen Studiengang, dessen Curriculum eine Schulung im normativen Argumentieren vorsehen würde? Nötig wäre es jedenfalls, und zwar nicht nur in der Soziologie, sondern in allen Wissenschaften. Dass aber diese Schulung selbst in der Soziologie – einer der normativ am meisten herausfordernden Wissenschaften – weitgehend unterbleibt, zeugt vom Vergessen ihrer Gründungsidee und von einem gravierenden handwerklichen Defizit.

Zur thematischen Einordnung der drei Kapitel im folgenden Teil V bleibt hinzuzusetzen, dass die Hauptüberschrift »Argumentieren« genau genommen zu allen Kapiteln dieses Buches passt, etwa auch zum 9. Kapitel über Begriffe und zu den dort vorgestellten Gesichtspunkten der Begriffskritik. Die folgenden drei Kapitel sind speziell auf *Wahrheit* als den wissenschaftlich wichtigsten Fokus des Argumentierens fokussiert.

11. Kapitel: Logik. Drei Fehlertypen

Was Logik mit Soziologie zu tun hat

Der Satz »Sicher besitzt die Jugend auf Grund ihres Abweichungspotenzial eine spezifische Wandlungsbereitschaft« klingt plausibel.[146] Aber warum? Weil hier genau genommen ein Sachverhalt durch sich selbst begründet wird – denn was meint der Begriff »Innovationsbereitschaft« anderes als der Begriff »Wandlungspotenzial«? Man kann den Satz also auch so formulieren: »Auf Grund ihres Wandlungspotenzials besitzt die Jugend ein besonderes Wandlungspotenzial«.

In einer Kritik dieser Art geht es nicht um empirische Wahrheit, sondern darum, dass sich diese Frage mangels empirischen Informationsgehalts gar nicht erst stellt. Im Fokus der Kritik steht vielmehr ein logisches Problem. Warum es einem überall begegnet, auch in der Soziologie, lässt sich leicht erklären: Mit Sätzen dieser Art hat man immer recht. Weil der Forschungsgegenstand Gesellschaft zur Abstraktion herausfordert, ist es oft nur ein kleiner Schritt zum logischen Fehltritt der gerade illustrierten Art. Motiviert ist dieser Lapsus typischerweise durch den Wunsch, sich unangreifbar zu machen, und kaschiert wird er meist – wie im obigen Beispiel – durch Synonyme, die verschleiern, dass im Grunde zweimal dasselbe gesagt wird.

Das folgende kurze Kapitel möge als logisches Reisegepäck genügen. Es erläutert drei logische Fehler, die nicht nur im Alltag häufig auftauchen, in der Politik und in den Medien, sondern auch in den Wissenschaften, wobei die Kulturwissenschaften besonders anfällig sind, obwohl Logik als akademisches Fach im Rahmen der Philosophie doch selbst zu den Kulturwissenschaften gehört. Man braucht jedoch nicht Philosophie zu studieren, um den Fallen logischer Fehler zu entgehen. Es genügt, sich auf den Ursprung der Logik zu verlassen – auf den ganz normalen wachen Verstand.

Was heißt Logik?

Die Verwendung des Wortes »logisch« im Alltagssprachgebrauch hat nichts mit Logik im Sinne der Methodologie zu tun. Stellen wir uns jemand vor, der einen langen Fußmarsch hinter sich hat. Was antwortet er auf die Frage, ob er müde sei? »Das ist doch logisch!« Damit bringt die Umgangssprache jenseits der Wissenschaft ganz allgemein ein Empfinden der Selbstverständlichkeit zum Ausdruck, wobei es sich häufig, wie im Beispiel, um eine empirische Selbstverständlichkeit handelt. Analog wird auch über normative Selbstverständlichkeiten geredet, je nach kulturellem Kontext: »Sind Sie gegen die Todesstrafe?« »Logisch!« Eine weitere, hier ebenfalls nicht gemeinte Verwendung des Wortes Logik klingt etwa in Begriffen wie »Alltagslogik« oder »Männer- und Frauenlogik« an, aber etwa auch in dem Buchtitel »Logik der Sozialwissenschaften« von Jürgen Habermas:[147] Hier sind Denkmuster, Denkstrategien und handlungsleitende Grundorientierungen gemeint.

Anders als bei diesen Verwendungen des Ausdrucks »Logik« geht es im Folgenden um Logik als »Lehre von der Folgerichtigkeit« in der Tradition von Aristoteles, Zenon und anderen.[148] Das Kriterium der Folgerichtigkeit zielt auf die Zusammensetzung von Aussagen ab. Ein Beispiel sind Syllogismen: Aus zwei Prämissen wird von Allgemeinen aufs Besondere geschlossen (mehr dazu weiter unten). Aber auch in einem Elementarsatz wird bei aller Schlichtheit bereits etwas zusammengesetzt: Einem Individuum wird ein Prädikator zugeordnet. Nehmen wir nun etwa an, jemand charakterisiere eine Person A mit den Worten »der Paul ist einfach nur der Paul; es ist eben, wie er ist«, dann haben wir es mit einem Typus von Tautologien zu tun, dem die meisten schon einmal begegnet sind.

Häufiger kommen logische Fehler bei der Verkettung von Aussagen vor. Betrachten wir den folgenden Syllogismus: »Wenn jemand eine lange Strecke geht, ist er müde. Person X ist müde. Folglich hat Person X eine lange Strecke zurückgelegt.« Hier stimmt offensichtlich etwas nicht – dieser Schluss lässt sich nicht aus den Prämissen ableiten, und zwar unabhängig von den Dingen, um die es konkret geht (Fußmarsch, Müdigkeit, Person X), allein aufgrund der allgemeinen Struktur des Aussagenzusammenhangs. Formulieren wir nun die Schlussfolgerung (wohlgemerkt: Sie ist falsch) in allgemeiner Form: »Wenn gilt, dass alle Individuen mit der Eigenschaft A auch die Eigenschaft B haben und wenn Individuum X die Eigenschaft B hat, dann gilt: X hat auch die Eigenschaft A«. Bei der logischen Beurteilung von Aussagen geht es um die Richtigkeit oder Falschheit solcher und anderer Verbindungen, losgelöst von konkreten Inhalten, allein unter Bezug auf ihre Form.

Wenn Aussagen schon logisch gesehen problematisch sind, kann man sich empirisches und normatives Argumentieren sparen. Deshalb sollte die logische Prüfung von Aussagen ihrer empirischen oder normativen Prüfung vorausgehen. Logische Richtigkeit ist eine notwendige, wenn auch keineswegs hinreichende Voraussetzung empirischer und normativer Richtigkeit.

Logik als philosophische Teildisziplin ist zu umfangreich, um hier auch nur eine Einführung zu geben. Möglich und ausreichend ist jedoch die Vermittlung einer Art Logik für den Hausgebrauch: eine Darstellung der für Wissenschaft und Alltagsleben wichtigsten Typen logischer Argumente, die man auch als philosophischer Laie ohne weiteres handhaben kann, wenn man sie sich einmal explizit verdeutlicht hat. Hierfür ist die Kenntnis von vier logischen Mustern ausreichend: *Tautologien*, *Kontradiktionen*, *falsche Schlussfolgerungen* und *logische Neutralität*. Bei den ersten drei dieser Muster handelt es sich um Fehler, im Gegensatz zum vierten: Logische Neutralität ist eine unerlässliche Eigenschaft von Aussagen. Sie muss immer erfüllt sein, damit Aussagen es überhaupt wert sind, sich weiter mit ihnen zu beschäftigen.

Tautologien

Bei der logischen Untersuchung einer Aussage oder Aussagenfolge kann sich herausstellen, dass der Gesamtkomplex immer wahr ist, unabhängig von der Wahrheit oder Falschheit von Einzel-Aussagen. Solche Aussagen werden als Tautologien bezeichnet. Normative oder empirische Wahrheitsprobleme stellen sich dabei nicht, denn der Aussagenzusammenhang ist bereits aus logischen Gründen immer wahr. Für den Laien klingt diese Eigenschaft sehr wünschenswert, aber die Betrachtung einiger Beispiele zeigt schnell, dass Tautologien in aller Regel bedeutungslos sind (von Ausnahmefällen wie Definitionen oder rein logisch-mathematischen Operationen abgesehen).

Eine klassische Tautologie ist beispielsweise bereits in der Einleitung dieses Kapitels angeklungen: die Erklärung eines Phänomens durch sich selbst, die oft dadurch verschleiert wird, dass verschiedene, aber bedeutungsgleiche Zeichen zur Bezeichnung des Phänomens verwendet werden. Hier ein weiteres Beispiel: »Wenn Arbeiter mit ihren Beschäftigungsbedingungen unzufrieden sind, führt dies zu einem Gefühl der Entfremdung«. Aber meint Unzufriedenheit nicht dasselbe wie Entfremdung? Dann handelt es sich um eines Satz von der Form »wenn a, dann a« – heiße Luft.

Auch ohne Kenntnisse der formalen Logik lassen sich Tautologien in der Regel bereits intuitiv anhand des Gefühls erkennen, dass der durch die Aussage beschriebene Sachverhalt trivialerweise immer stimmen muss, wie etwa die sprichwörtliche Tautologie »Wenn der Hahn kräht auf dem Mist, ändert sich das Wetter, oder es bleibt, wie es ist«. Das klingt irgendwie empirisch, obwohl ja gar kein Informationsgehalt vorliegt. Ebenso beliebt sind aber auch normative Tautologien, öffnen sie doch eine Hintertür, um der besonderen Mühe normativer Begründung zu entgehen: »Warum soll ich das tun« »Weil du eben sollst!« Oder: »Warum wenden wir nicht eine andere Strategie an?« »Weil wir das noch nie gemacht haben.« Oder: »Wie konntest du das nur tun?« »Es ist eben so passiert, tut mir leid.«

Kontradiktionen

Kontradiktionen sind das negative Pendant zu Tautologien: Es kann sich herausstellen, dass eine zusammengesetzte Aussage schon aus logischen Gründen immer falsch ist, unabhängig davon, ob sie vielleicht empirische oder normative Partikel enthält, die wahr sind. Jemand stellt beispielsweise folgende Behauptung auf: »Die heutige Jugend kennt keine Werte mehr, stattdessen rennt sie jedem Mainstream hinterher, der gerade mal angesagt ist.« Doch was postulieren »angesagte Mainstreams« anderes, als neue, vielleicht schockierende Werte? Bei genauerer Betrachtung tritt also eine Aussage von folgender Struktur zutage: »X hat die Eigenschaft A und X hat die Eigenschaft Nicht-A«. Eine solche Art der Zusammensetzung von Aussagen ist nicht folgerichtig, sie ist kontradiktorisch. Erneut stoßen wir hier, wie bereits bei den Tautologien, auf die Verschleierung eines logischen Fehlers durch die Verwendung von Synonymen.

Falsche Schlussfolgerungen

Viele Aussagenverbindungen sind syllogistisch aufgebaut: Aus gegebenen Prämissen wird mit logischer Notwendigkeit eine bestimmte Schlussfolgerung abgeleitet. Solche logischen Schlussfolgerungen sind nicht zu verwechseln mit empirischen Vermutungen. Den Unterschied mögen die beiden folgenden Aussagen verdeutlichen:

- »Alle Menschen sind sterblich. X ist ein Mensch. Folglich ist X sterblich.«
- »Wer ehrgeizig ist, hat meist auch beruflichen Erfolg. X ist ehrgeizig, also wird er eine spektakuläre Karriere machen.«

Bei der ersten Aussage ergibt sich die Schlussfolgerung logisch zwingend, bei der zweiten Aussage ist die Schlussfolgerung lediglich empirisch wahrscheinlich. Wie sich leicht erkennen lässt, kommt der strukturelle Unterschied zwischen beiden Schlussfolgerungen durch den Geltungsanspruch zustande. Bei der ersten Aussage liegt eine deterministische Prämisse vor, bei der zweiten Aussage lediglich eine probabilistische.

Die Verwechslung von plausiblen empirischen Vermutungen auf der Grundlage gut bestätigter Wahrscheinlichkeitsaussagen mit logisch stringenten Ableitungen, deren Unterschied eben vor Augen geführt wurde, zählt zu den besonders häufigen Typen unzulässiger Schlussfolgerungen in der Soziologie und in der Alltagskommunikation. Die Behauptung, eine Ableitung ergäbe sich logisch, obwohl dieser höchste Sicherheitsgrad für eine Schlussfolgerung wegen probabilistischer Prämissen gar nicht zugänglich ist, ist ihrerseits ein logischer Fehler.

Worin aber besteht der Fehler in dem folgenden, deterministisch formulierten Beispiel?

- Intensive Nachbarschaftskontakte bewahren vor Einsamkeitsgefühlen.
- Person X hat keine Nachbarschaftskontakte.
- Folglich leidet Person X unter Einsamkeitsgefühlen.

Eigentlich klingt dies ganz logisch – aber dann müsste auch die folgende Argumentationskette »ganz logisch« sein, da sie die gleiche formale Struktur aufweist: »Ein Auto ohne Räder kann nicht fahren. Mein Auto hat Räder. Folglich kann es fahren«. Wenn es trotzdem nicht anspringt: Verhält sich dann etwa das Auto unlogisch?

Wir stoßen hier auf einen der häufigsten Fehler bei Schlussfolgerungen: die Verwechslung von Implikationsaussagen (»Wenn X, dann Y«; formal: $X \rightarrow Y$) mit Äquivalenzaussagen (»Wenn X, dann Y und wenn Y, dann X«; formal: $X \longleftrightarrow Y$). Implikationsaussagen lassen sich nicht umkehren. Das wichtigste Beispiel ist die Verwechslung von Korrelation und Kausalität. Zwar gilt der Satz »Kausalität impliziert Korrelation« – aber er lässt sich nicht umkehren. Aus einer Korrelation kann man nicht zwingend auf Kausalität schließen.

Ähnlich häufig ist der logische Fehler der Umkehrung von Implikationsaussagen, wie im folgenden Beispiel: Gegeben ist die Aussage »Wenn jemand politisch *unzufrieden* ist, wählt er *radikal*.« In der Umkehrung wird daraus: »Wenn jemand politisch *zufrieden* ist, wählt er *nicht radikal*.« Auch diese Schlussfolgerung ist falsch. Richtig ist vielmehr, dass die zweite Aussage mit der ersten logisch gesehen überhaupt nichts zu tun hat, denn beide Implikationen gehen von verschiedenen Prämissen aus. Oder gilt etwa auch folgende »logische Ableitung«: »Exzellente Forschung wird häufig zitiert – also ist häufiges Zitiert-Werden ein Indikator für exzellente Forschung.« Für diesen Trugschluss der Forschungsförderung hat sich der Begriff »Matthäuseffekt« eingebürgert, unter Anspielung auf eine (missverstandene) Passage im Matthäusevangelium: »Denn wer da hat, dem wird gegeben.«

Diese Beispiele mögen genügen, um zu demonstrieren, dass unzulässige Schlussfolgerungen oft legitim erscheinen können. Um sie zu durchschauen, bedarf es einiger Aufmerksamkeit und Übung. Grundkenntnisse der formalen Logik können dabei nicht schaden, es genügt aber bereits, die dargestellten Fehlertypen zu kennen und darauf zu achten

Logische Neutralität

Schließlich kann sich aber auch das Wunschergebnis der logischen Überprüfung von Aussagen herausstellen – sozusagen als Fehlanzeige: Über die Richtigkeit oder Falschheit des untersuchten (empirischen und/oder normativen) Aussagenzusammenhangs lässt sich *nicht* bereits aufgrund logischer Überlegungen urteilen. Unter dieser Bedingung spricht man von logischer Neutralität.

Erst eine logisch neutrale Aussage kann man empirisch und normativ beurteilen: Entspricht sie der Wirklichkeit? Ist sie akzeptabel? Insofern ist das Wunschergebnis der logischen Überprüfung immer nur ein Zwischenergebnis. Stellt sich jedoch heraus, dass ein Aussagenzusammenhang schon logisch gesehen nicht in Ordnung ist, braucht man gar nicht erst mit der schwierigeren Erörterung empirischer und/oder normativer Begründungsfragen anzufangen. Dies lohnt sich erst unter der Bedingung logischer Neutralität. Deshalb sollte der Blick auf die Logik immer am Anfang stehen.

12. Kapitel: Empirie mittlerer Reichweite

Welchem Pfad folgt soziologische Empirie?

Wie stellt man sich am besten den Wissensfortschritt vor, zu dem Empirie beitragen soll? Handelt es sich – einer auf Karl Popper zurückgehenden Metapher zufolge – um eine Art Bergsteigen im Nebel? Man sieht den Gipfel nicht, aber man merkt von Schritt zu Schritt, dass es aufwärts geht, bis man ganz oben ist? Oder hat Robert Merton mit seiner Empfehlung an die Adresse der Soziologie recht, sich angesichts der Variabilität des Forschungsgegenstands Gesellschaft auf Theorien mittlere Reichweite zu konzentrieren?[149] Dann würde ja, um auf das Bergsteigergleichnis zurückzukommen, der Anstieg immer wieder von vorne losgehen und Soziologie wäre eine Art Hügelwanderung. Wie auch immer, empirisches Argumentieren muss in eine Rahmenvorstellung des Wissensfortschritts eingebettet sein.

Jede empirische Wissenschaft will über den Stand bisherigen Wissens hinausgelangen und endgültig erkennen, was Sache ist, auch die Soziologie. Wäre es dann denkbar, dass man irgendwann alles weiß und ans »Ende der Wissenschaft« kommt, wie James Horgan vor mehr als zwei Jahrzehnten meinte?[150] Was damals falsch war, wie Horgan zu Recht vorgehalten wurde, stimmt heute noch immer nicht. Mehr spricht stattdessen für die Theorie der Fragendynamik von Nicholas Rescher – mit jeder neuen Erkenntnis werden neue Fragen möglich.[151] Mit dem Wissen wächst auch das Nichtwissen. In der Tat passt dieses Modell bis heute gut zur Geschichte und Gegenwart der Naturwissenschaften, wo der Bestand des sicheren, vielfach geprüften und bestätigten Wissens kumulativ wächst und wächst – und glcichzcitig auch dic Anzahl neuer Fragen.

Doch die Wissensdynamik der Soziologie ist von anderer Art, wie ich im 16. Kapitel erläutern werde. Ein Aspekt davon soll bereits hier zur Sprache kommen: der Umstand nämlich, dass es die Soziologie in der Hauptsache mit Invarianzen von kurzer Dauer zu tun hat, nicht mit universellen Gesetzmäßigkeiten. Die Naturwissenschaften können bleibendes Wissen generieren;

die Soziologie muss sich dagegen ständig auf Neues einstellen, während sich das gerade noch aktuelle Wissen in sozialgeschichtliches Wissen verwandelt. Obsolet wird es damit jedoch keineswegs, denn es erlaubt, die Gegenwart im Zusammenhang mit ihrer Vorgeschichte zu verstehen, worauf der Begriff der Pfadabhängigkeit verweist.

Unter diesen Umständen ist es nicht sinnvoll, einem Modell soziologischer Empirie zu folgen, das – wie in den Naturwissenschaften – Forschung als Annäherung an einen stabil bleibenden Sachverhalt auffasst, als einen Prozess, der unter Umständen über Generationen hinweg andauert, bis die harte Nuss endlich geknackt und der Bestand des gesicherten Wissens weiter gewachsen ist. Vielmehr muss sich die Soziologie ständig neu der Gegenwart zuwenden, wenn sie für die Öffentlichkeit relevant bleiben will.

Es ist jedoch nicht nur der fortgesetzte Aktualisierungsdruck, durch den sich der Weg der Soziologie von dem der Naturwissenschaften unterscheidet. Hinzu kommen verschiedene methodische Sonderprobleme, die sich in den Naturwissenschaften nur in geringerem Ausmaß oder überhaupt nicht stellen. Diese speziellen Schwierigkeiten der Soziologie wurden teilweise schon in vorangegangenen Kapiteln behandelt, so die Fehlerbelastungen von Individualdaten (6. Kapitel) und die allumfassenden, keineswegs nur Surveys betreffenden Stichprobenprobleme (7. Kapitel). Weitere Sonderprobleme der Soziologie sollen noch zur Sprache kommen, vor allem die Risiken, die soziologisches Interpretieren unvermeidlich mit sich bringt, sowie die Unterschiedlichkeit soziologischer Theorietypen und die dadurch bedingte Unterschiedlichkeit soziologischer Empirie (14. Kapitel).

Einerseits steht die Soziologie also vor weitaus größeren methodologischen Problemen als die Naturwissenschaften, andererseits muss sie gewissermaßen auf Sicht operieren und sich mit einem engen Zeithorizont arrangieren. Sie kann ihr Wissen über soziale Kollektive nicht, wie wir dies aus den Naturwissenschaften kennen, immer wieder testen, modifizieren und technologisch auf die Probe stellen, um der Wahrheit näher und näher zu kommen, bis dieser Prozess offenbar sein Ziel erreicht hat. Stattdessen läuft die Soziologie einem sich ständig fortbewegenden Forschungsgegenstand hinterher und ist gezwungen, sich auf Dauer in einem Übergangszustand einzurichten. Die Folge ist, dass soziologische Empirie so gut wie nie ans Ende eines Forschungspfades kommen kann. Mit dieser Unabschließbarkeit muss soziologische Empirie leben und versuchen, das Beste daraus zu machen.

Was bedeutet dies konkret? Gutes empirisches Argumentieren in der Soziologie stützt sich, wie ich in den folgenden Abschnitten erläutern möchte, auf drei Säulen: Methoden der empirischen Sozialforschung, theoretische Komplexität und Suche nach einem lokalen Optimum.

Erste Säule: Methoden der empirischen Sozialforschung – notwendig, nicht hinreichend

Was braucht man für gutes empirisches Argumentieren in der Soziologie? »Aber das liegt doch auf der Hand!«, dürft die spontane Antwort der meisten auf diese Frage sein. Sie meinen die kompetente Handhabung der Methoden der empirischen Sozialforschung, die inzwischen weitgehend kanonisiert sind und überall gelehrt werden. Dazu gehören unter anderem Fragebogenkonstruktion, Codierung, Kategorisierung, Stichprobenkonstruktion und Stichprobenbeurteilung, quantitative Auswertungen von beliebiger Komplexität, Durchführung und Auswertung offener Verfahren – um nur das Wichtigste zu nennen. Sich diesen Teil des Handwerks der Soziologie anzueignen, dauert mindestens ein Jahr. Richtig vertraut damit wird man erst durch viel Übung in längerer eigener Praxis.

Die Methoden der empirischen Sozialforschung machen denjenigen Teil des Handwerks der Soziologie aus, der nicht nur differenzierter als jeder andere Aspekt ausbuchstabiert ist, sondern der auch ein Höchstmaß an Intersubjektivität erreicht hat, wie eine Durchsicht der vielen Einführungen, Lehrbücher und speziellen Titel für Fortgeschrittene zeigt. Die Methodenlehre liegt wie eine Oase der Eindeutigkeit im Gelände widersprüchlicher Interpretationen. Hier gibt es sogar Gewissheiten: in Bezug auf richtiges, vor allem aber in Bezug auf definitiv falsches Vorgehen. Ein Beispiel aus einem Fragebogen zur Zukunft der EU: »Ich glaube nicht, dass die Europäische Union am Ende ist.« Antwortvorgaben: »stimmt/stimmt nicht.« Befragte, die hier mit »stimmt nicht« antworten, müssen die Logik einer dreifachen Negation durchschauen: »Es stimmt nicht, dass ich nicht glaube, dass die Europäische Union nicht fortbestehen wird«. Alles klar? Ja: haarsträubender Fehler der Fragebogenkonstruktion.

Seien wir also zufrieden mit dem erreichten Entwicklungsstand der Methoden der empirischen Sozialforschung. Diese haben allerdings etwas Verführerisches: zu meinen, man beherrsche das Handwerk der Soziologie zur Genüge, wenn man sich damit auskennt, während diejenigen in der Soziologie, die sich mit Interpretationsrisiken, Ungewissheiten und immer wieder radikal neuen Fragen herumplagen, oft sogar den Status der Wissenschaftlichkeit abgesprochen bekommen – als würde der Job von Soziologie als Wissenschaft nicht genau dies erfordern.

Dieses Buch nimmt einen deutlich anderen Standpunkt ein: Methoden sind für das Handwerk der Soziologie gewiss notwendig, aber keinesfalls hinreichend. Selbst im begrenzten Arbeitsfeld empirischer Argumentation stellen die Methoden der Sozialforschung nur eine von drei Säulen dar. Bei den folgenden Überlegungen profitiere ich vom inzwischen erreichten Entwicklungsstand der Methodenlehre, indem ich auf die reichlich vorhandene, vielfach bewährte Literatur verweise,[152] um nicht Eulen nach Athen zu tragen. Von den beiden anderen Säulen ist dagegen nie die Rede, obwohl das Handwerk der Soziologie ohne diese ebensowenig auskommen kann wie ohne die Methodenlehre. Mehr dazu in den zwei folgenden Abschnitten.

Zweite Säule: Inhaltliche Komplexität – die Verfahren hinter sich lassen

Die empirischen Methoden in der Soziologie haben ein Doppelgesicht: Einerseits konstituieren sie eine schwer zugängliche Welt; um hineinzugelangen, muss man hohe Hürden in Form langer Bildungsanstrengungen überwinden. Immer komplexer und anspruchsvoller sind die Methoden geworden. Sie stellen inzwischen alles in den Schatten, wovon man noch in der ersten Hälfte des 20. Jahrhunderts nur träumen konnte. Komplexe multivariate Analysen sind Teil der Ausbildung; riesige Datensätze stehen bereit; die technischen Voraussetzungen kann jeder mit sich herumtragen.

Und nun die andere Seite: In der Datenanalyse bewegt man sich insofern in einer denkbar einfachen Welt, als die Urteile »richtig« und »falsch« genau definiert sind und alles seine objektive Ordnung hat. Nichts ist in das Ermessen von irgendjemand gestellt. Die Algorithmen, ihre Anwendungsvoraussetzungen, ihre Beschreibungsleistung, die Ergebnisse bis in die Nachkommastellen hinein sind so wie sie sind, basta. Jemand will diskutieren? Bitte – jeder kann alles nachrechnen, so oft es beliebt. Es wird immer dasselbe herauskommen.

All dies stellt einen großen Fortschritt dar – und eine Falle, wenn man sich der Begrenztheit dieses Fortschritts nicht bewusst ist. Man weiß, was zu tun ist, man kann sich am Geländer der Verfahren festhalten, alles hat in dieser

Welt seine Richtigkeit, und nur Spezialisten können mitreden, alle anderen verstehen von der Sache nichts und müssen respektvoll schweigen.

Dabei darf jedoch nicht unter den Tisch fallen, dass die Welt der Datenanalyse nur eine Durchgangsstation darstellt, eine Art erkenntnistheoretischer Komfortzone, die erst dann Sinn gewinnt, wenn man sie mit der außeranalytischen Wirklichkeit der Kollektive in Beziehung setzt. Zum einen: Was besagen die Daten? Wie steht es um die bekannten Sollbruchstellen der Daten als Elementarsätze (siehe hierzu das 6. Kapitel)? Wie steht es um die Stichprobenprobleme? Zum anderen: Wie verhalten sich die Analyseergebnisse zu den (im 14. Kapitel erläuterten) grundlegenden soziologischen Interpretationszielen im dreidimensionalen Raum der Theorien? Welche Vorentscheidungen fließen in die Interpretationen ein (siehe hierzu das 15. Kapitel), etwa auch solche begrifflicher Art (über die dann entsprechend den Kriterien des 9. Kapitels zu diskutieren wäre)?

Fazit: Im Kokon der Verfahren ist jene Komplexität vorübergehend suspendiert, die allein darüber entscheidet, ob man überhaupt noch Soziologie treibt. Diesen Kokon wieder zu verlassen und zu wissen, worauf es jenseits davon ankommt, ist eine wichtige zweite Säule guter empirischer Argumentation. Ohne sie bleibt die Handhabung der Verfahren wertlos.

Dritte Säule: Lokales Optimum und Dialektik – Empirie mittlerer Reichweite

Die dritte Säule besteht im kompetenten Umgang mit soziologiespezifischer Ungewissheit. Empirische Befunde über soziale Kollektive erlauben nur plausible Vermutungen unter den jeweils gegebenen Umständen. Mehr als ein lokales Optimum ist ohne beliebig viele Wiederholungs- und Verbesserungsmöglichkeiten nicht erreichbar. Mit den »gegebenen Umständen« sind die jeweils realisierten Wirklichkeitszugänge der Soziologie gemeint (Daten, Stichprobencharakteristika und die Zeitmuster der Forschung, siehe das 6., 7. und 8. Kapitel), aber auch der gesellschaftliche Kontext jenseits der Forschung, etwa Krisen oder stabile Verhältnisse, politische Großereignisse, alltagsrelevante technische Innovationen, objektive Gegebenheiten von der Infrastruktur bis zu geologischen Gegebenheiten.[153] Das ständig wechselnde Mischungsverhältnis solcher Begleitumstände erzeugt immer wieder andere Forschungsbedingungen und Fehlerrisiken. Was bleibt, ist eine Empirie des lokalen Optimums. Man tut das Mögliche, um sich der empirischen Wahrheit anzunähern. Diese verändert sich jedoch so schnell, dass nur ein sehr begrenzter Zeitraum für Serien weiterer Forschungsepisoden und für wissenschaftliches Dazulernen zur Verfügung steht.

Umso wichtiger ist das zweite in der Überschrift dieses Abschnitts genannte Prinzip einer Empirie mittlerer Reichweite: die Dialektik der Forschung. Sie besteht zum einen in der Kultivierung des konstruktiven Zweifels: Welche Fehlermöglichkeiten sind zu bedenken? Welche alternativen Deutungen kommen in Betracht? Das erkenntnistheoretische Stichwort für diese Strategie ist bereits gefallen: Fallibilismus (4. Kapitel). Zum anderen besteht die Dialektik der Forschung im wiederholten Hin und Her zwischen Daten und Theorie: Iteration (8. Kapitel). Die Kombination beider Strategien, Fallibilismus und Iteration, ergibt eine Sequenz von These, Gegenthese und Synthese, die sich so oft wiederholen lässt, bis das lokale Optimum erreicht scheint: Der Grenznutzen zusätzlicher Erkenntnis geht gegen Null. Glaser und Strauss bezeichnen dieses Stadium mit dem hier schon mehrfach erwähnten, für die Soziologie wichtigen Begriff der theoretischen Sättigung.[154]

Zwar erzielt auch die naturwissenschaftliche Empirie am Anfang oft nur lokale Optima; zwar kommt auch sie nur mit der dargestellten Dialektik voran. Im Unterschied zur Soziologie aber erreicht naturwissenschaftliche Empirie doch immer wieder Etappenziele bleibenden Wissens. Bei langfristiger Betrachtung stellen sich die Fortschritte der Naturwissenschaften als Ketten aneinander anschließender Forschungsepisoden mit dem Ergebnis abnehmender Ungewissheit dar. Im Lauf der Zeit bringen Anschlussepisoden der Forschung keinen weiteren Erkenntnisgewinn mehr ein; der jeweilige Pfad der Forschung ist am Ziel. Dort warten allerdings neue Teilprobleme, deren Formulierung entsprechend Reschers Theorie der Fragendynamik auf der jetzt erreichten Wissensgrundlage erst möglich geworden ist.[155]

Dagegen lässt sich dieses Stadium von Konsens bezüglich eines begrenzten Wissens, den die Fachwelt pragmatischerweise als bleibend ansehen kann, in den Forschungsepisoden der Soziologie kaum einmal erreichen. Vielmehr haben wir es hier mit einer paradox scheinenden Situation zu tun: Unabgeschlossenheit ist ein Dauerzustand. Unter dieser Bedingung zeichnet sich gutes empirisches Argumentieren in der Soziologie durch den regelmäßigen Einsatz von bestimmten Kritikmustern und fallibilistische Routinen aus. Wo langfristig bleibendes Wissen nicht erreichbar ist, stabilisieren diese Kritikmuster immerhin die Suche nach dem jeweiligen lokalen Optimum.

13. Kapitel: Werte – Normative Diskurse sind möglich

In Politik, Wirtschaft, Technik, Ökologie, Alltagsleben und anderen Feldern der sozialen Wirklichkeit geht es ständig um normative Fragen, um Problemdefinitionen, Ziele, Krisen und Handlungsstrategien. Bereits die Themenstellung von Forschungsprojekten impliziert Normativität – worauf sonst liefe die Feststellung hinaus, eine beabsichtigte Studie sei »relevant«? Erst recht ist normatives Argumentieren gefragt, wenn eine Studie abgeschlossen ist und es darum geht, ihre Ergebnisse öffentlich geltend zu machen. Laufend wird die Wissenschaft, vor allem aber die Soziologie, in normative Diskurse hineingezogen, und dies ist auch gut so, denn sonst bliebe Wissenschaft ein Glasperlenspiel im Elfenbeinturm. Normatives Argumentieren gehört nun einmal zum Handwerk der Soziologie dazu. Dass dies durchaus im Einklang mit dem Postulat der Wertfreiheit steht, werde ich weiter unten erläutern.

Zur Diagnose von Normativität: Auf den Subtext kommt es an

Wann liegt überhaupt Normativität vor? Oft tritt sie nicht explizit in Erscheinung, vielmehr bleibt sie unter einer nicht normativ klingenden Oberfläche versteckt. Wir müssen zwischen der Ebene der Formulierung und der Ebene der kommunizierten Bedeutung unterscheiden. Entscheidend für die Fokussierung der Argumentation ist letztere Ebene – der Subtext. Dieser fügt der expliziten Formulierung eine implizite Botschaft hinzu. Typischerweise verstecken sich hier Wertungen, von denen auf der Formulierungsebene nicht die Rede ist.

Beispiel: A sagt zu B: »Rauchen ist gesundheitsschädlich«. Diese Aussage ist auf der Formulierungsebene rein empirischer Natur, während auf der Ebene der kommunizierten Bedeutungen unübersehbar die folgenden Wertungen mitgeteilt werden (vorausgesetzt, B ist ein Raucher):

- B soll nicht rauchen.
- B soll gesund bleiben.

Ein häufiger Denkfehler besteht in der Annahme, man rede wertfrei, wenn lediglich die Formulierung keine normativen Elemente enthält. Worauf es ankommt, ist jedoch der kommunizierte Inhalt, mag er explizit oder nur im Subtext mitgeteilt werden, nicht seine sprachliche Einkleidung.

Wie kommt es zur Allgegenwart von Normativität?

Ein konsequenter Werturteilsgegner könnte daraus ableiten, dass es eben nicht genüge, Werturteile in der Formulierungsebene zu vermeiden; man müsse auch die Ebene der kommunizierten Bedeutungen von Werturteilen »reinigen«. Dies ist jedoch mindestens aus den folgenden Gründen nicht möglich:

- Schon die verwendeten Begriffe und die Perspektive der Aussage programmieren die Selektivität der Wahrnehmung. Sie enthalten Relevanzurteile und sind insofern normativ.
- Oft ist der Anlass zur Formulierung einer Aussage ein *Ziel* oder ein *Problem*; der Deutungsrahmen der Aussage besteht dann auch, neben anderen Elementen, in ihrem normativen Bezug: Was soll erreicht oder vermieden werden?
- Dem auf Seiten des Senders der Aussage gemeinten Problembezug entspricht eine normative Bedeutungserwartung beim Empfänger. Ebenso, wie normative Bedeutungen in Aussagen hineingelegt werden, werden sie auch herausgeholt – unabhängig von der formalen Sprachstruktur.

Die Allgegenwart normativer Bedeutungen hängt damit zusammen, dass oberstes Organisationsprinzip für menschliches Handeln, auch für Sprachhandeln, das Wollen ist. Was Menschen tun, soll zu etwas führen.

Der methodologische Entwicklungsstand normativer Argumentation

Ein wesentlicher methodologischer Durchbruch bei der Entwicklung von Kriterien für normative Diskurse liegt schon lange zurück – *Humes Gesetz*. Es besteht in der Unterscheidung von »Seins-Aussagen« (d. h. empirischen Aussagen) und »Sollens-Aussagen«, verbunden mit der Grundregel, dass letztere nicht durch erstere fundiert werden können.[156] Mit dieser Erkenntnis der Untauglichkeit empirischer Begründungen für normative Aussagen wurde erst die Entwicklung eigener normativer Diskursregeln eingeleitet. Die Methodologie dazu liegt vor, allerdings gelangt sie in der Wissenschaft kaum zum Einsatz. Im Vergleich zur inzwischen erreichten Elaboriertheit und immer mehr verbreiteten Kenntnis von Techniken und Regeln empirischer Forschung herrscht in normativer Hinsicht nach wie vor Unklarheit und Unsicherheit. Absolute Werturteilsfreiheit zu fordern scheint verständlich: Bloß nicht den sicheren Grund logischer und empirischer Argumentation verlassen! Das ist jedoch naiv, denn es läuft auf eine kommunikativ unmögliche Regel hinaus. Der Normativität entgeht keiner – also bleibt nichts übrig, als sich das Handwerk normativer Argumentation anzueignen.

Jürgen Habermas hat in Anlehnung an Hans Otto Apel eine Ethik normativer Diskurse ausgearbeitet, die Begriffe für ihre Beschreibung und Kriterien zu ihrer Beurteilung zur Verfügung stellt.[157] Solchen demokratietheoretischen Optimismus kontert etwa Michel Foucault mit dem Blick auf Machtverhältnisse in Diskursen.[158] Auch Berger und Luckmann zweifeln an der Herrschaft der Argumente; sie würden oft nur kaschieren, dass der gewinnt, wer den »derberen Stock« in Händen hat, sprich: die überlegenen Machtmittel.[159] Umso wichtiger ist der Beitrag der Diskursethik: das Einfordern von Herrschaftsfreiheit als Grundbedingung rationaler Auseinandersetzung darüber, was getan werden soll und was nicht: die Vision gemeinsamen Nachdenkens über Werte – deliberative Demokratie.[160]

Nur: Was genau ist zu tun, wenn diese Bedingung vorliegt? Wie sieht das Handwerk normativer Begründung im Einzelnen aus? Dies bleibt gegenwärtig immer noch weitgehend dem Common Sense überlassen; eine systematische Schulung im normativen Argumentieren wäre ein wichtiges Anliegen der Allgemeinbildung und des Studium Generale, ist aber nicht in Sicht. Wie sie aussehen könnte. skizzieren die folgenden Abschnitte.

Empirische Argumente im normativen Diskurs

Dass sich aus empirischen Erkenntnissen keine Werte ableiten lassen, läuft dem unreflektierten Common Sense oft zuwider; spontan kommt dies den meisten Menschen geradezu pervers vor. Der bloße Anblick eines Verhungernden etwa scheint eine ausreichende Begründung für die Forderung zu sein, ihm zu helfen. Doch dies beruht auf einem Kategorienfehler. Normative Aussagen lassen sich nur durch übergeordnete normative Aussagen zu begründen, etwa, im Beispiel des Verhungernden: »Es muss immer alles getan werden, um menschliches Leben zu schützen«. Allerdings lässt sich diese Form des Begründens nicht unbegrenzt fortsetzen. Oberste Werte, verstanden als absolute, unbedingte und nicht weiter begründungsbedürftige Postulate, lassen sich nur proklamieren, nicht aber logisch oder empirisch fundieren.

Unterhalb dieser Ebene ist sind normative Diskurse dagegen durchaus möglich. Über Werte zu reden und einen Konsens zu erzielen ist dann nicht utopisch, wenn man davon ausgehen kann, dass alle Beteiligten einer Wertegemeinschaft angehören, in der Einigkeit über die obersten Werte besteht. Der Historiker Heinrich August Winkler hat den »Weg des Westens« in einer umfangreichen Analyse als den langdauernden und noch immer nicht vollendeten Versuch interpretiert, zu einer solchen Wertegemeinschaft zu werden.[161]

Angesichts der von David Hume konstatierten Unableitbarkeit von Werten aus Tatsachen mag es zunächst überraschen, dass empirischen Argumenten durchaus zentrale Bedeutung im normativen Diskurs zukommt. Wie dies? Die Begründung ist denkbar einfach und naheliegend: Normative Diskurse sind fast immer mit empirischen Implikationen verbunden. Diese lassen sich am besten anhand der Aussagenfolge des praktischen Syllogismus herausarbeiten, der standardisierten Form des Zweck-Mittel-Schemas.

Es handelt sich dabei um ein Grundmuster des Verstehens, das drei Elemente aufeinander bezieht: Wissen, Wollen und Handeln. Bei genauer Betrachtung stellt sich heraus, dass die Wissenskomponente wesentlich mehr enthält, als man zunächst vermutet. Zur Veranschaulichung sei die folgende Aussage analysiert: »Du sollst die Medizin nehmen, damit du gesund wirst«. Als praktischer Syllogismus lässt sich die Aussage folgendermaßen darstellen:

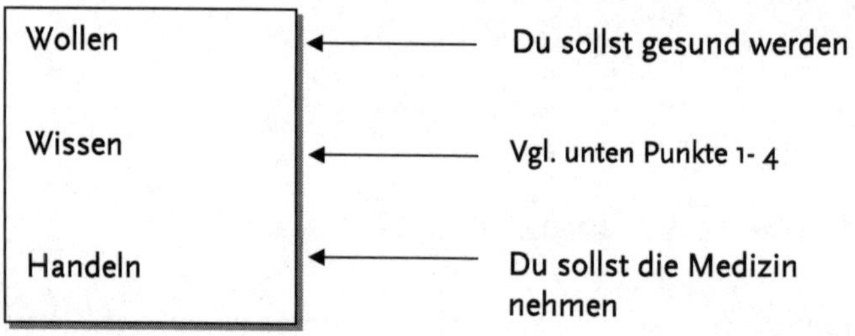

Die Wollenskomponente fungiert hier als übergeordneter Wert (Ziel), die Handlungskomponente als untergeordneter Wert (Mittel), während die Wissenskomponente teils unausgesprochene empirische Hypothesen enthält. Im Einzelnen:

1. Zunächst sagt sie aus, dass die Medizin helfe: Instrumentalitäts-Hypothese
2. Die Medizin ist aber nur empfehlenswert, wenn ihre unerwünschten Nebenwirkungen geringer sind als diejenigen anderer Mittel, und wenn diese Nebenwirkungen nicht stärker ins Gewicht fallen als der positive Effekt: Optimierungs-Hypothese
3. Selbstverständlich muss der Patient überhaupt krank sein, sonst erübrigt sich die Medizin: Problem-Hypothese.
4. Er darf aber auch nicht unheilbar krank sein, das Ziel »Gesundung« muss noch erreichbar sein, sonst sollte man ihm dieses Medikament lieber ersparen und palliativmedizinische Maßnahmen versuchen. Und was für das Ziel gilt, erstreckt sich auch auf das Mittel; das Medikament muss verfügbarbar sein. Beides lässt sich als implizite Realisierbarkeits-Hypothese im praktischen Syllogismus zusammenfassen.

In normativen Diskussionen sollte man zunächst einmal klären, ob diese Hypothesen empirisch gut begründet sind. Immerhin kann man sich dabei auf empirische Tatbestände stützen. Wenn nur eine dieser Standardhypothesen nicht stimmt, ist der Fall erledigt. Doch auch wenn alle impliziten empirischen Annahmen richtig sind, ist die normative Begründung keineswegs vollständig abgeschlossen: Der übergeordnete Wert, dass jemand gesund werden soll, lässt sich nicht empirisch absichern, auch wenn dies noch so einsichtig erscheint. Was aber tun, wenn in Bezug darauf kein Konsens besteht?

Relativierung auf gemeinsame Oberziele

Die Frage, wie man an dieser Stelle weiterkommen kann, hat einen soziologischen und einen methodologischen Aspekt. Soziologisch gesehen müssen alle Beteiligten überhaupt dazu bereit sein, sich auf einen normativen Diskurs einzulassen, was alles andere als selbstverständlich ist, wie ich gleich noch darlegen werde. Methodologisch gesehen kommt es darauf an, dass sie über das Know How der normativen Argumentation verfügen – auch dies ist eine selten erfüllte Bedingung.

In der Diskursethik von Apel und Habermas (siehe hierzu den vorletzten Abschnitt) spielt die Auffassung eine große Rolle, dass man normative Begründungen grundsätzlich nicht in der Isolation, ohne Beachtung der anderen, durchführen könne. Die Begründungsbedürftigkeit eines Wertes entsteht ja überhaupt erst dadurch, dass man durch seine Verwirklichung möglicherweise in die Existenz von anderen eingreift und ihre Werte (Wünsche, Zielsetzungen, Bedürfnisse) eventuell beeinträchtigt.

Die Bedingung der Möglichkeit für das Begründen von Werten besteht in dem Grundsatz, miteinander in Dialog zu treten, und zwar solange, bis man gemeinsame Oberziele gefunden hat. Damit verbindet sich die Hoffnung, dass es solche gemeinsamen Oberziele überhaupt gibt – dass also im Grunde jeder den Standpunkt des anderen nachvollziehen kann. Man kann nun versuchen, diese gemeinsame Basis durch Diskussion oder durch hermeneutische Rekonstruktion der Position der Gesprächspartner dialogisch zu erarbeiten. Wenn man solche Oberziele findet, lassen sich untergeordnete Ziele rational begründen oder ablehnen, ohne mit den Gesprächspartnern in Widerspruch zu geraten.

Der Trick dieses Vorschlages ist nicht ohne Raffinesse: Durch die Einführung von Oberzielen werden ursprünglich übergeordnete Werte (Ziele) zu instrumentellen Werten (Mitteln). So gelangt man wieder in die halbwegs vertrauten und sicheren Gefilde der empirischen Argumentation. Eine Garantie dafür, dass dieser Plan funktioniert, gibt es aber nicht. Auch wenn man damit scheitert, gemeinsame Oberziele zu bestimmen, war es jedoch wenigstens der Mühe wert, die grundsätzlichen Differenzen zu erkennen.

Ein geeignetes Beispiel ist das politische Ziel des bedingungslosen Grundeinkommens.[162] Seine Befürworter wollen es durch die gegenwärtig gezahlten Sozialversicherungsbeiträge und durch die Einkommensteuer der Arbeitswilligen finanzieren. Als Zielkomponente des praktischen Syllogismus erscheint hier das bedingungslose Grundeinkommen, in der Handlungskomponente tauchen die beiden angegebenen Finanzierungswege auf. Nun gilt es zunächst, die vier im vorangegangen Abschnitt konkretisierten Hypothesen auf dem Weg der empirischen Begründung durchzudiskutieren: Sind die vorgeschlagenen Wege realisierbar, instrumentell, optimal und problembezogen? Wie auch immer die Diskussion ausgeht, bleibt zusätzlich die normative Frage offen: Ist das bedingungslose Grundeinkommen überhaupt erstrebenswert? An dieser Stelle können neue übergeordnete Ziele in den Blick kommen, zu denen das bedingungslose Grundeinkommen als Mittel ins Verhältnis gesetzt werden könnte: etwa Lebensphilosophien (sei es des Müßiggangs, sei es der Sinngebung durch Arbeit) oder eine Kulturkritik der neoliberalen Ausbeutung – und der Diskurs könnte auf einer übergeordneten Stufe nach der gleichen Argumentationslogik fortgesetzt werden, sofern man sich auf gemeinsame Oberziele einigt. Wie es bei einem Dissens weitergehen kann, behandelt der letzte Abschnitt in diesem Kapitel. Oft kommt es aber gar nicht erst so weit, wie wir gleich sehen werden.

Diskursive Ausweichmanöver

Wir sind es gewohnt, für unsere Überzeugungen einzutreten und sie mit Verve zu verteidigen. Doch normative Diskurse verlangen allen Beteiligten das genaue Gegenteil ab – Werte in Frage stellen zu lassen und zu verändern, wenn gute Argumente dafür sprechen. Dies erfordert hohe intellektuelle Disziplin und Gefühlskontrolle – kein Wunder, dass es zu typischen diskursiven Ausweichmanövern kommt. Die einfachste Form, einen übergeordneten Wert in der Argumentation zu vertreten, besteht darin, ihn *dogmatisch* zu behaupten, was häufig tautologisches Aussehen hat: Die normative Forderung gilt, weil sie eben gilt. Normative Begründungsprobleme werden durch das Manöver gelöst, Normen als nicht begründungsbedürftig zu deklarieren. Die Basiswerte vieler Glaubensgemeinschaften und Kulturen haben häufig dogmatischen Charakter, wobei die Nicht-Begründungsbedürftigkeit von Dogmen auf verschiedene Weise legitimiert werden kann: durch Tradition und Überlieferung, heilige Schriften, göttliche Offenbarungen, kaiserliches oder päpstliches Dekret und anderes.

Bemerkenswert ist in diesem Zusammenhang die Ent-Dogmatisierung des christlichen Glaubens im Gefolge der Aufklärung mit Friedrich Schleiermacher als einem ihrer Protagonisten:[163] Religiosität gehört zum Menschen als »Sinn und Geschmack für das Unendliche«. Jede Zeit muss allerdings ihre eigene Form der Religiosität finden, muss sich das Unendliche auf ihre besondere Weise aneignen. Christus verkörpert eine göttliche Idee: den »Menschen an sich«. Glauben heißt: dieser Idee nachfühlen. Und Dogmatik heißt: Verständigung der Gläubigen in ihrer Zeit über den Inhalt ihres Glaubens – nicht etwa Belehrung über den einzig wahren Glauben. In dieser Weise bestimmte Friedrich Schleiermacher die Verständigung der jeweils lebenden Christen über Glaubensinhalte als das, was mit »Dogma« gemeint sein soll: Religion als normativer Diskursauftrag.[164]

Bei der *dezisionistischen* Form der normativen Argumentation tritt an die Stelle jener autoritativen Instanzen dogmatischer Rechtfertigung das Individuum selbst. Wenn man so will, ist Dezisionismus eine moderne Form des Dogmatismus,[165] bei welcher jenseitige, überindividuelle Schiedsinstanzen ersetzt werden durch das aufgeklärte, sich entscheidende Subjekt, denn Werte seien nun einmal, so die Position des Dezisionismus, eine Frage der Entscheidung, nicht der Argumentation.

An dieser Stelle ist es wichtig, sich die praktische Bedeutung dieser scheinbar nur methodologischen Erörterungen vor Augen zu halten. Brisant wird die Frage der normativen Argumentation ja erst dadurch, dass am Ende einer solchen Diskussion Entscheidungen darüber zu treffen sind, was getan werden soll. Je mehr solche Entscheidungen in das Leben von Menschen eingreifen, desto wichtiger wäre es eigentlich, dass sie argumentativ gut abgesichert sind. Dogmatismus und Dezisionismus aber laufen gerade auf die Verweigerung von Argumentation hinaus.

Unter diesen Umständen hat nicht die am besten begründete Entscheidung die größten Erfolgsaussichten, sondern der Wertstandpunkt desjenigen, der am meisten Macht besitzt und sie geschickt zu nutzen weiß. Macht kann dabei auf verschiedene Ressourcen gegründet sein: politische Position, Geld, physische Gewalt, Beredsamkeit, emotionale Abhängigkeit, Attraktivität, Selbstbehauptungswille u. a. Nicht nur in der Politik, sondern auch im Alltagsleben werden normative Fragen sehr viel eher aufgrund solcher Machtmittel entschieden als aufgrund von Argumenten – Foucault und Luckmann haben Recht mit ihrer Skepsis. Verschleiert wird dies oft dadurch, dass normative Scheindiskurse inszeniert werden, Dies ist oft genug das politische Schicksal wissenschaftlicher Gutachten, die in der Schublade verschwinden, wenn sie denen nicht ins Programm passen, die sie in Auftrag gegeben haben.

Grenzen normativer Diskurse

Gute normative Diskurse sind selten, und noch seltener kommt es vor, dass sie zur Zufriedenheit aller ausgehen. Aus vier Gründen ist Skepsis angebracht:

1. Es ist ungewiss, ob sich die an der Diskussion Beteiligten wirklich auf gemeinsame Oberziele einigen können.
2. Zwar ist viel gewonnen, wenn sich alle über Oberziele einig sind, aber das, worüber sich alle einig sind, muss keineswegs richtig sein (dafür gibt es genügend historische Beispiele). Es bleibt also ein nicht vermeidbares nor-

matives Begründungsdefizit bestehen (siehe hierzu auch die Überlegungen zu den Grenzen der Konsenstheorie der Wahrheit im 10. Kapitel).

3. Es gehört zur Psychologie menschlicher Emotionen, dass sie keinen streng hierarchischen Charakter haben und sich nicht aus wenigen Oberzielen ableiten lassen. Viele Objekte, Handlungsweisen, Gewohnheiten, Beziehungen und andere Elemente unseres Alltagslebens haben in unseren Augen einen positiven oder negativen Wert *an sich*, der uns keiner weiteren Begründung bedürftig scheint. Sollen wir uns durch die Relativierung auf Oberziele etwas vermiesen lassen, das uns gefällt, oder etwas schmackhaft machen lassen, das wir verabscheuen? Unser Wertempfinden ist zum Teil nicht relativierbar, es bleibt den konkreten Phänomenen verhaftet, »bloß so«, ohne sich durch den argumentativ hergestellten Bezug zu anderen Phänomenen (zu Oberzielen) in beliebiger Weise verändern zu lassen. Beispiele? Raucher, die trotz ihres Wissens um gesundheitliche Risiken nicht aufhören wollen; Heimatverbundene, die auf alle Vorteile eines Ortswechsels aus beruflichen Gründen verzichten; von der Liebe und ihrer »Unvernunft« gar nicht erst zu reden.
4. Weitere Einschränkungen ergeben sich daraus, dass der normative Diskurs nach dem geschilderten Modell bestimmte Kompetenzen und Situationsmerkmale erfordert, die ziemlich selten sind:

- Ein solcher Dialog muss herrschaftsfrei geführt werden.
- Keiner darf den anderen unter Druck setzen.
- Jeder muss sich seiner selbst und seiner Bedürfnisse voll bewusst sein.
- Jeder muss bereit sein, über den eigenen Schatten zu springen und sich in den anderen hineinzuversetzen.
- Man muss sich viel Zeit nehmen.

Insgesamt mutet das Streben nach guten normativen Diskursen reichlich utopisch an, doch sollte man an dieser Stelle kurz bedenken, welche Alternativen die soziale Realität zur Entscheidung von Wertkonflikten bereithält. Die Skala reicht von subtilen Methoden emotionaler Erpressung über blinden Gehorsam, neurotische Verdrängung, starren Konventionalismus, intellektuelles Schachmatt-Setzen und über diverse Formen ökonomischen Zwangs bis hin zu Terrorismus und Massenvernichtung. Die äußerste und häufig genug ergriffene Alternative zur dialogischen Begründung von Normen ist Gewalt.

Unter diesen Umständen erscheint es sinnvoll, wenigstens bei den wichtigsten Fragen menschlichen Zusammenlebens die Mühe dialogischer Begründung auf sich zu nehmen. Ein gewaltfreier Ausweg ist die demokratische

Mehrheitsregel: Recht bekommen diejenigen, welche die Diskussionsgegner überstimmen. Dass es naiv wäre, dieser »volonté générale« (Rousseau) oberste normative Weisheit zuzutrauen, hat bereits Alexis de Tocqueville in seinen Beobachtungen zur Demokratie in Amerika (1835 und 1840) betont.[166]

Immer wieder wird der folgende Lösungsvorschlag vorgetragen: Man soll auf Grundwerte zurückgreifen, die bei allen Menschen etwa gleiche Wichtigkeit besitzen (Überleben, Selbstverwirklichung, Freiheit, Gesundheit u. a.). Wenn darüber Konsens bestehe, so sei es möglich, alles andere unter dieser Perspektive zu bewerten. Dieser Vorschlag funktioniert allerdings in den Zeiten der Globalisierung immer weniger. Die Nachrichten jedes einzelnen Tages halten neue Beispiele für zunehmende Konflikte über Grundwerte bereit.

Es ist also möglich, dass man normative Diskurse am Ende erfolglos abbrechen muss. Wie aber ist mit einer solchen Situation umzugehen? Zunächst ist bereits einiges gewonnen, wenn die Unvereinbarkeit der Standpunkte sichtbar geworden ist. Doch was dann? Wenn ein Diskurs nicht mehr in Frage kommt, bleibt in der Tat nichts anderes übrig, als auf Macht als Mittel der Entscheidungsfindung zurückzugreifen. Das ist aber noch nicht alles. Drei Maßnahmen kommen in Frage, um Machtmissbrauch einzudämmen:

- die Mittel der Machtausübung zu begrenzen;
- eine soziale Kontrolle der Machtausübung zu institutionalisieren;
- institutionell und von Anfang an bestimmte Wertentscheidungen auszuschließen, die Grundwerte wie Leben, Menschenrechte, Frieden und Freiheit bedrohen (wie dies in den Verfassungen moderner Demokratien vorgesehen ist).

Teil VI
Heuristik

Leitfrage: Wie generiert die Soziologie neues Wissen?

Immer wieder muss die Soziologie in Neuland vorstoßen – weil sich die Menschen ändern; weil neue soziale Muster zwischen ihnen entstehen und alte obsolet werden; weil sich nicht nur die Merkmalsverteilungen in Kollektiven ständig verschieben, sondern auch die unscharfen Grenzen zwischen Kollektiven. Von Ausnahmen abgesehen, haben soziologische Theorien eine beschränkte Haltbarkeit. Betrachten wir zum Vergleich einige Teilgebiete der Humanmedizin, etwa das heute anerkannte anatomische und physiologische Wissen. Dieses ist zwar aus schwierigen Suchprozessen hervorgegangen, aber es hat sich inzwischen vielfach bewährt und stabilisiert, wie das schon erwähnte Beispiel von Harveys Theorie des Blutkreislaufs, die er 1615 nach ausgedehnten Studien fertigstellt hatte, aber in Erwartung vehementer Ablehnung erst 1628 veröffentlichte.[167] Andererseits steht die Medizin immer noch vor großen Rätseln, bei denen sie sich mit ihrer besonderen Heuristik der objektivierten Messungen, bildgebenden Verfahren, Experimente und Fallstudien voran arbeitet.

Wissenschaftlicher Fortschritt hängt manchmal vom Zufall ab, im Wesentlichen aber, wie bei Harvey, von produktiver Suche und Kreativität. Dabei kommt es darauf an, etwas zu wagen und über das hinauszugehen, was man schon weiß. Ein anderes Beispiel sind die Forschungen von Heinrich Schliemann, des Entdeckers der Ruinen von Troja. Er wurde fündig, weil er eine Idee ausprobierte, auf die bis dahin noch niemand so konsequent gesetzt hatte: die Ortsangaben in der Ilias von Homer ernst zu nehmen – auf die Gefahr hin, sich zum Gespött zu machen.[168]

Die genaue Umkehrung solchen Vorgehens schildert ein bekanntes Gleichnis von Paul Watzlawick: Ein Mann sucht nachts im Licht einer Straßenlampe etwas im Gras. Was er denn da suche, wird er gefragt. »Meinen Schlüssel.« Und wo genau er diesen verloren habe? »Da drüben.« Aber warum suche er den Schlüssel nicht dort? »Weil es da viel zu finster ist.«[169]

Watzlawick ironisiert hier die Übertreibung einer oft durchaus sinnvollen menschlichen Grundhaltung: sich an dem zu orientieren, was man schon weiß, und dort zu agieren, wo man sich auskennt. Dies kann aber schnell kontraproduktiv werden. Wenn man zum Beispiel jemand gerade erst kennen gelernt hat, sollte man die neue Bekanntschaft nicht gleich in eine Schublade stecken. Wenn man Geld investieren will, kann das Erfolgsrezept von gestern zu großen Verlusten heute führen. Und wenn man wissenschaftliche Fortschritte erzielen will, ist es gut, sich vom »Licht« etablierter Paradigmen, Begriffe und Gewissheiten auch einmal zu lösen und dem, was man noch nicht wissen kann, die Chance zu geben, gefunden zu werden. Wissenschaft hat, um im Bild zu bleiben, notorisch den Schlüssel im Dunklen verloren. Und wieder einmal ist festzustellen: Für keine Wissenschaft gilt dies in solchem Umfang wie für die Soziologie.

Mit dem Oberbegriff für die beiden folgenden Kapitel, *Heuristik*, sind Suchroutinen gemeint, die über gegebenes Wissen hinausweisen. Diese Definition verlangt zur Präzisierung nach einer Anschlussdefinition: Was ist unter »gegebenem Wissen« zu verstehen? Ich beziehe mich im Folgenden ausschließlich auf das Handwerk der Soziologie. Nehmen wir das Beispiel einer empirischen Studie über die Rückkehr von Müttern ins Berufsleben. »Gegebenes Wissen«, etwa aus der Sicht eines an diesem Thema arbeitenden Projektteams, gliedert sich in zwei Klassen:

- zum einen die soziologisch einschlägige Literatur – Vorläuferstudien, theoretische und methodische Arbeiten, amtliche Statistiken, langfristig ansetzende historische Analysen, Expertisen zu institutionalisierten Unterstützungsleistungen und Ähnliches;
- zum anderen die im Rahmen des Projekts erhobenen Primärinformationen, die daraus abgeleiteten Daten und die Auswertungsergebnisse.

Fachliteratur und eigenes Material – genügt das nicht? Was braucht es mehr, um die Studie abzuschließen? Genau auf diese Frage antworten die beiden folgenden Kapitel. Es braucht in der Tat mehr, ob man sich dessen bewusst ist oder nicht, aber es ist natürlich besser, man weiß, was man tut: Man setzt heuristische Denk- und Forschungsmuster ein, um mit der Studie das zu erreichen, was alle anstreben: neue Erkenntnisse. Die Heuristiken empirischer Wissenschaften fügen den beiden angeführten Klassen gegebenen Wissens zwei weitere Elemente als Basis neuen Wissens hinzu, die nicht etwa gegeben sind, sondern gewählt (wenn dies auch oft genug unreflektiert bleibt): Voreinstellungen und Interpretationsstrategien.

- *Voreinstellungen* oder auch – im Sinne von Kant – »Aprioris« bestimmen das Thema, die Methoden, die in Forschungsoperationen umgesetzten zentralen Begriffe und die Denkmuster; sie sind notwendig, um ein Projekt überhaupt auf die Beine zu stellen. Sie machen es möglich, das gegebene Wissen der bisherigen Forschung zu überschreiten.

– *Interpretationsstrategien* kommen dagegen unmittelbar bei der Denk-Arbeit im Projekt zum Tragen. Die Frage, was denn nun bei einer gegebenen Untersuchung »herausgekommen« sei, unterschlägt die Tatsache, dass die Forschung fast immer auch noch etwas »hineinlegen« muss, um zu einem relevanten Ergebnis zu kommen. Im Idealfall handelt es sich dabei nicht um vorgefertigte Deutungen, sondern um ergebnisoffene Suchroutinen, nicht um fertige Theorien, sondern um Heuristiken des Aufbaus von Theorien.

Die folgenden Kapitel kehren diese Reihenfolge um; sie schreiten vom wissenschaftlichen Alltag zu dessen versteckten und kaum reflektierten Grundlagen. Erst einmal, im 14. Kapitel, geht es um das konkrete Handwerk des Denkens in der soziologischen Forschung: um Heuristiken soziologischer *Interpretation*. Darunter verstehe ich hier das systematische Überschreiten des Informationsgehalts der empirischen Aussagen, die zur Begründung herangezogen werden (siehe hierzu das 6., 7. und 8. Kapitel). Soziologische Interpretation schlägt typischerweise bestimmte Richtungen ein, die sich durch ein dreidimensionales Modell soziologischer Theoriebildung konkretisieren lassen. Gewissheit ist dabei nicht zu haben, sondern nur vorläufige Plausibilität, die in guten Diskursen geprüft und gesteigert wird.

Zwar muss sich die Soziologie in besonderem Maße auf Vermutungen, Ermessensentscheidungen und Irrtumsrisiken einlassen, aber auch alle anderen empirischen Wissenschaften müssen Wagnisse eingehen, um weiterzukommen. Für den Status der Wissenschaftlichkeit kommt es nicht etwa darauf an, Interpretationen zu vermeiden, sondern sie systematisch anzugehen, explizit hervorzuheben und Alternativinterpretationen in die Argumentation einzubeziehen.

Welche *Voreinstellungen*, Optiken, Ermessensentscheidungen und Denkmuster in der Soziologie vorherrschen, ist Gegenstand des 15. Kapitels. Für die Wirksamkeit dieser Aprioris ist es zwar unwichtig, ob man sich ihrer überhaupt bewusst ist. Ob Voreinstellungen jedoch eine Wissenschaft voranbringen, oder ob sie diese lähmen und in die Irre führen, hängt genau davon ab. Deshalb sollten soziologische Voreinstellungen immer wieder explizit gemacht, reflektiert, diskutiert und weiterentwickelt werden. Bildlich gesprochen, handelt es sich dabei um allgemeine Baupläne zur Konstruktion von Soziologie.

In ihrer tiefsten Schicht orientiert sich jede wissenschaftliche Heuristik an Prämissen, die sich einer Letztbegründung verweigern. Worauf beruhen sie dann? Am überzeugendsten erscheint mir die Antwort, dass sie letztlich auf erkenntnispragmatische Ermessensentscheidungen zurückgehen. Unvermeidlich trägt deshalb Wissenschaft die Handschrift des erkenntnissuchenden Subjekts. Aber herrscht in der Ausbildung nicht ein ganz anderer Tenor vor? »Das macht man in der Wissenschaft X eben so und so.« Eine solche quasimetaphysische Rahmung mag sich als sanftes Ruhekissen des Verstands eignen, doch der geistigen Flexibilität zuliebe gilt es, den Entscheidungscharakter der Wissenschaft in der Ausbildung kenntlich zu machen und nicht etwa durch Berufung auf angeblich zwingende Denkroutinen zu verschleiern, vor allem in der Soziologie.

14. Kapitel: Interpretieren heißt Riskieren

Riskant, aber unvermeidlich

Was heißt Interpretieren im Kontext der Wissenschaft? Damit ist hier gemeint: über gegebene Daten hinauszugehen. Worauf könnten die Daten schließen lassen? Eine Faktorenanalyse beispielsweise ist mit dem Ende der statistischen Prozedur noch lange nicht abgeschlossen, vielmehr beginnt jetzt erst der anspruchsvollere Teil des Handwerks der Soziologie. Angenommen, statistisch haben sich drei »Faktoren« herausgestellt,[170] so schließt sich nun die Aufgabe an, den lebensweltlichen Sinn dieses Ergebnisses zu deuten, indem man nach einem gemeinsamen Nenner der diesen Faktor konstituierenden Items sucht. Wird man fündig, so unterstellt man die Existenz von Dispositionen, etwa in Form von politischen Einstellungen, Kulturtechniken, Persönlichkeitseigenschaften oder Deutungsmustern.

Selbst im innersten Bezirk ganz normaler quantitativer Forschung stoßen wir also auf Interpretation als krönenden Abschluss: auf die Erhöhung des Informationsgehalts gegebener Daten ohne zusätzliche Erhebung von Informationen. Das ist riskant. Die der Interpretation zugrundeliegenden Primärinformationen können maximal wahr sein, trotzdem bleibt immer fraglich, ob man beim Interpretieren am Ende nicht vielleicht völlig in die Irre geht. Soll man sich trotzdem darauf einlassen und den Interpretationen vertrauen? Geht es nicht auch ohne Risiko? Es geht, aber die Wissenschaft kommt damit nicht weiter. Sie würde einem Paranoiker gleichen, der sich zuhause einsperrt, um sich bloß keinen Gefahren auszusetzen.

Das Risiko der Interpretation ist allgegenwärtig, auch jenseits der Wissenschaft. Unser Alltagsleben kann nur mit einem allseitigen Vertrauensvorschuss funktionieren. Wir interpretieren das Sichtbare, aber unsere Handlungen setzen das Unsichtbare voraus. Beim Einkaufen, im Straßenverkehr oder beim Jogging verlassen wir uns darauf, dass die anderen Leute die Regeln einhalten, und diese verlassen sich auf uns. Alle orientieren sich dabei an evidenten

Merkmalen, etwa Höflichkeit, Fahrstil, Kleidung, Gesichtsausdruck, Wahrung der Distanz, normales Verhalten im jeweiligen Kontext.

Ein Hochstapler missbraucht diesen Vertrauensvorschuss. Wer auf einen Hochstapler hereingefallen ist, beruft sich typischerweise auf seine Menschenkenntnis. »So etwas ist mir noch nie vorgekommen. Bisher hat mir die Erfahrung immer Recht gegeben«, heißt es beispielsweise. Erfahrung fungiert hier als eine persönliche Theorie für den Alltagsgebrauch, ohne die niemand auskommt: »Die offensichtlichen Merkmale X, Y, Z lassen auf Vertrauenswürdigkeit schließen.« Immer wieder setzen wir diese Theorie in einzelnen Situationen ein. Was wir dabei wahrnehmen, ist jedoch noch nicht identisch mit dem, was wir wissen möchten. Die Zeichen X, Y, Z sind lediglich Indikatoren; erst durch Interpretation gelangen wir zu einer Antwort auf die Frage, ob der andere vertrauenswürdig sei. Diesen Unterschied zwischen für wahr gehaltener Interpretation und Wahrheit machen sich Hochstapler zunutze.

Einerseits sind wir nicht gezwungen, einer gegebenen Interpretation zu vertrauen. Andererseits aber bleibt uns letztlich nichts anderes übrig, als auf Interpretationen zu setzen, wenn wir nicht orientierungslos und handlungsunfähig sein wollen. Dies gilt nicht nur im Alltag, sondern auch in den empirischen Wissenschaften. Sie verfehlen ihren Zweck, wenn man sie darauf zu programmieren versucht, unter allen Umständen Interpretationen zu vermeiden, um bloß kein Irrtumsrisiko einzugehen. Was stattdessen zu tun ist, liegt auf der Hand: Interpretationen explizit zu machen, ihre Plausibilität zur Diskussion zu stellen, ihre Fehlerrisiken und ihre Orientierungsleistung zu reflektieren. Wie sehr sich dies lohnt, weiß jeder, der schon einmal eine Faktorenanalyse durchgeführt und dann mit den so gewonnenen Dispositionsbegriffen weiter gearbeitet hat.

Interpretative Soziologie ist kein Spezialgebiet

In der Soziologie hat es sich eingebürgert, nur dann von Interpretation zu sprechen, wenn es um Verstehen geht. In welcher Semantik denken Menschen? In welchen Sinnwelten leben sie? Wie lässt sich ihr Handeln als Konsequenz ihres Wissens und Wollens deuten? Verstehende oder »interpretative« Soziologie läuft auf die Rekonstruktion dessen hinaus, was in den Köpfen der Menschen vor sich geht, die in bestimmter Weise handeln.

Diese Redeweise verführt zu einem Missverständnis. Oft ist von »interpretativer Soziologie« die Rede, als ob irgendeine Art von Soziologie jemals etwas anderes sein könnte. Gewiss handelt es sich beim Verstehen um Interpretation. Ausgangsinformationen sind dabei meist Feldbeobachtungen, Texte oder Äußerungen in nichtstandardisierten Interviews. Die Interpretation von soziologischen Primärinformationen und Daten versucht, das Innenleben erschließen. Man macht sich einen Reim auf das vorliegende Material und überschreitet damit dessen Informationsgehalt.

Aber soziologisches Interpretieren erschöpft sich nicht in dieser Art von Verstehen. Die Trennung von »weichen« interpretativen Verfahren und »harten« nichtinterpretativen Verfahren ist unhaltbar.[171] Interpretation ist allgegenwärtig, in der Soziologie wie in allen anderen empirischen Wissenschaften. Schon die Elementarsätze bei einer Standardrepräsentativumfrage etwa setzen Interpretationen voraus (siehe hierzu das 6. Kapitel). Die soziologische Primärerfahrung hat hier die Form eines Protokollsatzes: »Der Befragte A hat in auf die Frage B in der Situation X die Antwort C gegeben.« Aber was hat er gemeint? Um das Niveau eines Elementarsatzes zu erreichen, kommt man nicht um Interpretation herum, wodurch sich der Informationsgehalt des Protokollsatzes erhöht, ohne dass man tatsächlich zusätzliche Informationen erhoben hätte – man vermutet sie nur (wie im 6. Kapitel im Abschnitt über soziologische Elementarsätze und ihre Sollbruchstellen gezeigt).

Hat man nun auf diese Weise Mengen von Elementarsätzen gebildet, folgen weitere Interpretationen auf dem Fuß, die sich auf das Kollektiv beziehen, aus dem die Stichprobe stammt, etwa:

- Die Menschen dieses Kollektivs lassen sich durch ein Kontinuum »Aufgeschlossenheit versus Fremdenfeindlichkeit« beschreiben: *dimensionale* Interpretation. mit kollektivem Bezug.
- Ihr Ort auf diesem Kontinuum wird durch bestimmte Bedingungen beeinflusst: *kausale* Interpretation.
- Diese Bedingungen verändern sich in einem langfristigen Prozess: *dynamische* Interpretation.

Damit zeigt sich: Auf Interpretation beruhende Aussagen werden ihrerseits als Ausgangsbasis weiterer Interpretationen genutzt. Die Soziologie und andere empirische Wissenschaften bewegen sich in ganzen Interpretationshierarchien; bei jedem Schritt gehen sie über die jeweils gegebene Ausgangsinformationen hinaus, die ihrerseits bereits durch Interpretation gewonnen wurden.

Im Folgenden beschreibe und kommentiere ich oft beschrittene Hauptwege der Interpretation in der Soziologie. Dabei gehe ich, wie im nächsten Abschnitt erläutert, von einer dreidimensionalen Pluralität soziologischer

Theorieformen aus, die über den in soziologischen Ausbildungsgängen und Lehrbüchern verbreiteten Sammelbegriff »Soziologische Theorie« hinausweist. Ich schlage eine Systematik von Theorien vor, die zwar unüblich ist, aber, wie ich hoffe, der Vielgestaltigkeit soziologischer Interpretationen gerecht werden kann und für Überblick sorgt.

Theorien: Ein dreidimensionales Modell

In der akademischen Soziologie trifft man nicht selten auf ein Theorieverständnis, das einfach auf die gerade herrschenden Konventionen der Disziplin verweist: Als Theorie gilt alles, was als »Theorie« kanonisiert ist; was als »Theorie« gelehrt und geprüft wird; was von anerkannten »Theoretikern« geschrieben wurde, etwa von Weber, Parsons, Habermas, Luhmann und so weiter. Orientiert man sich in dieser Weise lediglich an den Labels der Zunft, so hat man es zwar gewiss auch mit Theorien zu tun, aber man wird dem Umfang soziologischer Interpretationsarbeit nicht gerecht und steht in der Gefahr, bloß den aktuellen Konventionen der Disziplin zu folgen und sich dadurch einengen zu lassen.

Worauf es demgegenüber ankommt, ist ein allgemeinerer Blick auf Theorien, eine Außenperspektive, um die wichtigsten Theorieformen der Soziologie nach ihren jeweiligen Absichten zu sortieren. Daran schließt sich die Frage an: Wie ist eine Theorie gegebenen Typs zu beurteilen? Wann kann sie als gut gelten? Weiter unten werden sich dabei gänzlich unterschiedliche Begründungsschemata als sinnvoll herausstellen.

Den folgenden Überlegungen liegt ein weiter Theoriebegriff zugrunde; er bezeichnet das, worauf Interpretation zielt: eine Wirklichkeit zu erreichen, auf welche vorliegende Informationen und Daten hinweisen könnten, die man in der jeweiligen Forschungssituation jedoch nur durch Überschreiten des gegebenen Informationsgehalts erreichen kann. Dies kann verschiedene Formen annehmen, etwa Verallgemeinerung, Unterstellung von Regelmäßigkeiten, Schluss vom Manifesten auf Latentes. Dabei operiert man mit spezifisch soziologischen Denkoperationen (mehr dazu im nächsten Kapitel), mit der Suche nach plausiblen Deutungen, mit Intuition, Empathie und historischen Vergleichen.

Eine der wichtigsten interpretativen Operationen der Soziologie lässt sich als »theoriepragmatisches Ausprobieren« bezeichnen: Gibt es Formeln, Thesen, Begriffe, Metaphern, bei deren interpretativer Anwendung das scheinbar Verworrene, Chaotische, Kontingente der sozialen Wirklichkeit eine intuitiv erfassbare Gestalt und Ordnung annimmt? Dass es so etwas geben könnte, ist nicht beweisbar, aber plausibel, denn Gesellschaft ist nur möglich, wenn die Menschen, die sie konstituieren, halbwegs verstehen, was sie und andere tun. Um überhaupt möglich zu sein, braucht die Gesellschaft Kurzformeln, die oft auch noch unausgesprochen bleiben.

In der Regel stehen Theorien in einem Zusammenhang: Verschiedene Theoriebausteine werden aufeinander bezogen und in einem komplexen Theoriegefüge integriert. Beispielsweise verbindet Ronald Inglehart in seiner Theorie des Wertewandels Bausteine der anthropologischen Psychologie (Maslows Theorie der Bedürfnishierarchie), der Theorie der Generationen und der Theorie des sozioökonomischen Wandels moderner Industrienationen zu einem Gefüge.[172] Der im Folgenden verwendete Theoriebegriff schließt beides ein: Bausteine und Gefüge.

Angesichts dieser Offenheit des Theoriebegriffs ist Systematik und Übersicht hilfreich. Die nächsten Abschnitte orientieren sich an einer in Lehrbüchern nicht gebräuchlichen Typologie, die der Idee folgt, Theorien nach charakteristischen Gesichtspunkten der *Begründung und der heuristischen Grundorientierung* zu ordnen. Für allgemeine Systemtheorien benötigt man beispielsweise andere Argumente und andere soziologische Suchroutinen als für Modernisierungstheorien.

Genau darum geht es in diesem und dem nächsten Kapitel: um Grenzüberschreitung, um Pfade in wissenschaftliches Neuland, um Heuristik. Wo kommen denn allgemeine Systemtheorien oder Modernisierungstheorien her? Wurden sie etwa aus Daten abgeleitet? Nein, es handelt sich vielmehr um Erfindungen, deren Urheber systematisch nach plausiblen Deutungen suchten, orientiert an typischen soziologischen Theoriezielen.

Diese lassen sich nach drei Dimensionen ordnen: Abstraktionsgrad, Zeitperspektive und Phänomene. In jeder dieser Dimensionen lässt sich im Großen und Ganzen eine Polarität erkennen:

- Abstraktionsgrad: fundamentale versus diagnostische Theorien;
- Zeitperspektive: statische versus dynamische Theorien;
- Phänomene: verstehende versus erklärende Theorien.

Diese Dimensionen schließen sich nicht gegenseitig aus, vielmehr bilden sie einen gemeinsamen Raum. Stellen wir uns diesen Raum als einen Würfel vor. In jeder Dimension – Höhe, Länge und Breite – ist der Würfel durch eine

Zwischenwand hälftig unterteilt, so dass der Würfel als durchsichtiges Gebilde mit acht Kammern erscheint. Jede dieser Kammern ist der Ort für eine der acht möglichen Theoriekombinationen. Wenn wir nun dieses Modell fortdenken und uns statt des Würfels eine nach demselben Prinzip strukturierte soziologische Bibliothek vorstellen, so ließe sich ein Teil der hier versammelten Literatur nach Theorieformen den acht verschiedenen Räumen zuordnen.

Ohne einen geräumigen Keller für mehrfach zuordenbare Texte käme man allerdings nicht aus. Gute soziologische Arbeiten sind oft nicht theoretisch spezialisiert, vielmehr kombinieren sie verschiedene Theorietypen. In den folgenden Abschnitten gehe ich diese im Einzelnen durch, gegliedert nach den soeben dargestellten Gegensatzpaaren. Dadurch lässt sich die Unterschiedlichkeit von Heuristiken im Kontrast hervorheben. Mit dieser Unterschiedlichkeit in wechselnden Kombinationen von Heuristiken umzugehen, ist ein Kernelement von Soziologie als Handwerk.

In meiner folgenden Darstellung behandle ich jeweils zunächst kurz den jeweiligen Theorietyp, um dann in einem zweiten Schritt das zugehörige Begründungsschema zu erläutern.

Fundamentale versus diagnostische Theorien: Grade der Abstraktion

Die erste Hauptunterscheidung orientiert sich am Allgemeinheitsanspruch beziehungsweise an der Kontextbezogenheit soziologischer Theorien.

Fundamentale Theorien sind analytische Schemata, die für beliebige Kontexte gelten sollen. Die allgemeine Systemtheorie beispielsweise lässt sich auf Konzerne, den Kunstmarkt, die Pharmabranche oder Liebesbeziehungen anwenden. Ihr zeitlicher Geltungsanspruch schließt das alte Rom ein, das Mittelalter, die Gegenwart und die Zukunft. Gleiches gilt für die Rollentheorie, die Theorie der symbolischen Interaktion oder die Rational Choice Theorie.

Es ist der Zweck fundamentaler Theorien, soziologische Strategien bereitzustellen, die immer und überall anwendbar sind: Mit welchen Begriffen und Begriffsnetzen kann man produktiv an ein zu erforschendes soziales Kollektiv herangehen? Welche Fragen sind sinnvoll? Wonach lohnt sich überhaupt zu forschen? Wie kann man seine Beobachtungen aufeinander beziehen und analytisch integrieren? Eine gegebene fundamentale Theorie stellt einen Kompass bereit, der eine Richtung vorgibt, wo auch immer man ihn einsetzt. Sie ist eine Heuristik, ein Suchprogramm.

- Begründungsschema: Eine gute fundamentale Theorie verhilft bei beliebig vielen Kontexten immer wieder zu plausiblen Interpretationen. Dies ist zugegebenermaßen kein hartes empirisches Kriterium, es ist aber mehr als lediglich ein Appell an die Intuition; es ist eine Einladung zur Intersubjektivität. Plausibel ist eine Interpretation dann, wenn man meint, immer wiederkehrende Abläufe, aber auch Störungen und Krisen zu verstehen, und wenn man dies auch anderen vermitteln kann. Dass sich überhaupt fundamentale Theorien in der Soziologie etablieren konnten, ist ein Hinweis auf ihre Brauchbarkeit für intersubjektive Verständigung über Interpretationen.

Diagnostische Theorien beziehen sich dagegen auf einzelne zeitlich und räumlich abgegrenzte Kontexte: die Antike, den Westen, die islamische Welt, die Weltgesellschaft der Gegenwart, eine langfristige Paarbeziehung, Libyen nach dem Tod Gaddafis, die wahlberechtigte Bevölkerung der Bundesrepublik Deutschland einen Monat vor der nächsten Bundestagswahl usw. Diagnostische Theorien können sich an fundamentalen Theorien orientieren; so präsentiert etwa Anna Henkel eine »Soziologie des Pharmazeutischen«,[173] die vollständig an der Systemtheorie von Luhmann ausgerichtet ist.

Zwingend ist die Orientierung von diagnostischen Theorien an fundamentalen Theorien jedoch nicht. Es gibt Diagnosen sozialer Kollektive ohne expliziten allgemeinen Deutungsrahmen, aber mit theoretischem Anspruch insofern, als sie Verallgemeinerungen enthalten, etwa über Regeln, Drehbücher sozialen Handelns, Grenzen zwischen sozialen Gruppen oder über kontextspezifische Typen.

Auch Statistiken auf der Grundlage von Surveys mit Standarddaten sind diagnostische Theorien. Sie stellen Behauptungen über die Verteilung individueller Merkmale in sozialen Kollektiven zu einem bestimmten Zeitpunkt auf, beispielsweise über Einkommensunterschiede oder über den Anteil der Wähler einer bestimmten Partei. Anspruchsvollere diagnostische Theorien legen multivariate Analysen von Surveydaten zugrunde, die vor allem kausale, dimensionale und klassifikatorische Interpretationen ermöglichen sollen, etwa: Von welchen Bedingungen hängt der Bildungserfolg im jeweiligen Kollektiv ab? Welche Dispositionsbegriffe eignen sich, um politische Einstellungen im jeweiligen Kollektiv zu erfassen? Welche sozialen Milieus lassen sich feststellen? Das diagnostische Element solcher Analysen besteht darin, dass lediglich die Charakterisierung eines gegebenen Kollektivs zu einer gegebenen Zeit beabsichtigt ist, aus gutem Grund, denn meist hat man es mit zeit- und kulturspezifischen Invarianzen flüchtiger Art zu tun. Jede der gerade formulierten Fragen führt in Deutschland heute zu anderen Ergebnissen als vor zwanzig Jahren, und in Frankreich zu anderen Ergebnissen als in Deutschland.

– Begründungsschema: Die Qualität diagnostischer Theorien steht und fällt mit der Qualität der empirischen Operationen, auf denen sie beruhen. Wenn diese Grundlage gegeben ist, kommt es darauf an, sich interpretativ davon zu lösen. Wagt sich die Analyse auf das Terrain eines gesamtgesellschaftlichen Deutungsversuchs hinaus, der auf Interaktionsmuster, Sinnwelten und alltäglich erfahrbare Verteilungscharakteristika eingeht? Oder bleibt sie eng den Daten verhaftet und erschöpft sie sich in Tabellen, Prozentzahlen, Koeffizienten und statistischem Vokabular? Im ersten Fall geht die Interpretation weit über die Daten und Beobachtungen hinaus. Eines der bekanntesten Beispiele ist Ulrich Becks *Risikogesellschaft*, ein Buch, das an eine fast schon vergessene Tradition der Soziologie anknüpfte, etwa an *Die skeptische Generation* von Helmut Schelsky oder an *Die einsame Masse* von David Riesman.[174] Was Becks *Risikogesellschaft* betrifft, so wurde sie innerhalb der soziologischen Zunft sowohl bewundert als auch geradezu aggressiv abgelehnt, letzteres aus einer anti-interpretatorischen Grundhaltung heraus: So etwas darf empirische Soziologie nicht! Bloß nicht über die Daten hinausgehen! Die Gegenposition ist hier bereits mehrfach angeklungen: Doch, die Soziologie darf es sehr wohl, und sie soll es auch.[175]

Eine kritische Diskussion wird durch interpretatorische Kühnheit keineswegs ausgeschlossen, sondern erst ermöglicht, und sie ließ etwa bei der Rezeption der *Risikogesellschaft* auch nicht lange auf sich warten: Genügte die damit verbundene umfassende Generalisierung wirklich ihrem Anspruch einer verstehenden Globaldeutung von Technikentwicklung, Wissenschaft, Politik, Institutionen, Mentalitäten, sozialen Großgruppen und sozialen Bewegungen? Das vor allem durch Beck wiederbelebte öffentliche Interesse an diagnostischen Theorien zeigt, dass Soziologie damit sowohl die Fachdiskussion als auch die breite Öffentlichkeit so wirksam erreicht wie mit keinem anderen Theorietyp. Ein neueres Beispiel ist Versuch von Steffen Mau, die Konsequenzen der Quantifizierung des Sozialen für Interaktionsmuster und Sinnwelten im digitalen Zeitalter zu beschreiben.[176]

Statische versus dynamische Theorien: Drei Typen des Wandels

Quer zur Unterscheidung fundamental/diagnostisch liegt ein zweites Gegensatzpaar von Theorien, deren Hauptunterschied sich durch die Dimension der Zeit abbilden lässt.

Statische Theorien komprimieren die Zeit. Im Extremfall handelt es sich dabei um einen einzigen Zeitpunkt, wie dies oft in der Demoskopie der Fall ist. Der Politik wird immer wieder der Vorwurf gemacht, sie orientiere sich nur an Stimmungen mit kurzfristigem Verfallsdatum. Sie komme der jeweils für heute behaupteten Kollektivbeschreibung entgegen, um vielleicht morgen schon das Gegenteil zu propagieren, wenn sich die Stimmung gedreht haben sollte. Politik antworte auf ein als statisch aufgefasstes Hier und Jetzt, was zu einer Serie von erratischen, inkonsistenten, ja widersprüchlichen Entscheidungen führe. Andererseits lässt sich nicht bestreiten, dass es solche kurzfristigen Stimmungen (mit politischer, ökonomischer und massenmedialer Relevanz) tatsächlich gibt; sie sind ein Aspekt der sozialen Wirklichkeit. Viele verteilungsbezogene Aussagen, etwa über Alter, Bildung, Beschäftigung, Religion, ethnischen Hintergrund oder Wohnortgröße gehen über solche Blitzlichter hinaus und beanspruchen für eine gewisse Zeit Geltung. Innerhalb eines Zeitintervalls werden Verteilungen pragmatischerweise als statische Zustandsbeschreibungen aufgefasst, obwohl klar ist, dass sich alles ständig verschiebt. Solche Unschärfe in Kauf zu nehmen, kann durchaus sinnvoll sein, um sich überhaupt ein Bild zu machen, das rationales politisches, redaktionelles, unternehmerisches oder stadtplanerisches Handeln ermöglicht.

Von anderer Art sind statische Theorien mit Bezug auf Interaktionsmuster: Aussagen über Regeln, Rituale, institutionalisierte Abläufe, Funktionssysteme und verbreitete alltägliche Routinen. Soziale Phänomene haben einerseits immer zeitextensiven Charakter, andererseits konstituieren sie sich erst durch Wiederholungen. Wer hier, wie Antony Giddens, von »Struktur« redet,[177] meint aneinander anschließende. gleichartige Episoden. Diese implizieren zwar Wandel, aber immer nach dem gleichen Muster. Damit sind wir beim ersten von drei Typen des Wandels angelangt, den ich hier als *zyklischen Wandel* bezeichne. Das statische Element der Theorie liegt in der Unterstellung immer gleicher Abläufe: bei den Naturvölkern der Kulturanthropologie, in sozialen Milieus, in Unternehmen, Bürokratien, Parteien, Familien, Bürgerinitiativen und so weiter. Zyklische Theorien dieser Art beschreiben eingespielte soziale Routinen – Normalität zwischenmenschlicher Episoden.

– Begründungsschema: Über die Qualität statischer Theorien entscheidet erstens die Güte der zugrunde liegenden empirischen Verfahren (Erhebung von Standarddaten beziehungsweise Beobachtung von Abläufen), zweitens die Rechtfertigung der in ihnen eingeschlossenen Stabilitätsbehauptung. Diese muss mit dem Umstand zurechtkommen, dass einerseits nie genau dasselbe geschieht, andererseits aber trotzdem alle das Geschehen als »das gleiche Spiel« empfinden: Parlamentssitzungen, Teambesprechungen, Fußballspiele, häusliche Rituale, Rockkonzerte… Theorien über zyklischen Wandel setzen auf soziologischer Seite eine schwierige gedankliche Operation voraus: sinnunterstellende Abstraktion beim Vergleich mehrerer Durchläufe. Dies mag weniger furchterregend klingen, wenn man sich klar macht, dass auf genau dieser Operation das Zusammenleben aller beruht – jeder kann es. In der Soziologie kommt allerdings noch etwas hinzu, was nicht jeder kann: methodische Kontrolle und sprachliche Explizitheit.

Auch die Muster zyklischen Wandels können allmählich oder abrupt in andere übergehen; dann hat man es möglicherweise mit linearem oder disruptivem Wandel zu tun, wovon gleich noch zu reden ist. Die Unschärfe der Theorie nimmt umso mehr zu, je größer das Zeitintervall ist, auf das sich die Theorie bezieht. Oft ist es jedoch sinnvoll, ein gewisses Maß an Unschärfe in Kauf zu nehmen, um den angestrebten Zweck von Theorien zu erreichen – das Denken in handlungsrelevanter Weise zu ökonomisieren. Es ist eine Ermessensfrage, ob man lieber Unschärfe in Kauf nehmen soll; oder ob es besser wäre, das Intervall reduzieren; oder ob eine dynamische Theorie geeigneter wäre.

Dynamische Theorien sind Aussagen, die sich auf Veränderungen in Zeiträumen beziehen. In der Soziologie spielen dynamische Theorien im Vergleich zu anderen Wissenschaften eine besonders wichtige Rolle. Sie tragen einerseits der Variabilität des Gegenstands Rechnung und zielen andererseits oft (nicht immer) darauf ab, in dieser Variabilität etwas Regelmäßiges, Verallgemeinerbares zu entdecken. Wenn solche Verallgemeinerungen eine immer wiederkehrende Verschiebung von Zeitintervall zu Zeitintervall behaupten, handelt es sich um einen zweiten Typus des Wandels: um *linearen Wandel*. Darauf beziehen sich jene für die Soziologie so typischen Theorien mit dem Suffix »-ung«: Modernisierung, Demokratisierung, Urbanisierung, Technisierung, Individualisierung und viele andere. Geht es dabei um die Verteilung persönlicher Merkmale in sozialen Kollektiven, so handelt es sich um Theorien des kontinuierlichen Wandels von Mischungsverhältnissen; ein Beispiel ist die Theorie des Vordringens »postmaterialistischer« Werte von Ronald Inglehart.[178]

Empirisch liegen solchen Theorien oft Zeitreihen von Surveys zugrunde, Kohortenanalysen oder Ereignisanalysen. Quantifizierung ist jedoch kein Muss. Viele dynamische Theorien behaupten einen allmählichen Wandel der Mischungsverhältnisse sozialer Episoden,[179] den man etwa mit Zeitvergleichen von Beobachtungen, Biographien, Inhaltsanalysen von Briefwechseln, Mails oder Tweets belegen kann. Ein wichtiger Aspekt linearen Wandels in der Moderne ist die Zunahme von alltäglich verfügbaren Handlungsoptionen.[180]

Von dynamischen Theorien linearen Wandels sind solche zu unterscheiden, die eine dritten Typus des Wandels im Auge haben: *disruptiven Wandel.* Theorien disruptiven Wandels behaupten einen tiefen Einschnitt und den Übergang zu einer neuen Normalität. Beispiele sind Theorien des Übergangs von der Vormoderne zur Moderne, Theorien des demographischen Übergangs oder diverse Endzeittheorien.

Neben dynamischen Theorien des Wandels sozialer Muster gibt es auch solche des Wandels von Verteilungen in Kollektiven. Das wichtigste Verfahren ist die Verlaufsdaten- oder Ereignisanalyse.[181] Sie beschreibt Regelmäßigkeiten des Eintritts von Ereignissen (Bildungsabschluss, Scheidung, Geburt des ersten Kindes usw.) im Zeitablauf unter Berücksichtigung von zusätzlichen Variablen.

– Begründungsschema: Es kommt *erstens*, wie schon bei den statischen Theorien, auf die Qualität der empirischen Informationen an, die Veränderungen von einem Zeitpunkt zum nächsten dokumentieren sollen (Standarddaten, Kulturbeobachtungen, zeitlich zuordenbare Texte, dokumentierte Ereignisse). Ein *zweiter* Gesichtspunkt ist das Aufspüren von regelmäßigen Veränderungen im Zeitablauf, die sich im Fall linearen Wandels zu einem Komplex von Aussagen über den Wandel von Handlungsmustern verdichten lassen (die schon erwähnten »-ung«-Theorien: Modernisierung, Rationalisierung, Individualisierung…), im Fall disruptiven Wandels zu zwei solchen Komplexen: Normalität vorher und Normalität nachher.
  Über die Qualität der Theorie entscheidet *drittens*, ob es gelingt, ein hypothetisches Bewegungsgesetz des Wandels zu formulieren. Bei Theorien normalen Wandels: Welche über die Zeit hinweg gleichbleibende Übergangslogik bringt immer wieder ähnliche Veränderungen hervor? Ein Beispiel dafür ist das Ablaufschema von Forschung, Produktentwicklung, Produktion und Vermarktung in der Technikgenese. Bei Theorien disruptiven Wandels: Was führt zum Abbruch einer alten Normalität und zur Etablierung einer neuen? Sind es politische Revolutionen wie die gegen

die Kolonialmacht England gerichtete »Boston Tea Party« von 1773, als sich die amerikanischen Kolonisten gegen die Besteuerung von Tee durch die britische Regierung auflehnten, indem sie Schiffsladungen von Tee ins Meer schütteten und damit letztlich die Entstehung der USA einleiteten? Sind es technische Revolutionen wie Eisenbahn, Auto, Rundfunk und Internet mit der Folge zunehmender Mobilität und Kommunikationsdichte? Sind es geistige Revolutionen wie die Reformation oder die Aufklärung, die – mit langer Verzögerung – zur grundlegenden Veränderung von Sinnwelten und zwischenmenschlichen Episoden (etwa zwischen Mann und Frau) führten? Ist es die Eigendynamik der Steigerungslogik? [182]

Verstehende versus erklärende Theorien. Komplementarität

Auch die dritte Dimension der Unterscheidung von Theorieformen ist unabhängig von den anderen zu sehen: Geht es um die Rekonstruktion der von Georg Simmel oft thematisierten »Innenseite des Geschehens«, um Wollen und Wissen im praktischen Syllogismus, oder geht es um Ursachen und Wirkungen? Wie schon bei den anderen beiden Dimensionen ist das »oder« im vorhergehende Satz nicht exklusiv zu verstehen, sondern als Hinweis auf zwei Prinzipien, die sich in einer Studie ergänzen können oder auch nicht. Die klassische, oft zitierte Formel zur Komplementarität von Verstehen und Erklären hat Max Weber vor etwa hundert Jahren geprägt: »Soziologie … soll heißen: eine Wissenschaft, welche soziales Handeln deutend verstehen und dadurch in seinem Ablauf und seinen Wirkungen ursächlich erklären will.«[183]

Verstehende Theorien versuchen nachzuvollziehen, was in den Menschen vorgeht: Wie modellieren sie die Welt? An welchen Deutungsmustern orientieren sie sich? Woran glauben sie? Was meinen sie mit den Begriffen, die sie verwenden? Welches Bild haben sie von sich selbst? Was erscheint ihnen erstrebenswert? Welche Folgen erwarten sie bei welchen Handlungen? Während sich das Alltagsverstehen auf singuläre Handlungen richtet (»Warum hast du das getan?«), bemüht sich die Soziologie darum, das wiederholte Handeln vieler auf den Begriff zu bringen (»Was geht regelmäßig in den Menschen vor und veranlasst sie, in spezifischer Weise zu handeln?«). Das soziologische Verstehen unterscheidet sich also vom alltäglichen Verstehen durch seine Verallgemeinerungstendenz.

- Begründungsschema: Verstehen bedeutet, von Manifestem auf Latentes zu schließen. Manifest sind Tun und Unterlassen der Menschen, ihre Selbstbeschreibungen und Selbstdeutungen, ihre Texte (etwa im Internet), ihre Auswahl von Medieninhalten, ihre Symbole (Kleidung, Sprachcodes, Konsumartikel usw.), ihre sozialen Netzwerke, ihre Wohnungseinrichtungen und anderes. Doch das Gefühl, etwas verstanden zu haben, ist trügerisch. Als Interpret muss man dabei mit vielen Schwierigkeiten rechnen, gerade wenn alles leicht nachvollziehbar erscheint. Man muss auf Missverständnisse und Ablenkungsmanöver gefasst sein. Man muss in einer verwirrenden Vielzahl von Details das Einheitliche erkennen. Man muss der Heterogenität und Widersprüchlichkeit von Innenwelten gerecht werden.

Bei all dem braucht man Distanz zu sich selbst, um nicht der Tendenz zu erliegen, das Material den eigenen Voreinstellungen anzupassen. Verstehen ist zeitaufwendig und materialintensiv; es lässt sich kaum standardisieren. Und es ist nur möglich, wenn man – so unwissenschaftlich dies scheinen mag – seine eigene Subjektivität als Ressource einsetzt: Einfühlung, Nachvollziehen, intuitives Mustererkennen. Umso mehr ist Verstehen in besonderem Maß auf Intersubjektivität angewiesen: auf kritische Kommunikation von Forschenden, die zunächst unabhängig voneinander geurteilt haben.

Idealerweise vollzieht sich Verstehen im hermeneutischen Zirkel: Eine Feedbackschleife zwischen Interpretation und Material wird so lange durchlaufen, bis sich die Interpretation stabilisiert (Iteration, siehe 8. Kapitel). Kollektivbezogenes Verstehen gehört zum Kerngeschäft der Soziologie. Eine besonders umfassende Arbeit der verstehenden Soziologie hat etwa Manuel Castells mit seiner dreibändigen Analyse des Informationszeitalters vorgelegt.[184]

Erklärende Theorien legen den Fokus auf die Analyse von Kausalbeziehungen. Oft (aber nicht notwendig) schließt das Erklären direkt an das Verstehen an: Das Innenleben (Wollen und Wissen) wird als Ursache aufgefasst, das Handeln als Wirkung. Dies führt allerdings leicht zu trivialen Erklärungen, sofern der Begriff des Handelns durch das dem sichtbaren Verhalten korrespondierende Innenleben *definiert* ist. Wenn das Sichtbare als Indikator für das Unsichtbare zu lesen ist, letzteres aber als Ursache gelten soll, wird eine logische Beziehung als empirische Beziehung fehlinterpretiert. »Intentionale Erklärungen«[185] sind nur dann brauchbar, wenn Handeln und Absichten begrifflich klar getrennt werden.

In der Soziologie treten jedoch neben solchen intentionalen Erklärungen noch andere wichtige Formen hervor: zum einen die Erklärung von subjektiven und sozialen Phänomenen durch objektive Bedingungen (Technik, Klima, Ökonomie, politisches System, Bildungsinstitutionen, Artefakte etc.); zum anderen die umgekehrte Erklärung des Objektiven durch Subjektives und Kulturelles, so bei Max Weber, der die Entstehung der modernen Ökonomie aus dem Geist der protestantischen Ethik erklärt[186] und so, hundert Jahre später, bei David Landes in seinem umfassenden historischen Werk über »Wohlstand und Armut der Nationen«.[187]

– Begründungsschema: Die Qualität einer Erklärung lässt sich nur beurteilen, wenn man eine klare Vorstellung davon hat, worin Kausalität eigentlich besteht. Wodurch wird eine Aussage zu einer *Kausal*aussage? In Kausalaussagen werden Tatbestände miteinander in Verbindung gebracht. Diese Verbindung soll in Anlehnung an Paul K. Heise[188] genau dann als »kausal« gelten (so dass die einen Tatbestände als »Ursachen«, die anderen als »Wirkungen« klassifizierbar werden), wenn die Aussage folgende Behauptungen einschließt:

1. Die Ursache geht der Wirkung zeitlich voraus.
2. Die Ursache impliziert die Wirkung.
3. Die Ursache bringt die Wirkung hervor.

Die Bedeutungselemente von »Implikation« und »Hervorbringen« bedürfen näherer Erläuterung. Eine *Implikationsbeziehung* zwischen zwei Ereignisklassen X und Y ist genau dadurch gekennzeichnet, dass immer dann, wenn X auftritt, auch Y auftritt. Damit wird allerdings zugelassen, dass Y auch ohne X auftritt. Beispiel: Eine Implikationsbeziehung besteht zwischen den Ereignissen »Tasse gegen die Wand werfen« und »zerbrechen«: Wenn jemand eine Tasse an die Wand wirft, zerbricht sie. Die Umkehrung »Immer wenn eine Tasse zerbricht, wurde sie an die Wand geworfen« gilt jedoch nicht – die Wirkung kann auch aufgrund anderer Ursachen zustande kommen. Das im gegebenen Zusammenhang wichtigste Beispiel ist die Beziehung zwischen Korrelation und Kausalität: Kausalität impliziert Korrelation; Korrelation dagegen impliziert keineswegs notwendig auch Kausalität

Mit dem Kriterium des *Hervorbringens*, der dritten Komponente des oben vorgestellten Kausalitätsbegriffs, ist die konkrete Verbindung von Ursache und Wirkung gemeint. Es muss eine »Berührung« zwischen beiden Tatbeständen stattfinden, um eine mechanistische Analogie zu gebrauchen. Der Stoß mit dem Billardstock kann nur dann als Ursache für die Bewegung der Billardkugel angesehen werden, wenn der Stock einen Moment lang Kontakt mit der Kugel hatte. Eine politische Rede kann nur dann als Ursache für Meinungsänderungen angesehen werden, wenn sie diejenigen, die ihre Meinung geändert haben, vorher erreicht hat. Dies also ist mit dem Gesichtspunkt des Hervorbringens gemeint: Es muss plausibel sein, dass die Ursache wirklich den »Anstoß« für die Wirkung gab.

Aus zwei Gründen ist das Kriterium des Hervorbringens wichtig: Erstens wäre ohne dieses Kriterium jede beliebige Variable ursächlich mit jeder beliebigen anderen Variablen verbunden. Man könnte beispielsweise auch behaupten, dass Person B deshalb satt wird, weil Person A isst, denn wann immer B satt geworden ist, lässt sich feststellen, dass A irgendwann vorher gegessen hat. Die Kriterien der zeitlichen Sukzession (1) und der Implikation (2) wären immer erfüllt, trotzdem wäre es absurd, die Nahrungsaufnahme von A für die Sättigung von B verantwortlich zu machen. Zweitens zwingt das Kriterium des Hervorbringens dazu, sich die Verbindung zwischen Ursache und Wirkung so weitgehend zu verdeutlichen, dass man den »Kontakt« zwischen den Tatbeständen wirklich nachvollziehen kann. Für die Theoriebildung ist dies sehr wichtig.

Es ist beispielsweise nicht ohne weiteres einzusehen, wieso das Geschlecht »Ursache« für bestimmte Verhaltensweisen sein soll, auch wenn die Kriterien der zeitlichen Sukzession und der Implikation erfüllt sind: Inwiefern wird ein bestimmtes Handeln durch biologische Merkmale »hervorgebracht«? Erst wenn man eine Kette weiterer sich »berührender« Ereignisse einführt, wird die Kausalbeziehung plausibel, etwa folgendermaßen: Das Geschlecht (1. Station) wird von den Eltern wahrgenommen (2. Station); diese Wahrnehmung veranlasst die Eltern, ihr kindbezogenes Handeln geschlechtsspezifisch zu differenzieren (3. Station); dies führt zu einer geschlechtsspezifischen Differenzierung kindlicher Handlungsdispositionen (4. Station); daraus erwachsen später geschlechtsspezifische Handlungsmuster (5. Station). Erst jetzt ist das Kriterium des Hervorbringens erfüllt; über eine Kette von fünf Stationen haben die einzelnen Ereignisse Kontakt miteinander.

Oft ist es eine Ermessensfrage, wann das Kriterium als erfüllt anzusehen ist. Bei der Beurteilung spielen erkenntnispragmatische Gründe eine wichtige Rolle, denn jede bereits als zusammenhängend empfundene Verbindung von Ursache und Wirkung lässt sich in noch feinere Verbindungen aufgliedern. So könnte man versuchen, in der Analyse der Beziehung zwischen Geschlecht und Verhalten bis zur neurophysiologischen Beschreibung der Gehirnaktivität von Eltern und Kindern vorzudringen und von dort aus zur Beschreibung der Bewegung von Atomen und Molekülen – doch wäre ein so weitgehendes

Vordringen in den »Kontakt« der Ereignisse nicht etwa nur wegen seiner Umständlichkeit unsinnig. Vielmehr geht es hier um die partielle Eigengesetzlichkeit einer Wirklichkeitsschicht, die sich nicht auf die Gesetzmäßigkeiten anderer Wirklichkeitsschichten reduzieren lässt, wie im Zusammenhang mit der evolutionären Erkenntnistheorie im 3. Kapitel dargestellt.

Nun lässt sich die Frage, was über die Qualität einer Kausalerklärung entscheidet, genauer beantworten: Abgesehen vom gewohnten Kriterium der Qualität der empirischen Informationen und ihrer Interpretation hängt die Güte einer Erklärung von der Plausibilität ab, mit der das Vorliegen der drei Kriterien nachgewiesen wird. Die Kriterien (1) und (2), zeitliche *Sukzession* und *Implikation*, lassen sich am besten in methodisch sauberen Experimenten nachweisen, die dann vorliegen, wenn die hypothetische Ursache *vor* dem Eintreten der Wirkung manipuliert wurde und wenn alle anderen potenziellen Ursachen als Erklärungen ausgeschaltet wurden.

Letzteres erreicht man im Experiment durch Techniken der »Faktorenkontrolle«, deren wichtigste die »Randomisierung« ist, d. h. die Zusammensetzung der zu vergleichenden Gruppen nach dem Zufall, so dass die Gruppen hinsichtlich aller erdenklichen Variablen annähernd verteilungsgleich sind (abgesehen von Zufallsschwankungen) und sich nur hinsichtlich der experimentell kontrollierten Variable unterscheiden. Aber genau hier sind der Soziologie Grenzen gesetzt, denn hier spielen *präexperimentelle Variable* die Hauptrolle.

Dieser methodologisch wichtige Begriff meint Bedingungen, die Menschen immer schon in die Forschungssituation mitbringen, die sich also in Experimenten nicht systematisch manipulieren lassen: Alter, Geschlecht, Wohnregion, Bildungsabschlüsse, Kommunikationsmuster, materielle Verhältnisse, Haushaltszusammensetzung, Gesundheit und vieles mehr. Bei all diesen Variablen ist es zwar oft plausibel, kausale Relevanz im Rahmen soziologischer Erkenntnisinteressen anzunehmen, aber Experimente scheiden aus. Das kausalanalytische Problem besteht darin, dass präexperimentelle Variablen mit allen möglichen »Drittvariablen« korrelieren können, deren Wirksamkeit sich nur in einem Experiment kontrollieren ließe – wenn man sie denn »zuteilen« könnte wie ein Medikament oder ein Placebo. Von wenigen Ausnahmen abgesehen bleibt der Soziologie jedoch nichts anderes übrig, als im Rahmen »korrelativer Studien« die Logik des Experiments mit geeigneten statistischen Verfahren so weit wie möglich nachzuahmen, wobei unvermeidlich höhere Fehlerrisiken in Kauf zu nehmen sind.[189]

Das dritte Kriterium der Kausalität, *Hervorbringen*, lässt sich oft selbst im naturwissenschaftlichen Experiment nicht direkt untersuchen. Erst recht kommt es in der Soziologie auf die Qualität der theoretischen Reflexion an, die durch nichts so gesteigert wird wie durch methodisch versiertes soziologisches Verstehen (wie weiter oben in diesem Abschnitt beschrieben) unter der Kontrolle anspruchsvoller Qualitätskriterien. Damit landen wir bei der Quintessenz des umfassendem »Book of Why« (2018) von Judea Pearl und Dana Mackenzie, »… that you are smarter than your data. Data do not understand causes and effects; humans do … There is no better way to understand ourselves than by emulating ourselves. In the age of computers, this new understanding also brings with it the prospect of amplifying our innate abilities so that we can make better sense of data, be it big or small.«[190]

Wozu Theorien?

Der Hauptzweck von Theorien besteht darin, brauchbare und zielführende Grundlagen des Handelns bereitzustellen. Betrachtet man beispielsweise ein Unternehmen ohne jede Theorie, so sieht man sich einem chaotischen Strom von Einzelerscheinungen gegenüber und weiß nicht, was zu tun ist, um das Unternehmen erfolgreich zu leiten oder innerhalb des Unternehmens gut zu kooperieren. Orientiert man sich stattdessen beim Blick auf ein Unternehmen etwa an der Systemtheorie, sollte dies dazu beitragen, Probleme des Unternehmens besser zu erkennen und das Unternehmen besser zu führen.

Oder nehmen wir das Beispiel von Partnerschaften und Familien: Die Soziologie hat mit ihren Abstraktionen, etwa der Rollentheorie, den Menschen erst die Augen für Konflikte und Frustrationen geöffnet, die sie vorher nicht auf den Begriff bringen konnten, obwohl sich die Probleme schon immer in zahllosen Details des Alltagslebens manifestierten. Ohne die Popularisierung des abstrahierenden soziologischen Blicks hätte es die Emanzipationsbewegungen des 19. und 20. Jahrhunderts wohl nicht gegeben.

Die oberste Rechtfertigung für Theorien ist ihr pragmatischer Sinn: zielgerichtetes Handeln überhaupt zu ermöglichen und zu verbessern. Theorien sollen das Denken ordnen; sie sollen es auf handlungsrelevante Aspekte der sozialen Wirklichkeit fokussieren; sie sollen Diagnosen, Erklärungen und Prognosen liefern, die den Menschen nützen. Diesem Anliegen werden Theorien umso eher gerecht, je mehr sie das scheinbare Durcheinander der Wirklichkeit durch Kurzformeln aufräumen, die möglichst viel Singuläres in sich bündeln. Wer theoretisch denkt, hat vieles gleichzeitig im Blick. Man denkt ökonomischer und man handelt effizienter.

Gerade in der Soziologie gerät dies allerdings zum Grenzgang. Je weiter man die Abstraktion treibt, desto mehr entfernt man sich von jeweils spezifischen Kontextbedingungen, die zu berücksichtigen sind, um Probleme zu lösen und Ziele zu erreichen. Wegen der hohen Variabilität des Gegenstandsbereichs besteht ein Dilemma zwischen Reichweite und Brauchbarkeit. Eine sehr allgemeine Theorie von Organisationen beispielsweise ist nicht ausreichend, wenn es darum geht, eine spezifische Organisation soziologisch zu beraten. Andererseits kann die allgemeine Theorie Hinweise darauf geben, welche zusätzlichen kontextspezifischen Informationen man brauchen kann. Bei den daran anschließenden kontextspezifischen Hypothesen handelt es sich zwar ebenfalls um Theorien, aber um solche mit einer viel geringeren, auf den Einzelfall beschränkten Reichweite: um diagnostische Abstraktionen nämlich, welche die Normalität einer gegebenen Organisation beschreiben.

Vorformen solcher kontextspezifischen Theorien brauchen wir alle, um in unserem Alltag zurechtzukommen. Dies wird besonders deutlich, wenn man in die Situation kommt, sich mit einem neuen Kontext vertraut machen zu müssen. Wer beispielweise einen neuen Job antritt, wird am Anfang besonders darauf achten, »wie es läuft«. Man befindet sich im Stadium einer quasisoziologischen Theoriebildung, die mit der Erfahrung einzelner Episoden beginnt und mit dem intuitiven Erfassen von Wiederholungen vorläufig ans Ende kommt. Vom ersten Moment an ist man bestrebt, eine Art gefühlter Normalitätstheorie zu entwickeln, die denselben Zweck hat wie explizite soziologische Theorien: durch Kurzformeln Probleme zu lösen und Ziele zu erreichen.

Theoretischer Pluralismus

Im Vergleich zu anderen Wissenschaften erscheint die Soziologie besonders heterogen. Es gibt kein von allen akzeptiertes Paradigma, sondern eine schwer zu bewältigende Vielfalt verschiedener Schulen, die überwiegend nicht einmal in der Weise aufeinander bezogen sind, dass sie einander bekämpfen würden. Einzelne Strömungen laufen unverbunden nebeneinander her und bilden eigene Fachsprachen, Methoden und Netzwerke aus.

Dieser Pluralismus kommt nicht von ungefähr; er bezeugt auch, dass der Forschungsgegenstand Gesellschaft eine Vielzahl sinnvoller Perspektiven mit je eigenen Erkenntnispotenzialen und Erkenntnisgrenzen möglich macht, ja geradezu herausfordert. Theoretischer Pluralismus ist deshalb nicht als Defizit, sondern als eine erstrebenswerte professionelle Grundeinstellung anzusehen, die das Denken allerdings komplexer macht. Dass die Gesprächspartner, die dabei ja mitspielen müssen, oft genau das Gegenteil erwarten, nämlich die Festlegung auf einen bestimmten theoretischen Kurs, macht die Sache nicht einfacher.

Für eine offene Wissenschaft

Viele verfolgen das Ideal einer objektiven, von »subjektiven Störfaktoren« freien Wissenschaft. Zum absoluten Prinzip erhoben, bedeutet dieses Ideal jedoch das Ende der Wissenschaft, wenn man diese als ein zukunftsoffenes Projekt des Wissensfortschritts auffasst. Wissenschaft soll einerseits so objektiv wie möglich sein, andererseits aber den Schritt ins Neuland riskieren. Was dies heißt, hat der oben erläuterte Begriff der Interpretation verdeutlicht. Interpretation impliziert immer die Bereitschaft, über die vorliegenden Informationen und Daten hinauszugehen und etwas Neues zu wagen. Dabei sind Forscherinnen und Forscher als Subjekte gefordert. Wo keine Objektivität mehr möglich ist, kommt es umso mehr auf Intersubjektivität an – für andere plausibel zu machen, warum man bei einer gegebenen Interpretation einen ganz bestimmten Weg für den besten hält. Für die Soziologie ist das Überschreiten der Grenzen bisherigen Wissens durch Interpretation wichtiger als für jede andere Wissenschaft.

Interpretation scheint der wissenschaftlichen Forderung nach Intersubjektivität und regelgeleiteter Reflexivität zuwider zu laufen. In der Tat: Ohne Ermessensentscheidungen, Kreativität, Intuition und Plausibilitätserwägungen einschließlich der damit verbundenen Irrtumsrisiken ist Interpretation nicht zu haben. Sollte man deshalb nicht besser darauf verzichten? Die Antwort ist eindeutig *nein*: Eine interpretationsfreie Wissenschaft müsste ständig hinter ihren zentralen Forschungsinteressen zurückbleiben und wäre zur Nutzlosigkeit verurteilt. Selbst in der Naturwissenschaft, etwa in der Quantentheorie, in der medizinischen Diagnostik oder bei der Erforschung der Wirksamkeit von Medikamenten kommt man nicht umhin, sich interpretierend ins Ungewisse vorzuwagen.[191]

In der Soziologie ist dies erst recht der Fall. Mehr als jede andere Wissenschaft muss sie dazu bereit sein, die Grenzen der jeweils vorliegenden Daten, Texte und Beobachtungen zu überschreiten. Wenn sie auf den Selbstdeutungsbedarf der Gesellschaft antworten will, müssen ihre Forschungsinteressen über die gegebenen Informationen hinausgreifen. In welcher Gesellschaft leben wir eigentlich? Was verändert sich gegenwärtig? Wie werden sich heutige technologische Veränderungen morgen auf die sozialen Beziehungen auswirken? Wie kann soziale Integration gelingen? Erodieren die normativen Grundlagen unserer Demokratie? Selbst bei ganz eingegrenzten und konkreten Fragen wie der nach den Wirkungen familienpolitischer Maßnahmen ist interpretative Grenzüberschreitung unvermeidlich.

Interpretation erzeugt neue empirische Aussagen von einer gegenüber den Ausgangsinformationen gesteigerten Relevanz. Aber dieses neue »Vermutungswissen« (Karl Popper) ist nicht ins Belieben gestellt. Wissenschaft muss trotz Grenzüberschreitung Wissenschaft bleiben. Erreichen kann sie dieses Ziel durch das Bemühen um Intersubjektivität: Sie macht den Weg der Interpretation für andere nachvollziehbar; sie stellt sich der Kritik; sie reflektiert ihre Prämissen; sie orientiert sich am Wahrheitsbegriff; sie richtet sich nach Qualitätskriterien gerade auch beim Interpretieren (konkret durch die vergleichende fallibilistische Diskussion alternativer Interpretationsmöglichkeiten).

So führt das methodologische Dilemma von Sicherheit versus Horizonterweiterung zu einem permanenten Grenzgang. Man kann nicht beides gleichzeitig in vollem Umfang haben; immer sind Kompromisse zu schließen. Viele Arbeiten, namentlich in der empirischen Sozialforschung, sind von der Abneigung geprägt, sich der Unsicherheit einer interpretativen Überschreitung gegebener Informationen auszusetzen. Dies ist zwar illusionär, aber insofern verständlich, als man nicht interpretieren kann, ohne implizit seine Subjektivität einzubringen, während Forschung doch nach Objektivität streben soll. Es macht ja das Wesen der Interpretation aus, dass man ihr Ergebnis nicht einfach aus den Daten ableiten kann. Über die Daten hinauszugehen bedeutet, ihnen etwas hinzuzufügen. Jede neue, auf Interpretation beruhende Aussage enthält Komponenten, die man teilweise als Vorwissen mitbringt und teilweise in der Auseinandersetzung mit dem Material entwickelt. Dazu gibt es immer Alternativen, so zwingend einem selbst seine Interpretation auch erscheinen mag.

Ist also Interpretation immer »subjektiv verzerrt«? Diese Frage suggeriert eine unzulässige Gleichsetzung von Subjektivität und Verzerrung. Subjektivität bedeutet im gegebenen Zusammenhang lediglich Abhängigkeit vom Standpunkt des Interpreten. Jedes Modell von Aspekten der Welt ist selektiv; ein selektives Modell ist jedoch nicht notwendig falsch, sonst wäre alles falsch. Intersubjektiv wird der Standpunkt des Interpreten dann, wenn er anderen so klar erläutert wird, dass auch sie ihn probeweise einnehmen und beurteilen können, was keineswegs heißen muss, dass sie ihn auch akzeptieren. Wissenschaft muss Widersprüche ertragen, sonst ist sie nichts wert.

Die Allgegenwart von Interpretationen in der Wissenschaft ist ein starkes Argument für fallibilistisches Denken, das heißt für die systematische Suche nach Gegenargumenten Wenn schon ein Fehlerrisiko besteht, kann man es mit umso größerer Sicherheit reduzieren, je gezielter man danach sucht. An der Grenze zu neuem Wissen muss die Wissenschaft flexibel agieren. Dies beginnt damit, Falsifizierbarkeit als graduelles Kriterium zu konzipieren. Perfekte Falsifizierbarkeit gibt es an der Grenze zu neuem Wissen auch in den angeblich harten empirischen Wissenschaften erst einmal nicht; meist ist nur das geringere Sicherheitsniveau des Zweifels möglich. Verstehende Interpretationen der Soziologie können über dieses Niveau allerdings grundsätzlich nicht hinauskommen. Mehr als kritisches Abwägen von Alternativinterpretationen ist nicht zu haben: Fallibilismus.

15. Kapitel: Voreinstellungen – Die Handschrift des Subjekts

Ohne Voreinstellungen keine Erkenntnis

Auch das folgende Kapitel behandelt, wie schon das vorangegangene, das zu Unrecht vernachlässigte Thema wissenschaftlicher Heuristik. Die Reihenfolge der beiden Kapitel setzt das Konkretere vor das Abstraktere, schreitet vom Akt des Denkens und Vermutens in der Auseinandersetzung mit dem Material einer Studie zu den allgemeineren Grundlagen dieses Denkens und Vermutens – wenn man so will, von der Heuristik erster Ordnung zur Meta-Heuristik.

Der dabei zentrale Oberbegriff ist inspiriert von Kants Konzept der »Aprioris«, von einer Erkenntnistheorie also, welche die Bedingungen der Möglichkeit von Erkenntnis in den Mittelpunkt stellt. Von dieser Basis abgesehen sind die folgenden Überlegungen auf das spezielle Handwerk der Soziologie fokussiert: Was braucht man, um überhaupt empirische Soziologie treiben zu können? Interpretationen im dreidimensionalen Raum der Theoriebildung (siehe das 14. Kapitel) machen zwar den Kern soziologischer Texte aus, aber um diesen hervorzubringen, ist mehr erforderlich. Bildlich gesprochen braucht man einen geistigen Werkzeugkasten, den man immer schon mitbringen muss, um überhaupt etwas mit der Wirklichkeit anfangen zu können.

Wer sich dies zum ersten Mal klar macht, erlebt typischerweise einen gewissen Schock. Forschen, denken, argumentieren, mit Wissen umgehen, sich wissenschaftlich betätigen ist Fortbewegung auf einer Grundlage, die nicht einfach gegeben ist. Alle Geistestätigkeit beruht auf Prämissen, die falsch, illusionär, irreführend sein können; alle Diskussionen sind nur möglich vor dem Hintergrund von Vorentscheidungen, die ebenfalls zur Diskussion stehen. Dies ist eine persönliche Herausforderung, die schmerzhaft sein kann, nicht nur am Anfang, sondern potenziell im Verlauf eines ganzen wissenschaftlichen Lebens, sofern sich herausstellt, dass andere Prämissen als die, auf die man bisher vertraut hat, zielführender sind.

Damit verbindet sich die Auffassung, dass wir die Wirklichkeit nicht an sich und absolut, sprich: ohne unser eigenes geistiges Zutun zu erkennen vermögen. Vielmehr konstruieren wir Wirklichkeitsmodelle, die immer nur Aspekte der Wirklichkeit wiedergeben können. Bei komplexen Fragestellungen kann es keine unbezweifelbare und umfassende Wahrheit geben – alles, was man erreichen kann, ist eine möglichst weitgehende Bewährung der Theorien in Anbetracht der aktuell verfügbaren empirischen Informationen, Irrtum vorbehalten.

Theorien werden nicht einfach gefunden, sie werden konstruiert. Wie gut oder schlecht diese Konstruktionen sind, wie nahe sie der Wirklichkeit kommen und wie gut man sie brauchen kann, hängt von der Art und Weise ab, wie man seinen Blick auf die Welt organisiert. An die Stelle von metaphysischen Begriffen wie Erleuchtung, Offenbarung oder Wesensschau tritt die Konstruktion. Ob wir uns darüber im Klaren sind oder nicht: Wir müssen unser Wissen selbst aufbauen und umbauen. Die dafür notwendigen Bausteine in Form von Aussagen, Informationen, Daten und Schlussfolgerungen entstehen, indem wir auf eine letztlich selbst gewählte Art und Weise auf die Welt schauen. Es ist wie beim Fotografieren: Ohne Perspektiven sind Bilder unmöglich, aber ob sie der Wirklichkeit tatsächlich entsprechen, hängt vom Standort ab.

Diese Auffassung steht im Gegensatz zum reinen Empirismus, der alle Erkenntnis ausschließlich auf sinnliche Wahrnehmungen und Beobachtungen zurückführen will. Karl Popper ironisiert diese »Erkenntnistheorie des Alltagsverstands« als »Eimermodell der Erkenntnis«, demzufolge die Wirklichkeit sozusagen in das Bewusstsein hineingeschüttet werde, wenn man nur Augen und Ohren offen halte.[192] Eine genaue Analyse etwa von Kausalaussagen zeigt dagegen, dass sich in empirischen Aussagen immer auch Elemente verbergen, die sich nicht unmittelbar aus der Erfahrung ableiten lassen, sondern die eine sinnvolle kognitive Organisation von Erfahrung erst möglich machen (neben der Kategorie der Kausalität etwa auch unsere Vorstellungen von Raum und Zeit).

Wo aber kommen die Aprioris her, wenn man sie nicht empirisch vorfinden kann? Der evolutionären Erkenntnistheorie zufolge haben sie sich im Lauf der biologischen Gattungsgeschichte des Menschen entwickelt: Sie verfestigten sich als genetisch angelegte Dispositionen der Informationsverarbeitung, weil sie sich für das Überleben bewährten.[193]

Doch nur bei bestimmten Aprioris ist es sinnvoll, sie als genetisch vorgegeben anzunehmen. Dagegen sind meisten Voreinstellungen, die wir – nicht nur in der Wissenschaft – in den Erkenntnisvorgang einbringen, um uns ein Bild von der Welt zu machen, lediglich austauschbare, variable Konstruktionen. Sogar die angeborenen Voreinstellungen von Raum, Zeit und Kausalität lassen sich (wenn nicht im Alltagsleben, so doch in der Wissenschaft) reflektieren, bezweifeln und ignorieren, sofern dies zweckmäßig erscheint. Insofern kann man also sagen: Aprioris sind nicht gegeben, vielmehr geben wir sie uns selbst. Sie beruhen auf impliziten oder expliziten Entscheidungen, die immer zum Gegenstand fundamentaler kritischer Selbstreflexion werden können und auch sollen: Gibt es möglicherweise bessere Perspektiven?

An dieser Stelle wird deutlich, dass sich Voreinstellungen auch als Perspektiven betrachten lassen, als biologisch vorgegebene oder gedanklich konstruierte Weltbeobachtungspositionen. Alle Erfahrung ist untrennbar mit unserem subjektiven Sinnkosmos verbunden. Die Wirklichkeit strömt nicht einfach in uns hinein, wie der naive Induktivismus annimmt; man braucht nur das Kapitel über die Theorieabhängigkeit der Wahrnehmung bei Alan Chalmers zu lesen, um von dieser Idee endgültig kuriert zu werden.[194] Was die Wissenschaft der Alltagswahrnehmung voraus hat, ist die Reflektiertheit der Organisation von Erfahrung in eigener Regie mit dem Zweck, den Horizont des gegebenen Wissens zu überschreiten. Dies nimmt die Form von Heuristiken an, von selbstgewählten Suchprogrammen.

Perspektivität ist unvermeidlich. Wenn man sich ihrer nicht bewusst ist, bedeutet dies nicht, dass man sie nicht hätte. Allerdings kann man sie selbstverständlich nur dann einer rationalen Prüfung unterziehen, wenn man sie kennt. Wissenschaftlichen Texten sieht man die Vielschichtigkeit der ihnen zugrundeliegenden Perspektiven allerdings nicht unmittelbar an. Um sich zu orientieren, ist es hilfreich, verschiedene Klassen zu unterscheiden. Meine folgende Unterteilung von fünf Klassen folgt der Absicht, die wichtigsten Aspekte abzudecken:

1. Relevanzhorizont
2. Axiomatik
3. Theorien und Begriffsnetze
4. Forschungsverfahren
5. Denkmuster.

Die nächsten Abschnitte greifen diese Stichworte sukzessive auf.

Relevanzhorizont

Alle wissenschaftlichen Arbeiten stehen unter dem Anspruch, die Grundlagen des Handelns zu verbessern. Sie sollen für irgendetwas brauchbar zu sein – politisch, ökonomisch, technisch, pädagogisch, gesundheitlich oder auch nur wissenschaftsintern, indem sie einen methodischen oder theoretischen Fortschritt mit sich bringen. Das Stichwort »Relevanzhorizont« steht für die schlichte Frage, wozu Wissenschaft eigentlich gut sein soll. Wie immer die Antwort ausfällt, sie hat normativen Charakter. Allerdings wird der normative Hintergrund der Wissenschaft nur selten thematisiert, ja er ist vielen Wissenschaftlerinnen und Wissenschaftlern gar nicht in all seinen Facetten bewusst. Nichtsdestoweniger ist er immer vorhanden.

Um den Relevanzhorizont zur Sprache zu bringen, eignen sich unter anderem folgende Fragen: Welche Wertvorstellungen lassen die Forschenden selbst erkennen? In welcher Beziehung stehen ihre Texte und Theorien zu den Wertvorstellungen der Fachöffentlichkeit, der Institutionen, der herrschenden Meinung? In welcher Beziehung stehen sie zu aktuellen Diskursen und zu anstehenden politischen Entscheidungen? Was leisten sie wissenschaftsimmanent – bringen Sie einen Zuwachs des Verstehens und Erklärens? Stellen sie einen methodischen Fortschritt dar? Integrieren sie vorher disparate Wissensbestände?

Der normative Hintergrund bestimmt darüber, was überhaupt zum Thema wird, was Forschende aus ihren Beobachtungen herausholen oder für irrelevant erachten. Dargestellt und diskutiert werden jedoch meist nur die wissenschaftsimmanenten normativen Aspekte. Der Wissenschaft geht es unmittelbar um theoretische und methodische Fortschritte. Diese aber sind kein Selbstzweck, vielmehr sind sie auf die Praxis außerhalb der Wissenschaft zu beziehen. Die normativen Fragen der Gesellschaft machen sich am Anfang der Forschung in Form der Entscheidung über den Fokus einer Studie bemerkbar; nach Abschluss der Forschung treten sie erneut als Handlungsempfehlungen in Erscheinung. Dazwischen aber sollen alle anderen als die erkenntnisbezogenen Wertvorstellungen schweigen, dem Grundsatz der Wertneutralität entsprechend: Das Wort haben die objektive Wirklichkeit und die Metaebene, sonst nichts und niemand.

Ihre implizite Normativität kann die Wissenschaft nicht eliminieren, sie kann sie nur aus dem wissenschaftsinternen Diskurs ausklammern. Die Meinungen darüber, ob sie dies tun soll oder nicht, gehen auseinander. Fest steht, dass normative Diskurse einerseits und empirische Diskurse andererseits nach völlig verschiedenen Kriterien ablaufen müssen und deshalb klar zu trennen sind (siehe hierzu das 13. Kapitel). Eine saubere Trennung gelingt besser, wenn man den normativen Hintergrund explizit reflektiert, sonst beeinflusst er unbemerkt und unkontrolliert die empirische Arbeit.

Axiomatik

Unter diesen Begriff fallen drei Gruppen von Prinzipien:

- *Elementare Kategorien wissenschaftlichen Denkens:* Diese erste Gruppe enthält die das Erkenntnishandeln regulierenden Grundannahmen und die übergeordneten Erkenntnisziele: Gesetz, Wahrheit, Verstehen, Erklären, Kausalität, Raum und Zeit.
- *Fachspezifische Besonderheiten:* Zur Axiomatik zählen zweitens die erkenntnistheoretisch relevanten Annahmen über den Gegenstandsbereich; diese führten Ende des 19. Jahrhunderts zur soziologisch grundlegenden Unterscheidung zwischen Natur- und Kulturwissenschaften (siehe das 5. Kapitel).
- *Diskursregeln:* Eine dritte Gruppe axiomatischer Leitvorstellungen enthält die Prinzipien der empirischen und normativen Begründung, Kriterien der Begriffskritik, Logik, das Prinzip der Intersubjektivität und das jeweilige Modell fachspezifischen Wissensfortschritts (kumulativ oder anders?), das meist nur implizit bleibt, aber alle Forschung strukturiert.

Die so verstandene Axiomatik der Soziologie wird überall in diesem Buch in zahlreichen Facetten dargestellt und reflektiert, deshalb möge es an dieser Stelle genügen, sie als ein Element soziologischer Voreinstellungen zu erwähnen. Im Zusammenhang mit den anderen Klassen von Voreinstellungen tritt die Soziologie als eine besonders voraussetzungsvolle Wissenschaft hervor.

Theorien und Begriffsnetze

Die in allen empirischen Wissenschaften ähnliche Axiomatik und ihre gleich noch zu behandelnden fachspezifischen Forschungsverfahren sind als Perspektiven notwendig, aber nicht hinreichend, um empirische Wissenschaft zu treiben. Man muss zusätzlich über Theorien und Begriffe (beides ist untrennbar) verfügen, und zwar wenigstens ansatzweise bereits zu Beginn des Forschungsprozesses.

Die Produktion von Wissen setzt bereits Wissen voraus – es liegt ein Münchhausen-Problem vor. Man muss sich gewissermaßen am eigenen Schopf aus dem Sumpf zu ziehen. Zunächst scheint dies logisch unmöglich. Lösbar wird das Problem aber, wenn man sich eine Serie von iterativen Denkprozessen vorstellt: mehrfaches Durchlaufen von Feedbackschleifen zwischen Voreinstellungen und Erfahrungen. Dies hat Otto Neurath, ein Philosoph des Wiener Kreises, mit einer berühmten Metapher ausgedrückt: »Wie Schiffer sind wir, die auf offener See ihr Schiff umbauen müssen, ohne es jemals in einem Dock zerlegen und aus besten Bestandteilen neu errichten zu können.«[195]

Man macht dabei die Erfahrung, dass der Prozess nach einer Anzahl von Iterationsschritten allmählich zur Ruhe kommt. Voraussetzung für die Lösung des Münchhausenproblems ist eine Axiomatik, die es erlaubt, das Vorwissen durch neue Informationen zu modifizieren. Beispiele hierfür sind einerseits induktive statistische Techniken wie etwa die Clusteranalyse, andererseits die deduktive Idee der Falsifikation oder des fallibilistischen Zweifels mit anschließender Veränderung der Theorie. Hierher gehören auch Interpretationsverfahren mit mehreren Durchläufen bei der Analyse von nichtstandardisierten Interviews und Feldbeobachtungen.

Bei der Wahl ihrer Ausgangsperspektive orientieren sich viele allerdings an bereits etablierten Standards und an nicht mehr diskutierten theoretischen Selbstverständlichkeiten. Auch in statistische Verfahren sind implizite theoretische Perspektiven einprogrammiert, die zwar immer zur Debatte stehen müssten, aber meist undiskutiert bleiben. Sie finden sich etwa in Regressionsanalyse, Faktorenanalyse, Diskriminanzanalyse, Korrespondenzanalyse oder in Klassifikationsverfahren. Was als objektives Ergebnis eines Algorithmus erscheint, ist durchaus perspektivenabhängig in Bezug auf das gewählte Verfahren.

Die theorieproduzierenden Automatismen der Statistik werden aufgebrochen, wenn man mit verschiedenen Verfahren und Vorgaben arbeitet, um dann die Ergebnisse miteinander zu vergleichen. Auf diese Weise lässt sich das iterative Denken auch in die quantitative Forschung einbringen. Vielen ist nicht bewusst, dass nicht etwa der Algorithmus »etwas findet«, sondern dass immer nur die Interpreten des Rechenergebnisses etwas vermuten; leicht erliegen sie dabei der Objektivitätssuggestion der mathematischen Prozedur.

Forschungsverfahren

Dass Forschungsverfahren zum heuristischen Inventar der Soziologie gehören, bedarf kaum einer Erwähnung. Weniger geläufig ist das Wissen um ihre Perspektivität und um die zur Perspektivität gehörende Ambivalenz. Forschungsverfahren machen bestimmte Aspekte sichtbar und blenden andere aus. Wie im 6. Kapitel herausgearbeitet, verfügen sowohl offene wie standardisierte Erhebungstechniken einerseits über spezifische Erkenntnispotenziale, andererseits stößt man bei beiden Verfahrensklassen auch auf spezifische Erkenntnisgrenzen.

Theoretischer Pluralismus verlangt nach Methodenpluralismus. Jener Monismus, wie er in Kontroversen zwischen Anhängern »quantitativer« und »qualitativer« Verfahren immer wieder auftaucht, hat unweigerlich die Konsequenz, dass der Forschungsgegenstand Gesellschaft unterbelichtet bleibt. Keine Methode erlaubt den Blick auf die gesamte Landschaft der soziologischen Theoriebildung – man braucht vielmehr die ganze Palette empirischer Methoden, um sie kombiniert einzusetzen: Standardbefragung, nichtstandardisierte Interviews, Feldbeobachtung, Inhaltsanalysen, historische Verfahren, Stichprobentechniken, statistische Methoden, Forschungsdesign, Interpretationsroutinen und anderes.

Denkmuster: Dimensionen soziologischer Intelligenz

Die Offensichtlichkeit der heuristischen Funktion von Forschungsverfahren verstellt den Blick für die anderen Komponenten der Heuristik. Dass dazu auch bestimmte kognitive Fähigkeiten gehören, eine Art »soziologischer Intelligenz«, liegt auf der Hand, wenn man sich die Besonderheiten des Forschungsgegenstands vor Augen hält. Darum geht es im nächsten Abschnitt.

In seinem Buch *Logik des Misslingens* führt Dietrich Dörner den Begriff der »operativen Intelligenz« ein.[196] Er meint damit eine zweckmäßige, dem jeweils zu lösenden Problem angemessene kognitive Organisation der Informationsverarbeitung. Dieser Begriff lässt sich auf wissenschaftliches Handeln übertragen: Je nach Gegenstandsbereich benötigt man besondere kognitive Techniken, um Beobachtungen, Texte, Daten, Bilder und Abläufe in theoretisch produktiver Weise aufzubereiten. Auch diese Denkmuster zählen zu den perspektivischen Voreinstellungen.

Worauf kommt es in der Soziologie an? Aus welchen Dimensionen setzt sich ihre spezifische operative Intelligenz zusammen? Die folgende Liste nennt die wichtigsten Dimensionen der operativen Intelligenz der Soziologie beim Namen, verbunden mit einem kurzen Hinweis auf den jeweils betroffenen Aspekt der Wirklichkeit:

- *Mustererkennung* in Bezug auf wiederholte interpersonale Episoden.
- *Komplexitätsbewältigung und Differenzierung:* gleichzeitige gedankliche Berücksichtigung von vielen Variablen und ihren Beziehungen.
- *Kontextrelativierung:* Soziologische Integration des Singulären.
- *Flexibilität*: theoretischer und methodischer Pluralismus (das Fehlen solcher Flexibilität ironisiert Dörner als »Methodismus«).
- Soziologiespezifische *Vergleichsoperationen*: Profilierung des Forschungsgegenstands Gesellschaft durch Unterscheidung: intertemporal, interkulturell, interpersonal.
- *Verstehen:* Simulation des Wissens und der Ziele anderer Menschen im eigenen Bewusstsein, um sich ihr Handeln zu erklären.
- *Sinnbezogene Abstraktion:* Herausfinden eines gemeinsamen Nenners bei einer Mehrzahl von Inhalten (beobachtete Handlungsepisoden, Items in der Faktorenanalyse, Reaktionen auf offene Fragen u. a.), um Typisches zu erkennen.
- *Ganzheitliches Denken:* Versuch, sich einen bestimmten Phänomenbereich als kohärentes System vorzustellen, unter anderem: Bewusstsein, Organisationen, gesellschaftliche Funktionsbereiche wie Politik, Medien oder Wirtschaft.
- *Kollektivbezogenes Denken:* Analyse von Verteilungen in Grundgesamtheiten und von kollektivspezifischen sozialen Phänomenen, möglichst im Zeit- und Kulturvergleich.
- *Iteratives Denken:* mehrfaches Durchlaufen von Feedbackschleifen zwischen empirischem Material und Theorie.

Anlässlich des Todes von Erik Olin Wright Anfang 2019 zitierte Sina Farzin als Herausgeberin des Forums der Deutschen Gesellschaft für Soziologie einige Sätze aus Wrights bis zuletzt geführtem Blog, in denen er auf eine in der akademischen Welt wenig beachtete Dimension soziologischer Intelligenz zu sprechen kommt – auf Kreativität. Die hier vorgestellte Liste von besonderen Anforderungen an soziologisches Denken liest sich wie eine Konkretisierung dessen, was Wright gemeint haben könnte: In der abschließenden Phase, wenn es um Interpretation geht, braucht die streng regelgeleitete, methodenkontrollierte wissenschaftliche Arbeit in der Soziologie einen Gegenpol: Erfindungsreichtum, Entdeckerfreude und Freiheit, mit einem Wort Kreativität, um an den Sinnwelten der Menschen anzudocken.[197]

Voreinstellungen sind diskutierbar

In der Wissenschaft tendieren viele dazu, die Reflexion von Perspektiven auf Forschungsverfahren zu reduzieren, auf Datenerhebung, Auswertung und Interpretationsroutinen. Die stärker durch Ermessen bestimmten Aspekte – Relevanzhorizont, Theorien einschließlich ihrer Begriffsnetze, operative Intelligenz – bleiben meist ausgeklammert. Das Ergebnis ist eine Forschung der blinden Flecken, die nicht alles reflektiert, was sie tut. Auf diese Weise erspart man sich schmerzhafte Umorientierungen, aber man bleibt unterhalb der Möglichkeiten guter Wissenschaft.

Warum? Wahrscheinlich kommen hier zwei zwar verständliche, aber wissenschaftlich kontraproduktive Motive zum Ausdruck: zum einen die illusionäre Absicht völliger Entsubjektivierung der Erkenntnis, die vor allem dann scheitern muss, wenn es um Verstehen geht und nicht nur um Rechnen; zum anderen das in den meisten soziologischen Kontexten unerfüllbare Streben nach absoluter Gewissheit.

Zunächst: Dass durch persönliche Voreinstellungen der Forschenden Subjektivität ins Spiel komme, ist richtig, aber unvermeidlich. Man kann sich ihrer zwar nicht entledigen, aber man kann sie immerhin sichtbar und diskutierbar machen. Wenn Subjektivität als wissenschaftliche Ressource unvermeidlich ist, kommt alles auf eine Kultur intersubjektiver Kontrolle an, um Willkür möglichst zurückzudrängen. In dieser Hinsicht nimmt die Soziologie mit ihrem Anliegen des Verstehens und der Modellierung sozialen Handelns eine Sonderstellung ein; sie ist wegen des großen Anteils an nicht objektivierbarem Ermessen im Erkenntnisprozess besonders auf Intersubjektivität angewiesen (Nachvollziehen, Kontrolle, Kritik, Ergebnisvergleiche, Qualitätsstandards vor allem auch bei nichtstandardisierten Verfahren).

Was nun das zweite oben genannte Motiv betrifft, das Streben nach absoluter Gewissheit, so ist diese in der Soziologie nur an einer Stelle zu haben: innerhalb der begrenzten Welt der statistischen Algorithmen. Entweder das rechnerische Ergebnis stimmt, oder es stimmt nicht – basta. *Vor* dem Eintritt in diese Welt aber gibt es keine Gewissheit, sondern nur plausible Vermutungen: Was bedeuten die in Zahlen transformierten Primärinformationen? Welche Zweifel an den unterstellten Elementarsätzen sind angebracht? Und *nach* dem Verlassen der Welt der Algorithmen geht es ebenso weiter: Was sagt das statistische Ergebnis über das Kollektiv aus; wie ist es zu interpretieren, sei es fundamental oder diagnostisch, verstehend oder erklärend, statisch oder dynamisch? Gewissheit ist im Wesentlichen nicht zu haben, nur Plausibilität. *Such is life* – mehr gibt es dazu nicht zu sagen.

Ist alles »nur« eine Konstruktion?

Perspektivität und Konstruktivität von Erkenntnis sind zwei Seiten derselben Medaille. Es gibt keine Erkenntnis ohne Voreinstellungen, diese aber sind gewählt und nicht einfach gegeben. Alles Wissen beruht auf Entscheidungen und ist insofern nicht unmittelbares Abbild der objektiven Wirklichkeit, sondern eine Konstruktion. Viele sehen dies nun als eine Einschränkung an: Was »nur« eine Konstruktion sei, könne nicht wahr sein.

Hier meldet sich der Phantomschmerz des verlorengegangenen ontologischen Wahrheitsbegriffs zu Wort. Es kann aber keine absolute, von Konstruktivität freie Erkenntnis geben. Sinnvoll sind stattdessen zwei Relativierungen:

- Zum einen sind im Begriff der Wahrheit im empirischen Sinn (wie bereits im 10. Kapitel bei der Erläuterung der Korrespondenztheorie der Wahrheit dargestellt) immer die gewählten Perspektiven mitzudenken. Wissenschaftliche Diskussionen lassen sich nur perspektivenimmanent sinnvoll führen.
- Zum anderen muss jede Wissenschaft ihre Perspektiven selbst immer wieder zum Gegenstand der Diskussion und Überprüfung machen, denn es gibt geeignete und irreführende Perspektiven. Für die Soziologie gilt dies in besonderem Maß. Gute Perspektiven können Aspekte der objektiven Wirklichkeit sichtbar machen; schlechte Perspektiven weisen blinde Flecken auf, verzerren die Wirklichkeit oder lenken den Blick ganz an ihr vorbei.

Konstruktionen sind jenseits der Wissenschaft allgegenwärtig, ihre Unentbehrlichkeit bestreitet niemand. Auch Fahrräder sind Konstruktionen. Es gibt gute und schlechte Fahrräder. Mit Heuristiken und Perspektiven ist es genauso.

Teil VII
Wissensdynamik

Leitfrage: Welche Formen nimmt Wissensfortschritt in der Soziologie an?

Der Weg einer Wissenschaft wird wesentlich davon bestimmt, wie ihn sich diejenigen vorstellen, die ihn gehen. Er ist ebenso eine Konstruktion wie das Wissen selbst, und wie bei jeder Konstruktion erhebt sich auch hier die Frage der Zweckmäßigkeit. Passen die Zukunftsvorstellungen einer Wissenschaft zu ihrem Gegenstand und ihren Möglichkeiten? Oder steht sie sich damit selbst im Weg?

Die beiden nächsten Kapitel gewinnen ihr Profil durch den Kontrast zu einem etablierten Modell, dem der »kumulativen« Wissenschaft: Unablässig trage die Forschung Ergebnisse von bleibendem Wert zusammen, gehärtet im Säure-Bad des methodischen Zweifels und im Lauf der Zeit oft genug bestätigt, um sich auf ihren Wahrheitsgehalt verlassen zu können. Es entspinne sich eine Art intertemporaler Kooperation – spätere Wissenschaft baue auf den Ergebnissen der vorangegangenen auf. Der Berg des Wissens wachse »kumulativ« Körnchen für Körnchen. Gegenwärtige Wissenschaft profitiere von der vorangegangenen und produziere für die nachfolgende.

Die folgenden Überlegungen gehen davon aus, dass dieses Modell nur teilweise zur Soziologie passt. Wie ist es zu modifizieren? Im 16. Kapitel steht zunächst das konstitutive Ziel der Wissenschaft im Mittelpunkt – Wahrheit. Inwieweit lässt sich der Weg der Soziologie als *Fortschrittspfad* verstehen und welchen Besonderheiten und Differenzierungen ist Rechnung zu tragen?

Das 17. Kapitel greift eine bereits etablierte Kritik des kumulativen Modells auf – die der Vorstellung eines kontinuierlichen, langsamen Wachstums des »Wissensberges«. Wissenschaftshistoriker setzten dem die These eines stufenförmigen, diskontinuierlichen Wachstums entgegen: Auf ihrem Weg durch die Zeit bilden alle Wissenschaften aufeinander folgende verfestigte Wissensgebilde oder *Paradigmen* heraus, wobei das jeweils nächste Paradigma oft der Feind des vorangegangenen ist. Die mit Paradigmen verbundene Sequenz von Schulen und Richtungen erweist sich bei näherer Betrachtung als ambivalent. Zwar sind sie für den Fortschritt der Wissenschaft wichtig, sie können aber auch leicht zum Hemmschuh werden. Allerdings verlangt die Soziologie nach einer differenzierten Betrachtung.

16. Kapitel: Modelle des Wissensfortschritts

Die Idee des Wissensfortschritts

Wissensfortschritt bedeutet im Folgenden: Steigerung der Wahrheitsähnlichkeit empirischer Theorien. Dieser Begriff impliziert (1) die Annahme der Möglichkeit, etwas über die objektive Wirklichkeit auszusagen und (2) eine komparative Vorstellung von Wahrheit. Wissensfortschritt ist ein empirisches Phänomen, auch wenn er sich oft erst einmal der direkten empirischen Beobachtung entzieht. In den Naturwissenschaften lässt sich ein behaupteter Wissensfortschritt oft durch gezielte, deduktiv auf Falsifikation zielende Forschung empirisch untersuchen. Ein wichtiges zusätzliches Indiz ist der praktische Erfolg bei technischen Anwendungen. Für beide Formen des Feedbacks sind die Möglichkeiten in den Kulturwissenschaften begrenzt. Dennoch ist Wissensfortschritt als Ziel auch aus den Kulturwissenschaften nicht wegzudenken.

Wie aber ist dieses Ziel am besten zu präzisieren? Etwa im Sinn einer Wanderung – als Annäherung an die Wahrheit bis zum Endstadium der Allwissenheit? Das würde voraussetzen, dass man schließlich alles Wissen ohne einen Rest von Zweifel begründen könnte. Diese Utopie der Ankunft im Reich endgültigen und sicheren Wissens taucht in der Ideengeschichte immer wieder auf und lebt – fast überraschend wegen des damit verbundenen erkenntnistheoretischen Optimismus – in der Moderne immer noch fort, wie ein zum Menschsein gehörender Traum. Helmut Spinner hat dafür den Begriff des Certismus eingeführt,[198] der ihm als Kontrastfolie für die skeptischen Gegenposition dient: den kritischen Rationalismus mit Karl Popper als Vordenker. Gemäß seiner Philosophie ist Wissensfortschritt eine Wanderung ohne Ende – es bleiben immer Zweifel und offene Fragen, nichtsdestoweniger kommt die Wissenschaft voran.

Immerhin – das ist besser als nichts, wie ein Blick auf das dem Certismus entgegengesetzte negative Extrem des radikalen Konstruktivismus zeigt. Dieser streitet jeden Zugang zur objektiven Wirklichkeit ab. Alles Wissen sei reine

Konstruktion ohne nachweisbare Wirklichkeitsverankerung. Dieses Denken manifestiert sich in verschiedenen Varianten: Es gebe keine objektive Wirklichkeit; lebende Systeme seien nicht in der Lage, über ihre Systemgrenze hinauszublicken und sich auf etwas anderes als auf sich selbst zu beziehen; die Transformation des Wissensbestandes beruhe lediglich auf Konventionen – verändern würden sich nur die Vereinbarungen darüber, was wahr oder falsch sei, nicht jedoch der Wahrheitsgehalt von Theorien.[199]

Weder das eine noch das andere Extrem – Certismus oder radikaler Konstruktivismus – verträgt sich mit dem Gedanken eines unabschließbaren Wissensfortschritts. Die Veränderung der Welt durch Wissenschaft im Lauf der Moderne widerspricht jedoch beiden erkenntnistheoretischen Standpunkten. In der neueren Wissenschaftsgeschichte hat sich die Überzeugung von der Möglichkeit eines zukunftsoffenen Wissensfortschritts wie eine selbsterfüllende Prophezeiung ausgewirkt. Dies zu bedenken ist für die Kulturwissenschaften besonders wichtig, denn Wissensfortschritte nehmen hier eigene Formen an. Die vergleichsweise einfachen, offensichtlich zutreffenden Fortschrittsmodelle der Naturwissenschaft lassen sich nicht eins zu eins auf die Kulturwissenschaften übertragen, so selbstverständlich dies auch vielen scheinen mag.

Kumulative Soziologie? Drei Einschränkungen

Damit knüpfe ich an meine Überlegungen zu den Unterschieden von Natur- und Kulturwissenschaften im 5. Kapitel an, die auch zwei Formen der Wissenschaftsgeschichte einschließen. Das wichtigste Argument für das Modell des kumulativen Fortschritts in den Naturwissenschaften ist der praktische Erfolg, der sich etwa in der Zunahme der Lebenserwartung manifestiert, in den aufeinander folgenden Revolutionen der Telekommunikation, in der Automatisierung der Produktion oder im Vordringen neuer Werkstoffe, um nur einige Beispiele zu nennen.

Karl Popper betrachtet korrespondierend dazu die Wissenschaftsgeschichte als kontinuierlichen Prozess der Annäherung an die Wahrheit, die er mit der bereits erwähnten Bergsteigermetapher beschreibt: Man bewegt sich im Nebel nach oben und sieht zwar nie den Gipfel, doch man spürt, dass es aufwärts geht. Allerdings verläuft die Entwicklung nicht kontinuierlich. Thomas Kuhn und Imre Lakatos modifizierten Poppers Modell dahingehend, dass die Wissenschaftsgeschichte ein diskontinuierlicher Prozess sei, bei dem ein etabliertes Modell lange Zeit vorherrsche und trotz Kritik beibehalten werde, bis es zusammenbreche und ein neues, besseres Modell die Oberhand gewinne (mehr dazu im 17. Kapitel). Sie alle beziehen sich jedoch auf die Geschichte der *Natur*wissenschaft.

Trotz der von Kuhn und anderen vorgetragenen Hinweise auf den Wechsel von Entwicklungsschüben und verlangsamten Phasen bietet die Geschichte der Naturwissenschaft ein lineares oder besser treppenförmiges Gesamtbild, das sich so in der Geschichte der Soziologie nicht nachzeichnen lässt. Warum ist dies so? Hier wirken drei verschiedene Ursachen zusammen:

(1) Eingeschränkte praktische Rückmeldung: Während die Ergebnisse der Naturwissenschaft durch technologische Umsetzung einem Praxistest unterworfen werden, der dem Evolutionsprozess ähnelt, gibt es diese Erfolgskontrolle in der Soziologie nur in eingeschränkten Wissensbereichen, wo klare Erfolgskriterien (etwa: Marktanteile und Absatzquoten, Wählerstimmen, Einschaltquoten) definiert sind. Typisch für soziologische Forschung ist jedoch sind jedoch folgende Eigenarten:

- Ergebnisse werden nicht unmittelbar technologisch implementiert, sondern gelangen, wenn überhaupt, nur auf Umwegen zur Verwendung, etwa durch die Veränderung alltäglicher Wahrnehmungsschemata und Wirklichkeitsmodelle.[200]
- Auch bei direkter Verwendung ist »Erfolg« eine Definitionsfrage. Beispiel: Was soll als gelungene Integration von Geflüchteten gelten, sofern sie gekommen sind, um zu bleiben? Der Gegensatz zur Eindeutigkeit des Erfolgs etwa bei einem funktionierenden Apparat, einer tragfähigen Konstruktion oder einer wirksamen Medizin könnte nicht größer sein.
- Jede Anwendung erfordert zusätzliche interpretative Schritte seitens der Anwender, etwa in Wahlkämpfen, bei der Produktentwicklung, im Rahmen der Stadtplanung oder in der Sozialarbeit. Misserfolge können unter diesen Umständen dem Wissenstransfer angelastet werden, ohne zu einer Kritik des Wissens selbst zu führen.

(2) Hohe Variabilität: Zwar unterliegt auch der Gegenstandsbereich der Naturwissenschaft einem historischen Wandel (selbst die Elemente der Chemie haben sich erst im Lauf der Zeit entwickelt), doch vollzieht sich dieser Wandel so langsam, dass man pragmatischerweise nahezu Konstanz unterstellen kann. Unter diesen Umständen lassen sich langfristige Wissenstraditionen begründen, bei denen spätere Fortschritte auf früheren aufbauen können. Beispielsweise hat es die Humanmedizin der Gegenwart mit den gleichen Organismen

zu tun wie vor fünftausend Jahren, weshalb damals entstandenes ärztliches Erfahrungswissen heute immer noch aktuell ist.[201] Sehr wohl aber hat es die Soziologie der Gegenwart mit völlig anderen Symbolwelten und Sinn-Kosmen zu tun als nur vor hundert Jahren. Es mag auch im Gegenstandsbereich der Soziologie langfristig stabile Invarianzen geben. Ein Beispiel ist etwa das *eherne Gesetz der Oligarchie* von Robert Michels: Selbst in maximal basisdemokratisch intendierten Organisationen gewinnt nach einiger Zeit unweigerlich eine Elite die Oberhand.[202] Doch die Beschreibung des Wandelbaren spielt in der Soziologie eine viel bedeutendere Rolle (Aufstieg und Untergang sozialer Großgruppen, Herrschaftsbeziehungen, Deutungsmuster u. a.). Innerhalb von zehn Jahren, ja innerhalb der Laufzeit eines Forschungsprojekts kann soziologisches Gegenwartswissen bereits veralten. In Bezug auf die veränderlichen Aspekte des Gegenstandsbereiches ist nur eine kurzfristige aktuelle Wissensverbesserung möglich; langfristigen Wissensfortschritt kann es bestenfalls im vergleichenden Rückblick auf aneinander anschließende diagnostische Theorien geben: Kommen sie der Wahrheit im Lauf der Zeit infolge methodischer Fortschritte immer näher?

(3) Einschränkungen der intersubjektiven Kontrolle: Während es in den Naturwissenschaften meist möglich ist, in der Fachliteratur dokumentierte Forschungsprozesse nachzuvollziehen, so dass man durch gegenseitige Kontrolle an der Wissensverbesserung arbeiten kann, unterliegt die Soziologie gegenstandsbedingten Objektivitätsproblemen, die mehrere Facetten aufweisen:

- Beschränkungen der Forschungsreplikation: Die meisten soziologischen Untersuchungen lassen sich nicht exakt wiederholen und beliebig streng überprüfen (schon deshalb, weil sich die Zeiten ändern).
- Unschärfeprobleme: Für die Beschreibung wesentlicher Aspekte des Forschungsgegenstands Gesellschaft ist die Form von Idealtypen erforderlich. Diese beruhen teilweise auf Ermessensentscheidungen und können so oder so ausfallen.
- Schließlich muss die Soziologie eine Vielzahl spezieller methodischer und kommunikativer Schwierigkeiten bewältigen, die in anderen Wissenschaften gar nicht oder nur abgemildert auftreten. Die damit verbundenen Objektivitätsprobleme thematisiert jedes Kapitel dieses Buchs auf seine Weise.

Es wäre trotzdem falsch, der Soziologie Erkenntnisfortschritte abzusprechen. Allerdings ergibt sich kein so geschlossener Gesamteindruck wie in den Naturwissenschaften, sondern ein Bild mit mehreren Facetten, das ich in den folgenden drei Abschnitten über die Pfade fundamentaler Theorien, diagnostischer Theorien und methodischer Innovationen herausarbeiten will.

Der Pfad fundamentaler Theorien

Betrachten wir zunächst *fundamentale Theorien.* Seit den Anfängen ist verschiedener theoretischer Ballast abgeworfen worden: organizistische Paradigmen, teleologische Modelle sozialen Wandels, mechanistisches Kausaldenken ohne Berücksichtigung von Reflexivität und anderes. Auch das Beiseite-Räumen von Blockaden ist ein Fortschritt. Andererseits haben viele fundamentale Theorien Bestand, weil man sie immer wieder brauchen kann. Im Lauf der Zeit hat sich das Arsenal an fundamentalen Paradigmen immer mehr angereichert.

Die Frage, welches Paradigma denn nun das richtige sei, entspricht naturwissenschaftlichem Denken, ist jedoch im Zusammenhang der Soziologie falsch gestellt. Der Gegenstandsbereich verlangt paradigmatische Multiperspektivität. Was auf den ersten Blick wie zunehmendes Durcheinander wirkt, ist eher als Bereicherung der gedanklichen Möglichkeiten zu sehen. Warum nicht gleichzeitig auf Sichtweisen von Marx und Weber, Parsons und Habermas, Olson und Luhmann, Bourdieu und Durkheim zurückgreifen? In der Soziologie verspricht dies mehr Erfolg als Paradigmen-Monismus. Worauf es dabei ankommt, ist die Anpassung klassischer Perspektiven an den jeweiligen Projektrahmen, ohne sich in der Kultivierung exegetischer Zunftrituale zu verzetteln, die im akademischen Milieu der Soziologie immer noch eine große Rolle spielen.

In der Theoriegeschichte der Soziologie folgen im Großen und Ganzen nicht etwa neue fundamentale Paradigmen auf obsolet gewordene, vielmehr stehen wir einer Pluralisierung von Paradigmen gegenüber. Viele soziologische Deutungsschemata etablierten sich langfristig und bewährten sich in immer wieder neuen Kontexten. An dieser Stelle lässt sich weiter spekulieren: Könnte es sein, dass der Grenznutzen theoretischer Innovationen nach etwa 200 Jahren Soziologiegeschichte allmählich abnimmt und die Anwendung bewährter fundamentaler Sichtweisen in wechselnden Mischungsverhältnissen je nach Thema zunimmt? Als soziologischer Normalfall beginnt sich die Koexistenz einer begrenzten Anzahl fundamentaler Modelle abzuzeichnen, über deren Anwendung von Projekt zu Projekt zu entscheiden ist.

Der Pfad diagnostischer Theorien

Ganz anders verhält es sich mit den *diagnostischen Theorien* der Soziologie, also mit Beschreibungen von Invarianzen und Merkmalsverteilungen in sozialen Kollektiven mit raum-zeitlich begrenztem Geltungsanspruch. Solche Diagnosen lassen sich in ihrer Gesamtheit nicht zu einer kumulativen Fortschrittsgeschichte zusammenfügen, wie wir sie aus der Naturwissenschaft kennen, weil sie gewissermaßen ein Verfallsdatum haben. In der zeitlichen und räumlichen Beschränkung ihrer Reichweite spiegelt sich die Veränderlichkeit der sozialen Wirklichkeit wieder, auf die sie sich beziehen.

Die Dynamik soziologischen Wissens geht demzufolge nicht allein auf die Wissenschaft selbst zurück (theoretische Innovationen, neue Methoden, Fortschritte der Fachdiskussion), vielmehr unterliegt die soziale Wirklichkeit selbst einem Wandel, der die Soziologie zu ständigen Veränderungen zwingt. Diese Veränderungen können durchaus auch den Charakter eines Paradigmenwechsels haben, der sich allerdings zuerst in der sozialen Wirklichkeit selbst vollziehen muss, bevor ihn die Wissenschaft reflektieren kann.

Der wesentliche Beitrag, den die Soziologie für die gesellschaftliche Praxis leisten kann, besteht in einer möglichst dichten und vielschichtigen Serie punktueller Erkenntnisfortschritte von begrenzter Haltbarkeit bis zum Verblassen des Phänomens (beispielsweise einer sozialen Bewegung, einer Institution, einer sozialen Gruppe, einer Stilepoche). Um wenigstens die kurzfristigen Möglichkeiten des Wissensfortschritts zu nutzen, muss die Forschung schnell sein; wenn die Projekte länger dauern, als die Phänomene überhaupt existieren, kann es keine Kumulation von Erkenntnissen geben.

Auf lange Sicht hat der diagnostische Wissensfortschritt in der Soziologie keinen linear ansteigenden Charakter, sondern den horizontalen Charakter einer nicht abschließbaren Serie von Aktualisierungen. Wegen des Fortschritts der Methoden (siehe hierzu den nächsten Abschnitt) ist jedoch anzunehmen, dass die Soziologie ihren Gegenstand von Aktualisierung zu Aktualisierung immer besser modelliert. Im Lauf der Zeit kommt sie der jeweiligen Wahrheit immer näher – aber es wird sich immer um eine zeitgebundene und vergängliche Wahrheit handeln.

Was Max Weber dazu vor mehr als hundert Jahren gesagt hat, behält seine Gültigkeit: »Immer neu und anders gefärbt bilden sich die Kulturprobleme, welche die Menschen bewegen, flüssig bleibt damit der Umkreis dessen, was aus jenem … Strome des Individuellen Sinn und Bedeutung für uns erhält … Ein System der Kulturwissenschaften auch nur in dem Sinne einer definitiven, objektiv gültigen, systematisierenden Fixierung der Fragen und Gebiete, von den zu handeln sie berufen sein sollen, wäre ein Unsinn in sich... Es gibt Wissenschaften, denen ewige Jugendlichkeit beschieden ist, und das sind alle historischen Disziplinen, alle die, denen der ewig fortschreitende Fluss der Kultur stets neue Problemstellungen zuführt ... Das Licht der großen Kulturprobleme ist weiter gezogen. Dann rüstet sich auch die Wissenschaft, ihren Standort und ihren Begriffsapparat zu wechseln und aus der Höhe des Gedankens auf den Strom des Geschehens zu blicken.«[203]

Webers Aufforderung, den »Begriffsapparat zu wechseln«, wenn »das Licht der großen Kulturprobleme weiter gezogen« ist, gilt auch für die beiden anderen Polaritäten im dreidimensionalen Raum soziologischer Interpretation: für erklärende versus verstehende Theorien und für statische versus dynamische Theorien, sofern sich diese auf die Gegenwart beziehen und damit gleichzeitig diagnostischen Charakter haben (der dimensionale Raum erlaubt beliebige Mischtypen). Auch in diesen Dimensionen verläuft soziologische Wissensdynamik nicht linear und kumulativ, sondern horizontal und mit vielen gesellschaftlich verursachten Paradigmenwechseln.

Der Pfad der Methoden

Eindeutig gibt es jedoch eine Fortschrittsgeschichte der Methoden, deren Hauptschub im 20. Jahrhundert liegt. Beispiele für methodische Innovationen sind unter anderen die Entwicklung der standardisierten Befragung einschließlich einer darauf bezogenen Fehlertheorie, Skalierungstechniken (Thurstone, Likert, Gutman, Faktorenanalyse, Mokken), die Technik der Zufallsstichprobe, die Übernahme kausalanalytischer Interpretationsmuster aus der Naturwissenschaft, die Entwicklung statistischer und interpretativer Auswertungsverfahren und damit operierender Programmpakete.

Onlinebefragungen, Methoden der Netzwerkanalyse[204] und Ereignisanalyse[205] zählen zu den Fortschritten der letzten Zeit; die soziologische Aneignung von Big Data steht vor der Tür;[206] die Bayes-Statistik verspricht eine Annäherung quantitativer Analyse an die Besonderheiten verstehender und historisch variabler Theoriebildung.[207] Neue Methoden verbinden sich mit bereits vorhandenen Praktiken (standardisierte und offene Befragung, teilnehmende Beobachtung, Textinterpretation, biographische Verfahren) und erweitern die Methodenlehre der empirischen Sozialforschung.

Aus all dem geht hervor, dass es unsinnig wäre, die Soziologie dafür zu tadeln, dass sie keine lineare Fortschrittsgeschichte aufweist wie die Naturwissenschaften. Der Weg der Soziologie ist differenzierter zu sehen. Nichtsdestoweniger gelten auch für die Soziologie selbstverständlich die Postulate der Wissenschaftlichkeit. Weil es die Soziologie gegenstandsbedingt mit Unschärfe zu tun hat, multiperspektivisch arbeiten muss, mit besonderen Fehlerrisiken belastet ist und permanenter Aktualisierung bedarf, muss sie umso energischer danach streben, den Hauptkriterien der Wissenschaftlichkeit, nämlich Reflexivität und Intersubjektivität, soweit wie möglich zu genügen.

17. Kapitel: Paradigmen – Zwischen Stabilisierung und Blockade

Die Ambivalenz von Paradigmen

Das folgende Kapitel beschäftigt sich mit einer bestimmten Form der Pfadabhängigkeit von Wissenschaft. Das von ihr produzierte Wissen organisiert sich in Form kohärenter Komplexe von Theorien, Begriffsnetzen, Beobachtungsverfahren, Voreinstellungen und Forschungsroutinen, die *Paradigmen* genannt werden. Sie gehen aus der Wissenschaft hervor und steuern ihren weiteren Weg. In der Wissenschaftsgeschichte der Naturwissenschaften ist es normal, dass Paradigmen der schöpferischen Zerstörung anheimfallen und durch nachfolgende Paradigmen ersetzt werden. Es kann jedoch auch sein, dass eine Wissenschaft einen langfristig stabilen Bestand von Paradigmen herausbildet, ein Archiv von fundamentalen und diagnostischen Schemata, auf das sie immer wieder zugreift. Dies ist kennzeichnend für die Geschichte der Soziologie.

Paradigmen erleichtern die soziale Organisation der Wissenschaft enorm, weil sie einen Grundkonsens explizit machen, auf den man im Vertrauen auf die allgemeine Übereinstimmung zurückgreifen kann, ohne jeweils das Rad neu erfinden zu müssen. Forschungsprojekte, Gutachten, Prüfungen und Auswahlentscheidungen für den Zugang zu wichtigen Positionen werden durch Paradigmen berechenbar und vergleichbar gemacht.

Paradigmen sind praktisch. Andererseits: Wenn Paradigmen einmal etabliert sind, führt ihre ständige Verwendung und die damit einhergehende Verankerung in Köpfen und Institutionen zu einem oft energisch verteidigten Paradigmen-Konservativismus, der wissenschaftlichen Fortschritt blockieren kann. Für die soziale Organisierbarkeit von Wissenschaft ist die Stabilität von Paradigmen zwar durchaus erwünscht, doch kann dies dem Anliegen der Wahrheitsannäherung widersprechen. In diesem Dilemma setzen sich alte Paradigmen oft noch lange durch, auch wenn sie längst überholt sind: Interessenbestimmte Rationalität blockiert erkenntnisorientierte Rationalität (mehr dazu im 18. Kapitel).

Dennoch ist die Wissenschaftsgeschichte reich an Paradigmenwechseln. Die – durchaus begrenzt sinnvolle – Verlangsamungswirkung von Paradigmen kann im Lauf der Zeit zu einem kognitiven Innovationsstau führen. Wenn dieser sich nach einem Paradigmenwechsel auflöst, kommt es typischerweise zu einem beschleunigten Entwicklungstempo in der ersten Zeit danach. Deshalb gleicht der langfristige Verlauf des Wissensfortschritts eher einer Treppe als einer kontinuierlich aufsteigenden Linie.

Anmerkungen zur Begriffsgeschichte

Seit den neunziger Jahren ist eine Popularisierung des Begriffs »Paradigma« zu beobachten, und zwar in der Bedeutungsvariante des Paradigmen*wechsels.* Es ist nicht das erste Mal, dass damit ein kulturwissenschaftlicher Begriff in der Alltagskommunikation ankommt und dort, in welcher Abschwächung und Unschärfe auch immer, Möglichkeiten besserer Selbstwahrnehmung eröffnet. Aus der Wissenschaftstheorie ist der Begriff des Paradigmas genau wegen dieser Funktion nicht mehr wegzudenken. Er dient als eine metawissenschaftliche Kategorie, welche die gemeinsame Reflexion über das eigene Forschungshandeln auf etwas Wesentliches fokussiert.

Im Griechischen hatte das Wort »Paradigma« ursprünglich die Bedeutung von »Muster« oder »beispielhafte Geschichte«. Diese Grundbedeutung schwingt auch in der speziellen Bedeutung mit, die Thomas S. Kuhn dem Begriff in seiner Aufsehen erregenden Arbeit *The Structure of Scientific Revolutions* 1962 gegeben hat und die bis heute die Verwendung des Wortes prägt.[208] In einer späteren Arbeit hat Kuhn den Paradigmenbegriff durch den Begriff der *disziplinären Matrix* zu präzisieren versucht.[209] Eine disziplinäre Matrix enthält die folgenden vier Elemente:

- Symbolische Verallgemeinerungen: Theorien und Begriffsnetze.
- Metaphern und Analogien, etwa »Wellen« und »Korpuskeln« in der Physik. »Treibhauseffekt« in der Klimaforschung; »Unterbewusstsein« in der Psychoanalyse; »Organismen« oder »Maschinen« als Metaphern für Systeme in der Geschichte der Kulturwissenschaften.
- Gemeinsame Qualitätskriterien für die Güte von Voraussagen und Theorien.
- Musterbeispiele für konkrete Problemlösungen.

Die Beziehung, die Kuhn zwischen den beiden Begriffen »Paradigma« und »disziplinäre Matrix« herstellt, ist ein wenig inkonsistent: Einerseits bezeichnet er die beiden Begriffe als Synonyme, andererseits identifiziert er den Paradigmenbegriff lediglich mit einzelnen Komponenten des Begriffs der disziplinären Matrix. Den folgenden Überlegungen liegt der weiter gefasste Begriff zugrunde.

Es ist bezeichnend, dass Präzisierungsversuche hier eher in die Irre führen. Dies gilt auch für Stegmüllers Begriff der *Theoriendynamik*, der an Kuhn anzuschließen versucht und das Projekt einer Mathematisierung verfolgt,[210] woraus bisher allerdings nichts wurde. Man kann diesen Umstand einerseits und die mühelose Popularisierung des Paradigma-Begriffs andererseits als Hinweise darauf interpretieren, dass dieser auf ein unscharfes soziales Phänomen hinweist. Es handelt sich um einen Idealtypus, dessen Funktion, etwas sichtbar zu machen, durch Versuche einer immer weiter gehenden Präzisierung gestört und schließlich zerstört würde. Angemessen ist stattdessen eine Präzisierung, die auf das soziologisch Wesentliche und Typische abzielt: auf ein von sozial handelnden Menschen nur ungefähr und unbewusst erfasstes Phänomen. Auch der von Imre Lakatos geprägte, verwandte Begriff der *Forschungsprogramme* ist so zu interpretieren.[211]

In diesem Sinn lässt sich sagen: Ein Paradigma (eine disziplinäre Matrix, eine die Theoriendynamik steuernde Sichtweise, ein Forschungsprogramm) ist ein *längere Zeit dominierendes Weltbild aus der Fachperspektive einer wissenschaftlichen Disziplin.* Der Ausdruck »Weltbild« meint in diesem Zusammenhang ein kohärentes kognitives Netzwerk von Begriffen, Annahmen, wirklichkeitsbeschreibenden Metaphern, empirischen Beobachtungen, apriorischen Axiomen, Beobachtungsverfahren und intersubjektiven Bewertungsmaßstäben. Ein Beispiel ist das Weltbild der Psychoanalyse, das seit seiner Entstehung zu Beginn des 20. Jahrhunderts weitgehend stabil geblieben ist.

Das Wesentliche der dargestellten Begriffsfamilie liegt im Hinweis auf den komplexen, systemischen Charakter des Wissens. Bei der Verwendung des Paradigmabegriffs in der Alltagskommunikation deutet sich an, dass die Botschaft Kuhns angekommen ist – etwa wenn ein Fußballtrainer im Interview von einem »Paradigmenwechsel« spricht. Auch der von Lakatos geprägte Anschlussbegriff der Forschungsprogramme akzentuiert vor allem die Ganzheitlichkeit von etablierten Wissensbeständen – ihre Elemente bilden keine zusammengewürfelten »Haufen« (um auf das von Kuhn kritisierte Modell des »kumulativen« Erkenntnisfortschritts anzuspielen), sondern Verweisungszusammenhänge. Die unterschiedliche Wortwahl ist lediglich ein Hinweis darauf, dass Lakatos einen bestimmten wichtigen Aspekt von Paradigmen, den der *Heuristik,* in den Vordergrund stellt.

Man sollte sich durch all die unterschiedlichen Ausdrücke jedoch nicht täuschen lassen: Im Wesentlichen ist das Gleiche gemeint. Wissenschaftstheoretisch hat der Begriff des Paradigmas einen dreifachen Nutzen:

- *Methodologisch* gesehen strukturiert er die wissenschaftliche Selbstreflexion.
- *Wissenschaftssoziologisch* braucht man ihn, um den laufenden Forschungsbetrieb zu beschreiben und zu verstehen.
- *Wissenschaftsgeschichtlich* eignet sich er sich für die Charakterisierung aufeinanderfolgender Phasen: Lässt die Sequenz der Paradigmenwechsel einen Pfad der Wahrheitsannäherung erkennen?

Die folgenden Abschnitte greifen diese drei Aspekte auf.

Paradigma und Methodologie: Zur Logik der Überprüfung

Die Arbeit von Kuhn ist ein Angriff auf Übertreibungen des Falsifikationismus. Wenn man sich vor Augen hält, dass sich Wissensgebiete in komplexen Paradigmen organisieren, so wird man skeptisch hinsichtlich der Forderung, aufgrund falsifizierender Beobachtungen gleich das ganze Paradigma über Bord zu werfen. Immerhin handelt es sich dabei doch um ein Weltbild, das sich auch schon vielfach bewährt hat. In einem existierenden Paradigma steckt viel intellektuelle Energie; es handelt sich um eine langfristig erarbeitete gemeinsame Konstruktion.

Zwar ist es das Schicksal vieler Konstruktionen, irgendwann obsolet zu werden, doch sollte man dabei eine gewisse Ökonomie walten lassen, sonst hat man angesichts paradigmen-widersprechender Beobachtungen schnell nichts mehr in den Händen. Zu fragen ist deshalb immer: Welches neue Paradigma soll an die Stelle des alten treten? Ist ein solches überhaupt in Ansätzen zu erkennen? Falls ja: Wo liegen seine Schwachstellen? Ist es dem alten Paradigma wirklich überlegen? Oder sollte das neue neben dem alte gelten, um im Rahmen eines systematisch gepflegten Paradigmenpluralismus weiter zu existieren? Hilfreich sind bei einem solchen Paradigmenvergleich die Kriterien von Wahrheitsgehalt und Falschheitsgehalt (siehe hierzu das 9. Kapitel) und die von Chalmers vorgeschlagene Optik des »nichtrepräsentativen Realismus« – die Überlegenheit eines Paradigmas zeigt sich in seiner Fähigkeit, Beobachtungen zu subsumieren.[212]

Die Bewertungslage ist also ambivalent. Es kann sehr wohl sein, dass widersprechende Beobachtungen ein Paradigma grundlegend erschüttern und es nahelegen, ein neues zu erarbeiten. Andererseits enthalten so gut wie alle Paradigmen auch probabilistische Komponenten und nicht falsifizierbare Voreinstellungen. Es ist deshalb immer auch eine Ermessensfrage, ob man ein Paradigma durch ein anderes ersetzen soll. Aufgrund der im folgenden Abschnitt dargestellten sozialen Beharrungskräfte ist die Wissenschaftsgeschichte durch Paradigmen-Konservativismus bestimmt – Revolutionen sind seltene Ereignisse, auch in der Forschung.

In der Soziologie sind Paradigmen allerdings noch unter zwei zusätzlichen Aspekten zu beurteilen, die im 14. und im 16. Kapitel behandelt wurden. Erstens kann es sein, dass soziologische Paradigmen in den Bestand der fundamentalen Theorien aufgenommen werden, weil man sie immer wieder brauchen kann – an die Stelle des revolutionären Paradigmenwechsels im Sinne Kuhns tritt in diesem Fall die evolutionäre Anreicherung des Bestands an Paradigmen. Eine zweite Ergänzung von Kuhns Überlegungen betrifft diagnostische Paradigmen. Deren Sequenz ergibt keinen Pfad langfristiger Wahrheitsannäherung, sondern aufeinanderfolgender Gesellschaftsdeutungen. Als Motiv für einen Paradigmenwechsel kommt hier nicht, wie in den Naturwissenschaften, die größere Reichweite bei der Subsumption von Daten in Betracht (entsprechend dem oben angeführten »nichtrepräsentativen Realismus« von Chalmers), sondern der durch gesellschaftlichen Wandel bedingte Aktualisierungsbedarf. In den Arbeiten von Kuhn, Stegmüller und Lakatos spielen diese beiden Aspekte keine Rolle, weil dort nur von den Naturwissenschaften die Rede ist.

Paradigmen aus wissenschaftssoziologischer Sicht: Zweierlei Rationalitäten

Paradigmen haben eine kognitive und eine soziale Funktion. Ihr kognitiver Zweck besteht in der Organisation des Wissens zu einer halbwegs widerspruchsfreien und integrierten *Gestalt* im Sinn der Gestaltpsychologie: Teile fügen sich in der Wahrnehmung zu einem Ganzen. Verfügt man über ein Paradigma, so kann man komplexes Material ordnen; man kann es aus dem Überblick heraus kommentieren; man kann neue Fragen entwickeln, die nicht einfach im Raum stehen, sondern an das vorhandene Wissen anschlussfähig sind; und es ist möglich, Methoden, Theorie und Forschung aufeinander abzustimmen.

Diese kognitive Funktion kommt dem sozialen Anliegen der Wissenschaft entgegen, die Produktion von Erkenntnis intersubjektiv zu organisieren. Allerdings steht diesem positiven Aspekt ein problematischer gegenüber: die institutionelle Eigenrationalität der Wissenschaft. Dabei geht es zum einen um Bestandserhaltung von Organisationen, um Ressourcenvermehrung und Reibungslosigkeit der Abläufe; zum anderen geht es um die persönlichen Interessen der Menschen in den Institutionen – um Geld, Macht, Karriere, Prestige. Zu diesen persönlichen Interessen gehört nicht zuletzt auch das oft übermächtige, alle Skepsis in den Wind schlagende Bedürfnis nach Gewissheit (siehe hierzu den ersten Abschnitt des 4. Kapitels), dem es entgegenkommt, wenn man sich als Angehöriger einer Wissensgemeinschaft fühlen kann, in welcher der prinzipielle Vermutungscharakter des Wissens durch die Suggestion einer Glaubensgemeinschaft aufgehoben wird. Die Beschwörung von Objektivität, kritischer Grundhaltung und angeblich revolutionärer Überschreitungsbereitschaft dient nicht selten nur der Bemäntelung einer rigiden Paradigmenfixiertheit.

Wir haben es also in allen Wissenschaften mit zweierlei Rationalität zu tun: einerseits mit der wissenschaftlichen Rationalität der Wahrheitsannäherung, deren Prinzipien auf der Metaebene angesiedelt sind; andererseits mit interessenbestimmter Rationalität aus der Sicht von Personen und Organisationen. Beide Rationalitätsformen können leicht in Widerspruch geraten, sie können einander aber auch ergänzen. Mit dem treffenden Ausdruck »Normalwissenschaft« kennzeichnet Kuhn den laufenden Betrieb unter der Regie eines wohletablierten Paradigmas.[213] Das Paradigma regelt, was ohne allzu ausführliche Prüfung als wahr gilt; es regelt ebenso, welche Annahmen sich im Diskurs unbesehen als »Unsinn« abqualifizieren lassen; es liefert Kriterien für die Unterscheidung zwischen »vielversprechendem« Nachwuchs und »hoffnungslosen Außenseitern«; es reguliert seine eigene Stabilisierung durch die paradigmengesteuerten Aktionen von Berufungsausschüssen, Lehrenden, Prüfenden, Begutachtenden, forschungsfinanzierenden Institutionen und Studierenden, die in den paradigmengesteuerten Wissenschaftsbetrieb hineinkommen wollen.

All dies ist wünschenswert, wenn das Paradigma brauchbar ist, um Daten, Informationen, Beobachtungen zu ordnen, zu verstehen und theoretisch auf Kurzformeln zu bringen. Doch bleibt meist ein nicht paradigmenkonformer Rest übrig. Paradigmen haben ihre große Zeit, was Lakatos mit dem Begriff der progressiven Heuristik ausdrückt: eine Phase des paradigmengesteuerten Erkenntniszuwachses. Aber ihre Konjunktur dauert nicht unbegrenzt an. Auch hier gilt das Gesetz des abnehmenden Grenznutzens. Die Heuristik wird »degressiv«, das Paradigma befestigt sich jedoch durch einen »Schutzgürtel« von schwer oder gar nicht widerlegbaren defensiven Hypothesen. Inzwischen haben allerdings diejenigen, die der »Normalwissenschaft« folgen, Karriere gemacht und sich existenziell mit dem Paradigma verbunden, fast wie mit einer Konfession. Oft nutzen sie dann ihre Machtmittel, um das Paradigma auch in seiner unproduktiven Spätphase zu verteidigen.

Paradoxerweise machen sich der Mangel an Produktivität und die Rückschrittlichkeit des Paradigmas gerade dort bemerkbar, wo ständig von Fortschritt die Rede ist, in der Forschung. Das Paradigma ist ein Generator für Forschungsfragen; nichts anderes meint der Begriff der Heuristik von Lakatos. Im Lauf der Zeit werden die Fragen immer rückbezüglicher und die mit ihnen erzielten Erkenntnisgewinne nebensächlicher. Forschung, die eigentlich »produktive Zerstörungen« anrichten sollte (analog zu Innovationen in der Wirtschaft bei Schumpeter)[214] gerät zum Ritual der Bestätigung des Paradigmas schon durch die Art der Fragestellung, durch die Auswertungsmethoden und durch fixe Interpretationsmuster.

Unter solchen Umständen wird die soziale Rationalität des Paradigmas übermächtig; sie erzeugt ein Beharrungsvermögen, das den Erkenntnisfortschritt blockiert. Dies ist der Moment, in dem die Zeit für eine wissenschaftliche Revolution gekommen ist. Es bedarf eines spektakulären Zeichens, etwa eines verblüffenden Experiments oder einer alles auf den Kopf stellenden, gleichzeitig aber plausiblen Kulturdeutung, um den vielzitierten *Paradigmenwechsel* einzuleiten. Damit beginnt das Spiel freilich von vorne.

Es ist wohl illusorisch, die Konkurrenz von wissenschaftlicher und interessenbestimmter Rationalität für alle Zeiten beenden zu wollen. Viel ist schon gewonnen, wenn sich nicht ausschließlich die interessenbestimmte Rationalität durchsetzt, sondern es immer wieder auch umgekehrt ist. Um diesen Wechsel zu ermöglichen, ist wissenschaftssoziologische und wissenschaftsgeschichtliche Selbstreflexion hilfreich. Hier liegt das wesentliche Verdienst von Kuhn und Lakatos.

Bisher hatte die erkenntnistheoretische Fachdiskussion über Paradigmen überwiegend naturwissenschaftlichen Bezug. Doch in der Soziologie ist es wegen der Eigenarten ihres Gegenstands sogar noch wichtiger, über Paradigmen nachzudenken. Unschärfe, Variabilität, spezielle Interpretationsprobleme und die Besonderheiten soziologischer Praxisbeziehungen machen es einerseits leichter als in den Naturwissenschaften, Paradigmen gegen Kritik zu immunisieren, andererseits begünstigen diese spezifischen Erkenntnisprobleme einen ständigen Ansturm diagnostischer Paradigmen, die neue Antworten auf die alte und soziologisch zentrale Frage versuchen: In welcher Gesellschaft leben wir eigentlich?

Die fundamentalen Paradigmen der Soziologie sind anders zu betrachten. Bei der Systemtheorie oder der Rational-Choice-Theorie etwa handelt es sich um hochabstrakte, universell gedachte Deutungsschemata, die sich immer wieder bewährt haben. Im Gegensatz zu den fundamentalen Paradigmen der Naturwissenschaften stehen diejenigen der Soziologie jedoch in einem Ergänzungsverhältnis und nicht in echter Konkurrenz. Unter diesen Umständen ist es unproduktiv, sie gegeneinander in Stellung zu bringen, wie dies oft genug geschieht.

Paradigmen in der Wissenschaftsgeschichte

Die Frage, was wann von wem formuliert, erforscht oder konstruiert wurde, steht für eine häufige, wenn auch unzureichende Konzeption von Wissenschaftsgeschichte. Schließlich geht es nicht darum, in einem Quiz zu punkten, sondern über sich selbst Bescheid zu wissen. Dafür kann man aus der Geschichte durchaus etwas lernen, aber nur, wenn man einen analytischen, auf Verlaufsmuster fokussierten Blickwinkel wählt.

Von zentralem Interesse ist dabei die Frage des Erkenntnisfortschritts. Weit verbreitet ist die hier schon mehrfach kommentierte Auffassung, dass die Wissenschaftsgeschichte einen kumulativen Verlauf nehme: Nachfolgende Generationen würden auf den Leistungen der vorhergehenden aufbauen, so dass im Lauf der Zeit der Berg des Wissens immer weiter wachse. Für die Zukunft einer beliebigen wissenschaftlichen Disziplin ist es von entscheidender Bedeutung, welches Bild man sich aktuell vom Verlaufsmuster ihrer Wissenschaftsgeschichte macht. Wenn man diese beispielsweise für abgeschlossen hält, wird man anders agieren, als wenn man annimmt, der Prozess der Wissenskonstruktion sei prinzipiell nicht abschließbar.

In diesem Zusammenhang ist der Begriff des Paradigmas in zweierlei Hinsicht von Bedeutung: Erstens erlaubt er eine zusammenfassende Sicht, die vieles bündelt und ordnet. Man kann versuchen, die Wissenschaftsgeschichte eines Fachs als Paradigmengeschichte zu schreiben, und man wird sich, wenn dies gelingt, wesentlich leichter damit tun, die langfristigen Verlaufsmuster zu identifizieren, in die man selbst eingebunden ist.

Zweitens sensibilisiert der Begriff des Paradigmas dafür, dass Wissenschaftsgeschichte oft nicht kontinuierlich voranschreitet (wie es das kumulative Modell suggeriert), sondern mit Schüben, Brüchen, Zyklen, wobei sich eher eine Stufenfolge als eine aufsteigende Linie ergibt. Eine solche Betrachtungsweise kann auch persönlich wichtig werden: Wie verhalte ich mich selbst zum herrschenden Paradigma? Ist es produktiv oder hat es vielleicht schon abgewirtschaftet, ohne dass dies bereits von der Mehrheit so gesehen würde? Entsteht vielleicht irgendwo schon ein neues Paradigma?

Kuhn und Lakatos haben den Aspekt der Diskontinuität richtungsweisend herausgearbeitet; hinsichtlich der Frage des Erkenntnisfortschritts sind ihre Aussagen teilweise zurückhaltend, teilweise verwirrend. Daran, dass sich die empirischen Wissenschaften langfristig gesehen auf Fortschrittspfaden vorwärtsbewegen, gibt es jedoch keinen vernünftigen Zweifel.

Das Paradigma des Paradigmas: Ein erkenntnistheoretischer Kommentar

Die Theorie der Paradigmen ist selbst ein Paradigma: ein Netz von Begriffen, Theorien, Beobachtungen, Heuristiken. Diese Theorie hilft, die Wirklichkeit besser zu verstehen, aber sie vermag bei weitem nicht alles zu subsumieren und wird vielleicht einmal durch ein besseres Konzept abgelöst. Angesichts der Naivität, mit der Wissenschaftsgeschichte oft betrachtet wird, war das »Paradigma des Paradigmas« jedoch ein großer Fortschritt, dessen Produktivität noch lange nicht erschöpft ist.

Weil es sich beim Begriff des Paradigmas um einen (die Wissensdynamik beschreibenden) soziologischen Begriff handelt, ist es nicht überraschend, dass Unschärfe auftritt. Einzelne Konkretisierungen von Wissen sind oft nur ungefähr bestimmten Paradigmen zuzuordnen, und was »Paradigmenwechsel« genannt wird, ist oft eher ein Wandel von Mischungsverhältnissen. Wer den Begriff als Null-Eins-Kategorie anzuwenden versucht, um ihn dann angesichts von Unschärfephänomenen zu kritisieren, legt ein unzureichendes Verständnis sozialwissenschaftlicher Kategorien an den Tag. Der Begriff des Paradigmas ist ein Idealtypus.

Was man als Paradigma bezeichnet, ist nicht nur abhängig von der Struktur der jeweiligen Wissenslandschaft, sondern auch von der Sichtweise. Auch dies ist nichts Ungewohntes, gerät jedoch leicht in Vergessenheit: Begriffe sind interessengesteuerte Wahrnehmungsprogramme (siehe das 9. Kapitel). Je nach Bedarf kann man den Begriff des Paradigmas großflächig oder mit feinem Auflösungsvermögen einstellen. Er verweist auf eine Segmentierungshierarchie: Innerhalb umfassender Paradigmen gibt es Unterklassen, die in immer feinere Unterteilungen zerfallen, bis man bei einzelnen komplexen Arbeiten (etwa Büchern oder Zeitschriftenartikeln) angelangt ist.

Für die Kulturwissenschaften ist der Begriff des Paradigmenwechsels insofern etwas irreführend, als er die Existenz *eines* Paradigmas suggeriert, das irgendwann von *einem* anderen Paradigma verdrängt werde. Kulturwissenschaften wie Soziologie, Politikwissenschaft und historische Ökonomie verlangen nach einer differenzierteren Sicht, orientiert an der Unterscheidung zwischen fundamentalen und diagnostischen Theorien (siehe das 14. Kapitel).

Fundamentale Theorien sind kultur- und zeitübergreifende Deutungsschemata (Beispiele sind die Systemtheorie, die Rational-Choice-Theorie, die Feldtheorie von Bourdieu, die Figurationstheorie von Norbert Elias); diagnostische Theorien sind Beschreibungen konkreter Kulturen mit dem Instrumentarium fundamentaler Theorien. Bei den fundamentalen Paradigmen zeigt sich eine zunehmende Paradigmenvielfalt; in Teilbereichen kommt es immer wieder auch zu Innovationen, ohne dass dies jedoch eine Neuorientierung der gesamten Soziologie bedeuten würde. Dagegen legen diagnostische Paradigmen eine Tendenz zu häufigen Paradigmenwechseln an den Tag, mit denen die Soziologie auf ständigen kulturellen Wandel reagiert.

Teil VIII
Subversion

Leitfrage: Welchen unterschwelligen Gefährdungen ist die Soziologie ausgesetzt?

Immer wieder standen die Wissenschaften unter dem Druck, ihre Theorien so zu frisieren, dass sie den Instanzen in den Kram passten, die Macht über sie hatten, ob es sich nun um religiöse, politische oder wirtschaftliche Autoritäten handeln mochte. Zur Symbolfigur wurde Galileo Galilei, einer der Gründerväter der modernen Wissenschaft. Unter dem Zwang der Inquisition widerrief er im Jahr 1633 seine von Kopernikus übernommene Behauptung, die Erde bewege sich um die Sonne und nicht umgekehrt. Oder: Darwins Evolutionstheorie darf noch heute an vielen Schulen in den USA nicht gelehrt werden. Oder: Der Weg der pharmazeutischen und medizinischen Forschung ist gesäumt von Beispielen manipulierter Studien im Dienst der Interessen von Geldgebern.

Wenn selbst die Naturwissenschaften der Zumutung ausgesetzt sind, »dass nicht sein kann, was nicht sein darf«, wie es in einem Gedicht von Christian Morgenstern heißt, dann wundert man sich nicht, dass dies erst recht für die Kulturwissenschaften gilt. Heute wie früher ist die Welt voll von Geschichtsfälschungen; Massenmorde werden geleugnet; Kulturelles wird unter politischem Patronat neu erfunden und den Machtinteressen angepasst. Soziologie ist politisch brisant; nur in freiheitlichen Gesellschaften hat sie überhaupt die Chance, sich zu entfalten.

Dafür, dass gute Wissenschaft möglich bleibt, ist es unerlässlich, den Missbrauch, die Instrumentalisierung und das Verbot der Wissenschaft beim Namen zu nennen, zu dokumentieren und zu bekämpfen. Wie man dabei vorgehen kann, falls überhaupt, ist jedoch eine politische, keine methodologische Frage.

Im Gegensatz dazu spielt der Begriff der *Subversion*, der den wesentlichen Inhalt der beiden folgenden Kapitel verdichtet, auf eine versteckte Abkehr von guter Wissenschaft an. Dem entgegenzuwirken ist allerdings keine Frage Macht, sondern der wissenschaftlichen Selbstbeobachtung. Die Schwierigkeit dabei besteht darin, dass gerade die Formen der Subversion unter dem Etikett guter Wissenschaft daherkommen – und von den Beteiligten meist auch dafür gehalten werden. Es handelt sich um Verstöße nach bestem Wissen und Gewissen. Anders als bei den Übergriffen der Mächtigen auf die Wissenschaft geht es hierbei um ein klassisches Thema der Metaebene.

Das 18. Kapitel beschreibt zunächst ein Dilemma: Je mehr Erfolge die Wissenschaft erzielt, desto größer wird trivialerweise der Bestand des Wissenswerten. Aber wie kann man mit einem Wissensumfang fertig werden, der die menschliche Kapazität zur Verarbeitung von Informationen bei weitem überfordert, selbst innerhalb der Untergebiete einzelner Disziplinen, von den Wissenschaften insgesamt ganz zu schweigen? An der Produktion von immer mehr Wissen droht die wissenschaftliche Diskursgemeinschaft zu ersticken, dabei ist sie doch konstitutiv ist für die moderne Auffassung von Wissenschaft als einem sozialen Projekt – dies ist das Dilemma. In einer kleinen Morphologie beschreibe ich im 18. Kapitel typische Versuche, mit dem Problem der Desintegration durch zunehmende Komplexität fertig zu werden. Am Schluss steht die Frage, was sich dagegen tun lässt.

Mit einem zweiten neuralgischen Punkt setzt sich das 19. Kapitel auseinander. Wissenschaft ist ein durch klare Prinzipien strukturiertes Unternehmen. Es herrscht eine Moral der Wahrheitssuche, eine Zweckrationalität der Erkenntnis, bei welcher das Subjekt zwar, wie wir gesehen haben, seinen Platz hat, aber nur, um der Wahrheit zu dienen; persönliche Wünsche und Befürchtungen sollen schweigen. Ein Wunder wäre es allerdings, wenn nicht auch in der Wissenschaft geschähe, woraus zahllose Romane und Theaterstücke ihren Stoff beziehen, in welchen Kontexten sie auch immer spielen mögen: dass sich eine zweite, heimliche Moral etabliert, mit der sich das allzu Menschliche gegen die öffentlich beschworene mönchische Disziplin der Prinzipientreue durchsetzt. Auch die Soziologie macht in dieser Hinsicht keine Ausnahme. Immerhin hat sie einen zur doppelten Moral passenden Begriff bereitgestellt, geschaffen von Erving Goffman: *Hinterbühne*.[215] Auch diese Art von Subversion, die sich oft genug mit emphatischer Berufung auf die Moral der Wahrheitssuche bemäntelt, ist ein wichtiger Fokus der Metaebene.

18. Kapitel: Komplexitätszunahme und Desintegration

Vermehrung des Wissens als Problem

Im Folgenden geht es um das ständige Wachstum der aktuell relevanten Wissensmenge und um ihren inneren Zusammenhalt. Beides schlägt sich in einer seit Beginn der modernen Wissenschaft ungebrochenen Tendenz immer weitergehender Differenzierung nieder. Nicht nur gibt es immer mehr deutlich voneinander abgehobene Disziplinen, sondern innerhalb der Spezialwissenschaften auch immer mehr Unterteilungen. In der Geschichte der Soziologie lässt sich dies unter anderem an der Vermehrung der »Bindestrichsoziologien« nachvollziehen. Die Zahl der Forschenden und das Volumen des Wissens aller Art nehmen exponentiell zu. Im 18. Jahrhundert gab es die letzten Universalgelehrten, die noch alle Wissenschaften ihrer Zeit im Kopf hatten – damit ist es heute vorbei.[216]

Dies führt in ein Dilemma. Bestimmte Fragen lassen sich einerseits nur aus dem Überblick über weit verstreute Wissensbestände heraus beantworten, doch wenn man diesen Fragen nachgeht, entsteht noch mehr Wissen. Pointiert gefragt: Zerstört Forschung alleine dadurch, dass sie ihren Job macht, im Lauf der Zeit ihre Grundlagen? Dieses Dilemma gilt für die Soziologie in besonderer Schärfe, denn hier kommt es auf möglichst breit gestreutes Fachwissen an. Wie ist mit diesem Dilemma umzugehen?

Das Ideal des Fachwissens ist in Gefahr

Damit jene intersubjektive Reflexivität möglich ist, die den Kern der modernen Wissenschaftskonzeption ausmacht, wäre es wichtig, Wissens*gemeinschaften* zu bilden, deren Angehörige einen möglichst großen Bereich von Fachwissen teilen. Erst unter dieser Voraussetzung lassen sich wahrheitsorientierte

Diskurse vor dem Hintergrund eines anerkannten und geprüften Wissensbestands führen, bei denen alle voneinander profitieren können.

Mit dem Begriff *Fachwissen* bezeichne ich wissenschaftliche Sinnwelten, die folgende vier Eigenschaften aufweisen:

- Das Fachwissen umfasst alle für ein Wissensgebiet wesentlichen Aussagen.
- Es wird ständig dem Fortschritt der Wissenschaft angepasst.
- Es lässt sich mit dem Fachwissen anderer Wissensgebiete verbinden, sofern eine Fragestellung interdisziplinäre Bearbeitungsweise verlangt.
- Das Fachwissen ist bei allen kompetenten Angehörigen einer wissenschaftlichen Disziplin ungefähr gleich, so dass sich die akademische Öffentlichkeit dieser Disziplin als eine Wissensgemeinschaft konstituieren kann.

So definiertes Fachwissen setzt Überschaubarkeit voraus. Durch die exponentielle Zunahme des Wissens wurde das Vorliegen dieser Voraussetzung inzwischen jedoch selbst in kleinen Wissensgebieten fraglich. Die dadurch bedingte zweifache Qualitätsminderung der Forschung macht allen Wissenschaften zu schaffen, besonders aber der Soziologie:

1. Aus der Perspektive des Einzelnen bedeutet die Wissensexpansion eine ständige Verminderung der inhaltlichen Reichweite von Expertentum. Niemand ist mehr in der Lage, das gesamte für die Beantwortung einer Forschungsfrage wichtige Wissen subjektiv zu repräsentieren.
2. Aus der Perspektive der Wissenschaft als Diskursgemeinschaft führt die Unüberschaubarkeit des Fachwissens zu einer dramatischen Verschlechterung der wissenschaftlichen Kommunikation. Schon innerhalb eines Wissensgebietes und erst recht über die Wissensgebiete hinweg ist es nicht mehr möglich, Zweifelsfragen vor einem gemeinsamen Hintergrund weithin akzeptierten, breit gestreuten Wissens zu diskutieren. In der »Normalforschung« denkt und argumentiert man auf der Grundlage von Wissensparzellen, die relativ zum ständig wachsenden Gesamtwissen immer kleiner werden, während ihr Umfang absolut gesehen ungefähr gleich bleibt.

   Umgekehrt ist Dissens zwischen verschiedenen Wissensparzellen immer häufiger nicht mehr auflösbar, weil er sich nicht mehr durch Bezugnahme auf gemeinsame Wissensbestände beilegen lässt. Die Konfliktparteien gehen ja von unterschiedlichen Selektionen aus dem Gesamtwissen aus. Mit der Expansion und gleichzeitigen Partikularisierung des Gesamtwissens wird es deshalb immer schwieriger, Wissensdiskrepanzen zu überwinden.

Zweifelhafte Versuche der Komplexitätsbewältigung

Um trotz der genannten Schwierigkeiten guten Gewissens Wissenschaft treiben zu können, hat das akademische Milieu verschiedene Muster herausgebildet, die es ermöglichen sollen, das Ideal des Fachwissens nach wie vor überhaupt noch als gegeben anzusehen. Die folgende Darstellung solcher Muster ist lediglich als Beschreibung von Tendenzen zu verstehen. Es wäre gewiss zu pauschal und unangemessen wissenschaftsskeptisch, nur noch diese am Werk zu sehen. Aber je mehr die Probleme zunehmen, desto mehr gewöhnt man sich an Scheinlösungen, die bald als selbstverständlich gelten und nicht mehr wahrgenommen werden. Umso wichtiger ist, sie immer wieder zur Sprache zu bringen, denn keine der im Folgenden geschilderten Strategien bringt die Wissenschaft dem Ideal des Fachwissens etwa wieder näher.

Virtualisierung: Tatsächliches Wissen wird durch das Wissen darüber ersetzt, wo man es sich rasch verschaffen *könnte* – in Dokumentationen, Expertensystemen, ungelesenen Büchern, Fachzeitschriften, Kompendien, Bibliotheken, vor allem aber im Internet. Objektiv vorhandenes Wissen kann man jedoch erst dann verwenden, wenn man es auch im Kopf hat – nur dann lässt es sich mit dem eigenen Denken verbinden. Für virtuelles Wissen trifft dies nicht zu, es hat sich jedoch eingebürgert, dies vorzutäuschen. In vielen Texten klafft eine große Lücke zwischen dem Inhalt und dem langen Literaturverzeichnis, auf dem der Inhalt angeblich beruht.

Rückkehr zur Mündlichkeit: Der weitaus größte Teil wissenschaftlicher Publikationen wird nur noch vom Autor und von professionell mit der Veröffentlichung der Texte befassten Personen gelesen, nicht mehr jedoch von einem größeren akademischen Publikum. Unter der Hand kehrt die wissenschaftliche Öffentlichkeit teilweise zur Mündlichkeit zurück, wie sie in archaischen traditionalen Gesellschaften bestand. De facto droht Fachwissen zu dem zu werden, was sich durch Gerede weitergeben lässt. Dieses oder jenes gelesen zu haben, wird bei der mündlichen Inszenierung der Teilhabe am Fachwissen zwar behauptet, doch wird es nicht mehr nachgeprüft. Wie sollte dies auch möglich sein, wenn keiner der am Gespräch Beteiligten über jenes Wissen verfügt, dessen Vorhandensein alle einander suggerieren? Das akademische Gespräch vollzieht sich unter solchen Umständen – sarkastisch gesprochen – als Kumpanei von Hochstaplern, denen die Kompetenz fehlt, sich gegenseitig zu enttarnen, weil sie von den ihnen angeblich bekannten Arbeiten gerade einmal den Titel wissen.

Vereinfachung durch Redundanz: Viele Publikationen enthalten nichts Neues, sondern sind nur ein Aufguss der konventionell abgesegneten Wissensselektion aus dem Gesamtwissen. Die Rezeption des Altgewohnten unter neuem Datum erzeugt dann das beruhigende Gefühl, auf der Höhe der Zeit zu sein. Dem entspricht die Aggressivität, mit der viele dem wirklich Neuen begegnen: »Was soll das denn sein? Wo hat man das jemals gehört?!« Psychologisch ist diese Aggressivität durch Angst vor Überkomplexität zu erklären.

Konventionalisierung des Wissenswerten: Die heimliche Übereinkunft darüber, welcher Ausschnitt des Gesamtwissens als Fachwissen gelten soll, ist ständig neu zu erarbeiten. Konsens ergibt sich als Nebeneffekt von Qualifikationsprozeduren (BA- und MA-Arbeiten, Dissertationen, Habilitationsschriften), von Leselisten, von Zitierritualen und von Zusammenkünften auf Tagungen und Kongressen, bei denen sich überschaubare Konventionen unter den zeitlichen und kognitiven Restriktionen der Mündlichkeit etablieren können.

Selbstbezüglichkeit: Vor allem in den Kulturwissenschaften gibt es seit Langem eine Art intellektueller Introversion. Viele Texte beschäftigen sich mehr mit anderen Texten als mit dem Gegenstandsbereich. Das häufigste Beispiel ist der rituelle Umgang mit den Klassikern, bei dem Exegese oft an die Stelle gegenwartsbezogener soziologischer Theorie tritt. Dabei geht es mehr um die Demonstration der Kenntnis von Klassikern als etwa darum, es ihnen gleichzutun und sich an ihrem Beispiel zu orientieren. Auf diese Weise reduziert sich der Umfang des Wissenswerten auf das nicht mehr vermehrbare, sondern lediglich kommentierbare Archiv der anerkannten geistigen Ahnherren.

Aufmerksamkeit statt Wahrheit: Weil wahrheitsorientierte Diskurse aufwendig sind, setzt sich angesichts der großen Menge des Wissens ein Ersatzkriterium durch. Als glaubwürdig gilt, wer es schafft, Aufmerksamkeit zu erregen und bekannt zu werden. Es ist jedoch keineswegs so, dass Wissenschaftlerinnen und Wissenschaftler immer nur aufgrund der Qualität ihrer Arbeit besonders bekannt würden. Hier spielen vielmehr auch ihr Kommunikationstalent, die jeweilige Themenkonjunktur, die Eingängigkeit von Texten und die Eigendynamik des Ruhms eine Rolle. Wer schon bekannt ist, erregt mit einer neuen Arbeit mehr Aufmerksamkeit als ein Unbekannter, auch wenn dieser eine überlegene Analyse vorgelegt haben sollte. Durch die Orientierung an Prominenz wird die objektive Wirklichkeit als Prüfinstanz geschwächt; sozialer Erfolg wird mit wissenschaftlichem Erfolg verwechselt.

Spezialisierung: Die folgenreichste Strategie zur Überwindung der mit der Wissensexplosion einhergehenden Desorientierung ist das Muster der Spezialisierung, bei dem jeder ein im Verhältnis zum Gesamtwissen immer kleineres Teilgebiet wirklich überschaut. Dieses Muster manifestiert sich in verschiedener Weise: ständig voranschreitende Ausdifferenzierung akademischer Disziplinen und Unterdisziplinen; Reduktion akademischer Diskurse auf thematische Fragmente; Spezialisierung der Lehre; Trennung der Argumentationsbereiche von Theorie, Methoden und Forschung (mehr dazu im nächsten Abschnitt).

Gerade in der Soziologie ist der Trend zur Spezialisierung jedoch problematisch, da der Gegenstandsbereich der Soziologie integratives, möglichst viele Aspekte berücksichtigendes Denken geradezu erzwingt. Das hinter dem Lösungsmuster der Spezialisierung stehende Modell einer kooperativen Wissenschaft, in der alle Beteiligten wie verschiedene Handwerker an einem gemeinsamen Bau mitarbeiten, beruht auf dem Denkfehler, wissenschaftliche Kooperation als additiven Vorgang zu modellieren – als würde es genügen, wenn jeder seinen Beitrag abliefert. Wissen ist jedoch interaktiv; es kann sich umso besser entfalten, wenn einzelne Wissenselemente verbunden werden, und zwar sowohl sozial wie persönlich: diskursiv in *einer* Wissensgemeinschaft, gedanklich in *einem* Kopf.

Mit der Spezialisierung geht unvermeidlich eine Segmentierung der Fachöffentlichkeit in weitgehend abgeschottete Teilöffentlichkeiten einher. Die ursprüngliche Idee der Intersubjektivität zielte auf die Ausnutzung der produktiven Kraft von Perspektiven- und Theoriepluralismus. Eingetreten ist aber keine Pluralisierung im Sinn wechselseitig aufeinander bezogener Gesprächspartner, sondern eine Partikularisierung. Diese läuft ganz im Gegenteil auf eine Entpluralisierung hinaus, weil in den kleiner werdenden Teilöffentlichkeiten zunehmende Konsenszwänge herrschen. Wer gegen den Konsens verstößt, wird ausgeschlossen oder kommt gar nicht erst hinein.

Die Segmentierung von Theorie, Forschung und Methodologie

Eine Spezialisierung besonderer Art besteht in der arbeitsteiligen Trennung von Theorie, Forschungshandeln und Methodologie. Im Idealfall besteht Wissenschaft darin, dass man eine Theorie überprüft oder entwickelt, nachdem man mit geeigneten Verfahren Informationen gesammelt und ausgewertet hat. Diese Beschreibung unterschlägt jedoch etwas Wesentliches: Wer im eben definierten Sinn forscht, ähnelt einem Sportler, der gleichzeitig Hochspringer, Gewichtheber und Schwimmer sein möchte, sich also sehr heterogenen Anforderungen stellt.

Die drei Argumentationsbereiche von Theorie, Forschung und Methodologie verlangen jeweils besondere Denkstrategien und Kenntnisse, weil jeweils eigene Erfolgsdefinitionen gelten, wie die folgenden Absätze zeigen:

Theorie: Im 14. Kapitel habe ich die wichtigsten Theorietypen der Soziologie in einem dreidimensionalen Raum verortet. Betrachten wir nun die Polarität von fundamentalen Theorien (Beispiele: Systemtheorien von Parsons und Luhmann, Rational-Choice-Theorie) und diagnostischen Theorien (entweder Verlaufsdiagnosen, etwa Theorien der Modernisierung, oder punktuelle Zeitdiagnosen) als Beispiel für die damit verbundenen geistigen Anforderungen: Fundamentale Theorien haben überwiegend apriorischen Charakter. Sie sind nur zu einem geringen Teil durch Forschung überprüfbar; im Wesentlichen sind sie ein heuristischer Rahmen für die Planung und Interpretation von Forschung. Dabei ist vor allem abstraktes Denken gefragt: Wie ist die Leistungskraft verwendbarer Konzepte für die Beschreibung beliebiger sozialer Kontexte zu beurteilen?

Anders ist der Akzent bei diagnostischen Theorien gesetzt: Was geschieht zu einem bestimmten Zeitpunkt in einer gegebenen Kultur und wohin bewegt sie sich? Antworten auf Fragen dieses Typs setzen zwar ebenfalls Abstraktion voraus, aber mit einem anderen Fokus: Es geht um die Zusammenfassung großer Mengen sozialer Episoden unter typisierenden Begriffen und Verlaufsaussagen. Das Problem dabei ist, dass eine gegebene Kultur unendlich viele Beschreibungsmöglichkeiten eröffnet. Es ist eine Leistung eigener Art, eine Beschreibung zu finden, die nicht nur empirisch passt, sondern die eine Reihe weiterer, ad hoc kaum zu erreichender Qualitäten aufweist:

- Ökonomisierung des Denkens: Die Beschreibung fasst viele Aspekte der beschriebenen Kultur zusammen.
- Praktische Relevanz: Die Beschreibung fokussiert etwas für die beschriebene Kultur normativ Bedeutsames.
- Theoretische Integration: Die in der Beschreibung verwendeten Begriffe gehören einem kohärenten, widerspruchsfreien Netz von Begriffen und axiomatischen Aussagen an, meist orientiert an fundamentalen Theorien.
- Paradigmatische Prägnanz: Die Beschreibung ermöglicht eine intuitiv gut zugängliche Sicht der sozialen Wirklichkeit; sie macht gesellschaftliche Ordnung auf stringente Weise transparent.

Forschung: Die normale Handlungsform der Forschenden ist das Projekt. Dabei muss man

- Mittel mobilisieren;
- mit den Analyseeinheiten des Gegenstandsbereichs – in der Soziologie: Menschen und Institutionen – in Kontakt treten;
- technische Probleme lösen, beispielsweise einen Datensatz zusammenstellen und mit einer geeigneten Software bearbeiten;
- mit den anderen am Projekt Beteiligten kooperieren;
- Geld verwalten;
- Anträge, Zwischenberichte und Abschlussberichte erstellen.

Es geht bei all dem um ganz andere Anforderungen als im Aufgabenbereich der Theorie, nämlich um soziales Handeln: um Organisation, Führung, Kommunikation und Zeitdisziplin. In der Ebene des Forschungshandelns zählt nicht in erster Linie der exzellente theoretische Entwurf als Erfolg, sondern die reibungslose und termingerechte Abwicklung.

Methodologie: Hier handelt es sich um ein Wissensgebiet besonderer Art. Aufbau von Datensätzen, Handhabung von Programmpaketen, Kenntnis statistischer Verfahren, Techniken der Auswertung nichtstandardisierten Materials, Verfügung über analytische Denkmuster, Planung des Forschungsdesigns – diese und andere Aufgabengebiete bilden einen eigenständigen Kompetenzbereich mit einer besonderen Wissenstradition, einer Spezialsprache und wiederum eigenen Erfolgskriterien.

Worauf es hier ankommt, ist der fachmännische Umgang mit Regeln. Dazu gehören unter anderem

- der Überblick über die immer weiter verzweigten methodischen Möglichkeiten, über ihre Unterschiede und heimlichen Ähnlichkeiten;
- mathematische Kompetenz;
- digitale Kompetenz;
- das Herausfischen und Interpretieren der entscheidenden Zahlen aus großen Ergebnismengen.

Fazit: Wo sind die Allrounder?

In der Geschichte der Soziologie nach 1945 zeigt sich eine Tendenz zur immer weitergehenden Segregation der drei Argumentationsbereiche. Es haben sich intellektuelle Teilkulturen herausgebildet. Wissenschaftliche Kommunikation (in Form von Tagungen, Rezensionswesen, Fachpublikationen, Korrespondenz, informalen Beziehungen, fachlicher Kooperation) findet mehr und mehr innerhalb der drei Enklaven statt – Theorie, empirische Methoden, Forschungsorganisation. Die Ausdifferenzierung von Argumentationsbereichen führt zur Ausdifferenzierung von wissenschaftlichen Milieus.

Die Ursachen hierfür sind zum einen die beschränkte persönliche Informationsaufnahmekapazität im Verhältnis zur wachsenden Informationsflut, zum anderen die Vorstellung, das Prinzip der Arbeitsteilung lasse sich auch auf Erkenntnisvorgänge übertragen. Konsequenz dieser Entwicklung ist jedoch nicht höhere Effizienz, sondern die Gefahr wachsender Desorganisation der Beziehungen zwischen den Argumentationsbereichen: Inkommensurabilität von Terminologie, Konzepten und Problemstellungen sowie wechselseitige Unkenntnis. Spezialisierung erweist sich hier als kontraproduktiv. Sie führt zum Verlust dessen, wofür sie eigentlich gut sein soll.

Zu überwinden sind solche Defizite nur mit einer besseren Verbindung der drei Argumentationsbereiche. Diese Verbindung lässt sich nicht allein durch den lobenswerten Vorsatz erreichen, in Zukunft mehr untereinander zu kommunizieren. Es kommt vielmehr darauf an, persönlich *integratives Wissen* aufzubauen: alle drei Bereiche in einem Kopf zu verbinden.

Dieses Programm ist allerdings schwierig umzusetzen: Erstens läuft es auf eine Erhöhung der Komplexität hinaus, der man sich aussetzen muss. Zweitens ist die problematische Segregation intellektueller Teilkulturen teilweise sogar institutionell festgeschrieben, durch Spezialisierung von Lehrstühlen, Fachpublikationen, Studienschwerpunkten und wissenschaftlichen Vereinigungen. In der kommerziellen Sozialforschung hat sich eine Arbeitsteilung zwischen den Aufgabenbereichen von Projektkonzeption, Organisation der Durchführung und Auswertung herausgebildet, die wie eine Paraphrase der Überschrift dieses Abschnitts wirkt: Segmentierung von Theorie, Forschung und Methodologie.

Gegenmaßnahmen

Die vorangegangenen Überlegungen münden in die Diagnose einer Subversion der Wissenschaft durch ihre eigene Produktivität. Die Suche nach einem Ausweg beginnt mit dem Eingeständnis der Unmöglichkeit, das relevante

Gesamtwissen zu erfassen. Alles, was man der Überforderung entgegensetzen kann, ist eine optimale Ausnutzung der eigenen Kapazität, man könnte auch sagen, eine möglichst produktive Handhabung der eigenen Mangelhaftigkeit. Welche Empfehlungen lassen sich vor dem Hintergrund der bisherigen Überlegungen abgeben? Die folgenden Anregungen sind als offene, ergänzungsbedürftige Liste zu verstehen. Ihr gemeinsamer Nenner ist die Idee einer Umschichtung von Arbeitszeit und geistiger Energie zugunsten von Generalistentum, Aktualität und eigenem Denken.

Partielle Entspezialisierung: Ein Spezialist weiß von Wenigem viel, ein Generalist von viel Verschiedenem nur jeweils wenig, das allerdings möglichst wichtig sein sollte. Gegenwärtig hat sich die Wissensverteilung zu sehr dem Pol des Spezialistentums angenähert; es gilt, sie deutlich in die Gegenrichtung zu verschieben. Hinter dieser Empfehlung steht das Argument der Interaktivität des Wissens. Anders formuliert: Die Synergie verschiedener Wissensgebiete wird bei zu weit getriebener Spezialisierung nicht ausreichend genutzt.

Offenheit für das Unvertraute: Überkomplexität veranlasst zur kompensatorischen Suche nach Einfachheit. Man findet sie unter anderem dann, wenn man im Neuen immer wieder nach Altgewohntem Ausschau hält, in Fachzeitschriften, Büchern, Gesprächen und auf Kongressen. Ein guter Indikator, um das subjektiv Neue zu entdecken, ist das Gefühl anfänglichen Nichtverstehens. In Debatten wird dieses Gefühl oft kontraproduktiv als Killerargument gegen das Ungewohnte eingesetzt: »Was soll das denn? Das habe ich ja noch nie gehört!« Diese Abwehr des Befremdlichen gilt es ins Gegenteil umzukehren.

Offenheit für die Gegenwart: Die Historizität des Gegenstandsbereichs der Soziologie legt es nahe, das im vorangegangenen Punkt angesprochene Unvertraute auch in aktuellen Entwicklungen zu suchen, die im Fokus diagnostischer Studien stehen. Die Frage, ob frühere Befunde überhaupt noch gelten oder durch die soziale Wirklichkeit überholt wurden, ist ein eher kontraintuitiver, aber wichtiger Gesichtspunkt bei der Auswahl des Wissenswerten – kontraintuitiv deshalb, weil er zum Verlassen des Vertrauten nötigen kann, entgegen der Beharrungstendenz »hausmeisterlicher« Soziologie (siehe den entsprechenden Abschnitt im 1. Kapitel). Die akademische Institutionalisierung der Soziologie wirkt der Offenheit für die Gegenwart jedoch entgegen; sie begünstigt diagnostische Paradigmen auch dann noch, wenn sie ihre Beschreibungskraft verloren haben.

Priorität der eigenen Überlegung: Viele begeben sich angesichts einer gegebenen Fragestellung auf die Suche im Wissensdschungel und erwarten, eine dort längst vorhandene Antwort zu finden. Dabei droht allmählich die eigene Ausgangsfrage verloren zu gehen. Unversehens landet man schließlich bei Antworten auf Fragen, die sich andere früher gestellt haben. Entsprechend skeptisch kommentiert Arthur Schopenhauer das Lesen in seinem Essay über das Selbstdenken: »Die Leute, welche ihr Leben mit Lesen zugebracht und ihre Weisheit aus Büchern geschöpft haben, gleichen denen, welche aus vielen Reisebeschreibungen sich genaue Kunde von einem Lande erworben haben. Diese können über Vieles Auskunft erteilen: aber im Grunde haben sie doch keine zusammenhängende, deutliche, gründliche Kenntnis von der Beschaffenheit des Landes. Hingegen Die, welche ihr Leben mit Denken zugebracht haben, gleichen Solchen, die selbst in jenem Lande gewesen sind: sie allein wissen eigentlich wovon die Rede ist, kennen die Dinge dort im Zusammenhang und sind wahrhaft darin zu Hause.«[217]

Der von Schopenhauer monierte Vorgang intellektueller Selbstentfremdung ist geradezu akademischer Normalfall. Vor allem in der Soziologie ist es jedoch wichtig, die Originalität der eigenen Frage zu verteidigen – nur so kann die Antwort den Besonderheiten des Kontextes gerecht werden, in dem sie entstanden ist. Das von anderen vorgelegte Fachwissen ist nur Hilfsmittel beim eigenen Denken; die Lückenhaftigkeit von Kenntnissen ist weniger gravierend als der Verlust intellektueller Eigenständigkeit und kontextbezogener thematischer Fokussierung.

Diesen Empfehlungen mag jeder weitere hinzufügen, auf der Grundlage von Selbsterfahrungen mit eigenen Strategien der Komplexitätsbewältigung. Allgemein geht es um ein doppeltes Anliegen: einerseits um die Bewirtschaftung des Überflusses an Inhalten, andererseits um die Bewirtschaftung des Mangels an Zeit und Energie – beides, um der zunehmenden Spezialisierung zu begegnen.

Wider die Segmentierung des Fachwissens in der Soziologie

Als dichotomes Kriterium im Sinn von »vorhanden« oder »nicht vorhanden« ist der Begriff des Fachwissens nur noch auf immer kleinere Wissensgebiete (relativ zum Gesamtwissen) anwendbar. Fasst man das Fachwissen dagegen als Kontinuum auf, so lässt sich dieser Begriff als Orientierungsgröße nutzen, als regulatives Prinzip, mit dem man Wissensgemeinschaften vergleichen und bewerten kann. In der Soziologie ist es besonders wichtig, der Segmentierung des Fachwissens soweit es geht entgegenzuarbeiten, weil erst die Zusammenschau einer Vielzahl von Aspekten die Entfaltung soziologischer Kernkompetenz möglich macht: Normalität und die Transformation sozialer Kollektive zu beschreiben, zu verstehen und zu erklären.

19. Kapitel: Die wissenschaftliche Hinterbühne

Das akademische Milieu und seine offizielle Moral

Ein Milieu ist eine Gruppe von Menschen, die in ähnlichen Situationen leben, ähnliche Mentalitäten und Handlungsweisen ausgebildet haben und untereinander mehr Kontakt haben als zu Personen anderer Gruppen.[218] Nicht nur Berufsgruppen, Nachbarschaften oder Fußballfans bilden soziale Milieus, sondern auch akademische Disziplinen. All diese Milieus beachten gemeinsame Regeln und tauschen sich darüber aus. Solche Regeln beziehen sich teils auf Oberflächliches wie Dresscodes, Frisuren oder Slangs, teils auf Essenzielles, das von jedem erwartet wird, der dazugehören will. In kaum einem Milieu gelten dabei so explizite Ansprüche wie im wissenschaftlichen, die in Form fachspezifischer Methodologien konkret werden. Die Methodologie lässt sich wie eine Sammlung von Geboten und Verboten lesen, ausgerichtet am übergeordneten Wert der Wahrheitssuche: Wer handelt so, wie es »gute Wissenschaft« verlangt? Und umgekehrt: Wer verrät die Berufsehre?

Das ist jedoch nicht alles. Damit sich Wissenschaft überhaupt sozial konstituieren kann, müssen weitere Ziele und darauf bezogene Verhaltensstandards zugelassen sein: Bestandserhaltung von Institutionen, Sicherung von Ressourcen, Höflichkeit, Symbolisierung von Zusammengehörigkeit, ungeschriebene Karriereregeln, Reputationskriterien und Muster der Verteilung von Geldmitteln. Neben der offiziellen Moral der Wissenschaft gibt es ein eher stillschweigend praktiziertes Bezugssystem materieller und sozialer Vorteile.

Im Idealfall sind diese Vorteile mit dem wissenschaftlichen Erkenntnishandeln kurzgeschlossen; sozialer und materieller Erfolge sind, gewissermaßen als Belohnung, an wissenschaftliche Erfolge gekoppelt. Ganz wird man dieses Ideal aber nie erreichen können. Zu jeder Moral gehört der Sündenfall; es wäre weltfremd, vom akademischen Milieu etwa absolute Untadeligkeit zu erwarten. Was dies betrifft, so treten große Unterschiede auf: von Epoche zu Epoche, von Institution zu Institution, von Person zu Person. Immer lockt die Versuchung, das eigentlich intendierte Rangverhältnis umzukehren: Institutionelle und persönliche Interessen verselbständigen sich gegenüber der Suche nach Wahrheit und gewinnen die Oberhand. Unter diesen Umständen setzt sich nicht das bessere, sondern das für die Partikularinteressen von Organisationen oder Personen brauchbarere Wissen durch – was die Profiteure allerdings vehement bestreiten würden, käme überhaupt jemand auf die Idee, ihnen dies zu unterstellen. Es ist ihnen in der Regel ja nicht einmal selbst bewusst.

Zur Charakterisierung der offiziellen Moral des akademischen Milieus mögen einige Stichworte genügen, die teils bereits Gesagtes zusammenfassen:

- Wahrheit im empirischen Sinn als oberstes Prinzip
- Intersubjektivität und Reflexivität
- Orientierung an anerkannten empirischen Methoden
- Kommunitarismus
- Universalismus
- Uneigennützigkeit
- Organisierte Skepsis
- Auslese der Kompetentesten
- Priorität der Inhalte vor der Person bei der Beurteilung von Projektanträgen (Originalität, Kompetenz, zu erwartender Fortschritt)
- Priorität der Inhalte vor der Person bei der Annahme oder Ablehnung von Beiträgen in Fachzeitschriften
- Gleichrangigkeit von Forschung und Lehre.

Versteht sich all dies nicht von selbst? Unisono bekennen sich alle zu diesen Kernprinzipien der professionellen Ethik. De facto aber weicht das akademische Milieu immer wieder von diesen Grundsätzen ab. Die inoffiziellen, angeblich sekundären Regeln schieben sich oft genug unmerklich an die erste Stelle und konkurrieren mit der offiziellen Moral. Die folgende kleine Morphologie konkretisiert akademische Täuschungsmanöver, die man in Anlehnung an Erving Goffman auf der Hinterbühne der Wissenschaft lokalisieren könnte, mit der Besonderheit, dass den Handelnden selbst ihr Tun meist gar nicht bewusst ist.

Formen akademischer Camouflage

Im akademischen Milieu kommt es zu typischen Abweichungen von der offiziellen Moral, die man gerade dann kaum noch bemerkt, wenn man selbst dazugehört. Man hat sich an sie gewöhnt. Man hält sie für normal, naheliegend und unvermeidlich. Eingerahmt von Bekenntnissen zu den obersten wissenschaftlichen Prinzipien, erscheinen die Verstöße oft geradezu als tugendhaft und erregen keinen Anstoß. Gegen solche Fehlwahrnehmungen bietet die exemplarische Beschreibung einiger immer wieder vorkommender Muster, gewissermaßen eine kleine Sündenlehre, einen gewissen Schutz. Sie ist im Folgenden nicht als Pauschalkritik und Bußpredigt für die ganze Zunft gemeint, sondern als Sehhilfe für Einzelfälle, sei es zur Beobachtung und Kritik anderer, sei es zur Selbstreflexion. Genau genommen handelt es sich dabei um soziologische Kurzbeschreibungen.

- *Denkstil der Traditionspflege:* Gerade in der Soziologie wird die eigene Denkleistung oft weniger anerkannt als das Zitat der Gedanken anderer. Um die Unsicherheit der Auseinandersetzung mit dem hochvariablen Gegenstandsbereich Gesellschaft zu vermeiden, vertieft man sich in die Klassiker, statt es ihnen nachzutun und eigenes Denken zu versuchen. Häufig wird das innovative Denken sogar diskreditiert: »Zu welcher Schule gehören Sie eigentlich?«
- *Symbolisierung von Zugehörigkeit:* Ausschlaggebend für akademischen Erfolg sind bei diesem Muster nicht wissenschaftliche Leistungen, sondern sozusagen der intellektuelle Stallgeruch. Nun lässt es sich bei reger Teilnahme am akademischen Leben ja gar nicht vermeiden, dass man in seiner Zugehörigkeit zu Schulen, Mainstreams, Netzwerken und Gemeinschaften erkennbar wird. Die Mitgliedschaft in berufsständischen Organisationen etwa, die Teilnahme an Tagungen, informale Kontakte, die Herausgabe von Sammelbänden oder die Verwendung des gerade herrschenden akademischen Jargons – all dies kann durchaus auch im Sinn der offiziellen Moral des akademischen Milieus gerechtfertigt sein, um Intersubjektivität herzustellen. Von der persönlichen Teilnahme am Wissenschaftsbetrieb bis zur akademischen Camouflage ist es jedoch nur ein kleiner Schritt. Schnell wird die Oberfläche wichtiger als die Substanz.
- *Inszenierung von Wissenschaftlichkeit:* Pierre Bourdieu beschreibt in seinem Buch *Homo academicus* verschiedene wohlbekannte Sozialfiguren der Wissenschaft, die er als Habitustypen bezeichnet.[219] Zu seiner Sammlung gehören der »Ernsthafte«, der »Brillante« und der »Wissenschaftsmanager«. Hinzuge-

sellt hat sich heute der »Vernetzte«. Solche Inszenierungsmuster vereinfachen das akademische Leben, weil sie eine Sphäre der Vertrauensbildung jenseits der Inhalte herstellen. Akademischer Respekt richtet sich bei diesem Muster nicht nach der Qualität wissenschaftlicher Ergebnisse, sondern nach Masken, Deklamationen, Auftritten, persönlichen Images und Kennziffern. Erfolg verdankt sich nicht der Anerkennung exzellenter wissenschaftlicher Arbeiten, sondern der suggestiven Wirkung bühnenreifer Darstellungen.

- *Sekundäre Merkmale werden zur Hauptsache:* Primär kommt es in der Wissenschaft auf die Qualität von Ergebnissen und Begründungen an. Es ist jedoch für alle Beteiligten einfacher, sich nach schnell erfassbaren Gesichtspunkten zu richten, die Qualität nur suggerieren, etwa Rhetorik, Schwerverständlichkeit zur Inszenierung von Expertise, Omnipräsenz auf Kongressen und Tagungen, schiere Länge der Publikationsliste oder Mitgliedschaften in akademischen Vereinigungen. Auch in dieser Hinsicht sind nicht nur die Beurteilten in der Verantwortung zu sehen, sondern vor allem auch die Urteilenden. Auf Ihre Lesart kommt es an: Woran machen sie wissenschaftliche Reputation fest – an Symbolen oder an Inhalten?
- Ebenfalls Bourdieu prägte in dem bereits zitierten Buch den Begriff der *Unterwerfungsrituale.* Er meinte damit soziale Muster der demonstrierten geistigen Unterordnung, in denen nicht das eigene Denken prämiert wird, sondern die manifeste intellektuelle Konformität. Dazu kommt es vor allem bei akademischen Prüfungen und in Auswahlverfahren. Originalität erweist sich dabei oft als Manko. Zu bedenken ist allerdings, dass das soziale Setting von Prüfungen *immer* mit einem Machtgefälle verbunden ist; allein deshalb Prüfungen als Unterwerfungsrituale zu bezeichnen, wäre verfehlt, weil dies die nicht erfüllbare Forderung gleichberechtigter Prüfungen implizieren würde – pointiert gesprochen liefe dies auf die Selbstprüfung der Kandidaten hinaus. Sehr wohl aber ist es mit dem Wesen akademischer Prüfungen vereinbar, dass der Prüfer vor allem geistige Selbständigkeit in den Mittelpunkt stellt und nicht umso bessere Bewertungen abgibt, je mehr sich der Kandidat als geistiger Klon des Prüfers präsentiert. Oft laufen Prüfungen aber nach genau diesem Drehbuch ab.
- *Gleichsetzung von sozialem und materiellem Erfolg mit wissenschaftlicher Leistung:* Zum Belohnungsrepertoire der Wissenschaft gehören unter anderem: die Einflussnahme auf die Besetzung von Stellen; die Ausstattung mit wissenschaftlichen Mitarbeitern, Räumen und Geräten; Gutachten im Rahmen von Forschungsanträgen, Exzellenzinitiativen und institutioneller Förderung; die Annahme oder Ablehnung von zur Publikation eingereichten Texten; informale Einflussnahme über soziale Beziehungen; Gewährung oder Verweigerung von Geldmitteln; Berufungen in Kommissionen. Ohne solche Ressourcen ist Wissenschaft nicht möglich, aber die Ressourcen werden leicht zum

Selbstzweck und die Wissenschaft kommt unter die Räder. Unter dem Deckmantel der offiziellen akademischen Moral geht es dann zunehmend um Vermehrung und Bestandssicherung sozialer und materieller Güter.

- *Metrisierung:* Steffen Maus Buch *Das metrische Wir* enthält unter anderem auch ein kritisches Kapitel über Universitäts-Rankings, das mit einem Blick auf das »Thomas-Theorem« endet: »Wenn Menschen Situationen als real definieren, sind sie in ihren Konsequenzen real. Die Durchschlagskraft der Rankings und Ratings ergibt sich daraus, dass wir an sie glauben.«[220] Und was ist konkret der Inhalt dieses Glaubens? Dass der quantifizierte Wert ein Indikator für den wissenschaftlichen Wert sei, ob es sich nun um Personen, Publikationen oder Institutionen handelt. In einer umfangreichen empirischen Studie zu den Wirkungen der Metrisierung in der Wissenschaft kommt Len Ole Schäfer zu dem Befund, dass das wissenschaftliche Denken massiv durch die (vor allem quantitativen) Formen und Begriffe ihrer systeminternen Beobachtung geprägt wird, statt durch den skeptischen Diskurs in der akademischen Gemeinschaft.[221] Doppelte Moral reguliert die Suche nach Wahrheit.

Wissenschaft als Gratwanderung

Routinen lassen sich nicht einfach aus dem Leben der Wissenschaft verbannen, auch wenn sie zu Fehlern verführen. Wissenschaft braucht durchaus Auswahlverfahren, Machtpositionen, Verwendung tradierten Fachwissens und damit Anlehnung an Klassiker; sie braucht komplexe wissenschaftliche Kommunikation, bei der nur Experten mitkommen; sie braucht Vertrauensbeziehungen und nicht zuletzt akademische Prüfungen. Die Ambivalenz dieser sozialen Phänomene besteht darin, dass sie sich sowohl auf einen wissenschaftlichen Wertehorizont wie auf eine davon ablösbare Sphäre sozialer, organisatorischer und persönlicher Interessen beziehen lassen.

Die Gefahr, dass sich der Relevanzrahmen verschiebt und außerwissenschaftliche Ziele den wissenschaftlichen übergeordnet werden, ohne dass dies auch nur jemand merkt, liegt aus einem einfachen Grund ständig in der Luft: Wissenschaftliche Erfolge haben zunächst immer nur das Aussehen von Inhalten, Ergebnissen, Texten. Zu sozialen Erfolgen werden sie nur auf Umwegen, mit Zeitverzögerung und mit einem hohen Verlustrisiko. So gesehen scheint es rational, den sozialen Erfolg ohne Umwege anzustreben: durch überzeugende Vorspiegelungen, die dem Vereinfachungsbedürfnis vieler entgegenkommen – eine Win-win-Situation.

Spektakuläre Fälle von Betrug illustrieren dieses Denken.[222] Demgegenüber sind die dargestellten Formen akademischer Täuschungsmanöver weniger auffällig, aber gerade deshalb für den Fortschritt der Wissenschaft gefährlich. Sie sind nicht kriminalisierbar und schwer zu erkennen. Teilweise werden sie sogar, wie im Fall der Metrisierung, mit großer soziologischer Naivität als institutionelle Imperative propagiert und zu Beurteilungskriterien erhoben. Blind für akademische Camouflage sind oft gerade diejenigen, die sie selbst an den Tag legen.

Wie wissenschaftsskeptisch muss man unter diesen Umständen sein? Die Naturwissenschaften haben es einfacher als die Kulturwissenschaften. Methodisch korrekte Experimente und objektive Messverfahren lassen sich nicht auf Dauer durch die Verführungen außerwissenschaftlicher Interessen korrumpieren. Trotz aller Störfaktoren setzt sich hier die objektive Wirklichkeit irgendwann durch.

Empirische Kulturwissenschaften wie Soziologie, Politikwissenschaft, Psychologie, Ethnologie, Geschichtswissenschaft oder Nationalökonomie müssen demgegenüber mit besonderen Schwierigkeiten fertig werden: Sie können ihre Messverfahren nicht so weitgehend objektivieren wie die Naturwissenschaften, vielmehr sind sie auf die Methode des Verstehens angewiesen; experimentelle Methoden kommen nur begrenzt in Betracht; das Feedback von praktischem Erfolg oder Misserfolg bei technischen Anwendungen kann nicht (wie in dies in den angewandten Naturwissenschaften der Fall ist) das akademische Milieu unter Umständen Lügen strafen – denn die strengen Lehrmeister »Natur« und »Technik« stehen den empirischen Kulturwissenschaften nicht zur Verfügung.

Wenn Intersubjektivität über Wissenschaftlichkeit entscheidet, sind akademische Milieus unvermeidlich, in Milieus aber »menschelt« es. Darunter muss die offizielle wissenschaftliche Moral nicht notwendig leiden. Inwieweit das akademische Milieu der Versuchung zur doppelten Moral widerstehen kann, ist eine Frage der Aufmerksamkeit, der wissenschaftssoziologischen Selbstbeobachtung und der Kultivierung einer wechselseitigen Kritik des falschen Scheins – warum sollte nicht auch dies zu einem Muster im akademischen Milieu werden können?

Warum Intersubjektivität in der Soziologie immer gefährdet ist

Der Überlegenheitsanspruch wissenschaftlicher Aussagen im Verhältnis zu anderen Aussagen lässt sich nur dadurch begründen, dass sie ihre Entstehung ausgeklügelten, gegenstandangemessenen Methoden verdanken und dass sie ständig der kollegialen Kritik ausgesetzt sind. Es ist unumgänglich, Wissenschaft sozial zu organisieren. Nur wenn sich alle gegenseitig beobachten, kontrollieren und kritisieren, lässt sich halbwegs sicherstellen, dass die Regeln auch tatsächlich eingehalten werden.

Die soziale Organisation von Erkenntnisprozessen ist also zwingend, doch führt sie in ein Dilemma:

- Einerseits sind gegenseitige Kritik und Intersubjektivität Kernelemente jeder wissenschaftlichen Methodenlehre.
- Andererseits zieht gerade die soziale Organisation von Erkenntnisprozessen spezifische Deformationen der Erkenntnis nach sich, wie ich sie in den vorangegangenen Abschnitten dargestellt habe.

Intersubjektivität hat ein Janusgesicht; sie kann leicht das Gegenteil dessen bewirken, was ihr Zweck ist. Es ist paradox: Gemeinschaft ermöglicht Kritik und gefährdet sie zugleich. Man lernt sich kennen, interagiert, bildet Milieus, und schließlich will keine Krähe mehr der anderen ein Auge aushacken. Im akademischen Zusammenleben trifft man auf eine offizielle Moral einerseits und auf Elemente eine Kultur der Vortäuschung ihrer Einhaltung andererseits.

Viele Augen sehen mehr als zwei – oder etwa weniger? Störfaktoren treten zwar in allen empirischen Wissenschaften auf, etwa auch in der Medizin oder der Biologie, doch in der Soziologie ist ihr Einfluss besonders stark. Die Soziologie muss mit einer Reihe von Erschwernissen der Intersubjektivität zurechtkommen, die durch den Gegenstand bedingt sind und sich auch mit noch so großer Sorgfalt nicht ausschalten lassen. Sie alle kamen in diesem Buch bereits zur Sprache, deshalb mögen hier Stichworte genügen:

- Überwiegend ist soziologisches Wissen nicht (wie in den Naturwissenschaften) technologisch umsetzbar und damit auch *nicht am praktischen Erfolg zu messen.*
- Der Forschungsgegenstand Gesellschaft lässt sich wegen seiner *Komplexität* nicht auf wenige grundlegende Gesetze reduzieren.

- Er unterliegt *hoher Variabilität*; der größte Teil soziologischen Wissens hat nur einen zeitlich und kulturell eingeschränkten Geltungsbereich.
- Die soziale Realität weist viele Grauzonen auf – sie ist *unscharf*. Geschlechterrollen, soziale Milieus, Arzt-Patienten-Beziehung, Betriebsklima, typische Lebensläufe usw. – alles oszilliert, Ausnahmen sind die Regel. Es handelt sich bei diesen Unschärfen jedoch nicht lediglich um methodische Probleme, die sich allmählich eliminieren ließen, sondern um die Wirklichkeit selbst. In vielen Aspekten entzieht sie sich einer exakten Messung und macht eine Sprache des Ungefähren erforderlich.
- Im Vergleich zu den Naturwissenschaften muss die Soziologie ein *zusätzliches Erkenntnisproblem* bewältigen: die verstehende Sinninterpretation von sprachlichen Äußerungen, Symbolen, manifesten Handlungen, Objekten und anderen Konstruktionen. Erst wenn dieser Schritt getan ist, bei dem sich Ermessensentscheidungen und Fehlerrisiken nicht vermeiden lassen, kann die Suche nach Invarianzen (beispielsweise kausaler Art) beginnen.
- In der Soziologie trägt auch der *Forschungsgegenstand Gesellschaft selbst* zur Deformationen der Erkenntnis bei – durch Reaktivität in Forschungssituationen und Selektivität von Stichproben.
- Soziologinnen und Soziologen gehören dem von ihnen untersuchten Gegenstandsbereich auch selbst an. Als Forschende sollen sie neutral sein, als soziale Wesen sind sie jedoch parteiisch. Eine *Konfusion von eigenen Wertstandpunkten und Ergebnissen* ist deshalb häufiger als in den Naturwissenschaften.

Drei Konsequenzen dieser soziologiespezifischen Probleme liegen auf der Hand: ein größeres Gewicht des menschlichen Faktors in der Forschung, höhere Ungewissheit und gesteigerter Ermessensbedarf im Vergleich zur Naturwissenschaft. Intersubjektivität ist deshalb schwerer zu erreichen und die Störgrößen der wissenschaftlichen Hinterbühne haben leichteres Spiel.

Wissenschaftliche Rationalität ist prekär: Resümee

In den vorangegangenen Kapiteln habe ich eine besondere Form der Rationalität ausbuchstabiert, die ich als wissenschaftliche oder erkenntnisorientierte Rationalität bezeichne. Allgemein bedeutet Rationalität ja die Optimierung von Mitteln im Verhältnis zu definierten Zielen: so dient etwa ökonomische Rationalität der Gewinnmaximierung, ökologische Rationalität der Nachhaltigkeit, medizinische Rationalität der Gesundheit, um nur einige von vielen Rationalitätsformen zu nennen. Oberstes Ziel wissenschaftlicher Rationalität ist Wahrheit; bei den Mitteln handelt es sich um regelgeleitete Forschungsoperationen, Argumentationsformen und Muster wissenschaftlicher Selbstbeobachtung.

Wenn Annäherung an die Wahrheit das Ziel ist, dann ist Wissenschaft als soziales Projekt das optimale Mittel. Wissenschaftliche Rationalität steht jedoch immer auf der Kippe, wie Richard Münch in einer der fundiertesten Studien dazu herausgearbeitet hat.[223] Sie schlägt gerade wegen ihrer sozialen Verfasstheit leicht in ihr Gegenteil um und wird vor allem von drei anderen Rationalitätsformen überlagert.

1. Die persönlichste dieser Rationalitätsformen ist das Streben nach innerem Gleichgewicht, Gewissheit und Orientierung. Soziologie ist die am meisten verunsichernde Wissenschaft; umso größer ist die Versuchung, Gewissheit zu konstruieren und die Logik der Forschung autosuggestiv der Selbstbestätigung unterzuordnen.
2. Eine zweite mit guter Wissenschaft konkurrierende Rationalitätsform äußert sich als Streben nach sozialem Erfolg. Eigentlich sollte sozialer Erfolg mit wissenschaftlicher Exzellenz kurzgeschlossen sein: exzellente Prüfungsergebnisse, hohe Karrierestufen, soziale Anerkennung, positive Gutachten und exorbitante Einkommen sollten den wissenschaftlich Besten zukommen. Unter Umständen aber, wenn auch keineswegs immer, gewinnen die geschicktesten Opportunisten – wie das überall vorkommt, in Politik, Wirtschaft, Medien oder auf dem Partnerschaftsmarkt. Auch die Soziologie konstituiert eine ganz normale gesellschaftliche Wirklichkeit, Lebenslügen und Täuschungen inklusive. Da die Soziologie jedoch gleichzeitig für deren Analyse zuständig ist, darf man vielleicht langfristig auf kompetente Selbstbeobachtung hoffen – sonst ist zu befürchten, dass das akademische Belohnungssystem zum genauen Gegenteil seiner angestrebten Wirkungen führt, auch in der Soziologie.
3. Eine dritte Rationalitätsform leitet sich aus der Eigenrationalität wissenschaftlicher Organisationen (Forschungseinrichtungen, Universitäten) ab, die auf das institutionelle Überleben in der Konkurrenz mit anderen Einrichtungen abzielt. Die Kritik an den Hochschulreformen und an der Ökonomisierung der Wissenschaft sieht hier die derzeit größte Gefahr für die Wahrheitssuche.

Am Anfang der Wissenschaft stand die Idee reiner erkenntnisorientierter Rationalität: das Denken optimal zu organisieren und bei seiner Begründung ausschließlich erkenntnisbezogene Gesichtspunkte gelten zu lassen. Erst mit zunehmender Institutionalisierung, sozialer Verflechtung und Unübersichtlichkeit schob sich immer bestimmender das versteckte Konglomerat interessenbestimmter Rationalität neben die erkenntnisorientierte. Wahrheitsbezogene Kriterien wurden heimlich konterkariert durch Gesichtspunkte, die mit Wahrheitssuche nur sekundär zu tun haben: Anschlussfähigkeit im systemtheoretischen Sinn; Existenzerhaltung von Institutionen; persönliche Absicherung in Subkulturen, in Karrieren und Forschungseinrichtungen; Gefühle wie Neid, Eitelkeit, Angst und Machtstreben. Diese Tendenzen zeigen sich trotz aller Reflektiertheit durchaus auch in der Soziologie.

Hier wie in anderen Wissenschaften kann es nicht darum gehen, interessenbestimmte Rationalität überhaupt abzuschaffen – dies wäre nicht nur weltfremd, sondern sogar kontraproduktiv, denn persönliche und institutionelle Partikularinteressen jenseits der Wahrheitssuche sind als zusätzliche Motivationsquellen und Stabilisierungsbedingungen unentbehrlich. Worauf es ankommt, ist die Rangordnung. Die interessenbestimmte Rationalität soll der wissenschaftlichen dienen, nicht umgekehrt.

So einsichtig nun die in vorangegangenen Kapiteln dargestellten Regeln guter Begründung und Kritik auch sein mögen – sie sind keineswegs selbstverständlich. Sie zu vermitteln und einzuüben, ist kein zentraler Bestandteil akademischer Ausbildungsgänge, und was davon bekannt ist, wird oft genug ignoriert. Empirische Ergebnisse werden oft so »hingebogen«, dass sie in den jeweiligen Interessenhorizont passen. Es werden …

- Elementarsatzfehler nicht beachtet,
- illusionäre Gewissheiten konstruiert,
- Normen von Fakten »abgeleitet«,
- Tautologien als Informationen verkauft,
- Kontradiktionen übersehen,
- falsche Schlussfolgerungen als »Beweise« präsentiert,
- die Tugend der Skepsis als Sündenfall angeprangert.

Der akademische Betrieb läuft auf doppeltem Boden ab. Es liegt an jedem Einzelnen, dem offiziellen Ethos Geltung zu verschaffen, durch eigenes Handeln und durch Kritik anderer.

Teil IX
Herausforderungen

Leitfrage: Welche Aufgaben stellen sich der Soziologie heute?

Wozu Soziologie? Die Antwort fiele leichter, wenn nach dem Nutzen der Elektrotechnik, der Medizin oder der Werkstoffwissenschaft gefragt würde. Auch bei der Frage nach dem Nutzen der Psychotherapie müssten die meisten nicht lange überlegen, obwohl hier ganz andere Ziele genannt würden: etwa Feedback und Hilfe zur Selbsterkenntnis, um mit Selbstsabotage fertig zu werden.

Damit sind wir aber gar nicht weit vom möglichen Nutzen der Soziologie entfernt – von soziologischer Aufklärung als kompetenter Beschreibung der Gesellschaft, in der wir leben, fokussiert auf interpersonale Muster, Sinnwelten und Verteilungen. Dieser Auffassung zufolge zielt Soziologie nicht unmittelbar auf die Veränderung der Gesellschaft ab, sondern darauf, sie auf ihrem Weg durch die Zeit zu begleiten.

Soziologische Aufklärung hat die Form von Analyse, Diskursbeobachtung und empirischer Information, Letzteres vor allem auch dort, wo es normativ wird (siehe hierzu das 13. Kapitel). Neigt sie deshalb zu Arroganz und Besserwisserei? Diese Gefahr besteht dann nicht, wenn die Soziologie ihre Ungewissheiten, Voraussetzungen und Irrtumsmöglichkeiten klar benennt – und sich gerade dadurch als überlegen im Verhältnis zu all jenen erweist, die sich ihrer Sache absolut sicher glauben.

Soziologie heute begegnet einem wachsenden gesellschaftlichen Deutungsbedarf, auf den viele außersoziologische Instanzen antworten, während die Soziologie nur eine marginale Rolle spielt. Was immer noch fehlt, um das aufklärerische Potenzial der Soziologie zur Geltung zu bringen, kommt in der Überschrift des 20. Kapitels zum Ausdruck: *Soziologie heute. Bestellt und nicht abgeholt.*

Wie sich das ändern ließe, konkretisiert das 21. und letzte Kapitel unter dem programmatischen Stichwort der *soziologischen Kommunikation.*

20. Kapitel: Soziologie heute. Bestellt und nicht abgeholt

Gesellschaftsgespräche. Provinzen kollektiver Selbstdeutung

Gesellschaftliche Phänomene sind so real wie ungreifbar, doch sie verlangen immer dringender nach Deutung. Gegeben hat es diesen Bedarf allerdings schon immer. Eine komprimierte Universalgeschichte kollektiver Selbstdeutung und ihrer jeweiligen Folgen, beginnend mit der Sesshaftigkeit, den frühen Hochkulturen und den ersten Städten, müsste erst noch geschrieben werden. Sie würde erkennen lassen, dass die Art und Weise, wie die Menschen ihre Gesellschaft sehen, über ihr Schicksal mitentscheidet. Projiziert man diese Geschichte auf das Zeitmaß eines Tages, dann gibt es die wissenschaftliche Soziologie gerade einmal seit zehn bis zwanzig Minuten. Offenbar war diese Zeitspanne zu kurz, um die Soziologie zur anerkannten Instanz kollektiver Selbstreflexion werden zu lassen, obwohl genau dies ihre Gründungsidee war.

Richtet man sich nach diesem Gesichtspunkt kollektiver Selbstreflexion, so kommen Priester, Herrscher, Philosophen, Erzähler, Architekten, Theatermacher und bildende Künstler als Vorläufer der heutigen Soziologenschaft in den Blick, weit überwiegend Männer; erst seit vielleicht fünf Minuten reden auch die Frauen mit. Dazu gesellen sich die Namenlosen der ubiquitären Gesellschaftsgespräche, deren Protosoziologie sich in Gerüchten, Mythen, Verschwörungstheorien, Beschuldigungen, Schmähungen und Glorifizierungen manifestiert, früher wie heute. Die Vorformen der heutigen Soziologie gibt es schon lange; wir sind die Neuen in einem altgewohnten Geschäft.

Im 18. und 19. Jahrhundert waren Erzählungen, Tagebücher, Biographien, mehr und mehr auch Zeitungen und Gesprächszirkel in den Salons die wirkungsmächtigsten Bereiche kollektiver Selbstdeutung.[224] Filme, Fernsehen und Radio kamen im 20. Jahrhundert dazu, im 21. Jahrhundert Blogs, Facebook, Twitter und andere soziale Medien.

Wie schnell sich die Zeiten ändern, zeigt sich, wenn man ältere Spielfilme betrachtet. Viele Worte und Redewendungen tragen vergangene Sinnwelten in sich: »Sie Schuft«; »Ich bitte Sie um die Hand Ihrer Tochter«; »Schau mir in die Augen, Kleines«; »Am besten gefällst du mir, wenn du wütend bist!«; »Harry, hol' schon mal das Auto«. Was damals normal war, fällt heute auf, als Gegensatz zur heutigen Normalität, die sich nach wie vor in der Beiläufigkeit des Selbstverständlichen versteckt und nur indirekt in Abweichungen, Konflikten und Krisen manifest wird.

Kunst und Literatur haben der Normalität allerdings schon oft eine Bühne geboten und sie als etwas Bemerkenswertes gezeigt. Von Marcel Proust bis John Ford, von Anton Tschechov bis Eva Menasse, von Theodor Fontane bis Philipp Roth reicht eine weit verzweigte Tradition soziologie-paraphrasierender Vergegenwärtigung des Normalen im Einzigartigen. Bei der Lektüre solcher Texte fühlt sich zwar jeder auf seine eigene Weise berührt, dahinter steht aber die für alle gleiche Grunderfahrung einer Erlebnisgemeinschaft mit den im Roman dargestellten Personen als Gesellschaftsbetroffenen, ausgelöst durch Verfremdung im Brecht'schen Sinn: »Man sieht: dieser Mensch ist so und so, weil die Verhältnisse so und so sind. Und die Verhältnisse sind so und so, weil der Mensch so und so ist. Er ist aber nicht nur so vorstellbar, wie er ist, sondern auch anders, so wie er sein könnte, und auch die Verhältnisse sind anders vorstellbar, als sie sind.«[225] Romane schaffen eine imaginäre Theaterbühne, auf der anschaulich wird, worin man sein ganzes Leben lang verstrickt ist.

Dass John Williams' Roman *Stoner* im Jahr 1965 zunächst ein Misserfolg war und erst ein halbes Jahrhundert später zum Weltbestseller wurde,[226] bezeugt eine in Jahrzehnten gewachsene Sensibilität des Publikums für den Kampf mit der unsichtbaren Macht der Gesellschaft. Meist kommt diese Macht so beiläufig und selbstverständlich daher wie das Personal im Leben des Protagonisten, eines Literaturprofessors an einer US-amerikanischen Provinzuniversität – etwa seine Ex-Frau, seine Kollegen, die Fakultätsverwaltung, ein arroganter auswärtiger Gutachter und der von ihm protegierte Student.

In Deutschland wurden die Romane von Heinrich Böll, Siegfried Lenz und Günther Grass zu Meilensteinen auf dem Weg kollektiver Selbstdistanzierung von der NS-Gesellschaft.[227] Auf seine Weise unübertroffen in der Gegenwartsliteratur ist Walter Kempowskis Archäologie der schweigenden Macht der Gesellschaft, eine mosaikartige Sammlung von vielen hundert Fundstücken des Alltags in beiden deutschen Diktaturen des 20. Jahrhunderts, zusammengetragen in einer autobiographischen Trilogie.[228]

In der an Erzählungen angrenzenden Provinz der Sozialreportagen befindet man sich insofern näher am Gebiet der Soziologie, als hier zwar auch erzählt wird, der Akzent dabei aber klar auf den Wiederholungsschleifen liegt.

Prototypisch sind Reiseberichte, die auch Kulturberichte sein sollen (anders als das Genre der Road Movies und Abenteuerschilderungen), von Bruce Chatwin[229] bis zu den Reisebeilagen der Zeitungen. In die Kategorie der Sozialreportagen, allerdings auf explizit soziologischem Niveau, gehören auch die brillanten Studien von Siegfried Kracauer, etwa *Die Angestellten* (1929) – ein wieder zu entdeckendes Standardwerk von einem wieder zu entdeckendem Klassiker.[230]

Von da aus ist es nicht weit zur Alltagssoziologie: Eine Lehrerin sagt zur anderen: »Seit es das Smartphone gibt, leben die Schüler in einer anderen Wirklichkeit.« Ein Kommunalpolitiker konstatiert im Gemeindeparlament: »Seit ein paar Jahren wird dieses Stadtviertel mehr und mehr zur gesetzlosen Zone.« Eine Sportreporterin fasst den Verlauf des Fußballspiels zusammen: »Vor der Halbzeit fand die Mannschaft nicht zu ihrer gewohnten Klasse, aber danach erteilte sie ihrem Gegner eine Lektion in punkto Spielkultur.«

Gemeinsam ist diesen Episoden der Blick auf Menschen in Mehrzahl und ihre Interaktionsmuster: Schüler, Anwohner, Fußballmannschaft. Was im Alltag geredet und geschrieben wird, bezieht sich zu einem erheblichen Teil auf Kollektive wie diese. Es geht um »Deutsche«, »Frauen«, »Manager«, »Müllers von nebenan«, »Konsumenten«, »Muslime«, »Generation Y« und zahllose andere Gruppen.

Quasisoziologie wird vielfach strategisch genutzt. So haben beispielsweise Wahlversprechen, Produktinnovationen und Betrug eines gemeinsam: die Instrumentalisierung von Gesellschaftswissen. Die Politik rechnet mit den Präferenzen und oft auch mit der Verführbarkeit von Wählergruppen; die Produktentwicklung kalkuliert mit der Anschlussfähigkeit des Neuen im Alltagsleben; Hochstapelei besteht darin, Menschen unter Ausnutzung ihrer sozialen Muster zu manipulieren. Dass in Wahlkämpfen meist keine Steuererhöhungen angekündigt werden, dass die Marktanteile der SUV-Modelle auf dem Automobilmarkt ab den 1990er Jahren stetig zunahmen, oder dass sich der Postbote Gerd Postel durch geschicktes Lügen und hochfahrendes Auftreten gleich mehrfach zum Posten eines Chefarztes durchmogeln konnte, zeigt gewissermaßen Sozialtechniker am Werk.[231]

Seit den frühen Tagen der Menschheit findet der Gedanke der Naturbeherrschung eine Parallele in der Idee der Kulturbeherrschung (sofern beide Bereiche überhaupt als getrennt gesehen wurden). Die Kultur mit ihren eigenen Mitteln zu überlisten ist heute der Daseinszweck ganzer Branchen. Die Mechanismen, derer sie sich dabei bedienen, sind zwar nicht physischer Natur, aber sie funktionieren vorhersehbar wie Apparate, wenn man sie geschickt handhabt. Gerd Postel wusste genau, warum er sich der Auswahlkommission für die Besetzung der Position eines stellvertretenden Amtsarztes in Flensburg 1982 als »Dr. med. Dr. phil. Clemens Bartholdy« vorstellte.[232]

Kulturwissen zu instrumentalisieren ist eine alte Idee. So war es in der Römischen Republik gang und gäbe, dass Bewerber um öffentliche Ämter die Wählermassen mit Wahlgeschenken – Brot, Spielen, Geld – zu beeinflussen versuchten.[233] Ein anderes Beispiel für die Instrumentalisierung von Kulturwissen stellen die Erfinder, Finanziers, Produzenten und Händler der frühen Neuzeit dar, die das Alltagsleben als Nachfrageressource erschlossen.

Die Popularisierung des soziologischen Blicks ist allgegenwärtig. Irgendeine Talkrunde läuft immer im Fernsehen, und in keiner geht es ohne Behauptungen über Soziales ab. Die Zahl der Internetforen, in denen sich Menschen über Gesellschaftliches austauschen, ist unübersehbar. Feuilletons haben sich zu Orten zeitdiagnostischer Essayistik entwickelt. In der Bestsellerliste für Sachbücher finden sich regelmäßig gesellschaftsbezogene Titel, oft an der Grenze zum Ratgeber. Alltagsgespräche drehen sich um Geschlechterrollen, Bildungsinstitutionen, Verteilungsgerechtigkeit, Inklusion oder Globalisierung. Managerseminare thematisieren Unternehmenskultur, Kommunikation und Systemtheorie. Um eine Mode handelt es sich dabei längst nicht mehr. Was aber steht dahinter?

Wachsender Deutungsbedarf

In einem Naturvolk, dessen paar hundert Angehörige ihren Traditionen folgen, gibt es kaum Anlass zu kollektiver Selbstreflexion, in einer modernen Gesellschaft dagegen entsteht er täglich neu. Bei langfristiger Betrachtung zeigt sich ein wachsender Deutungsbedarf. Im Lauf der Jahrhunderte hat uns die Moderne aus überschaubaren, intuitiv erfassbaren Sozialwelten hinausgeführt in ein Terrain, das sich wie eine Wanderdüne jeder abschließenden Kartographierung widersetzt. Zu viele Kontexte, zu viel Neues mit immer kürzerer Halbwertszeit, zu große Alltagsdistanz alltagsprägender Mächte verhindern, dass man im Lauf der Zeit mit der umgebenden Gesellschaft auf Dauer vertraut werden kann. Anders als in der Vormoderne oder in Naturvölkern gibt es kein soziales Ausgelernt-Haben mehr, das dort im Respekt vor der Lebenserfahrung der Älteren aufschien, gewissermaßen dem sozialen Reifezeugnis früherer Kulturen.

Stattdessen unterliegen die Menschen der Moderne einem Dauertraining quasi-soziologischer Neuorientierung: Was wird hier eigentlich gespielt? Was ist denn jetzt schon wieder los? Wie sollen wir uns mit diesen Innovationen in Serie arrangieren? Was machen die großen Systeme mit uns und wie können wir Kontrolle über sie erlangen? Trotz der Einflüsterungen unseres angeborenen intuitiven Normalitätsvertrauens[234] wurde die verunsichernde Suche nach vorsoziologischer Explizitheit alltäglich.

Diese Dynamik geht ungebrochen weiter. Lange Zeit war die Entwicklung moderner Gesellschaften durch Naturwissenschaft, Technik und Ökonomie bestimmt. Von diesen Bereichen ausgehend entstand ein historisch einmaliges »Steigerungsspiel«, in dem sich die Logiken von Wissensfortschritt, Optionsvermehrung und Gewinnstreben miteinander verzahnten.[235] Alles wuchs und wuchs und hat bis heute nicht aufgehört zu wachsen: Lebensstandard, Mobilität, Telekommunikation, Lebenserwartung und Weltbevölkerung sind Beispiele von großer Tragweite; besonders anschaulich wird die allgegenwärtige Steigerung jedoch im Nebensächlichen, etwa in den Regalen eines normalen Supermarkts, wo man die progressive Diversifizierung von Schokoladen, Seifen, ja sogar Gnocchi von Jahr zu Jahr besichtigen kann.

Angesichts dieser Regale von »Bedürfnissen« zu reden, heißt sich in die Tasche zu lügen und Ratlosigkeit zu verdrängen. Je weiter Naturwissenschaft und Technik kommen, desto mehr schieben sich Fragen des Zusammenlebens in den Vordergrund: Welche Regeln sollen im Internet gelten und wie kann man sie technisch und rechtlich durchsetzen? Was wird die Biotechnik mit der Gesellschaft machen, und umgekehrt? In welcher neuen Arbeitswelt werden wir uns nach der digitalen Revolution der Industrie wiederfinden?

Der Schwerpunkt unseres Denkens und unserer Diskurse verlagert sich von Natur zu Kultur, bildlich gesprochen vom Bauen zum Wohnen. Manuel Castells spricht in diesem Zusammenhang am Ende seiner dreibändigen Gegenwartsdiagnose von einem säkularen Trend der Kulturalisierung (culturalization).[236] Der kollektive Deutungsbedarf wächst, und mit ihm die Ungewissheit.

Um die Metapher des Bauens und Wohnen fortzusetzen: Wer ein Haus baut, kann von Glück sagen, wenn sich Pannen und Chaos in Grenzen halten. Ärgerlich sind Fehlplanung und Pfusch vor allem deshalb, weil sie vermeidbar gewesen wären. Im Rückblick ist immer ziemlich klar, was richtig gewesen wäre. Als die Eisenträger kamen, hätte ein Kran zur Stelle müssen. Als die Wände noch nicht standen, waren die zu früh einbestellten Maler fehl am Platz. Im Keller dringt Feuchtigkeit ein? Ach so, die Isolierung wurde vergessen! Beim Hausbau spiegeln selbst Unordnung und Scheitern die ehernen Gesetze von Physik, Chemie, Technik und rationaler Planung wider. Abgekürzt gesprochen, geht es beim Hausbau um organisierte Naturbeherrschung. Das dafür erforderliche Können hat eine lange Fortschrittsgeschichte hinter sich.

Kaum ist aber der Hausbau abgeschlossen, kommt es darauf an, wie sich die in dem fertigen Gebäude wohnenden Menschen miteinander arrangieren. Neue Themen melden sich und markieren den Übergang von Naturbeherrschung zu versuchter Kulturgestaltung. Unter anderem geht es um so schwierig verhandelbare Dinge wie Ästhetik, gute Alltagsroutinen, Höflichkeit, Rücksicht und gemeinsame Risikovorsorge. Gegen Nachbarschaftskonflikte sind Baumängel ein Kinderspiel.

Steigerung und Ankunft

Angewandtes Naturwissen macht altes Kulturwissen obsolet und zwingt zu neuer kollektiver Reflexion. Inzwischen ist dieser Prozess weit vorangeschritten und hat in einen neuen Horizont geführt. Es kommt zu einem Wandel des Wandels, der erhebliche Auswirkungen auf Soziologie als Handwerk hat. Mit dieser Entwicklung habe ich mich ausführlich in einer Studie zur Transformation der Moderne beschäftigt.[237]

Eine meiner Kernthesen lautet, dass Steigerung nicht nur an ökologische Grenzen stößt,[238] sondern auch an handlungslogische. Je mehr man kann, desto weniger dringlich wird es, noch mehr zu können. Das Denken und Handeln der Menschen verlagert tendenziell seinen Fokus. Mehr und mehr wird der Aufenthalt im gegebenen Möglichkeitsraum zu einem Thema, das sich neben oder sogar vor dem Thema der Expansion des Möglichkeitsraums, der Steigerung etabliert.

Jede Errungenschaft zieht kulturelle Anschlussfragen nach sich: Die Lebenserwartung ist gestiegen – wie soll man mit den gewonnen Jahren umgehen? Die Wohnung ist perfekt ausgestattet und eingerichtet – was fangen wir jetzt miteinander an? Smartphone und Apps versorgen mich mit allen erdenklichen Informationen – was will ich wissen und wie beurteile ich die Angebote? Durch Informationstechnik, globalen Handel, Tourismus und Migration ist die Welt zum Innenraum geworden – wer sind wir, wer sind die anderen, wie können wir uns miteinander arrangieren? So tritt in der fortgeschrittenen Moderne die Idee der Ankunft neben die seit langem dominierende Idee der

Steigerung. Salopp formuliert: Die Menschen beginnen anders zu ticken; ihre Sinnwelten und Interaktionsmuster sind nun anders zu verstehen – und damit kommt Soziologie als Handwerk ins Spiel.

Als hermeneutische Hilfe für das Verstehen eigenen sich zwei Idealtypen der Handlungsorientierung: Logik des Könnens und Logik des Seins.[239] In beiden Denkwelten laufen grundlegende kognitive Operationen verschieden ab: Man *vergleicht* entweder unter dem Gesichtspunkt von »mehr« oder von »anders«; man *plant* entweder unter dem Gesichtspunkt der Optionsvermehrung oder der Annäherung an das Gegebene; die *Wahrnehmung* ist entweder auf Abstraktion (etwa in Form übertragbaren Kausalwissens) ausgerichtet oder auf die Erfassung des Konkreten und Singulären; das *Reflektieren* kreist entweder um instrumentalisierbare Methoden oder um einmalige Erfahrungen, um Erlebnisse. Diese Überlegungen münden in eine »Soziologie des Seins« im Unterschied zur »Soziologie des Könnens« mit einer je speziellen Phänomenologie von Ordnung, Macht und Wandel.

Die Relevanz dieser hier in äußerster Verkürzung dargestellten Theorie der fortgeschrittenen Moderne[240] für Soziologie als Handwerk besteht in der heuristischen Vorstrukturierung von wissenschaftlichen Interpretationen und Vorannahmen im Sinn des 14. und 15. Kapitels.

Resümee: Die Moderne hilft der kollektiven Selbstreflexion in zweierlei Weise auf die Sprünge. Zum einen führt die nach wie vor prägende Kernidee der Optionsvermehrung zu einer unübersehbaren Vielzahl sozialer Kontexte, zur ständigen Normalitätsvernichtung durch Innovation und zum Vordringen großer, undurchschaubarer Funktionssysteme. In dieser Welt werden gute Beschreibungen gebraucht: Reiseführer durch das Universum der sozialen Kontexte; Erkundungen neuer Normalitäten nach Zerstörung der alten; Analysen der schweigenden Systeme. Zum anderen kommt man, jedenfalls in den Zonen der weit fortgeschrittenen Moderne, um die ungewohnte und unbequeme Idee der *Ankunft* nicht herum. Wir haben es gelernt, Innovationen hervorzubringen, aber der Sinn für gutes Leben und Zusammenleben wurde dabei nicht trainiert. Die Hausordnung muss neu geschrieben werden. All dies gibt den im vorherigen Abschnitt geschilderten »Gesellschaftsgesprächen« ständig mehr Nahrung – Grund genug, sich näher mit ihren typischen Defiziten zu beschäftigen.

Sollbruchstellen der Protosoziologie

Manchmal kommen bei Erörterungen gesellschaftlicher Fragen fast alle zum gleichen Ergebnis, meist aber gehen die Urteile auseinander. Dass etwa das Internet unser Leben verändert, pfeifen die Spatzen vom Dach, doch über die Einzelheiten gehen die Meinungen weit auseinander – sollen beispielsweise Smartphones in Schulen verboten werden (wie in Frankreich 2018) oder erlaubt sein (wie in Deutschland)? Gegensätzlich wurden etwa auch die großen Krisen seit Beginn des 21. Jahrhunderts gesehen, für die beispielhaft einige Stichworte stehen mögen – Finanzsystem, Griechenland, Ukraine oder Naher Osten. Die Diskrepanzen bei der Beurteilung dieser Krisen gäbe es nicht, wenn die erforderlichen gedanklichen Operationen den Charakter naturwissenschaftlicher Messungen oder mathematischer Methoden hätten, vergleichbar der Blutdruckmessung oder der Berechnung des Bruttosozialprodukts.

Doch die Komplexität von Normalitäts- und (spiegelbildlich dazu) Krisendiagnosen macht es schwer, intersubjektiv verbindliche Aussagen zu erzielen. Diese Komplexität hat eine empirische und eine normative Dimension, die beide für sich genommen bereits höchste Anforderungen stellen, damit aber nicht genug: Es gilt einerseits, eine Vermengung von Beobachtungen und Wertvorstellungen – politischer, ökonomischer, religiöser oder sonstiger Art – zu vermeiden, andererseits aber gehört es durchaus auch zu den Aufgaben der Soziologie, beides aufeinander zu beziehen.

Diese Komplexität ist einer der Gründe für die Existenz der Soziologie, aber auch dafür, warum es nach wie vor schwer ist, in einfachen Worten zu erklären, was Soziologie überhaupt sein soll. Wir alle denken soziologisch, aber kaum jemand macht sich dies bewusst. Man kommt auch gar nicht auf die Idee, dass einem etwas fehlen könnte, denn der quasisoziologische Sinn arbeitet von ganz alleine, Fehler inbegriffen.

Solange der Normalfall herrscht, interessieren sich die Menschen nicht explizit dafür, vielmehr bevorzugen sie den entgegengesetzten Fokus: Wo wird das Normale durchbrochen? Was gibt es Neues? Welche Sensationen, Klatschgeschichten, Peinlichkeiten und Regelverstöße liefert das Leben von Tag zu Tag? All diese Fragen setzen zwar das Normale logisch voraus, aber die Intuition genügt; Normalität muss nicht explizit werden. Nur selten wird das möglicherweise Normale selbst zur Sensation, vor allem dann, wenn es geleugnet wird, wie im Beispiel wiederholter Erschießung unbewaffneter Afroamerikaner durch weiße Polizisten in den USA in den vergangenen Jahren, worauf ich bereits zu Beginn des 6. Kapitels eingegangen bin.

Normalität: Die Soziologie hat einen Gegenstand im Blick, der den meisten so selbstverständlich ist, dass sie sich gar nicht erst damit beschäftigen. Jenseits der Soziologie gilt das Außergewöhnliche in der Regel als viel interessanter. Diese Blickweise ist ironischerweise ebenfalls normal. Sie entwickelt sich in den ersten Lebensjahren aus ihrem Gegenteil heraus. Kleinkinder beobachten alles, was in ihrer Umgebung geschieht, mit größter Aufmerksamkeit. Bald finden sie heraus, was sich wiederholt. Davon zeigen sie sich zunächst fasziniert, bis das Interesse am Einmaligen, Besonderen, Abweichenden immer mehr die Oberhand gewinnt. Die Soziologie stellt den Modus der ersten Lebensphase in den Mittelpunkt. Was sie der Forschungshaltung des Kleinkinds hinzufügt, ist Methode, Selbstkontrolle und kritischer wissenschaftlicher Diskurs.

Auf dem Weg von protosoziologischer Intuition zu soziologischer Explizitheit kommt es darauf an, alltägliche Sehgewohnheiten hinter sich zu lassen. Was wir im Alltag als Sehhilfe empfinden und gar nicht erst zum Thema machen, entpuppt sich beim genaueren Hinsehen leicht als Augenbinde. Im Überblick treten vier Unterschiede hervor:

1. Im Alltag empfinden wir, wie ausgeführt, das Normale als selbstverständlich und achten auf alles Außergewöhnliche; der soziologische Blick dagegen interessiert sich für *Wiederholungen.*
2. Die Alltagswahrnehmung registriert vorwiegend das Sichtbare und überlässt das *unsichtbare Innenleben* den Bauchgefühlen; genau darauf konzentriert sich dagegen der soziologische Blick.
3. Der Zeithorizont der Alltagswahrnehmung ist weitgehend auf das Hier und Jetzt beschränkt; im Gegensatz dazu richtet sich der soziologische Blick auf *Zeiträume,* denn das, was sich zwischen Menschen abspielt, braucht Zeit, um überhaupt real zu werden.
4. Unsere bewusste Alltagswahrnehmung ist in der Regel auf einzelne Personen und Vorkommnisse fokussiert; der Blick der Soziologie richtet sich dagegen auf *Mengen* von Personen und interpersonalen Episoden.

Zu diesem Unterschied der Sichtweisen tritt der zwischen Zweifel und Gewissheit. Gute Wissenschaft zweifelt. Wer es damit im Alltag oder in öffentlichen Diskursen versucht, macht sich schnell zum Gespött. Hier siegt Gewissheit, als ginge es bei der Wirklichkeit der Kollektive um offensichtliche Phänomene wie das gerade herrschende Wetter oder um den Getränkevorrat im Kühlschrank. Offensichtlich? Schon über Menschen in Einzahl zu reden, ist voraussetzungsvoll und unsicher genug. Bei Menschen in Mehrzahl kommen erhebliche Schwierigkeiten hinzu – etwa Stichprobenprobleme, Abgrenzungsfragen, Unschärfe, um nur einige der meist ignorierten Herausforderungen zu nennen. Das ignorierte Nichtwissen beginnt schon mit den nebulösen Vorstellungen davon, wovon genau eigentlich die Rede sein soll. Es heißt etwa: »Sie haben eine Beziehungskrise.« Was aber heißt das eigentlich genau?

Die unsichtbare Leitwissenschaft der fortgeschrittenen Moderne

Die wissenschaftliche Soziologie hat es zwar vermocht, sich institutionell zu etablieren, allerdings ist sie – anders als die Naturwissenschaften – weit davon entfernt, als oberste Instanz anerkannt zu sein. Wären sich alle der Sollbruchstellen von Behauptungen über Soziales bewusst, gäbe es vielleicht bald keine Talkshows mehr. Doch nach wie vor ist implizite Soziologie allgegenwärtig. Jeder fühlt, denkt und redet sein ganzes Leben lang quasisoziologisch, und nicht wenige machen dies zu ihrer Hauptbeschäftigung. Wenn aber niemand darum herum kommt, warum bleibt explizite Soziologie dann den Spezialisten überlassen? Warum gehören soziologische Fähigkeiten nicht zur Allgemeinbildung? Auf diese Idee komme ich im 21. Kapitel zurück.

Nach allen bisherigen Überlegungen ist die Soziologie dazu prädestiniert, Leitwissenschaft der fortgeschrittenen Moderne im 21. Jahrhundert zu werden, zuständig für methodisch fundierte und in der Fachdiskussion gehärtete Beschreibungen der sozialen Wirklichkeit, für Kontextberichte, Systemstudien, Krisenanalysen und Hausordnungskritik. Dass Gesellschaft nicht mehr als naturgegeben oder gottgewollt angesehen wird, sondern als Menschenwerk, ruft eine empirische Wissenschaft auf die Bühne, welche dazu imstande ist, die stille Macht der Gesellschaft zur Sprache zu bringen. Soziologie soll den Menschen dazu verhelfen, vom Objekt der Umstände zum Subjekt ihrer Geschichte werden.

Man könnte heute von einer Soziologisierung der Alltagswahrnehmung sprechen, vergleichbar der Popularisierung von Psychologie und Psychotherapie seit Beginn des 20. Jahrhunderts, wäre da nicht die geringe öffentliche Präsenz der Soziologie als Wissenschaft. Akademisch arriviert, aber öffentlich überwiegend ignoriert, abgesehen von gelegentlichen Wortmeldungen einiger weniger, ist die Soziologie weit davon entfernt, sich als anerkannte Deutungsinstanz zu etablieren, der die Menschen etwa ähnlich hohe Glaubwürdigkeit zubilligen und ähnlich große Neugier entgegenbringen würden wie der Psychotherapie oder der Nationalökonomie.

Psychotherapie, Nationalökonomie und Soziologie starteten in etwa gleichzeitig, doch die Rezeptionsgeschichte von Individualdeutung und volkswirtschaftlicher Diagnose verlief wesentlich erfolgreicher als die der Soziologie. Regelmäßige Konjunkturprognosen sind ein fester Bestandteil der Nachrichten; und wie fest die Psychotherapie in der Kultur des Westens verankert ist, tritt folkloristisch in Filmen (von Woody Allans »Stadtneurotiker«[241] bis zur Serie »Die Sopranos«[242]) und institutionell in der gesetzlichen Krankenversicherung zutage, die in Deutschland jährlich Milliarden für Psychotherapie ausgibt. Anders die Soziologie; ihre Konjunkturen sind Vergangenheit, und es gibt keinen zur Legende gewordenen Protagonisten, der es dem bärtigen Dr. Freud am Kopfende der Couch im kulturellen Gedächtnis gleich tun würde – nicht einmal Max Weber wurde zu einer solchen Ikone.

Keines der großen Themen der Gegenwart kommt ohne Erörterung gesellschaftlicher Phänomene aus – Biotechnik, Energie, Welternährung, Umwelt, Migration, Globalisierung, Arbeit, Europa, Datenströme und Privatsphäre. Keiner kann die großen Themen ignorieren; selbst notorische Verdränger werden über sämtliche Kommunikationskanäle von ihnen verfolgt.

Doch was genau fasst der protosoziologische Blick eigentlich ins Auge und was bedeuten die damit gewonnenen Erkenntnisse konkret? Nach welchen Gesichtspunkten kann man zwischen konkurrierenden Deutungen entscheiden, falls man nicht schon längst heimlich vorentschieden *ist*, gesteuert durch Gefühle, Zugehörigkeiten, bloße Rhetorik und Mainstream-Konformismus? Oft versteckt sich die Herrschaft des Zufalls über die Urteilsbildung in Argumentationsritualen, die keinen Fortschritt, keine Annäherung an Wahrheit erkennen lassen. Protosoziologische Aufklärung gerät so zum wortreichen Aktivismus ohne wirklich mehr Klarheit einzubringen. Den Ausgang aus selbstverschuldeter Unmündigkeit: Wir wollen ihn ja, aber wo ist da die Tür?

Ein schwierige Wissenschaft oder keine Wissenschaft?

Offensichtlich hängt die Antwort auf diese Frage vom Thema ab. In Naturwissenschaft und Technik, in Logik und Mathematik, in Unternehmensführung und Finanzverwaltung stößt man allein mit Meinungen, konstruierten Gewissheiten und Konformitätszwängen bald an Grenzen. Naturgesetze und

Bilanzen lassen sich nur vorübergehend ignorieren; irgendwann bringen sie sich unweigerlich in Erinnerung, manchmal so spektakulär wie im Sommer 2018 beim Einsturz einer Autobahnbrücke mitten in Genua.

Bei den meisten Fragen dagegen, mit denen sich die quasi-soziologische kollektive Selbstreflexion einerseits und die wissenschaftliche Soziologie andererseits beschäftigen, steht diese harte Schule nicht zur Verfügung – etwa Wandel der Arbeit durch Digitalisierung und Robotisierung, Veränderung des Privatlebens durch autonome Maschinen, Kulturalisierung des Biologischen durch Gentechnik, umfassende Beobachtung und Kontrolle jedes Einzelnen auf Grund seiner Datenspuren, Migration, Wandel der Parteienlandschaft oder Wandel der Medienkultur. Die harte Schule fehlt auch bei der Untersuchung der sozialen Bedingungen, die den Einsturz der Brücke in Genua möglicherweise mit verursacht haben.

Soziologische Analysen zu solchen Gegenwartsfragen können nicht auf einen sicheren Fundus von Forschungsergebnissen und allmählich konsolidierten Erkenntnissen zurückgreifen. Sollte man deshalb solche Themen in der Soziologie erst gar nicht zulassen? Gestellt werden sie trotzdem – die Öffentlichkeit kümmert sich nicht um etwaige Selbstbeschränkungen der für sie zuständigen Wissenschaft. Sie antwortet selbst auf ihren Deutungsbedarf, doch hat sie nicht das gleiche Erkenntnispotenzial. Genau genommen ist gerade die durch den Forschungsgegenstand Gesellschaft bedingte Ungewissheit das wichtigste Argument dafür, Soziologie wissenschaftlich zu institutionalisieren.

Für die wissenschaftliche Soziologie wäre die Beschränkung auf harte, absolut objektive Fakten nicht nur illusionär, sondern sogar kontraproduktiv, würde sie doch das immerhin mögliche erkenntnistheoretische Minimum verhindern – Klarheit über unvermeidliche Ungewissheit zu erlangen und die Suche nach Deutungen als Vermutungsprojekt zu organisieren, orientiert an gemeinsamen Urteilskriterien: Welche Deutung scheint gegenwärtig am plausibelsten, weil sie immer noch am besten begründet ist?

Solange die Eigenart der Soziologie nicht Allgemeingut ist, wundert einen weder die Zerklüftung der kollektiven Selbstreflexion noch die Marginalität der wissenschaftlichen Soziologie im öffentlichen Stimmengewirr. Sich die erkenntnistheoretische Komplexität des Forschungsgegenstands Gesellschaft auch nur klarzumachen, ist eine Hürde, die selbst in der akademischen Soziologie längst nicht jeder genommen hat, ganz zu schweigen von den Deutungssuchenden jenseits der Zunft.

Erstaunlich ist allerdings, dass die Soziologie nichts unternimmt, dieses Defizit wenigstens zu benennen. Liegt dies daran, dass sich die Soziologie selbst nicht klar zu ihren fachspezifischen methodologischen Anforderungen bekennt? Die Naturwissenschaften können sich ihrer empirischen Urteile sicherer sein als die Soziologie, und zwar allein aufgrund der Eigenschaften ihres jeweiligen Gegenstands. Die höhere Ungewissheit und die kürzere Halbwertszeit soziologischer Befunde sind den Besonderheiten des Forschungsgegenstands Gesellschaft geschuldet, nicht der vermeintlichen Unwissenschaftlichkeit der Soziologie.

Wäre es in Anbetracht dieser Sonderprobleme der Soziologie angemessen, daraus eine Rangfolge der Wissenschaften ableiten zu wollen? Wäre es vielleicht am besten, die Soziologie ganz aufzugeben und an die Informatik zu delegieren? Solche Lösungen liefen auf nichts weniger als auf selbstverordnete Blindheit für die Wirklichkeit der Kollektive hinaus. Aus der besonderen Instabilität, Unschärfe und Fehleranfälligkeit der Soziologie auf ihre mangelnde Satisfaktionsfähigkeit im Parlament der Wissenschaften zu schließen, zeugt entweder von einem unzureichenden Wissenschaftsbegriff (siehe hierzu das 4. Kapitel) oder von einem Mangel an Logik bei der Anwendung dieses Begriffs auf die Soziologie.

Noch einmal: Was ist gute Wissenschaft? Ihre Qualität bemisst sich nicht etwa nach der Gewissheit und Stabilität ihrer Ergebnisse, sondern nach ihren Methoden, nach den Formen ihrer Selbstbeobachtung und nach ihren Diskursen. In den Naturwissenschaften gilt dies als selbstverständlich. Das Fachgebiet, in dem sich beispielsweise die Werkstoffwissenschaft bewegt, lässt zwar höhere Stabilität und Sicherheit von Erkenntnissen zu als der Objektbereich eines Biologen, der ständig mit der Unregelmäßigkeit des Lebendigen und den Überraschungen der Evolution konfrontiert ist, doch niemand zweifelt an der Wissenschaftlichkeit der Biologie.

Nicht anders ist auch die Soziologie zu beurteilen. Sie muss mit noch weitaus mehr Unregelmäßigkeiten und Überraschungen als die Biologie zurechtkommen. Trotzdem kann sie eine empirische Wissenschaft im strengen Sinn sein, der ein ausgereiftes und vielfach erprobtes Handwerkszeug zur Verfügung steht. Es wäre inkonsequent, ihr den Anspruch auf Wissenschaftlichkeit abzusprechen, bloß weil sie vor größeren methodischen Problemen als die Naturwissenschaften steht.

Im Gegenteil könnte die Soziologie eigentlich mit dem Selbstbewusstsein einer Wissenschaft auftreten, die sich besonders schwierigen Herausforderungen stellt. Stattdessen stößt man immer wieder auf Symptome eines disziplinären Minderwertigkeitskomplexes mit fragwürdigen Folgen. Eine der unguten Konsequenzen besteht im oft propagierten Rückzug auf sogenannte wasserdicht absicherbare Befunde; der damit in Kauf genommene Verzicht auf zentrale soziologische Erkenntnisinteressen bleibt unerwähnt oder ungesehen. Eine auf experimentelle Verfahren und auf Messung durch Apparate reduzierte Soziologie müsste genau diejenigen Themen ausklammern, die von außen auf der Suche nach Deutung der Gegenwart an sie herangetragen werden.

Repräsentative standardisierte Surveys kommen diesem Bedürfnis zwar durchaus entgegen, aber nicht weit genug, um die Soziologie darauf zu reduzieren. Und die daran anschließenden multivariaten Datenanalysen verbürgen zwar ein Höchstmaß an Objektivität, aber nur in Bezug auf die mit den Daten durchgeführten statistischen Operationen. Es schmälert den Wert von Surveys nicht, wenn man auch ihre Grenzen sieht.

Werfen wir einen kurzen Blick darauf. Aufeinanderfolgende Surveys, *erstens*, liefern wertvolles Material für Zeitvergleiche, aber in den dokumentierten Ergebnissen kann ein nicht restlos klärbarer Anteil von Methodenartefakten ohne realen Hintergrund stecken – etwa eine veränderte Semantik bei gleichbleibendem Wortlaut; eine Beeinflussung der Ergebnisse durch nicht spezifizierbare aktuelle Ereignisse; Veränderungen der systematischen Stichprobenfehler wegen Veränderungen der Selektivität und anderes. *Zweitens*: »Repräsentativ« können Surveys, wie im 7. Kapitel dargestellt, immer nur der Absicht nach sein. Damit kann man immerhin bewirken, dass die Stichprobe ein lokales Optimum erreicht. *Drittens*: Survey-Daten können Interpretationsgrundlagen liefern, aber das mit allen Interpretationen verbundene Risiko bleibt bestehen, etwa angesichts der Frage, was die Ergebnisse wohl zum Gang der ganzen Gesellschaft in ihrer Geschichte aussagen könnten.

Damit soll nichts gegen Surveys gesagt sein, zu denen es bei allen Einschränkungen ja gar keine Alternative gibt. Worum es hier geht, ist einerseits die Entmythologisierung großer standardisierter Datensätze, andererseits ihre Einbettung in anspruchsvolle theoretische Fragestellungen und Interpretationen, ohne die damit verbundene Ungewissheit zu scheuen. So verbindet etwa der Forschungsschwerpunkt »Migration und Populismus« an der Universität Dresden in seinem Jahresbericht für 2018 die Survey-Methode mit Interpretationen, die zwar weit über die erhobenen Informationen hinausgehen, die aber wegen des dadurch erreichten Relevanzhorizonts erst lohnend werden. »Migration ist nicht die Ursache für den Aufstieg des Populismus in Europa. Sie ist Auslöser.«[243]

Wenn man nun angesichts der vorangegangenen Ortsbestimmung der Soziologie in ihre Zukunft zu blicken versucht: Welchen konkreten Aufgaben sollte sich die Soziologie stellen, um ihren Platz in der Gesellschaft einzunehmen? Damit beschäftigt sich das folgende und letzte Kapitel.

21. Kapitel: Lernziel soziologische Kommunikation

Abstraktion als Tugend

So oft der Soziologie schon der Vorwurf gemacht wurde, abstrakt und lebensfern zu sein, so groß ist doch überraschenderweise ihre Verwandtschaft zum Alltagsdenken. Niemand kann ohne Abstraktion mit anderen zusammenleben. Welches Handeln ist wann am Platz und welches auf keinen Fall? Was meinen all die Wörter und Zeichen, mit denen wir uns verständigen? Was ist heute anders als früher? Im Unterschied zur Soziologie bleiben alltägliche Abstraktionen allerdings meist intuitiv, sie äußern sich als Bauchgefühle, die der Psychologe Gerd Gigerenzer als Resultat unbewusster einfacher Entscheidungsregeln (zum Beispiel »take the best«) auf der Basis vieler konkreter Erfahrungen modelliert.[244]

Doch wie wird darüber geredet? Was ist beispielsweise gemeint, wenn von »der Gesellschaft« die Rede ist? Von Kindheit an haben wir ein Gespür für alles Zwischenmenschliche. Wir bewegen uns früh mit großer Sicherheit darin und tragen selbst dazu bei, es herzustellen. Was jedem ohne genaues Nachdenken zunächst ganz klar und offensichtlich scheint, sträubt sich aber gegen Präzisierungsversuche. Obwohl wir uns ständig mitten darin befinden, können wir das Zwischenmenschliche ohne besondere Schulung kaum zur Sprache bringen. Wenn man einmal nachfragt, was eigentlich mit »Gesellschaft« gemeint sei, bekommt man meist nebulöse Antworten: »zum Beispiel Deutschland«, »die Masse«; »die oberen Zehntausend«; »die Gesellschaft, das ist eben die Gesellschaft«.

Tautologien sind heiße Luft, doch wenn man Menschen über »die Gesellschaft« reden hört, hat man den Eindruck, dass sie sich durchaus auf etwas Substanzielles, Erlebtes beziehen. Wenn dabei etwa von Gerechtigkeit die Rede ist, geht es um Konkretes: etwa um Einkommensunterschiede, Bildungsungleichheit, Rechtsprechung oder Diskriminierungen. Kaum wird es so plastisch, taucht noch ein weiteres Problem auf: Die Rede von »der Gesellschaft« suggeriert einen klar abgegrenzten Gegenstand. Viele reden darüber wie über etwas physisch Reales, vergleichbar dem Auto in der Garage. Jeder, der das Garagentor aufmacht, kann das Auto sehen. Gesellschaft dagegen kann man nicht einfach so sehen, vielmehr muss man erst einmal eine Optik aufbauen, die dieser Nicht-Dinglichkeit angemessen ist.

Die in diesem Buch oft gebrauchte Analogie einer Optik veranschaulicht das Aufeinandertreffen von Beobachtung und Wirklichkeit. Was man sieht, hängt ganz von der Perspektive ab. Soziologie soll die Kommunikation darüber ermöglichen – den Gedankenaustausch über das Zwischenmenschliche, und zwar so, dass möglichst viele mitreden können. Die dazu benötigten Optiken sind Abstraktionsprogramme, dazu geeignet, die Vielfalt des Konkreten zu reduzieren und die Eindrücke zu ordnen. Das Besondere der soziologischen Optik im Vergleich zur Alltagswahrnehmung ist nicht etwa ihr Abstraktionsgrad, sondern ihre Explizitheit. Auch Alltagswahrnehmung und öffentliche Diskurse thematisieren Interaktionsmuster, Sinnwelten und Verteilungen, aber sie schweigen zu ihren Abstraktionsprogrammen.

Wenn Soziologie mehr sein soll als ein akademisches Glasperlenspiel, wenn sie ihren Zweck erst im Rahmen einer Gesprächsverbindung nach außen erreichen kann, dann geht der Vorwurf der Abstraktheit der Soziologie an der Sache vorbei. Abstraktionen können unsinnig sein, gute Abstraktionen aber machen das Wesen der Soziologie aus. Und so stehen auch jene, um die es geht, vor der Aufgabe, soziologische Abstraktionen zu verstehen und sich ihrer in Diskursen zu bedienen – Lernziel Abstraktion.

Für die wissenschaftliche Soziologie wie für das Alltagsbewusstsein ist es entscheidend, den Kontakt zwischen dem Konkreten und dem Abstrakten lebendig zu halten, weil sich das Konkrete ständig ändert. Man kann nur begrenzt auf gelungenen Abstraktionen aufbauen, im Gegensatz zu den Naturwissenschaften, vielmehr muss man sie immer wieder aktualisieren.

In welcher Wissenschaft wäre der Satz, den Goethe im *Faust* Mephisto sagen lässt, so zutreffend wie in der Soziologie? »Grau, teurer Freund, ist alle Theorie/und grün des Lebens goldner Baum.« Es ist eigenartig, dass dieses Zitat so häufig im Mund geführt und gleichzeitig kritisiert wird – denn wie kann ein Baum gleichzeitig zwei Farben haben? »Hier irrte Goethe«, hieß es immer wieder. Der Germanist Ulrich Knoop kommt auf etymologischen Wegen zu einer anderen Deutung.[245] Die beiden Farbbegriffe haben auch eine symbolische Konnotation: »Grün« steht für das lebendige Werden, Wachsen und Vergehen; »golden« für Erhabenes und Bleibendes, wobei auch die Assoziation des biblischen »Baumes der Erkenntnis« mitschwingen mag. Die Irritation, die der Widerspruch im Konkreten auslöst, verschwindet im Reich des Symbolischen: Hier kann das Leben gleichzeitig grün und golden sein; hier kann man die konkrete und die abstrakte Betrachtungsweise miteinander vereinen.

Nun kommt in dem Zitat aber auch noch eine dritte Farbe vor – grau. Erst damit wird ein Dilemma von Soziologie als Wissenschaft deutlich: Sie ist angetreten, um das Lebendige in der Sphäre des Zwischenmenschlichen auf den Begriff zu bringen, symbolisch gesehen das Grün des ewigen Wandels ins Gold der Erkenntnis zu übersetzen. Aber Soziologie soll nicht Literatur, Kunst, Hymnus sein, sondern nüchterne Beschreibung – graue Theorie. Wer sich für Soziologie interessiert, wird ihre Theorien schnell zu schätzen lernen, so grau sie auch scheinen mögen.

Kollektivdiagnostisches Monitoring

Soziologisch zu denken ist geradezu ein Volkssport geworden, nicht nur in Talkshows. Überall ist etwa die Rede von Politik, Medien, Kapitalismus, Neoliberalismus, Werteverfall usw. Hinsichtlich ihrer begründungslosen Gewissheit unterscheiden sich Debattenbeiträge oft genug in keiner Weise von beliebigen Alltagsgesprächen. »Man muss doch einfach nur die Augen aufmachen, dann sieht man doch, was los ist.« Bei aktuellen Ereignissen mit großer Öffentlichkeitswirkung wie etwa den ersten Pegida-Demonstrationen im Jahr 2014 ist die öffentliche Meinungsbildung fast immer schon fertig, wenn sich die Soziologie mit ersten Einschätzungen zu Wort meldet. Soziologische Differenzierungen kommen in solchen Fällen zu spät und werden dann kaum noch zur Kenntnis genommen.

Dass es auch anders geht, zeigt die Studie von Vorländer, Herold und Schäller zu den Pegida-Demonstrationen, die kurze Zeit nach dem ersten Auftreten der Protestbewegung erschien und große öffentliche Aufmerksamkeit fand. Als Titel trug diese Studie genau die Frage, die sich damals alle stellten: »Wer geht zu Pegida und warum?«[246] Diese Frage war so schlicht wie schwer zu beantworten. Entsprechend soziologisch-professionell war das empirische Vorgehen.

Der Darstellung und methodischen Reflexion des Forschungsprozesses widmen die Autoren breiten Raum. Alle Details sind nachvollziehbar: Wie bei verschiedenen Demonstrationen vor Ort und in Echtzeit näherungsweise eine Zufallsstichprobe von Teilnehmern angesprochen werden konnte; wie es sich wohl auf die Ergebnisse auswirkte, dass nur etwa ein Drittel der Angesprochenen zu einem Interview bereit war; welche Fragen gestellt wurden; welche Verzerrungen sich in den resultierenden Elementarsätze möglicherweise verbargen; welche Annäherung an die empirische Wahrheit wahrscheinlich trotzdem möglich war. So sieht Intersubjektivität in der Wissenschaft aus: Regelgeleitetes empirisches Vorgehen, das genau dargestellt wird; explizites Durchdenken der Sollbruchstellen und der daraus resultierenden Fehlerrisiken; Interpretation der Daten vor diesem Hintergrund im Sinn einer vorläufigen Antwort auf die Ausgangsfrage.

Die Relevanz der empirischen Soziologie könnte erheblich gesteigert werden, wenn sie, wie in diesem Beispiel, schneller wäre – dann könnte sie sich in aktuelle Diskurse einbringen, bevor es zu spät ist, weil die öffentliche Meinungsbildung schon längst stattgefunden hat und sich bereits auf das nächste Thema gestürzt hat. Um ihre Reaktionsgeschwindigkeit zu erhöhen, könnte sich die Soziologie an den führenden Wirtschaftsforschungsinstituten orientieren, deren Befunde immer große Beachtung finden. Diese sind auf ein kurzfristiges ökonomisches Monitoring spezialisiert; entsprechend ließe sich auch ein kurzfristiges kollektivdiagnostisches Monitoring auf Dauer einrichten.

In einem solchen Institut stünde alles, was man braucht, schon bereit und müsste nicht von Fall zu Fall zusammenorgansiert werden: hochqualifiziertes Personal, Geldmittel, Forschungsstrukturen, Auswertungsroutinen, eingespielte publizistische Muster und Verbindungen zu versierten Fachberatern für spezielle Themen. Dieses Institut dürfte keinesfalls als politischer oder moralischer Tendenzbetrieb geführt werden, vielmehr müsste es den Nimbus einer distanzierten, nur der Wahrheit verpflichteten Instanz erringen. Dabei wäre es wichtig, sich – dem 14. Kapitel entsprechend – auf verstehende und den historischen Kontext einbeziehende Interpretationen einzulassen und sich mitten in die laufenden öffentlichen Diskurse hineinzuwagen, bei allen damit verbundenen Irrtumsrisiken (die kenntlich zu machen zur Seriosität beitragen würde). Ein solches Institut zeitdiagnostischen Monitorings würde große öffentliche Resonanz finden, die sich auf die Soziologie insgesamt übertragen könnte. In Deutschland gibt es bereits eine Einrichtung, die wie keine andere dazu prädestiniert wäre, die hier skizzierte Funktion zu übernehmen: das GESIS Leibnitz-Institut für Sozialwissenschaften in Mannheim und Köln.

Verstehen – Das Implizite explizit machen

Der soziologische Blick hat den gleichen Fokus wie all die oben beschriebenen »Gesellschaftsgespräche«. Wenn man im Alltag wissen will, warum jemand ärgerlich ist; wenn man eine neue Arbeitsstelle angetreten hat; wenn man auf der Autobahn fährt: immer und überall geht es um Regeln und Regelverstöße, um altgewohnte und ungewohnte soziale Routinen, um normale Abläufe und ihre Störungen. Solange alles glatt geht, genügt voll und ganz der intuitive soziologische Blick, über den bereits Kinder verfügen. Wenn sie miteinander spielen, gegen Regeln revoltieren oder auf bestimmten Ritualen beim Zubettgehen bestehen, tritt beiläufig ein erstaunliches Gespür für zwischenmenschliche Drehbücher zutage. Es beruht auf komplexen Wahrnehmungen, unbewussten Abstraktionen und spontanen Urteilen darüber, was in einer gegebenen Situation angemessen ist. Wir sind soziologische Naturtalente.

Aber unser Bauchgefühl für das Zwischenmenschliche kann sich als unzulänglich herausstellen. Menschen mit dem Asperger-Syndrom beispielsweise reagieren verstört auf die unvermeidlichen Regelabweichungen und Regelvariationen des normalen Alltagslebens, mit denen andere umzugehen wissen. Schon diese einfache Beschreibung hat einen soziologischen Gehalt. Im Unterschied zur intuitiven Soziologie macht sie ein zwischenmenschliches Phänomen explizit, das genaugenommen im gemeinsamen Nenner einer Vielzahl einzelner Vorkommnisse besteht. Wissenschaftliche Soziologie bringt etwas zur Sprache, das sich der ungeschulten Alltagswahrnehmung nicht erschließt.

Betrachten wir ein anderes alltägliches Beispiel: Max merkt, dass Liz sauer auf ihn ist. Er glaubt auch zu wissen warum und spricht dies offen aus. Jetzt wird Liz erst recht wütend. »Typisch. Du hast mich wieder einmal total missverstanden«. »Aber wieso denn? Was ist eigentlich los?« »Wenn du das nicht von selbst merkst, hat es sowieso keinen Sinn.« Auch hier käme es auf soziologische Explizitheit an: Um welche Regel geht es überhaupt und inwiefern wurde sie verletzt? Allerdings: Wenn das Kind schon in den Brunnen gefallen ist, hat das Verstehen keine Chance mehr.

Auf der Autobahn sorgt die Straßenverkehrsordnung gewissermaßen für soziologische Explizitheit, doch der weitaus größte Teil dessen, was zwischen Menschen abläuft, folgt ungeschriebenen Regeln. Wenn man sie zur Sprache bringen kann, lassen sich Spannungen vermeiden, Krisen bewältigen, Irritationen abbauen. Wenn nicht, dreht man sich oft im Kreis und versteht die Welt nicht mehr. So beschreibt etwa Dorothy Parker in ihrer Erzählung *Dusk before Fireworks* eine Endlosschleife von Argwohn und Beschwichtigung zwischen einem Mann und einer Frau.[247] Unfähig dazu, ihr Spiel zu beschreiben, sind sie dazu verurteilt, es ständig zu wiederholen.

Der US-amerikanische Psychologe Eric Berne nennt solche sozialen Muster in Paarbeziehungen »Spiele der Erwachsenen«; nicht umsonst wurde sein Buch *Games People Play* in den 1960er Jahren zu einem Weltbestseller.[248] Berne entwickelt darin eine genuin soziologische, auf zwischenmenschliche Drehbücher fokussierte Therapie, die inzwischen als paartherapeutisches Standardverfahren (Transaktionsanalyse) etabliert ist. Indem der Paartherapeut die typischen Spiele seiner Klienten beobachtet und beschreibt, macht er ein Phänomen für sie explizit, das nur so lange Macht über sie hat, wie sie es nicht zur Sprache bringen können.

Eine Zweierbeziehung ist der Minimalfall von Gesellschaft. Soziologie kann kontraproduktive Spiele beherrschbar und überwindbar machen, ob in Paarbeziehungen oder in globalen Problemlagen. Sie ist bei Störungen gefragt, bei Protesten, bei Ungewissheit über die sozialen Konsequenzen technischer Innovationsschübe – was bedeuten etwa Informationstechnologie, Genmanipulation oder Drohnen für das Zwischenmenschliche? Sie ist gefragt, um die rasant wachsende Unübersichtlichkeit des Zwischenmenschlichen halbwegs zu bewältigen; sie soll Antworten auf die scheinbar einfachste aller Fragen liefern: Was tun wir eigentlich – was läuft zwischen uns ab? Das »Wir« dieser Frage manifestiert sich in Partnerschaften und Staatskrisen, in Stadtquartieren und Finanzmärkten, in unseren digitalen Spuren und ihrer Nutzung durch anonyme Geschäftemacher.

Es mag mit der traumwandlerischen Sicherheit der unbewussten Alltagssoziologie für den Normalfall zusammenhängen, dass den meisten Menschen nicht klar ist, auf welch unsicherem Terrain sie sich bewegen. Angesichts der geradezu einzigartigen erkenntnistheoretischen Schwierigkeiten empirischer Soziologie offenbaren etwa die täglichen Talkshows ein verstörendes Maß an Gewissheit. Die Unbefangenheit der Teilnehmenden verrät oft ein Defizit an soziologischer Allgemeinbildung. Erstaunlich ist dies nicht, denn woher sollten sie auch wissen, dass wissenschaftliche Expertise notwendig wäre? Es liegt doch alles klar auf der Hand!

Das Implizite explizit zu machen, hat schon immer die Faszination der Soziologie ausgemacht, ob man nun Thorstein Veblens *Theorie der feinen Leute* nimmt,[249] Georg Simmels Essay *Die Großstädte und das Geistesleben*,[250] Max Webers Spurensuche nach dem *Geist des Kapitalismus in der protestantischen Ethik*,[251] um gegenwärtige Arbeiten wie *Das metrische Wir* von Steffen Mau[252] oder Richard Münchs Analysen des *Akademischen Kapitalismus*.[253] Der

Deutungsbedarf der Öffentlichkeit richtet sich auf verstehendes Beschreiben dessen, was Max Weber als »gemeinten Sinn« bezeichnet hat. Wie können wir uns selbst verstehen? Wie kann man den gemeinten Sinn auf den Begriff bringen, um damit überhaupt umgehen zu können, sei es kritisch, sei es konsolidierend?

Verstehende Arbeiten dieser Art sind in der Öffentlichkeit zu Recht gefragt, während sie in der wissenschaftlichen Soziologie eine immer geringere Rolle spielen. Diese Rolle zu betonen, dafür auszubilden, sie in der Forschungsförderung zu etablieren, sich damit öffentlich zu artikulieren, ist für die Zukunft der Soziologie entscheidend.

Soziologische Praxisbeziehung – diskursiv statt technologisch

Um dies möglich zu machen, muss man zunächst jene Vorstellung von der praktischen Anwendung wissenschaftlicher Erkenntnisse hinter sich lassen, die sich zu Beginn der Moderne etabliert hat und die nach wie vor als die einzig denkbare erscheint. In Jahrhunderten haben sich die Menschen daran gewöhnt, dass naturwissenschaftliche Erkenntnisse *technologisch* umgesetzt werden, was bis auf den heutigen Tag zu Möglichkeitserweiterungen in allen Bereichen sozialen Handelns führte. Wir alle spüren dies am eigenen Leib. Es gibt eine Parallelität zwischen naturwissenschaftlichem Erkenntnisfortschritt und Lebenserleichterung, die sich im Laufe der Jahrhunderte tief ins kollektive Bewusstsein eingegraben hat und immer noch wesentlich zum Prestige der Naturwissenschaften beiträgt.

Mit den Ergebnissen der Soziologie verhält es sich anders. Es handelt sich dabei um methodisch und theoretisch fundierte Deutungsangebote, die mit schon existierenden Deutungen konkurrieren. Damit verbindet sich der Anspruch soziologischer Aufklärung: den Menschen ein möglichst zutreffendes Bild der von ihnen geschaffenen sozialen Wirklichkeit zu vermitteln. Neue Beschreibungen erlauben es, zur bisherigen Praxis auf Distanz zu gehen und sie zu verändern.

Wirksam werden neue Interpretationen der sozialen Wirklichkeit dadurch, dass sie überzeugen. Technologische Verwendung lässt sich als »Implementierung« verstehen, als konstruktiver Akt; diskursive Verwendung dagegen hat rhetorischen Charakter, sie ist das Resultat von Argumentieren, Kritisieren und Uminterpretieren. Zu den Sozialformen soziologischer Aufklärung zählen Beratung, Evaluation und Popularisierung. Beispiele sind etwa die Frauenbewegungen des 20. Jahrhunderts, Bildungsexpansion, Stadtplanung oder der Umgang mit Geflüchteten. Diese Beispiele zeigen sowohl den Einfluss der Soziologie als auch ihre Grenzen. Der Transfer soziologischen Wissens besteht nicht in bloßer wortwörtlicher Übernahme; vielmehr schließt er Umdeutung, Selektion, Verfälschung, Akzentuierung, partielles Vergessen und Hinzufügen ein.

Man kann zwar sagen: Je besser ein soziologisches Argument ist, je fundierter die Methoden sind, auf die es zurückgeht und je reflektierter seine Wahrnehmung in einer möglichst breiten Öffentlichkeit, desto einflussreicher ist es tendenziell. Doch was am meisten zählt, sind die durch Soziologie ausgelösten neuen Sichtweisen und Diskurse jenseits der Wissenschaft. Es ist insofern kein zu bekämpfender Fehler, wenn soziologische Ergebnisse im Verlauf ihrer Rezeptionsgeschichte eine Neuinterpretation erfahren, vielmehr handelt es sich um eine notwendige Bedingung ihrer Verwendung.

Im Idealfall kommt es zwischen der Soziologie einerseits und der Öffentlichkeit andererseits zu länger dauernden Phasen themenbezogener Kommunikation: Klärung normativer Standpunkte, Verdeutlichung von Ergebnissen, Akzentuierung von Konflikten, Konsensbildung, Vorbereitung politischer Entscheidungen. Dabei treten Soziologie und Öffentlichkeit nicht als monolithische Blöcke in Erscheinung, vielmehr sind sie in sich vielfältig differenziert und gespalten. Nach einiger Zeit tauchen nach dem Gesetz des abnehmenden Grenznutzens kaum noch neue Argumente auf. Manchmal zeichnet sich ein konsensfähiges Diskursergebnis ab, manchmal wird dieses sogar institutionalisiert (etwa durch die Verabschiedung neuer Gesetze); oft aber werden nur die Gegensätze klarer. Was dann letztlich getan wird, ist eine Machtfrage.

Diskurse zeichnen sich durch die Vielzahl der zum Zuge kommenden Perspektiven aus; durch die öffentliche Klärung von Positionen und Partikularinteressen, etwa politischer, massenmedialer, religiöser, ökonomischer oder professionspolitischer Art. Wenn es gut läuft, bringt die Soziologie dabei ihre empirische und epistemologische Expertise ein; wenn es schlecht läuft, lässt sich die Soziologie instrumentalisieren; und wenn es ganz schlecht läuft, versucht sie, Politik zu machen und diese als »wissenschaftlich« auszugeben – ein Etikettenschwindel.

Soziologische Kommunikation braucht gemeinsame Grundlagen

Soziologinnen und Soziologen sind, kulturhistorisch gesehen, die neuen Kollegen in einem seit langem bestehenden Konsilium. Am Anfang befriedigten mündlich überlieferte Mythen das Bedürfnis nach kollektiver Selbstvergewisserung. Heutige Formen sind Talkshows, Blogs, Twitter, Feuilletons, Managerseminare, Filme, Romane, populäre Kulturbeschreibungen aller Art bis hin zu Reiseführern und zeitdiagnostischen Bestsellern.

Im Zeitvergleich scheint die Marginalität der Soziologie sogar noch zuzunehmen. Sie ist Ausdruck eines dauerhaften Defizits an soziologischer Kommunikation. Ändern wird sich daran nichts, solange die kollektive Selbstreflexion fragmentiert ist: in einen Bereich außerhalb und einen innerhalb der Soziologie. Im Verhältnis beider Bereiche herrschen inkommensurable Voreinstellungen: Der Deutungsbedarf der Gesellschaft äußert sich in soziologisch unterkomplexen Fragen, und die Antworten der Soziologie werden nicht verstanden. Fragen und Antworten bedienen sich zwar desselben Vokabulars, doch diesem liegen unterschiedliche Semantiken zugrunde. Beide Seiten reden aneinander vorbei; gleichzeitig meinen sie einander zu verstehen, befangen in Illusionen des Begreifens.[254] So fragt die Öffentlichkeit an der Soziologie vorbei, und die Soziologie antwortet an der Öffentlichkeit vorbei, und keinem fällt es auf.

Dieses Defizit an soziologischer Verständigung lässt sich nur mit Veränderungen auf beiden Seiten überwinden. Außersoziologisch kommt es darauf an, überhaupt Rezeptionsfähigkeit für Soziologie herzustellen und die implizite Unterwerfung unter die schweigende Macht der Gesellschaft in ein explizites Stadium zu überführen. Voraussetzung dafür ist, dass der soziologische Blick zur allgemeinen Kulturfähigkeit wird, zu einem Teil der Allgemeinbildung, die an Schulen und Hochschulen vermittelt wird. Es scheint, dass sich diese Einsicht allmählich innerhalb der Profession durchsetzt. Im Jahr 2015 richtete die Deutsche Gesellschaft für Soziologie einen Ausschuss »Soziologie und Schule« ein; danach wurde dieses Thema in mehreren Symposien behandelt.[255]

Soziologie und Öffentlichkeit brauchen eine gemeinsame Grundlage. Es geht nicht darum, dass alle Luhmann im Originaltext verstehen. Wichtig wäre, dass ungefähr klar ist, worum es überhaupt geht, worauf soziologische Aussagen beruhen und mit welchen Fehlermöglichkeiten zu rechnen ist. Das ist keineswegs zu viel verlangt, wie ein Blick über den Gartenzaun der Soziologie zeigt. In der Geschichte des populären naturwissenschaftlichen und technischen Grundwissens entstand schon früh eine gemeinsame Verständigungsbasis zwischen Wissenschaft und Gesellschaft. Wie vage und lückenhaft die Kenntnisse der Laien auch immer gewesen sein mochten, sie reichten im Alltag doch aus, um etwa die Alltagsrelevanz der Innovationen in Medizin, Pharmazie, Energiegewinnung, Werkstoffwissenschaft oder Informatik halbwegs zu verstehen und sich in der ständig gewandelten technischen Szenerie zu orientieren. Ganz anders dagegen gehen viele mit der Anforderung um, sich in der ständigen gewandelten sozialen Szenerie zurechtzufinden. Sie begnügen sich mit ihrem angeborenen soziologischen Common Sense, ohne die dabei auftretenden Defizite wenigstens zu ahnen.

Allerdings hatten es die Naturwissenschaften leichter, im Alltag anzukommen, weil sie dort genug Anknüpfungspunkte fanden. Jedes Anknipsen eines Lichtschalters, jede Benutzung eines Smartphones, jede Einnahme von Antibiotika ist naturwissenschaftlicher Anschauungsunterricht. Zwar liefert der Alltag auch ununterbrochen *soziologisches* Material, doch kann man diesen Stoff nicht anfassen und abbilden. Das zwischenmenschliche Geschehen hinterlässt, wie Antony Giddens betont, lediglich Spuren im Gedächtnis;[256] seine explizite Entschlüsselung setzt einen geschulten soziologischen Blick voraus.

Auch Fachfremde können diesen soziologischen Blick erwerben. Die Isolation der Soziologie wird sich nur überwinden lassen, wenn ihre professionellen Vertreterinnen und Vertreter zu einer verdichteten Darstellung ihres Tuns in der Lage sind, vor allem, wenn sie es mit Laien zu tun haben. Den Wald vor lauter Bäumen nicht mehr zu sehen, gehört zu den normalen Nöten am Anfang des Studiums. Es kann passieren, dass man sich am Ende des Studiums daran gewöhnt hat.

Bringschuld der Soziologie, Holschuld der Öffentlichkeit

Doch warum konnte sich die Soziologie bisher nicht als anerkannte Instanz öffentlicher Diskurse etablieren? Zeit genug hätte sie dafür gehabt. Liegt in der langen Dauer ihrer Marginalität ein Beweis für Unmöglichkeit trotz Unentbehrlichkeit? *Sociology – the impossible science* lautet der Titel einer wissenschaftshistorischen Studie zur amerikanischen Soziologie seit dem Bürgerkrieg.[257] Hier das Fazit der Analyse von mehr als hundert Jahren Soziologie: ein zerklüftetes, unübersichtliches Wissensgebiet; Fehlen eines einheitsstiftenden Paradigmas; innere Widersprüche noch und noch; eine diffuse Forschungslandschaft ohne Pioniergeist; schließlich eine durchgängige institutionelle Schwäche sowohl innerhalb der Wissenschaft als auch im Verhältnis zur Öffentlichkeit – und dies ausgerechnet bei den Spezialisten für Organisationen und Systeme. Seit dem Erscheinen dieses Buchs im Jahr 1990 hat sich nichts an diesem Befund geändert, auch nicht an seiner Übertragbarkeit auf Deutschland.

Verglichen mit dem Prestige und der Autorität etwa der Medizin, der Chemie oder der Ingenieurswissenschaften ist der Respekt vor der Soziologie gering und ihre Stimme im großen Durcheinander des Räsonierens über Gesellschaft kaum zu hören. Mag sein, die Soziologie hat sich an den Hochschulen etabliert, doch in den großen Diskursen spielt sie nur eine eher marginale Rolle. Politik, Medien und Wirtschaft benutzen sie gerne mal als *Bestätigungs*instanz. Als unabhängige *Beurteilungs*instanz dagegen tritt die Soziologie nicht deutlich sichtbar in Erscheinung. Wäre es also eine verwegene Behauptung, in Deutschland würde sich viel ändern, sollte die Soziologie plötzlich abgeschafft werden?

Man kann die Antwort mit einer Gegenfrage einleiten: Warum gibt es in sämtlichen gegenwärtigen Diktaturen keine freie Soziologie? Weil diese allein durch die Erledigung ihres Dienstauftrags, durch Zeitbeobachtung mit besonderem Fokus auf die Machtverhältnisse, schnell politische Unruhe stiften würde. Im Gegensatz dazu ist in einer Demokratie wie der Bundesrepublik Deutschland solche Unruhe gewollt und durch die Verfassung garantiert. Ohne die Soziologie würden auch jetzt schon bestimmte Elemente demokratischer Beunruhigung fehlen, die eine Wissenschaft voraussetzen.

Im Einzelnen: Die Soziologie ist *erstens* nicht Teil des politischen Spiels, sondern professionelle Beobachtungsinstanz und deshalb besonders glaubwürdig; *zweitens* sind ihre Maßstäbe nicht Machtgewinn und Machterhalt im Dienst von Partikularinteressen, sondern Prinzipien der Erkenntnistheorie und Regeln empirischen Vorgehens im Dienst der Suche nach Wahrheit; *drittens* liefert die Soziologie nicht nur selbst Beobachtungen des Forschungsgegenstands Gesellschaft, sondern auch Beobachtungen der Beobachter (etwa in Gestalt klassischer und neuer Medien, aktueller sozialer Bewegungen und öffentlicher Diskurse), womit sie eine Form der Kritik kultiviert, die ohne eine systematisch darauf spezialisierte Wissenschaft gar nicht erst entstehen kann. All dies leistet die Soziologie schon jetzt, mag sie ihr Potenzial auch noch nicht voll entfaltet haben. Ihr Einfluss ist subtil, fast setzt es bereits den soziologischen Blick voraus, um ihn überhaupt sehen zu können.

Wissenschaftliche Disziplinen kommen und gehen, Berufe entstehen und verschwinden, die Zeiten ändern sich eben. Fachegoismus oder akademische Nostalgie wären keine ernstzunehmenden Motive, sich um die Zukunft der Soziologie zu sorgen. Als irrelevantes Glasperlenspiel wäre sie zu teuer. Aber im Fall der Soziologie liegen die Dinge anders als bei einem beliebigen Orchideenfach, denn die Fragen, auf welche die Soziologie antwortet, entstehen ständig neu und werden immer dringender. Der gesellschaftliche Deutungsbedarf würde mit der Abschaffung der dafür zuständigen Wissenschaft nicht verschwinden; er tritt nicht nur in Talkshows, Parlamentsdebatten oder Krisendiskursen zutage, sondern im Alltag von uns allen. Die jeweils aktuellen Fragen beschränken sich nun einmal nicht auf das, was man einigermaßen sicher wissen kann.

Unbekümmert um die Sicherheitszone experimenteller, standardisierter und inhaltlich eingeschränkter Forschungsverfahren zielen die uns bewegenden soziologischen Fragen auf Bereiche eingeschränkter Gewissheit. Es wird beispielsweise über »Burnout« diskutiert, über die »Krise der Demokratie« oder über den »neuen Egoismus«, über die islamische Welt, europäische Staatsschuldenkrise, Internet, Gentechnologie, Geburtenrückgang, Urbanisierung oder Bildungsprozesse. Oft laufen Diskussionen über solche Themen auf nichts Geringeres als die Frage hinaus, in welcher Gesellschaft wir eigentlich leben. Was geschieht gegenwärtig eigentlich zwischen uns? Was wird gespielt? Dies sind Fragen, denen viele gar nicht ansehen, wie anspruchsvoll sie sind. Dass die Soziologie im Vergleich zu anderen Disziplinen sehr zurückhaltend auftritt, mag man als ein Zeichen von Skepsis respektieren.

Das aber ist zu wenig: Wer auch immer sich zu Themen wie den genannten äußert, muss Ermessensspielräume, Informationslücken und methodische Probleme in Kauf nehmen. Jedes Deutungsangebot ist immer nur relativ zu beurteilen: im Verhältnis zu allen übrigen. Was kommt der Wirklichkeit wahrscheinlich am nächsten? Und nicht: Was ist die unumstößliche Wahrheit? Ob die Soziologie hier mitredet oder nicht, ist für die öffentliche Thematisierung solcher Fragen unerheblich. Ersatzleute finden sich immer. Je mehr sich die Soziologie zurückhält, desto mehr finden auch noch die unsinnigsten Diagnosen Gehör, während illusionäre Gewissheit um sich greift. Es kommt darauf an, sich mit soziologischen Stellungnahmen deutlich in den öffentlichen Debatten einzubringen und eigene methodologische Vorbehalte nicht etwa zu verschweigen, sondern offensiv als Qualitätsvorsprung in der Meinungskonkurrenz mit jenen geltend zu machen, die sich ihrer Sache allzu sicher sind.

Das Mitreden der Soziologie setzt allerdings Rezipienten voraus, die ihrer Vielstimmigkeit gewachsen sind. »Die Soziologie« ist multiperspektivisch, aus guten Gründen, die ich bereits im ersten Kapitel dargelegt habe. »Die Soziologie« ist kontrovers; als gute empirische Wissenschaft kultiviert sie in ihren Debatten nicht die Bestätigung, sondern den Zweifel, der angesichts des Forschungsgegenstands Gesellschaft besonders viele Ansatzpunkte findet. Hinzu kommt, dass »die Soziologie« kein immer perfekteres Wissensgebäude errichten kann, sondern dem Wandel ihres Gegenstands mit ständigen Aktualisierungen ihrer Befunde folgen muss. Eine solche Wissenschaft hat es nicht nur mit sich selbst schwerer als andere Disziplinen, sondern auch mit ihrem Publikum – denn dieses bleibt nicht auf Fachkreise beschränkt. Die Soziologie ist erst am Ziel, wenn sie die Öffentlichkeit außerhalb der Soziologie erreicht.

Kein Wunder, dass die Soziologie immer noch ein Schattendasein führt, verglichen mit den Wirtschaftswissenschaften, die ihre Verwandtschaft zur Soziologie negieren, wenn auch mit immer mehr Ausnahmen. Die Fehlprognosen der Wirtschafswissenschaften sind immerhin exakt. Zu Recht hält sich die Soziologie mit Prophezeiungen zurück; die Absicht, auf die Höhe der Gegenwart zu kommen, ist anspruchsvoll genug. Im Vergleich zu anderen Stimmen wirkt der Beitrag der Soziologie eher unspektakulär, so dass sie sich in der Aufmerksamkeitskonkurrenz nur schwer durchsetzen kann, obwohl sie gerade wegen ihrer Beschränkung auf das Mögliche Aufmerksamkeit verdienen würde.

Wie es eine öffentliche Bringschuld der Soziologie gibt, so allerdings auch eine Holschuld der breiten Öffentlichkeit. Doch ist sich jemand dessen bewusst? Es herrscht eine Art versteckter Soziologieverweigerung. Die Öffentlichkeit will Exaktheit auch dort, wo Unschärfe real ist. Sie will Gewissheit auch dort, wo Fehlerrisiken unvermeidlich sind. Sie will Zahlen auch dann, wenn sich die entscheidende Information nur in Worten mitteilen lässt. Sie will bleibende Gesetzesaussagen über einen Gegenstand, der sich ständig wandelt. Sie will Vorhersagen, unbekümmert um ihre Unsinnigkeit.

Und es sollten doch bitte schön exakte Vorhersagen sein! Politik und Medien sind jederzeit dazu bereit, das Nichtzutreffen von Prognosen zu akzeptieren, wie der Fall der Ökonomie zeigt. In falschen Vorhersagen versteckt sich ja bereits die nächste Sensation. Jede neue Vorhersage setzt die kollektive Bereitschaft zum Vergessen der vorangegangenen voraus. Mit systematischer Wahrheitssuche hat all dies nichts zu tun; worum es geht, ist die Beschwichtigung populärer Orientierungsbedürfnisse durch Informations-Placebos. Der Soziologie ist es bisher nicht gelungen, die Überlegenheitsanmaßung dieses Rituals illusionärer Zukunftsgewissheit auch nur in Frage zu stellen.[258]

In Unternehmen, Stadtverwaltungen, Politik, Medien, Verbänden oder Bürokratien tun zwar immer mehr ausgebildete Soziologinnen und Soziologen ihre Arbeit. Aber für das, was sie professionell zu sagen hätten, fehlt nach wie vor weithin die Aufnahmefähigkeit. Versuche, dies zu ändern, scheitern meist an der Mauer einer Wunschvorstellung von Soziologie als Quasi-Naturwissenschaft. Groß ist die Versuchung für Soziologinnen und Soziologen, dann eben auch genau das zu liefern, was bestellt wird.

Dieses Nebeneinander von deutungsbedürftiger Gesellschaft und zurückhaltender Soziologie in Selbstbezüglichkeit auf beiden Seiten scheint sich gegenwärtig keineswegs aufzulösen, sondern eher noch zu verfestigen. So droht gerade jenes Erkenntnispotenzial weitgehend ungenutzt zu bleiben, auf das die Menschen im 21. Jahrhundert angesichts von Globalisierung und Technologie am dringendsten angewiesen sind – auf das Beschreibungsvermögen des soziologischen Blicks.

Epistemische Intelligenz – Eine kommunikative Utopie?

Wäre eine Talkshow denkbar, deren Markenzeichen darin bestünde, dass die Diskussion aktueller Themen für die Reflexion ihrer Qualität geöffnet würde? Könnte man sich ein Studiopublikum vorstellen, das sich nicht nur für Behauptungen interessierte, sondern auch für ihre Prämissen, Begründungen, Begriffe und logischen Fragen? Ausgeschlossen, denken Medienleute, die Zuschauerinnen und Zuschauer wollen Gefühle, Stories, Promis und Bestätigungen ihrer Vorurteile. Mag sein, dafür gibt es viele Beispiele.

Um einen Sachzwang handelt es sich dabei aber nicht. Eine reflexive, methodenkritische Talkshow über Gesellschaftliches könnte bei einem erkenntnistheoretisch und kulturwissenschaftlich auch nur in Grundzügen gebildeten Publikum zum Erfolg werden. Denkbar wäre eine Diskussionsrunde im Fernsehen, in der beispielsweise über die Vermengung von Fakten und Wertungen diskutiert würde, über Zweckmäßigkeit oder Unbrauchbarkeit von Begriffen, über den Unterschied von Unschärfe und Ungenauigkeit, über strenge Wissenschaftlichkeit im Gegensatz zu pseudowissenschaftlichen Inszenierungen.

Themen wie Wahrheit, Standortabhängigkeit des Wissens oder evolutionäre Erkenntnistheorie könnten ebenso selbstverständlich in das Curriculum der Allgemeinbildung von der Grundschule an aufgenommen werden wie die Prozentrechnung, die Rechtschreibung oder die Verdauung der Kühe.

Seit der Antike setzen rhetorische Ratgeber auf Strategien des Mitreißens und der Verzauberung. Schnell kann dabei die Hauptsache nebensächlich werden, wie man beispielsweise oft am Klatschen des Studiopublikums sehen kann. Reagiert das Publikum auf gute Argumente oder auf eine gute Performance? Danken sie für bessere Orientierung oder für gute Unterhaltung durch Sprachwitz, Angriffslust und Leidenschaft? Noch nie waren die Menschen einem solchen Trommelfeuer von Überzeugungsversuchen ausgesetzt – ob sie vor dem Fernseher sitzen, Radio hören, im Internet unterwegs sind, Zeitung lesen oder einfach nur einkaufen. Soviel Rhetorik war nie.

Mehr denn je kommt es auf die Fähigkeit an, zwischen Verpackung und Inhalt zu trennen, zwischen Emotion und Überlegung, zwischen Suggestion und Information. Ein mit allen Wassern gewaschener Redner siegt im Urteil der meisten Menschen unserer Zeit allemal über einen sachorientierten »Langeweiler«, der komplexe Argumente bringt – egal wer Recht hat. Der Suggestion des Offensichtlichen zu misstrauen ist der erste Schritt einer Annäherung an die Wirklichkeit der Kollektive.

Eine Utopie? Die soeben skizzierte kognitive Evolution ist wegen ihres reflexiven, auf das Subjekt selbst zielenden Charakters wesentlich schwerer voran zu bringen, als es die von den Naturwissenschaften beeinflusste kognitive Evolution war. Die Schwierigkeit dürfte nur zu bewältigen sein, wenn der kollektive Lernprozess die Entwicklung einer grundlegenden epistemischen Intelligenz einschließt: der Fähigkeit also, kompetent über das eigene Denken nachzudenken und den Aufbau des eigenen Wissens selbst zu kontrollieren. Dies läuft auf die Forderung hinaus, Grundelemente der Erkenntnistheorie zu popularisieren, das Metawissen über die Produktion von Wissen aus den philosophischen und soziologischen Fachzirkeln herauszuholen und unter die Leute zu bringen: in Schulen und Hochschulen.

Schluss

Der Beitrag der Soziologie zum Wandel der Moderne: Statt einer Zusammenfassung

In einer repräsentativen Bevölkerungsumfrage zum Interesse an verschiedenen Wissenschaften käme die Soziologie heute wohl auf einen hinteren Platz, weit hinter Neurophysiologie, Humangenetik, Informatik, Psychologie oder Klimaforschung. Vor einem halben Jahrhundert war das schon einmal anders, doch Wissenschaften unterliegen nun einmal Konjunkturen. Viele haben sich nach dem ersten Boom konsolidiert, andere sind untergegangen. Kaum noch jemand weiß, was beispielsweise die Phrenologie überhaupt war, die der ebenfalls untergegangenen Rassenkunde mit inzwischen längst als Unsinn erkannten Theorien über genau umgrenzte Hirnareale zuarbeitete.

Droht der Soziologie ein ähnliches Schicksal? Wohl produziert sie weltweit immer mehr Daten und Texte, doch finden diese kaum Verwendung. Spontansoziologie gibt es genug. Hat man je eine Klage über die Abwesenheit der professionellen Soziologie in öffentlichen Debatten gehört? Die Öffentlichkeit macht sich ihre Soziologie kurzerhand selbst, immerhin, denn was wäre eine Demokratie ohne kollektive Selbstreflexion? Hier dürfen alle ihre Meinung äußern, ohne Kopf und Kragen zu riskieren. Alle können und sollen mitarbeiten an der Deutung von Zeit und Lebensumständen. In welchem Umfang die Menschen davon Gebrauch machen, erlebt man in der Bahnhofsbuchhandlung, beim Fernsehen oder im Internet.

Das ist so erfreulich wie problematisch, denn die Kapazität auch der Eifrigsten genügt nur für einen winzigen Bruchteil der täglichen Masse von Informationen und Interpretationen, von Alarmrufen und Entwarnungen, von Diagnosen und Prognosen. Im großen Wirrwarr von Worten und Bildern wimmelt es von Widersprüchen. Was stimmt? Geboren aus dem Bedürfnis nach Orientierung, droht das tägliche Dickicht der Wörter zu einem Maximum an Konfusion zu führen, dem wir oft nur mithilfe dubioser Strategien der Konstruktion von Gewissheit entkommen. Was Überforderte im Meinungsstrom »Wissen« nennen, fundieren sie durch frągloses Vertrauen, Glaubensgewohnheiten, Bauchgefühle, Emotionen, Meinungsgefolgschaft, Opportunismus und eine heimliche Tendenz zur Selbstbestätigung bei der Auswahl ihrer Quellen.

Die Aufklärung hatte anderes erhofft – vielleicht doch zu Recht? Könnte es nicht sein, dass gerade der Widerstreit der Meinungen für die größtmögliche Annäherung an die Wahrheit sorgt – gelingende kollektive Selbstbeschreibung als Gemeinschaftsleistung wechselseitiger Kritik? Seit Tocquevilles skeptischen Berichten über die Demokratie in Amerika von 1836 und 1841 wurde die Erwartung eines Sieges der Vernunft im freien Diskurs immer wieder desillusioniert, aber auch beharrlich neu formuliert. Sie lebt bis heute fort. Wie auch könnte man in einer Demokratie miteinander auskommen, ohne auf eine wenigstens rudimentäre Fähigkeit der Gesellschaft zur rationalen Selbstvergewisserung zu setzen? So bezeugt sich in der schieren Menge angebotener Deutungen wie auch in der millionenfachen Nachfrage indirekt immer noch der ursprüngliche Aufklärungsglaube an kommunikative Vernunft, trotz ihrer allgegenwärtigen Deformationen.

Diktaturen dagegen sorgen stets dafür, dass Fragen der kollektiven Selbstreflexion im Sinn der herrschenden Ideologie beantwortet werden. Ihre Instanzen politisch erwünschter Deutung heißen beispielsweise »Propagandabehörde« oder »Informationsamt«. Welche Beschreibung der Gesellschaft als wahr zu gelten hat, wird im Sinn der Mächtigen festgelegt. In seinem Zukunftsroman *1984* hat George Orwell dies mit der Wortschöpfung »Wahrheitsministerium« sarkastisch auf den Punkt gebracht.

Zwischen den Alternativen von demokratischem Stimmengewirr und diktatorischer Sprachregelung müsste die Soziologie als empirisch argumentierende Reflexionswissenschaft eigentlich das Mittel der Wahl sein. Alle empirischen Wissenschaften nähern sich der Wahrheit methodisch an, statt sie festzulegen und Dissidenten mit Strafe zu bedrohen. Wie keine andere Instanz kultivieren sie wechselseitige Kritik unter der Herrschaft anerkannter Methoden. In der Geschichte der Menschheit ragt dies als eine außerordentliche Leistung mit außerordentlichen Ergebnissen heraus; entsprechend hoch ist das Ansehen der Wissenschaft.

Doch die Soziologie erscheint immer noch als eine verspätete Wissenschaft, und dies gleich im doppelten Sinn: Innerhalb der Soziologie fehlt ein klares und einheitliches Selbstverständnis; im Außenverhältnis fehlt es an soziologischer Kommunikation – sofern die Soziologie etwas von Belang zu sagen hat, gelingt es ihr kaum, dies mitzuteilen.

Soll die Soziologie, um dies zu ändern, zu einer Art naturwissenschaftlicher Kulturwissenschaft werden? In vielen methodologischen Debatten ging es immer wieder um den mit dieser Frage angesprochenen Unterschied, sei es mit dem Anspruch, ihn anzuerkennen, sei es mit dem Programm, ihn endlich aus der Welt zu schaffen. Überall tauchten ähnliche Motive auf: in der Diskussion über die Eigenständigkeit der Geisteswissenschaften, in der Debatte über Erklären versus Verstehen, in Peter Snows Beschreibung der zwei (Wissenschafts-)Kulturen, in der Distanz zwischen quantitativ und qualitativ orientierter Soziologie, in der Distanz zwischen mathematisch und historisch orientierter Nationalökonomie, im Positivismusstreit. Diese wissenschaftshistorischen Stichworte bezeichnen Auseinandersetzungen, die jenseits der Wissenschaft längst ohne Nachdenken vorentschieden sind und den Alltag, die Medien, die Politik und die globale Entwicklung prägen.

Die Moderne ist ein Wissensprojekt. Am Anfang standen der Glaubwürdigkeitsverlust überkommener Instanzen und die Hinwendung zur Wirklichkeit selbst. Offenbarungsskepsis und Abkehr von angeblich unfehlbaren Allwissenden gingen einher mit der Selbstermächtigung der Menschen, sich Wissen durch eigene Anschauung zu verschaffen, Wissenschaft zu institutionalisieren und alte Autoritäten durch die abstrakte Herrschaft der Methodologie zu ersetzen. Dabei ging es um alle Facetten der Wirklichkeit. Darwin forschte auf den Galapagosinseln, Alexander von Humboldt stieg auf die Berge der Anden, der Londoner Arzt Harvey legte im 17. Jahrhundert der Royal Academy seine Erkenntnisse über den Blutkreislauf vor, die Apotheker als chemisch geschulte Arzneimittelhersteller erlebten ein goldenes 19. Jahrhundert bis zum Aufkommen der Fertigarzneimittel, die Soziologie betrat die Bühne mit der Idee einer sozialen Physik, und die Begriffe der Psychoanalyse beschrieben den Raum des Psychischen wie ein intrapersonales Biotop, dessen Gesetze in den Dienst der Therapie gestellt werden sollten, wie schon seit eh und je die Naturgesetze in den Dienst technischer Anwendung.

Erst allmählich machte sich bemerkbar, dass es einen fundamentalen Unterschied in der Entwicklung des Wissens gab: Wo es um Fakten ging, in Chemie, Medizin, Physik, Geologie, Meereskunde, Biologie, Klimaforschung und all den anderen Naturwissenschaften, führte der Pfad des Wissens kontinuierlich nach oben. Neues Wissen konnte auf älteren Wissensfortschritten (zu denen auch die Entsorgung des Falschen gehörte) aufbauen, Widerstände wurden immer wieder durch revolutionäre Paradigmenwechsel hinweggefegt, und nichts beglaubigt den Fortschritt des Wissens eindrücklicher als die rasante technologische Umgestaltung der Welt.

Dass diese Dynamik der Erforschung von Faktenfragen auch bei Kulturfragen zu erwarten sei, galt lange Zeit als ausgemacht. Nur langsam kamen Zweifel auf, aber sie führten bis heute nicht zu einem im öffentlichen Bewusstsein verankerten, dem Gegenstand angemessenen eigenen Fortschritts- und Anwendungsmodell der empirischen Kulturwissenschaften, allen voran von Psychologie und Soziologie, den Wissenschaften intrapersonaler und interpersonaler Normalität.

Immer noch ist die Soziologie unterwegs zu ihrer wissenschaftlichen Identität. Die durch die Gründung der »Akademie für Soziologie« im Jahr 2017 angestoßene, die ganze Disziplin erfassende Selbstreflexion ist produktiv, aber auch lehrreich. Die Debatte förderte eine gewachsene Bereitschaft zutage, es mit den besonderen Schwierigkeiten aufzunehmen, die der Gegenstand mit sich bringt. Soziologie als Handwerk wird auch in Zukunft einschließen, sich die Konsequenzen der Besonderheiten dieses Gegenstands bewusst zu machen und zu akzeptieren, statt sie zu pathologisieren.

Davon war an vielen Stellen in diesem Buch die Rede. Dass die Soziologie als empirische Kulturwissenschaft und nicht als Naturwissenschaft zu verstehen ist; dass man in der Soziologie mit Unbestimmtheit umgehen muss, wofür eigene methodische Standards gelten; dass die Soziologie dann am besten ist, wenn sie multiperspektivisch und multiparadigmatisch betrieben wird; dass sie der Öffentlichkeit etwas Wichtiges zu sagen hat, was jedoch nur mit einem selbstbewussten Auftreten und mit geeigneten Kommunikationsformen gelingen kann: diese Elemente soziologischer Identität verlangen nach immer wieder neuer Aneignung, in der Ausbildung, in der Fachdiskussion, in der Öffentlichkeit. Ohne diesen fortgesetzten soziologischen Lernprozess werden die Defizite an kollektiver öffentlicher Selbstreflexion im selben Maß zunehmen, wie sich Naturwissenschaft, Technik und Ökonomie weiter beschleunigen und ständig neue Bedingungen schaffen, die den Menschen immer schnellere Normalitätsanpassungen abverlangen.

Die größer werdende Deutungslücke provoziert auf der einen Seite jene »Gesellschaftsgespräche«, von denen im ersten Abschnitt des 20. Kapitels die Rede war. Auf der anderen Seite setzt der wachsende Deutungsbedarf naturwissenschaftliche, technische und ökonomische Abhilfeversuche in Gang, die weithin respektiert werden. Neurophysiologie, Konjunkturprognosen, Ranking-Systeme, Neudefinitionen psychischer Krankheiten, von Algorithmen gesteuerte Vorausberechnungen menschlichen Handelns ohne Verstehen, all dies bezeugt einen Pfad der Wissensentwicklung, der sich am Geländer konstruierter Gewissheit entlang bewegt und einer Heuristik der Steigerung folgt.

Das Steigerungsspiel der Moderne verlangt ständig nach neuem Wissen, um es der Steigerungslogik einzuverleiben. Dazu sind faktenbasierte Zieldefinitionen erforderlich, etwa Energieverbrauch, Haltbarkeit, Geschwindigkeit, Speicherkapazität, Gewinn, rein physiologische Krankheiten.

Kulturtatsachen dagegen eignen sich nicht für Steigerungsspiele. Erlebnisse, Glücksgefühle, persönliche Eigenarten, Kunst, Lebensstile lassen sich nicht vom singulären und zeitgebundenen Innenleben der Menschen ablösen. Man kann über Kulturtatsachen diskutieren, sie beschreiben, sie konstruieren oder zerstören, man kann sie jedoch nicht einer ins Unendliche zielenden Steigerungslogik unterwerfen, wenn dies auch ständig suggeriert und versucht wird.

Dennoch wurde die Steigerungslogik zur Routine, als wäre die Fortsetzung des Steigerungsspiels ein alternativloser Pfad in die Zukunft. Wissenschaft, Technik, Wirtschaft und Konsum leben von der Vorstellung des Mehr. In der Anstrengung, das jeweils nächste Niveau von Erkenntnis, Funktionalität, Marktanteil, Gewinn und Lebensstandard zu erreichen, erhoffen wir uns, Definitionen dessen zu finden, was als nächstes zu tun ist. Für Forschung, Technikentwicklung, Marketing und alltägliche Lebensführung hat das Fehlende, das Unvollkommene, das Unerreichte den Charme der Zielvorgabe. Kognitiv gesehen, erweisen sich Probleme als Ressourcen, als Quellen von Sinn, als orientierungsentlastende Imperative. Der Ur-Imperativ des Mehr lässt vieles offen, aber er versorgt seine Gefolgsleute mit einer Vorstellung davon, worauf letztlich alles hinauslaufen soll.

Doch ohne eine Idee der Ankunft (wie ich sie im 20 Kapitel dargestellt habe), gefangen in der Obsession von unendlichem Mehr und Mehr in zunehmender Geschwindigkeit, droht die Moderne zum permanenten Bauprojekt ohne Fertigstellung und Einzugstermin zu werden. In der Kritik der Moderne treten verschiedene Muster hervor: Das *moralische* Muster attackiert die Gier des Menschen: Was du vor lauter Überfluss selbst gar nicht mehr fassen kannst, nimmst du anderen weg. Das *ökologische* Muster appelliert an sein Überlebensinteresse: Du sägst den Ast ab, auf dem du sitzt. Das *kontemplative* Muster lädt zu größerem Glück ein: Entspanne dich im Hier und Jetzt. Das *politische* Muster ruft zum Boykott auf: Mache dich nicht um illusionärer Vorteile willen zum Sklaven der Big Player. Das *religiöse* Muster rückt die Maßstäbe zurecht: Ergebe dich nicht der Tyrannei des Nebensächlichen und besinne dich auf das Wesentliche.

All diese Kritikformen sind nicht erst in letzter Zeit aufgekommen. Sie haben die Moderne von Anfang an begleitet und wurden immer wieder neu entdeckt und aktualisiert. Dies könnte dafür sprechen, dass sie, jede für sich, einen überzeugenden Gedanken transportieren. Sichtbar wird hier ein Modell der Moderne als kollektiver Lernprozess mit verschiedenen Stadien: tastender Beginn, Erstarken, Vorwärtsstürmen, Verlangsamung und Ankunft, sei es in orthodoxer Erstarrung, die paradoxerweise das Aussehen ständiger Dynamik annimmt, sei es in einem Stadium der Reife, des Erwachsenseins und der Reflexionsfähigkeit. Es ist die historische Aufgabe der Soziologie, diesen Lernprozess im Dialog mit der Öffentlichkeit zu beobachten, zu beschreiben und kritisch zu begleiten, der dem bereits vollzogenen naturwissenschaftlichen Lernprozess nachgebildet ist.

Was wir im impliziten Normalitätsempfinden bereits gespeichert vorfinden, ist aber selbst innerhalb der Soziologie nicht allen in voller Klarheit geläufig: dass die Substanz sozialer Phänomene in sinngesteuerten Wiederholungen besteht, die sich in Ketten zwischenmenschlicher Episoden manifestieren. Die Schulung des kulturverstehenden Blicks beginnt damit, dass man die Haltung der im Alltagsleben dominierenden Neugier umkehrt. Während sich spontane Neugier auf das Exotische, Einmalige, Abnorme richtet, zielt der kulturverstehende Blick auf das Gewöhnliche, Normale, Wiederholte.

Um an diese Substanz heranzukommen, bedarf es einer Reihe durchaus erlernbarer, aber nicht selbstverständlicher und entwicklungspsychologisch nicht programmierter Denkwerkzeuge, von denen in diesem Buch vielfach die Rede war: sinnunterstellende Abstraktion, Verständnis für idealtypische Begriffe, Verständnis für reale Unschärfe, Loslösung vom »Maschinenmodell der Welt« und Hinwendung zu einem hochvariablen Weltmodell, das die Idee der Kumulation von Wissen durch die Idee der ständigen Aktualisierung ergänzt.

Was die artikulationsfähig gewordene Soziologie einem rezeptionsfähig gewordenen Alltagsbewusstsein zu sagen hat, ist alles andere als trivial, weil wir alle auf Beobachtung angewiesen sind, um Aufschluss über uns selbst zu erhalten.

Hat dieses Buch sein Ziel erreicht?

In der Soziologie gibt es so viele Grundlagentexte wie in kaum einer anderen Wissenschaft. Für alles, so scheint es, ist vielfach und bestens gesorgt: Einführungen, Grundbegriffe, Methoden, Klassiker, Theorien, Soziologiegeschichte,

Lexika, Synopsen. Während jedoch die umfangreiche Grundlagenliteratur zur Soziologie vor allem *Wissen* beinhaltet, ging es in diesem Buch primär um das *Machen*. Nicht soziologische Fertigprodukte standen im Mittelpunkt, sondern das Produzieren selbst; nicht die Vermittlung von Denkergebnissen anderer war das Hauptziel, sondern das Selbstdenken.

Natürlich schließen sich das Wissen und das Machen nicht gegenseitig aus, aber man kann den Akzent mehr auf das eine oder das andere setzen. In diesem Buch lag der Akzent auf dem soziologischen Machen. Es ging um mehr als nur darum, Soziologie lernen. Man kann Soziologie lernen, ohne viel zu verstehen; umgekehrt kann, wer Soziologie verstanden hat, trotzdem oder gerade deswegen durch die Prüfung fallen. Im Dienste des Verstehens habe ich die Soziologie in diesem Buch als eine Art Handwerk thematisiert, als ein Handeln, für das man bestimmte kognitive Fähigkeiten, Techniken und Routinen benötigt.

Fährt man in Deutschland von Norden kommend auf der Autobahn in Richtung Süden, so sieht man an klaren Tagen auf einmal schemenhaft die Alpenkette auftauchen. Dieses Bild illustriert die hier maßgebliche Form der Annäherung an die Soziologie: den Gesamtüberblick. Je näher man der Soziologie kommt, desto unübersichtlicher und zerklüfteter erscheint sie. Umso wichtiger ist es, zunächst einmal das Ganze zu sehen. Die Distanz verdichtet die Details und erweitert den Blickwinkel. Generalistentum und Spezialisierung schließen sich in der Soziologie nicht gegenseitig aus, sondern bedingen einander.

Um Soziologie zu verstehen und zu beurteilen, muss man nachvollziehen können, was sie tut. Es kommt nicht nur auf die operative Ebene soziologischen Denkens an, sondern ebenso auf die Metaebene soziologischer Selbstbeobachtung. Denken ohne Metaebene ist möglich, bleibt aber blind für seine eigenen Fehler. Um Soziologie zu verstehen, braucht man Grundkenntnisse ihrer Methoden, ihrer erkenntnistheoretischen Grundhaltung, ihrer Praxisbeziehung, ihrer ganz eigenen Formen des Wissensfortschritts, ihrer Form von Wissenschaftlichkeit und ihrer Selbstblockaden.

Solche Themen lediglich als Panoptikum spezieller Wissensgebiete anzusehen und die inhaltliche Soziologie davon abzutrennen, ist ein weit verbreiteter und verhängnisvoller Kardinalfehler. Wie verbreitet er ist, spiegelt sich in den Stellenbeschreibungen soziologischer Lehrstühle. Da gibt es eigene Professuren für soziologische Theorien, für empirische Methoden (oft auch noch unterteilt in Spezialgebiete), für Wissenschaftstheorie, Wissenschaftsgeschichte, Wissenschaftssoziologie und für zahlreiche »Bindestrichsoziologien«. Von der etablierten akademischen Verfasstheit der Soziologie geht die Botschaft aus, die Verfügung über die Metaebene soziologischer Selbstbeobachtung sei nicht etwa eine *allgemeine* Voraussetzung soziologischen Denkens, sondern ein *Spezial*gebiet. So wird die Reflexion der eigenen Praxis zu einer Art Liebhaberei, mehr nicht.

Doch die Fragen, mit denen sich einzelne Kapitel dieses Buchs beschäftigten, stellen sich in jedem beliebigen soziologischen Kontext: Wie konstruiert und kritisiert man Begriffe? Wie bewertet man Beobachtungen? Wie beurteilt man Aussagen? Wie gelangt man zu Verallgemeinerungen? Wie kann man sinnvoll über Werte diskutieren? Welche Arten von Wissensfortschritt lassen sich in der Soziologie anstreben? Was genau tut man, wenn man interpretiert – und warum sollte man sich überhaupt auf dieses Risiko einlassen? Wie kann man mit der ständig wachsenden Unübersichtlichkeit des Wissens umgehen? Welche sozialen und psychischen Muster drohen das wissenschaftliche Handeln zu konterkarieren? Welche Rolle soll, ja muss die Subjektivität der Wissenschaftlerinnen und Wissenschaftler gerade in der Soziologie spielen?

Während meines Studiums der Soziologie in München und Nürnberg war ich oft mit genau den soziologischen Inhalten nicht einverstanden, deren Kenntnis ich in Prüfungen und schriftlichen Arbeiten nachzuweisen hatte. Was ich dann schließlich ins eigene Denken übernahm, musste sich gegen meine Kritik durchsetzen. Freunde rieten mir, doch in Gottes Namen etwas anderes zu studieren. Was mich bei der Soziologie bleiben ließ, war das Gefühl, durch eine unsichtbare Macht herausgefordert zu sein, die einen im Griff hat, es sei denn, man kommt ihr gedanklich auf die Schliche.

Heute sehe ich meinen Widerstand gegen die Inhalte, die ich im Studium zu lernen hatte, als Ersatz für ausgebliebene Streitgespräche an, die dem Forschungsgegenstand Gesellschaft eigentlich angemessen gewesen wären, aber an der Universität Seltenheitswert hatten. Überwiegend mussten wir Soziologie »lernen«, was, wenn man sich nicht vorsah, im Dogmatismus des Gelernten endete. Die oft peinlichen, blutleeren »Diskussionen« in Seminarveranstaltungen waren pseudokritische Rituale, die diesen Mechanismus eher bestätigten als durchbrachen.

Wenn, wie Aristophanes einmal gesagt haben soll, Bildung nicht darin besteht, ein Gefäß zu füllen, sondern ein Feuer anzuzünden, so ist sie in den dafür gedachten Institutionen seit eh und je ein knappes Kulturgut. Glücklich, wer Lehrerinnen und Lehrer findet, in Schulen und Universitäten, die das eigene Fragen anregen und honorieren. Studieren kann dann zum Voranschreiten auf selbst gebahnten Pfaden werden. Ansonsten ist man darauf angewiesen, die Monologe der Stoffvermittlung wenigstens durch innere Dialektik zu konterkarieren. Nachdem ein Buch nicht anders als monologisch sein kann, hoffe ich auf diese innere Dialektik auch bei meinen Leserinnen und Lesern.

Anmerkungen

1 Ludger Pries: »Die Akademie für Soziologie und das Hornberger Schießen«. In: *Soziologie. Forum der Deutschen Gesellschaft für Soziologie* Jg. 47, Heft 4, 2018, S. 480–481.

2 Unter anderem: Jörg Strübing: »Soziologie in kriegerischen Zeiten«. In: *Soziologie. Forum der Deutschen Gesellschaft für Soziologie* Jg. 48, Heft 2, 2019, S. 143–142. Thomas Scheffler, Robert Schmidt: »Für eine multiparadigmatische Soziologie in Zeiten existenzieller Probleme«. In: *Soziologie. Forum der Deutschen Gesellschaft für Soziologie* Jg. 48, Heft 2, 2019, S. 153–173.

3 Es ist deshalb nur konsequent, dass das Anliegen soziologischer Allgemeinbildung in der Programmatik der Deutschen Gesellschaft für Soziologie aufgetaucht ist; siehe hierzu das Symposium »Soziologie und Schule«, dessen Beiträge wiedergegeben werden in: *Soziologie. Forum der Deutschen Gesellschaft für Soziologie* Jg. 47, Heft 1, 2018, S. 35–73.

4 Als eigenständige universitäre Disziplin etablierte sich die Soziologie in Deutschland in der zweiten Hälfte des 19. Jahrhunderts, getragen vor allem von Ferdinand Tönnies, Max Weber und Georg Simmel.

5 Karl R. Popper: *Objektive Erkenntnis. Ein evolutionärer Entwurf.* Hamburg 1973. Im Vorwort zur ersten Auflage schreibt Popper: »Der Subjektivismus hat die westliche Philosophie beherrscht. Ich habe versucht, ihn auszumerzen und durch eine Theorie des objektiven Wissens zu ersetzen: des objektiven Vermutungswissens.« (S. 10). Siehe auch im selben Band: »Vermutungswissen. Meine Lösung des Problems der Induktion«. S. 11–45.

6 Jacques Brunschwig: »Skeptizismus«. In: Jacques Brunschwig und Geoffrey Lloyd (Hg.): *Das Wissen der Griechen.* München 2000, S. 847ff.

7 Hier nur eine kleine Auswahl: Anthony Giddens: *Soziologie.* Graz/Wien 1999. Hans Joas (Hg.): *Lehrbuch der Soziologie.* Frankfurt/New York 2003. Richard Münch: *Soziologische Theorie.* Band 1: *Grundlegung durch die Klassiker.* Band 2: *Handlungstheorie.* Band 3: *Gesellschaftstheorie.* Frankfurt/New York 2002–2004. Hartmut Rosa, David Strecker, Andrea Kottmann: *Soziologische Theorien.* Konstanz 2007. Armin Nassehi: *Soziologie. 10 einführende Vorlesungen.* Wiesbaden 2011. Oliver Dimbath: *Einführung in die Soziologie.* München 2011. Ludger Pries: *Soziologie. Schlüsselbegriffe, Herangehensweisen, Perspektiven.* Weinheim/Basel 2014. Nicht zu vergessen das monumentale Grundlagenwerk von Hartmut Esser: *Soziologie,* Band 1–7. Frankfurt/New York, 1993–2001.

8 Max Weber: »Wissenschaft als Beruf«. In: *Max Weber. Schriften 1894–1922.* Stuttgart 2002, S. 474–511. Karl Popper: »Die Logik der Sozialwissenschaften«. *Kölner Zeitschrift für Soziologie und Sozialpsychologie* 14. Jg., 1962, S. 233–248. Pierre Bourdieu: *Soziologie als Beruf. Wissenschaftstheoretische Voraussetzungen soziologischer Erkenntnis.* Berlin 1991. Karl-Dieter Opp: *Methodologie der Sozialwissenschaften.* Opladen/Wiesbaden 1999. Peter L. Berger: *Einladung zur Soziologie: Eine humanistische Perspektive.* München 1977.

9 Max Weber: »Die Objektivität sozialwissenschaftlicher und sozialpolitischer Erkenntnis«. In: *Max Weber. Schriften 1894–1922.* Stuttgart 2002, S. 77–149.

10 Viele bestürzende Beispiele aus Medizin und Pharmazie dokumentieren: Eckart Klaus Roloff, Karin Henke-Wendt: *Geschädigt statt geheilt. Große deutsche Medizin- und Pharmaskandale.* Stuttgart 2018.

11 Armin Nassehi: »Über Beziehungen, Elefanten und Dritte«. In: *Soziologie. Forum der Deutschen Gesellschaft für Soziologie* Jg. 47, Heft 3, 2018, S. 292–301.

12 Nicole Burzan: »Über eine multiparadigmatische Soziologie«. In: *Soziologie. Forum der Deutschen Gesellschaft für Soziologie* Jg. 48, Heft 1, 2019, S. 28–36.

13 Michel de Montaigne: »Von der Erfahrung«. In: *Essais.* Frankfurt/M. 1998, S. 537ff.

14 Turner, Stephen P., Jonathan H. Turner: *The Impossible Science. An Institutional Analysis of American Sociology.* London 1990.

15 Dahrendorf, Ralf: »Einführung in die Soziologie«. In: *Über Soziologie. Jubiläumsheft zum 40. Jahrgang.* Soziale Welt 1989, Heft 1/2, S. 2–10.

16 Früheste Beispiele für Vorstellungen über das Zwischenmenschliche beschreibt etwa: Hansjürgen Müller-Beck: *Die Steinzeit. Der Weg der Menschen in die Geschichte.* München 1998. Parallelen dazu finden sich unter anderem in: Berthold Riese: *Die Maya. Geschichte, Kultur, Religion.* München 1995. Viele Ähnlichkeiten zwischen modernem und vormodernen protosoziologischen Denken erkundet Claude Lévi-Strauss: *Das wilde Denken.* Frankfurt/M. 1968. Aufschluss über die Vergegenwärtigung der sozialen Wirklichkeit in den ersten »Massengesellschaften« gibt Roman Herzog: *Staaten der Frühzeit. Ursprünge und Herrschaftsformen.* München 1988.

17 Zahlreiche Facetten dieses vorsoziologischen Verständnisses für das Zwischenmenschliche konkretisiert Steven Pinker: *Der Sprachinstinkt. Wie der Geist die Sprache bildet.* München 1996. Siehe insbesondere S. 464, 472–473.

18 Sighard Neckel, Ana Mijic, Christian von Scheve, Monica Titton (Hg.): *Sternstunden der Soziologie. Wegweisende Theoriemodelle des soziologischen Denkens.* Frankfurt/New York 2010.

19 »Warum und wie bestimmte betriebswirtschaftliche Praktiken wirken, lässt sich heute nicht mehr allein mit dem mikroökonomischen Instrumentarium untersuchen. Vielmehr werden psychologische und soziologische Methoden unverzichtbar; und außerdem nimmt die BWL in Abhängigkeit von ihren jeweiligen Fragestellungen eine Vielzahl von Anleihen aus anderen Geistes-, Sozial- und Kulturwissenschaften auf wie den Politikwissenschaften, der Philosophie, der Geschichte, den Rechtswissenschaften, den Kognitionswissenschaften oder der Linguistik. Genauso

breit ist das erkenntnistheoretische Fundament der betriebswirtschaftlichen Forschung, in dem sich sowohl eine konstruktivistische Herangehensweise findet, wenn es zu verstehen gilt, wie Menschen in Unternehmen systemisch kooperieren, aber auch ein dem Falsifikationsprinzip des kritischen Rationalismus folgendes Verständnis der Theorieprüfung anhand empirischer Tests.« Birgitta Wolf, Caren Sureth-Sloane, Barbara Weißenberger: »BWL greift gesellschaftlichen Wandel auf.« *Frankfurter Allgemeine Zeitung* 17. 12. 2018, S. 16.

20 Philip Plickert: »Ökonomie und Philosophie – zusammen?«. *Frankfurter Allgemeine Zeitung,* 24. 12. 2018, S. 20.

21 Armin Nassehi: »Über Beziehungen, Elefanten und Dritte«. In: *Soziologie. Forum der Deutschen Gesellschaft für Soziologie* Jg. 47, Heft 3, 2018, S. 292–301.

22 Herta Müller: *Atemschaukel.* Roman. München 2009.

23 Anthony Giddens: *Die Konstitution der Gesellschaft. Grundzüge einer Theorie der Strukturierung.* Frankfurt/M. 1984.

24 Helmut Remschmidt, Inge Kamp-Becker: *Asperger-Syndrom.* Berlin/Heidelberg 2006.

25 Eric Berne: *Spiele der Erwachsenen: Psychologie der menschlichen Beziehungen.* Reinbek bei Hamburg 1967; Neuauflage 2002.

26 Paul Oppenheim, Hilary Putnam: »The Unity of Science as a Working Hypothesis«. In: *Minnesota Studies in the Philosophy of Science* Vol. 2, S. 3–36, 1958.

27 Emile Durkheim: *Die Regeln der soziologischen Methode.* Neuwied/ Berlin 2011.

28 Ronald Hitzler: *Sinnwelten. Ein Beitrag zum Verstehen von Kultur.* Opladen 1988.

29 Erving Goffman: *Frame Analysis: An Essay on the Organization of Experience.* New York 1974.

30 Niklas Luhmann: *Soziale Systeme. Grundriss einer allgemeinen Theorie.* Frankfurt/M. 1984.

31 Ulrich Oevermann, Tilman Allert, Elisabeth Konau, Jürgen Krambeck: »Die Methodologie einer ›objektiven Hermeneutik‹ und ihre allgemeine forschungslogische Bedeutung in den Sozialwissenschaften«. In: Hans-Georg Soeffner (Hg.): *Interpretative Verfahren in den Sozial- und Textwissenschaften.* Stuttgart 1979, S. 352–434.

32 Muray Edelman: *The Symbolic Uses of Politics.* University of Illinois Press 1985. (Dt. *Politik als Ritual*, Frankfurt/New York 1990).

33 Die Brüder Edmond und Jules Goncourt waren herausragende Teilnehmer, Beobachter und kritische Kommentatoren des Pariser Kulturlebens Mitte bis Ende des 19. Jahrhunderts, über das sie ein gemeinsames Tagebuch führten. Als Auswahl siehe: Edmond und Jules Goncourt: *Blitzlichter. Portraits aus dem 19. Jahrhundert.* Frankfurt/M. 1990.

34 Erving Goffman: *Wir alle spielen Theater. Die Selbstdarstellung im Alltag.* München 2003.

35 Stefan Klein: *Die Glücksformel, oder wie die guten Gefühle entstehen.* Frankfurt/M. 2014.

36 David Foster Wallace: *Das hier ist Wasser.* Köln 2011.

37 Solches »Erlernen« sozialer Kontexte durch Kulturfremde ist ein etabliertes Verfahren in der Kulturanthropologie. Als Beispiel siehe Claude Lévi-Strauss: *Traurige*

Tropen. Frankfurt/M. 1978. Im Überblick: Wolfgang Marschall (Hg.): *Klassiker der Kulturanthropologie: von Montaigne bis Margaret Mead*. München 1996.

38 Ausführlich behandle ich diese Fragen in: Gerhard Schulze: *Krisen. Das Alarmdilemma*. Frankfurt/M. 2011.

39 Vor dieser Frage standen nach dem Ende des Ersten Weltkriegs 1918 und nach der Auflösung dreier Kaiserreiche plötzlich viele Menschen in Ostmitteleuropa, mit verheerenden Konsequenzen. Siehe hierzu: Jochen Böhler: »Bürgerkrieg im Herzen Europas«. *Frankfurter Allgemeine Zeitung*, 26. 11. 2018.

40 Als Beispiel für die soziologische Relevanz dieser Herangehensweise siehe: Mark A. Pachucki, Ronald L. Breiger: »Cultural Holes: Beyond Relationality in Social Networks and Culture«. In: *Annual Review of Sociology* Vol 36, 2010, S. 205–224.

41 Norbert Elias: *Über den Prozess der Zivilisation*. Band 1 und 2. Frankfurt/M. 1976.

42 Joachim Renn: »Soziale Kreise«. In: Hans-Peter Müller, Tilman Reitz (Hg.): *Simmel-Handbuch*. Frankfurt/M. 2018.

43 Jerry Fodor: »Special Sciences«. In: *Synthese* Jg. 28, 1974, S. 97–115.

44 Paul Oppenheim, Hilary Putnam: »The Unity of Science as a Working Hypothesis«. In: *Minnesota Studies in the Philosophy of Science* Vol. 2, 1958, S. 3–36. Ernest Nagel: *The Structure of Science*. New York 1961.

45 Rupert Riedl: *Die Spaltung des Weltbildes. Biologische Grundlagen des Erklärens und Verstehens*. Berlin/Hamburg 1985.

46 Wichtige Protagonisten waren (in der Reihenfolge ihrer Beiträge zur evolutionären Erkenntnistheorie) Ludwig Boltzmann, Karl Popper und Konrad Lorenz. Siehe Rupert Riedl: *Die Spaltung des Weltbildes. Biologische Grundlagen des Erklärens und Verstehens*. Berlin/Hamburg 1985, S. 16.

47 Konrad Lorenz: »Kants Lehre vom Apriorischen im Lichte gegenwärtiger Biologie«. In: *Blätter für Deutsche Philosophie* 1941, 15, S. 94–125. Konrad Lorenz: *Die Rückseite des Spiegels. Versuch einer Naturgeschichte menschlichen Erkennens*. München 1973.

48 Jerry B. Harvey: *The Abilene Paradox and Other Meditations on Management*. Lexington, Massachusetts 1988.

49 Max Weber: »Soziologische Grundbegriffe«. In: : *Max Weber. Schriften 1894–1922*. Stuttgart 2002, S. 653–716.

50 Ausführlich setze ich mich empirisch und methodologisch mit dem Problem der Unschärfe auseinander in: Gerhard Schulze: *Die Erlebnisgesellschaft. Kultursoziologie der Gegenwart*. Frankfurt/New York 2005.

51 Robert K. Merton: »Die normative Struktur der Wissenschaft«. In: Robert K. Merton: *Entwicklung und Wandel von Forschungsinteressen. Aufsätze zur Wissenschaftssoziologie*. Frankfurt/M. 1985, S. 86–99.

52 Dazu als Blitzlicht eine Pressenotiz vom 27. 7. 2018 (*Frankfurter Allgemeine Zeitung*): Die Zwanzigjährige Kylie Jenner, der bei Instagram 110 Millionen Anhänger folgten, verlangte eine Million Dollar je Werbepost. Die Sängerin Selena Gomez hatte 138 Millionen Follower und verdiente 800.000 Dollar pro Post. An dritter Stelle stand der Fußballer Cristiano Ronaldo mit 750.000 Dollar je Instagram-Nachricht.

53 Leon Festinger, Henry W. Riecken, Stanley Schachter: *When Prophecy Fails: A Social and Psychological Study of a Modern Group that Predicted the Destruction of the World.* University of Minnesota Press 1956.

54 Max Weber: »Wissenschaft als Beruf«. In: *Max Weber. Schriften 1894–1922.* Stuttgart 2002, S. 474–511.

55 Francis Bacon: *Essays oder praktische und moralische Ratschläge.* Ditzingen 2005.

56 Wie sehr die Institutionalisierungsgeschichte der Wissenschaft durch den Gesichtspunkt der Nützlichkeit von Wahrheit dynamisiert wurde, arbeitet Jürgen Mittelstrass in einem komprimierten historischen Abriss heraus: »›Die Weisheit hat sich ein Haus gebaut‹ – die europäische Universität und der Geist der Wissenschaft«. In: Alexander Patschovsky, Horst Rabe (Hg.): *Die Universität in Alteuropa.* Konstanz 1994.

57 Dieses Motiv zieht sich durch die gesamte Geschichte der Wissenschaft: Hans Joachim Störing: *Weltgeschichte der Wissenschaft.* Band 1: *Natur- und Geisteswissenschaften von der Antike bis ins 18. Jahrhundert.* Band 2: *Natur und Geisteswissenschaften des 19. und 20. Jahrhunderts.* Augsburg 1992.

58 Viele Beispiele hierzu finden sich in Ben Goldacre: *Die Wissenschaftslüge. Die pseudowissenschaftlichen Versprechungen von Medizin, Homöopathie, Pharma- und Kosmetikindustrie.* Frankfurt/M. 2010.

59 Karl R. Popper: »Vermutungswissen. Meine Lösung des Problems der Induktion«. In: *Objektive Erkenntnis. Ein evolutionärer Entwurf.* Hamburg 1973, S. 11–45.

60 Jacques Brunschwig: »Skeptizismus«. In: Jacques Brunschwig und Geoffrey Lloyd (Hg.): *Das Wissen der Griechen.* München 2000. S. 847ff.

61 Elizabeth F. Cooke: *Peirce's Pragmatic Theory of Inquiry: Fallibilism and Indeterminacy.* Toronto 2006.

62 Ausführlich hierzu: Alan F. Chalmers: *Wege der Wissenschaft.* Heidelberg 1986, S. 71ff.

63 Als grundlegende Arbeit siehe hierzu: Richard Münch: *Akademischer Kapitalismus.* Frankfurt/M. 2011. Den aktuellen Stand der Forschung fassen zusammen: Nina Baur, Cristina Besio, Maria Norkus, Grit Petschik (Hg.): *Wissen – Organisation – Forschungspraxis. Der Makro-Meso-Link in der Wissenschaft.* Weinheim/Basel 2016.

64 Federico Di Trocchio: *Der große Schwindel. Betrug und Fälschung in der Wissenschaft.* Frankfurt/New York 1994.

65 Mit vielen Beispielen: John Brockman: *Die dritte Kultur. Das Weltbild der modernen Naturwissenschaft.* München 1996.

66 Karl Popper: »Zwei Seiten des Alltagsverstandes: Ein Plädoyer für den Realismus des Alltagsverstandes und gegen die Erkenntnistheorie des Alltagsverstandes«. In: Karl Popper: *Objektive Erkenntnis. Ein evolutionärer Entwurf.* Hamburg 1973, S. 91ff.

67 Mit vielen Beispielen: Elliot Aronson, Timothy D. Wilson, Robin M. Akert: *Sozialpsychologie.* München 2004.

68 Max Weber: »Der Sinn der ›Wertfreiheit‹ der soziologischen und ökonomischen Wissenschaften«. In: *Max Weber: Schriften 1894–1922.* Stuttgart 2002, S. 358–394.

69 Robert K. Merton: »Die normative Struktur der Wissenschaft«. In: Robert K. Merton: *Entwicklung und Wandel von Forschungsinteressen. Aufsätze zur Wissenschaftssoziologie.* Frankfurt/M. 1985, S. 86–99.

70 Christopher Clarke: *Die Schlafwandler. Wie Europa in den Ersten Weltkrieg zog.* München 2013.

71 Golo Mann: *Deutsche Geschichte des 19. und 20. Jahrhunderts.* Frankfurt/M. 1987, S. 589.

72 Gottfried Gabriel: »Tatsache«. In: Jürgen Mittelstraß (Hg.): *Enzyklopädie Philosophie und Wissenschaftstheorie,* Band 4. Stuttgart 1996 S. 209 f.

73 »Der erste Soziologe: Auguste Compte«. In: Hermann Korte: *Einführung in die Geschichte der Soziologie.* Opladen 1992, S. 25–40.

74 »Die biologistische Variante der frühen Soziologie bei Herbert Spencer«. In: Hermann Korte: *Einführung in die Geschichte der Soziologie.* Opladen 1992, S. 59–64.

75 Wilhelm Windelband: *Geschichte und Naturwissenschaft. Rede beim Stiftungsfest der Kaiser-Wilhelm-Universität Strassburg 1. Mai 1894.* Strassburg, Druck von Heitz 1894.

76 Als umfassende ideengeschichtliche Darstellung siehe Julian Hamann: *Die Bildung der Geisteswissenschaften.* München 2014.

77 Erich Rothacker: *Einleitung in die Geisteswissenschaften.* Darmstadt 1972.

78 Jared Diamond: *Arm und Reich. Die Schicksale menschlicher Gesellschaften.* Frankfurt/M. 1998.

79 Pascal Boyer: *Minds make Societies. How Cognition explains the World.* New Haven/London 2018.

80 Max Weber: *Wirtschaft und Gesellschaft. Grundriss der verstehenden Soziologie.* Tübingen 1972, S. 1.

81 Charles P. Snow: »Die zwei Kulturen«. In: Helmut Kreuzer (Hg.): *Die zwei Kulturen. Literarische und naturwissenschaftliche Intelligenz. C. P. Snows These in der Diskussion.* München 1987.

82 Alan Sokal, Jean Bricmont: *Eleganter Unsinn. Wie Denker der Postmoderne die Wissenschaften missbrauchen.* München 1999.

83 Nicholas Rescher: *The Limits of Science.* Berkeley/Los Angeles/London 1984.

84 Carl Friedrich von Weizsäcker: *Zeit und Wissen.* München 1992.

85 Ulrich Beck, Wolfgang Bonss: *Weder Sozialtechnologie noch Aufklärung? Analysen zur Verwendung sozialwissenschaftlichen Wissens.* Frankfurt/M. 1992.

86 John Horgan: *The End of Science. Facing the Limits of Knowledge in the Twilight of the Scientific Age.* Reading Mass. 1996.

87 Nicholas Rescher: *The Limits of Science.* Berkeley/Los Angeles/London 1984.

88 Hermann Haken: *Die Selbstorganisation komplexer Systeme. Wiener Vorlesungen.* Wien 2004.

89 So flammte unmittelbar nach Bekanntwerden der Geburt zweier zum Zweck der AIDS-Resistenz genmanipulierter Babys in China im Jahr 2018 eine weltweite Diskussion darüber auf, welche gesellschaftlichen Folgen das gentechnische Designen des Menschen haben würde.

90 Ein Beispiel ist die Lobotomie, ein massiver hirnchirurgischer Eingriff bei Verhal-

tensauffälligkeiten mit lebenslangen Folgeschäden, entwickelt und propagiert von António Egas Moniz, der dafür 1949 sogar den Nobelpreis erhielt. Inzwischen wird die Lobotomie nicht mehr angewandt. H. H. Jasper: »A historical perspective. The rise and fall of prefrontal lobotomy«. In: *Advances in neurology* Vol. 66, 1995, S. 97–114.

91 Fritz Perls: *Was ist Gestalttherapie?* Kassel 2018, S. 91.

92 In Einzelnen dazu: Gerhard Schulze: *Schöne neue Gesundheitswelt. Wie sich das medizinische Denken verändert.* Bern 2016, S. 105ff.

93 Norbert Elias: *Über den Prozess der Zivilisation. Soziogenetische und psychogenetische Untersuchungen. Erster Band: Wandlungen in des Verhaltens in den weltlichen Oberschichten des Abendlandes.* Frankfurt/M. 1980.

94 Claude Lévi-Strauss: *Traurige Tropen.* Frankfurt/M. 2012.

95 Florian Zaniecki: *The Polish Peasant in Europe and America.* Urbana Ill. 1984.

96 Niklas Luhmann: *Liebe als Passion. Zur Codierung von Intimität.* Frankfurt/M. 1982.

97 Siehe hierzu etwa Clifford Geertz: *Dichte Beschreibung. Beiträge zum Verstehen kultureller Systeme.* Frankfurt/M. 1983.

98 Paul Lazarsfeld, Marie Jahoda: *Die Arbeitslosen von Marienthal: ein soziographischer Versuch über die Wirkungen langdauernder Arbeitslosigkeit.* Frankfurt/M. 1978.

99 Erving Goffman: *Wir alle spielen Theater: die Selbstdarstellung im Alltag.* München 1976.

100 Erving Goffman: *Rahmenanalyse. Ein Versuch über die Organisation von Alltagserfahrungen.* Frankfurt/M. 1977.

101 Philipp E. Converse: »Nonattitudes and American Public Opinion. Comment: The Status of Nonattitudes«. In: *The American Political Science Review* Vol. 68, No 2, Jun 1974, S. 550–560.

102 Jürgen Bortz, Nicola Döring: *Forschungsmethoden und Evaluation für Human- und Sozialwissenschaftler.* Heidelberg 2006, S. 86 f.

103 René König: *Das Interview: Formen, Technik, Auswertung.* Köln 1976.

104 Nina Baur, Hubert Knoblauch: »Die Interpretativität des Quantitativen«. In: *Soziologie* Jg. 47, Heft 4, 2018.

105 Richtungsweisend dafür waren die kulturanthropologischen Pionierstudien von Bronislaw Malinowski, des »Vaters der Feldforschung« seit 1914: *Argonauten des westlichen Pazifik. Ein Bericht über Unternehmungen und Abenteuer der Eingeborenen in den Inselwelten von Melanesisch-Neuguinea* (1922). Frankfurt/M. 1979.

106 Herbert Blumer: *Symbolischer Interaktionismus. Aufsätze zu einer Wissenschaft der Interpretation.* Berlin 2013.

107 John W. Cresswell: *Qualitative Inquiry and Research Design.* London 1998.

108 Clifford Geertz. *Dichte Beschreibung. Beiträge zum Verstehen kultureller Systeme.* Frankfurt/M. 2001.

109 Heise betont die kausalanalytische Bedeutung der genauen Rekonstruktion der Art und Weise, in welcher Ursachen nachfolgende Wirkungen generieren, »so that the connection between C (cause) and E (effect) can be analysed into a sequence of compatible components with overlapping event fields.« Geht es um innere, subjek-

tive Ursachen, so sind offene Verfahren dafür am besten geeignet: David R. Heise: *Causal Analysis.* New York/London/Sidney/Toronto 1975, S 12.

110 Siehe hierzu Gerhard Schulze: »Qualitätskriterien bei offenen Verfahren«. *Seminarpaper* 12/2004.

111 Howard Gardner: *Intelligenzen. Die Vielfalt des menschlichen Geistes.* Stuttgart 1991.

112 Als Panorama der Möglichkeiten siehe Jürgen Bortz: *Statistik für Human- und Sozialwissenschaftler.* Berlin/Heidelberg/New York 2010. Klaus Backhaus u. a.: *Multivariate Analysemethoden: eine anwendungsorientierte Einführung.* Berlin/Heidelberg 2018. John K. Kruschke: *Doing Bayesian Analysis. A Tutorial.* London 2015.

113 Niklas Luhmann: *Liebe als Passion. Zur Codierung von Intimität.* Frankfurt/M. 1982.

114 Beispielhaft siehe Fernand Braudel: *Sozialgeschichte des 15. bis 18. Jahrhunderts. Drei Bände: Der Alltag. Der Handel. Aufbruch zur Weltwirtschaft.* München 1990. Philipp Ariès, George Duby (Hg.): *Geschichte des privaten Lebens.* Fünf Bände. Frankfurt/M. 1989–1993.

115 Dieses Anspruchsniveau ist gebräuchlicher als man zunächst meinen könnte: Es liegt dem Konzept der Randomisierung in der experimentellen Methode zugrunde: »Die Randomisierung bietet den unschätzbaren Vorteil, dass durch sie *alle* personengebundenen Störvariablen – bedachte wie unbedachte, bekannte wie unbekannte – kontrolliert werden.« Peter Sedlmeier, Frank Renkewitz: *Forschungsmethoden und Statistik. Ein Lehrbuch für Psychologen und Sozialwissenschaftler.* München 2013, S. 131.

116 Horst Kern: *Geschichte der empirischen Sozialforschung. Ursprünge, Ansätze, Entwicklungslinien.* München 1982, S. 198 f.

117 Karl Sahner: »Veröffentlichte empirische Sozialforschung: Eine Kumulation von Artefakten? Eine Analyse von Periodika«. In: *Zeitschrift für Soziologie* 8/1979, Heft 3, S. 267–278.

118 Robert K. Merton: *Soziologische Theorie und soziale Struktur.* Berlin/New York 2012.

119 Barney G. Glaser, Anselm L. Strauss: *Awareness of Dying.* New York 1980.

120 Barney G. Glaser, Anselm L. Strauss: *Grounded Theory. Strategien qualitativer Forschung.* Bern 2010.

121 Ella Frances Sanders: *Lost in Translation. Unübersetzbare Wörter aus der ganzen Welt.* Köln 2017.

122 Wilhelm Kamlah, Paul Lorenzen: *Logische Propädeutik. Vorschule vernünftigen Redens.* Mannheim/Wien/Zürich 1973.

123 Michael Tomasello: *Die Ursprünge der menschlichen Kommunikation.* Frankfurt/M. 2011.

124 Max Weber: »Soziologische Grundbegriffe«. In: *Max Weber. Schriften 1894–1922.* Stuttgart 2002, S. 711.

125 Eine ausführliche Darstellung und Kritik des radikalen Konstruktivismus enthält: Thorsten Benkel: *Die Signaturen des Realen. Bausteine einer soziologischen Topographie der Wirklichkeit.* Konstanz 2007, S. 264ff.

126 Ella Frances Sanders: *Lost in Translation. Unübersetzbare Wörter aus der ganzen Welt.* Köln 2017.

127 Ferdinand Tönnies: *Gemeinschaft und Gesellschaft. Grundbegriffe der reinen Soziologie.* Darmstadt 1991.

128 Gösta Esping-Andersen: *The three Worlds of Welfare Capitalism.* Cambridge 1990.

129 Ralph Linton: *The Cultural Background of Personality.* London 1945.

130 Claude Lévi-Strauss: *Traurige Tropen.* Frankfurt/M. 1978.

131 Peter Borkenau, Fritz Ostendorf: *NEO-Fünf-Faktoren Inventar nach Costa und McCrae (NEO-FFI). Manual.* Göttingen 2008. Boele De Raad: »Five big, big five issues: Rationale, content, structure, status, and crosscultural assessment«. In: *European Psychologist* 1998, 3, 113–124.

132 Zur Einführung: Andreas Diekmann: *Empirische Sozialforschung. Grundlagen, Methoden, Anwendung.* Reinbek bei Hamburg 2007, S. 230ff. Zur Faktorenanalyse: Klaus Backhaus u. a.: *Multivariate Analysemethoden: eine anwendungsorientierte Einführung.* Berlin/Heidelberg 2018. Als grundlegender Überblick: Robyn M. Dawes: *Fundamentals of Attitude Measurement.* New York/London/Sidney/Toronto 1972.

133 Wolfgang Kretschmer (Hg.), *Mensch und Lebensgrund. Gesammelte Aufsätze.* Tübingen, 1966.

134 Als Beispiel einer Milieustudie mit Hilfe der Korrespondenzanalyse siehe Gerhard Schulze: *Die Erlebnisgesellschaft. Kultursoziologie der Gegenwart.* Frankfurt/M. 2005.

135 Als komprimierte Anleitung zur empirisch fundierten Typenbildung siehe Susann Kluge: »Empirisch begründete Typenbildung in der qualitativen Sozialforschung«. In: *Forum Qualitative Sozialforschung* Vol. 1, Nr. 1, Januar 2000.

136 Max Weber: »Die Objektivität sozialwissenschaftlicher und sozialpolitischer Erkenntnis«. In: *Max Weber. Schriften 1894–1922, S.* 125–146.

137 Siehe hierzu auch Karl-Dieter Opp: *Methodologie der Sozialwissenschaften. Einführung in Probleme ihrer Theorienbildung und praktischen Anwendung.* Darmstadt 1999, S. 102ff.

138 David Easton: *A Systems Analysis of Political Life.* New York 1965.

139 Daniel Goleman: *Emotionale Intelligenz.* München 1997.

140 Ausführlich zu all dem Gerhard Schulze: *Die Erlebnisgesellschaft. Kultursoziologie der Gegenwart.* Frankfurt/M. 2005.

141 Pamela Kerschke-Risch: »Statusinkonsistenz«. In: *Zeitschrift für Soziologie*, Jg. 19, 1990. Heft 3, S. 195–202.

142 Karl Popper: »Philosophische Bemerkungen zu Tarskis Theorie der Wahrheit«. In: Karl Popper: *Objektive Erkenntnis. Ein evolutionärer Entwurf.* Hamburg 1973.

143 Grundlegend hierzu Karl Popper: »Über Wahrheitsnähe«. In: Karl Popper: *Objektive Erkenntnis. Ein evolutionärer Entwurf.* Hamburg 1973, S. 426ff.

144 Beispielhafte Studien: Paul Lazarsfeld, Marie Jahoda: *Die Arbeitslosen von Marienthal. Ein soziographischer Versuch über die Wirkungen langdauernder Arbeitslosigkeit.* Frankfurt/M. 1978. Barney G. Glaser, Anselm L. Strauss: *Awareness of Dying.* New York 1980.

145 Alan F. Chalmers: *Wege der Wissenschaft. Einführung in die Wissenschaftstheorie.* Heidelberg 1986, S. 191ff.
146 Friedhelm Neidhardt: *Jugend im Spektrum der Wissenschaften.* München 1972, S. 39.
147 Jürgen Habermas: *Zur Logik der Sozialwissenschaften.* Frankfurt/M. 1982.
148 Zur Einführung: Peter Janich: *Logisch-pragmatische Propädeutik. Ein Grundkurs im philosophischen Reflektieren.* Weilerswist 2001.
149 Robert K. Merton: *Soziologische Theorie und soziale Struktur.* Berlin/New York 2012.
150 John Horgan: *The End of Science. Facing the Limits of Knowledge in the Twilight of the Scientific Age.* Reading Mass. 1996.
151 Nicholas Rescher: *The Limits of Science.* Berkeley/Los Angeles/London 1984.
152 Beispielhaft sei eine Auswahl von in der Methodenausbildung weit verbreiteten Lehrbüchern genannt: Rainer Schnell, Paul B. Hill, Elke Esser: *Methoden der empirischen Sozialforschung.* München/Wien 2018. Andreas Diekmann: *Empirische Sozialforschung. Grundlagen, Methoden, Anwendungen.* Reinbek bei Hamburg 2017. Peter Atteslander: *Methoden der empirischen Sozialforschung.* Berlin 2010. Uwe Flick, Ernst von Kardorff, Ines Steinke (Hg.): *Qualitative Forschung. Ein Handbuch.* Reinbek bei Hamburg 2017. Bruce L. Berg: Qualitative *Research Methods for the Social Sciences.* Harlow 2017.
153 Jared Diamond: *Arm und Reich. Die Schicksale menschlicher Gesellschaften.* Frankfurt/M. 1998.
154 Barney G. Glaser, Anselm L. Strauss: *Grounded Theory. Strategien qualitativer Forschung.* Bern 2010.
155 Nicholas Rescher: *The Limits of Science.* Berkeley/Los Angeles/London 1984.
156 David Hume: *A Treatise of Human Nature*, Bd. 2, S. 211f.
157 Karl-Otto Apel: »Das Apriori der Kommunikationsgemeinschaft und die Grundlagen der Ethik: Zum Problem einer rationalen Begründung der Ethik im Zeitalter der Wissenschaft«. In: *Transformation der Philosophie.* Frankfurt/M. 1973, Bd. 2, S. 358–435. Jürgen Habermas: *Moralbewußtsein und kommunikatives Handeln.* Frankfurt/M. 1983.
158 Michel Foucault: *Die Ordnung des Diskurses.* Frankfurt/M. 1991. Michel Foucault: *Analytik der Macht.* Frankfurt/M. 2005.
159 Peter L. Berger, Thomas Luckmann: *Die gesellschaftliche Konstruktion der Wirklichkeit. Eine Theorie der Wissenssoziologie.* Frankfurt/M. 2012, S. 117.
160 Jürgen Habermas: »Drei normative Modelle der Demokratie: Zum Begriff deliberativer Demokratie«. In: Herfried Münkler (Hg.): *Die Chancen der Freiheit. Grundprobleme der Demokratie.* München/Zürich 1992, S. 11–24.
161 Heinrich August Winkler: *Geschichte des Westens.* 4 Bände. München 2011–2014.
162 Eine komprimierte Übersicht, die gleichzeitig das Handwerk der normativen Argumentation vorführt, bietet: Georg Cremer: »Einfach mal aus dem System aussteigen?«. In: *Frankfurter Allgemeine Zeitung* 12.1.2018, S. 16.
163 Friedrich Schleiermacher: *Der christliche Glaube*, Band 1. Berlin 1960 (1. Auflage 1822).

164 Gerhard Schulze: *Die Sünde. Das schöne Leben und seine Feinde.* München/Wien 2006, S. 133–137.

165 Hermann Lübbe: »Dezisionismus – eine kompromittierte politische Theorie«. In: *Schweizer Monatshefte* Jg. 55, 1976, S. 949–960.

166 Alexis de Tocqueville: *Über die Demokratie in Amerika: beide Teile in einem Band.* München 1982.

167 Will und Ariel Durant: *Kulturgeschichte der Menschheit. Gegenreformation und Elisabethanisches Zeitalter.* München 1985, S. 481 f.

168 Was wissenschaftliche Grenzgänge manchmal erfordern, nämlich Eigensinn und Einzelgängertum, hat Rudolf Virchow in einer Würdigung Schliemanns zum Ausdruck gebracht: »Es ist heute eine müßige Frage, ob Schliemann im Beginn seiner Untersuchungen von richtigen oder unrichtigen Voraussetzungen ausging. Nicht nur der Erfolg hat für ihn entschieden, sondern auch die Methode seiner Untersuchung hat sich bewährt. Es mag sein, dass seine Voraussetzungen zu kühn, ja willkürlich waren, dass das bezaubernde Gemälde der unsterblichen Dichtung seine Phantasie zu sehr bestrickte, aber dieser Fehler des Gemüts, wenn man ihn so nennen darf, enthielt doch auch das Geheimnis seines Erfolges.« Rudolf Virchow: *Vorrede.* In: Heinrich Schliemann: *Ilios, Stadt und Land der Trojaner.* Leipzig 1881, S. IX–X.

169 Paul Watzlawick: *Anleitung zum Unglücklichsein.* München 2009.

170 Dies bedeutet ohne Interpretation lediglich, dass das Verfahren drei Gruppen relativ stark korrelierender Items entdeckt hat, die gleichzeitig mit anderen Items nur schwache oder keine Korrelationen aufweisen.

171 Nina Baur, Hubert Knoblauch: »Die Interpretativität des Quantitativen«. In: *Soziologie* Jg. 47, Heft 4, 2018, S. 439–461.

172 Ronald Ingelhardt: *The Silent Revolution. Changing Values and Political Styles among Western Publics.* Princeton 1977.

173 Anna Henkel: *Soziologie des Pharmazeutischen.* Baden-Baden 2011.

174 Helmut Schelsky: *Die skeptische Generation. Eine Soziologie der deutschen Jugend.* Düsseldorf 1958. David Riesman: *Die einsame Masse. Eine Untersuchung der Wandlungen des amerikanischen Charakters.* Reinbek bei Hamburg 1960. Ulrich Beck: *Risikogesellschaft. Auf dem Weg in eine andere Moderne.* Frankfurt/M. 1986.

175 Einzelheiten einer Hermeneutik standardisierter Massendaten habe ich dargelegt im Anhang zu: Gerhard Schulze: *Die Erlebnisgesellschaft. Kultursoziologie der Gegenwart.* Frankfurt/M. 2005: »Daten soziologisch sehen.«

176 Steffen Mau: *Das metrische Wir. Über die Quantifizierung des Sozialen.* Berlin 2017.

177 Anthony Giddens: *Die Konstitution der Gesellschaft. Grundzüge einer Theorie der Strukturierung,* Frankfurt/M. 1984.

178 Ronald Ingelhardt: *The Silent Revolution. Changing Values and Political Styles among Western Publics.* Princeton 1977.

179 Eine elaborierte Tradition der Analyse von Veränderungen in der »longue durée« hat die französische Kulturwissenschaft ausgebildet: Fernand Braudel: *Sozialgeschichte des 15. bis 18. Jahrhunderts. Drei Bände: Der Alltag. Der Handel. Aufbruch*

zur Weltwirtschaft. München 1990. Philipp Ariès, George Duby (Hg.): *Geschichte des privaten Lebens.* Fünf Bände. Frankfurt/M. 1989–1993.

180 Damit beschäftige ich mich in einer zeitdiagnostischen Studie: Gerhard Schulze: *Die beste aller Welten. Wohin bewegt sich die Gesellschaft im 21. Jahrhundert?* München 2003.

181 Hans-Peter Blossfeld: *Ereignisanalyse. Statistische Theorie und Anwendung in den Wirtschafts- und Sozialwissenschaften.* Frankfurt/M. 1986.

182 Siehe hierzu meine Theorie zum »Wandel des Wandels« in Gerhard Schulze: *Die beste aller Welten. Wohin bewegt sich die Gesellschaft im 21. Jahrhundert?* München 2003, S. 115ff.

183 Max Weber: »Soziologische Grundbegriffe«. In: *Max Weber. Schriften 1894–1922.* Stuttgart 2002, S. 653.

184 Manuel Castells: *The Information Age. Economy, Society and Culture.* Vol. I–III. Malden/Oxford 1996–1998.

185 John Searle: *Intentionality. An Essay in the Philosophy of Mind.* Cambridge 1983.

186 Max Weber: »Die protestantische Ethik und der ›Geist‹ des Kapitalismus«. In: *Max Weber. Schriften 1894–1922.* Stuttgart 2002.

187 David Landes: *Wohlstand und Armut der Nationen. Warum die einen reich und die anderen arm sind.* Berlin 1999.

188 David R. Heise: *Causal Analysis.* New York/London/Sidney/Toronto 1975, S. 12. Mit dem Wort »hervorbringen« habe ich Heises Formulierung »to generate« übersetzt.

189 Ein Beispiel ist das Verfahren des »Auspartialisierens«: Wenn Variable A und B, für deren kausalen Zusammenhang man sich interessiert, mit einer oder mehreren »Drittvariablen« korrelieren, interessiert die Frage, ob sie auch dann noch statistisch zusammenhängen, wenn man deren Einfluss ausschaltet. Dies lässt sich erreichen, indem man A und B einer Regressionsanalyse mit den Drittvariablen als Prädiktoren unterzieht und dann die Korrelation der Residuen von A und B untersucht, die nun um den Einfluss der Drittvariablen »bereinigt« sind – so, wie im Experiment der Einfluss sämtlicher denkbarer Drittvariablen durch Randomisierung ausgeschaltet wird. Zur Methode siehe: Jürgen Bortz, Nicola Döring: *Forschungsmethoden und Evaluation für Human- und Sozialwissenschaftler.* Heidelberg 2006, S. 443ff.

190 Judea Pearl, Dana Mackenzie: *The Book of Why. The New Science of Cause and Effect.* New York 2018, S. 21.

191 Gerhard Schulze: *Schöne neue Gesundheitswelt. Wie sich das medizinische Denken verändert.* Bern 2016.

192 Karl Popper: »Zwei Seiten des Alltagsverstandes: Ein Plädoyer für den Realismus des Alltagsverstandes und gegen die Erkenntnistheorie des Alltagsverstandes«. In: Karl Popper: *Objektive Erkenntnis. Ein evolutionärer Entwurf.* Hamburg 1973, S. 91ff.

193 Rupert Riedl: *Die Spaltung des Weltbilds. Biologische Grundlagen des Erklärens und Verstehens.* Berlin/Hamburg 1985.

194 Alan F. Chalmers: *Wege der Wissenschaft.* Heidelberg 1986, S. 25ff.

195 Otto Neurath: »Protokollsätze«. In: *Erkenntnis*. Band 3, 1932/33, S. 206.

196 Dietrich Dörner: *Die Logik des Misslingens. Strategisches Denken in komplexen Situationen*. Reinbek bei Hamburg 2017.

197 Sina Farzin im Editorial zu: *Soziologie. Forum der Deutschen Gesellschaft für Soziologie* Jg. 48, Heft 2, 2019, S. 141–142. Hier das Zitat aus dem Blog von Eric Olin Wright: »So, scientists make discoveries; artists, at their best, create new worlds. What about sociologists? I'll open a can of worms: I think what is wonderful about sociology is the messy way it does both. We make discoveries about the world, reveal how it ›really works‹ as best we can. But we also invent new ways of thinking about the world that shape the way people make meaning in their lives and act in their social world. [...] In sociology there is thus a dance between a science of how things work and sociology of the creative possibility: possibility disciplined by a demand for specification of mechanisms«.

198 Helmut F. Spinner: *Begründung, Kritik und Rationalität*. Bd. I. Braunschweig 1977, S. 5.

199 Als kritische Gesamtdarstellung siehe Thorsten Benkel: *Die Signaturen des Realen. Bausteine einer soziologischen Topographie der Wirklichkeit*. Konstanz 2007, S. 264ff.

200 Ulrich Beck, Wolfang Bonss: *Weder Sozialtechnologie noch Aufklärung? Analysen zur Verwendung sozialwissenschaftliche Wissens*. Frankfurt/M. 1992.

201 Zur Renaissance der Erfahrungsmedizin siehe Gerhard Schulze: *Schöne neue Gesundheitswelt. Wie sich das medizinische Denken verändert*. Bern 2016.

202 Robert Michels: »Das eherne Gesetz der Oligarchie«. In: Sighard Neckel, Ana Mijic, Christian von Scheve, Monica Titton (Hg.): *Sternstunden der Soziologie. Wegweisende Theoriemodelle des soziologischen Denkens*. Frankfurt/New York 2010.

203 Max Weber: »Die ‚Objektivität sozialwissenschaftlicher und sozialpolitischer Erkenntnis«. In: *Max Weber. Schriften 1894 – 1922*, S. 118, 141, 149.

204 Christian Stegbauer, Roger Häußling (Hg.): *Handbuch Netzwerkforschung*. Wiesbaden 2010.

205 Hans-Peter Blossfeld: *Ereignisanalyse. Statistische Theorie und Anwendung in den Wirtschafts- und Sozialwissenschaften*. Frankfurt/M. 1986.

206 Chris Snijders, Uwe Matzat, Ulf-Dietrich Reips: »›Big Data‹ : Big Gaps of Knowledge in the Field of Internet Science«. In: *International Journal of Internet Science*. 7(1), S. 1–5.

207 Markus Ziegler: *Induktive Statistik und soziologische Theorie. Eine Analyse des theoretischen Potenzials der Bayes Statistik*. Weinheim 2017.

208 Thomas Kuhn: *Die Struktur wissenschaftlicher Revolutionen*. Frankfurt/M. 1976.

209 Siehe Paul Hoyningen-Huene: *Die Wissenschaftsphilosophie Thomas S. Kuhns. Rekonstruktion und Grundlagenprobleme*. Braunschweig/Wiesbaden 1989, S. 145ff.

210 Wolfgang Stegmüller: *The Structure and Dynamics of Theories*. Berlin 1976.

211 Imre Lakatos: »Falsifikation und die Methodologie wissenschaftlicher Forschungsprogramme«. In: Imre Lakatos, Alan Musgrave (Hg.): *Kritik und Erkenntnisfortschritt*. Braunschweig/Wiesbaden 1974, S. 89–189.

212 Alan F. Chalmers: *Wege der Wissenschaft*. Heidelberg 1986, S. 191ff.

213 Thomas Kuhn: *Die Struktur wissenschaftlicher Revolutionen*. Frankfurt/M. 1976.

214 Joseph A. Schumpeter: *Kapitalismus, Sozialismus und Demokratie.* Stuttgart 2005 (zuerst 1942).

215 Erving Goffman: *Wir alle spielen Theater. Die Selbstdarstellung im Alltag.* München 2003.

216 Peter Weingart: *Die Stunde der Wahrheit? Zum Verhältnis der Wissenschaft zu Politik, Wirtschaft und Medien in der Wissensgesellschaft.* Weilerswist 2001, S. 87ff.

217 Arthur Schopenhauer: »Selbstdenken«. In: *Sämtliche Werke, Band V: Parerga und Paralipomena II.* Stuttgart/Frankfurt/M., S. 577–588.

218 Gerhard Schulze: »Theorie sozialer Segmentierung«. In: *Die Erlebnisgesellschaft. Kultursoziologie der Gegenwart.* Frankfurt/M. 2005, S. 160ff.

219 Pierre Bourdieu: *Homo academicus.* Frankfurt/M. 1988.

220 Steffen Mau: *Das metrische Wir. Über die Quantifizierung des Sozialen.* Berlin 2017, S. 102.

221 Len Ole Schäfer: *Universitäten im Leistungswettbewerb. Forschungsevaluation in Großbritannien.* Heidelberg 2019.

222 Ben Goldacre: *Die Wissenschaftslüge. Die pseudowissenschaftlichen Versprechungen von Medizin, Homöopathie, Pharma- und Kosmetikindustrie.* Frankfurt/M. 2010. Federico Di Trocchio: *Der große Schwindel. Betrug und Fälschung in der Wissenschaft.* Frankfurt/New York 1994. Eckart Klaus Roloff, Karin Henke-Wendt: *Geschädigt statt geheilt. Große deutsche Medizin- und Pharmaskandale.* Stuttgart 2018.

223 Als literarische Illustration siehe Richard Münch: *Die akademische Elite.* Frankfurt/M. 2007.

224 Jürgen Habermas: *Strukturwandel der Öffentlichkeit. Untersuchungen zu einer Kategorie der bürgerlichen Gesellschaft.* Frankfurt/M. 2013.

225 Bertolt Brecht: »Das epische Theater«. In: *Schriften zum Theater.* Berlin 1964.

226 John Williams: *Stoner.* München 2014.

227 Beispielhaft siehe Heinrich Böll: *Wo warst du, Adam?* Köln 1951. Günther Grass: *Die Blechtrommel.* Neuwied 1959. Siegfried Lenz: *Deutschstunde.* Hamburg 1968.

228 Walter Kempowski: *Tadellöser & Wolff. Ein bürgerlicher Roman.* München 1975. *Uns geht's ja noch gold. Roman einer Familie.* Hamburg 1972. *Im Block: Ein Haftbericht.* München 1987.

229 Bruce Chatwin: *Traumpfade.* Frankfurt/M. 1982. Derselbe: *In Patagonien. Reise in ein fernes Land.* Reinbek bei Hamburg 1984.

230 Siegfried Kracauer: »Die Angestellten. Aus dem neuesten Deutschland«. In: *Schriften.* Frankfurt/M. 1978. (Erstveröffentlichung 1929).

231 Peter von Matt: *Die Intrige. Theorie und Praxis der Hinterlist.* München 2006.

232 Ausführlich hierzu Eckart Klaus Roloff, Karin Henke-Wendt: *Geschädigt statt geheilt. Große deutsche Medizin- und Pharmaskandale.* Stuttgart 2018.

233 Karl-Wilhelm Weeber: *Panem et circenses. Massenunterhaltung als Politik im antiken Rom.* Mainz 1994.

234 Steven Pinker: *Der Sprachinstinkt.* München 1996, S. 453ff.

235 Gerhard Schulze: »Das Steigerungsspiel.« In: *Die beste aller Welten. Wohin bewegt sich die Gesellschaft im 21. Jahrhundert?* München 2003.

236 Manuel Castells: *End of Millennium.* Oxford 1998, S. 335ff.

237 Gerhard Schulze: »Wandel des Wandels.« In: *Die beste aller Welten. Wohin bewegt sich die Gesellschaft im 20. Jahrhundert?* München 2003.
238 Donella Meadows, Dennis Meadows, Jørgen Randers. William W. Behrens: *The Limits to Growth*. Milford, Connecticut, 1972.
239 Beide Begriffe orientieren sich an Erich Fromms Unterscheidung von Haben und Sein, wobei ich die Kategorie des Könnens der des Habens vorziehe, weil sie allgemeiner ist. Haben ist nur ein Teilaspekt des Könnens. Erich Fromm: *Haben und Sein*. München 1979.
240 Gerhard Schulze: »Der neue Common Sense.« In: *Die beste aller Welten. Wohin bewegt sich die Gesellschaft im 20. Jahrhundert?* München 2003. S. 258ff., S. 273ff.
241 Woody Allen: *Der Stadtneurotike*r. Spielfilm 1977.
242 *Die Sopranos*. Fernsehserie 1999–2007.
243 MIDEM 2018*: Migration und Populismus. Jahresbericht*. Dresden 2018.
244 Gerd Gigerenzer: *Bauchentscheidungen. Die Intelligenz des Unbewussten und die Macht der Intuition*. München 2007.
245 Siehe www.ulrich-knoop.com/wortgeschichte/Grün: ein grüner Baum, der golden ist.
246 Hans Vorländer, Maik Herold, Steven Schäller: *Wer geht zu Pegida und warum? Eine empirische Untersuchung von Pegida-Demonstranten in Dresden*. Schriften zur Verfassungs- und Demokratieforschung 1/2015. TU Dresden. Hans Vorländer, Maik Herold, Steven Schäller: *PEGIDA. Entwicklung, Zusammensetzung und Deutung einer Empörungsbewegung*. Wiesbaden 2015.
247 Dorothy Parker: *Dämmerung vor dem Feuerwerk. New Yorker Geschichten*. Reinbek bei Hamburg 1996.
248 Eric Berne: *Spiele der Erwachsenen: Psychologie der menschlichen Beziehungen*. Reinbek bei Hamburg 1967; Neuauflage: 2002.
249 Thorstein Veblen: *Theorie der feinen Leute. Eine ökonomische Untersuchung der Institutionen*. München 1981.
250 Georg Simmel: »Die Großstädte und das Geistesleben«. In: *Jahrbuch der Gehe-Stiftung Dresden*, Band 9, 1903, S. 185–206.
251 Max Weber: »Die protestantische Ethik und der ›Geist‹ des Kapitalismus«. In: *Max Weber. Schriften 1894–1922*. Stuttgart 2002.
252 Steffen Mau: *Das metrische Wir. Über die Quantifizierung des Sozialen*. Berlin 2017.
253 Richard Münch: *Akademischer Kapitalismus. Zur politischen Ökonomie der Hochschulreform*. Berlin 2011.
254 Gerhard Schulze: »Illusionen des Begreifens. Soziologische Aufklärung heute«. In: *Zeitschrift für Theoretische Soziologie*. 1. Jg. Heft 1, S. 38–36.
255 Beiträge dazu finden sich in: *Soziologie. Forum der Deutschen Gesellschaft für Soziologie* Jg. 47, Heft 1, 2018, S. 35–73.
256 Anthony Giddens: *Die Konstitution der Gesellschaft. Grundzüge einer Theorie der Strukturierung*, Frankfurt/M. 1984.
257 Stephen P. Turner, Jonathan H. Turner: *The Impossible Science. An Institutional Analysis of American Sociology*. London 1990.
258 Zahlreiche Beispiele dokumentiert Joachim Radkau: *Geschichte der Zukunft: Prognosen, Visionen, Irrungen in Deutschland von 1945 bis heute*. München 2017.

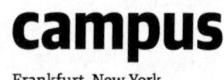

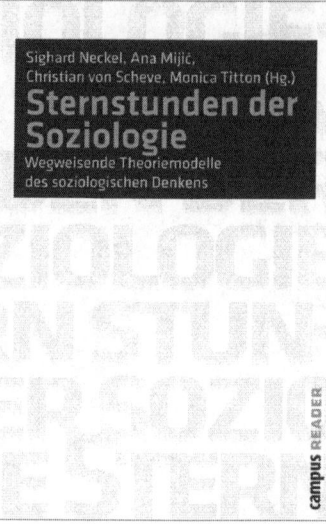